개인 자유를 위한
새로운 심리학

선택이론

THE CHOICE THEORY :
A NEW PSYCHOLOGY OF PERSONAL FREEDOM
Copyright © 1998 by William Glasser
All rights reserved
Korean Translation Copyright © 1998
by Korea Counseling Center Publishing Co.
The Korean translation rights arranged with the author
c/o Haper Collins Publishers, New York.
through Eric Yang Agency, Seoul.

본 저작물의 한국어판 저작권은 에릭양 에이전시를 통한
HaperCollins 사와의 독점계약으로
한국어판권을 '한국심리상담연구소'에서 보유하고 있으며
모든 권리가 법적으로 공인되어 있습니다. 이 책의 전체 혹은
부분을 어떤 형태로든지 저작권자 김인자로부터 서면의 허락 없이
복사나 복제, 기계나 전류를 통한 전달매체로 전송, 정보 저장과
수정하는 것이 허용되지 않습니다.

생활심리시리즈 35 개정본
자유를 위한 새로운 심리학

선택이론

초판 1쇄 발행 1998년 7월 5일
　　 2쇄 발행 1998년 12월 30일
개정 1쇄 발행 2017년 6월 10일
개정 2쇄 발행 2020년 9월 8일
개정 3쇄 발행 2022년 9월 30일

지은이 윌리암 글라써
옮긴이 김인자, 우애령
새로옮김 김인자
개정판 김인자
펴낸곳 한국심리상담연구소
출판등록 제 10-340호(1989. 8. 24)

주소 서울시 영등포구 경인로 71길 70, 605~606호
전화 (02)790-9361~2
팩스 (02)790-9363
홈페이지 www.kccrose.com

ISBN 978-89-90738-29-5(03180)
값 12,500원

ⓒ William Glasser 2022 Printed in Korea

잘못된 책은 구입하신 곳에서 바꾸어 드립니다.
이 책의 전부 또는 일부 내용을 재사용하려면 사전에 저작권자와 펴낸곳의 동의를 받아야 합니다.

생활심리시리즈 35
구 행복의 심리

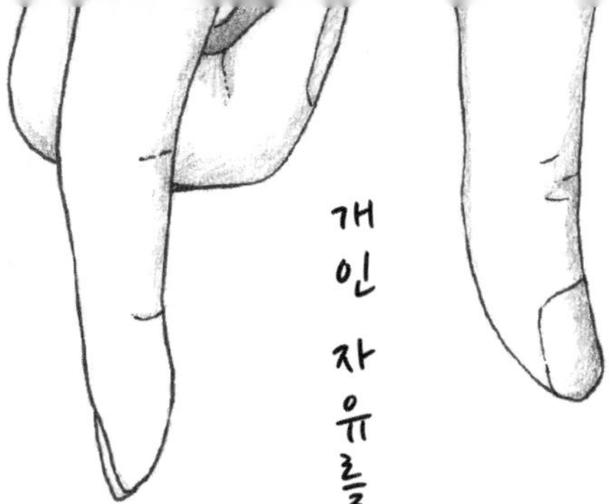

개인 자유를 위한

새로운 심리학

선택이론

William Glasser 지음 · 김인자 · 우애령 옮김
김인자 개정본

 한국심리상담연구소

「선택이론, 개인 자유를 위한 새로운 심리학」에 부친다

이 책은 윌리엄 글라써(William Glasser) 박사가 최근까지의 자기 이론을 종합적으로 집대성한 것이며, 또한 그의 실제적인 사례가 여러 분야에 걸쳐 총체적으로 정리가 되어있으므로 그 의미가 특별하다. 그렇기 때문에 이 책이 상담 분야에서 현실치료상담을 공부하는 사람들 뿐 아니라 일반대중 역시 각자의 삶에 도움이 되기 때문에 더할 나위 없이 기쁘다. 자신의 삶을 행복하게 만드는데 관심 있는 모든 이가 선택이론을 적용하면서 각자의 삶의 질을 높일 수 있으리라 믿는다.

이 책에서 글라써 박사는 무엇보다 인간관계의 중요성을 강조해 마지않고 있다. 누구든 여러 관계에서 문제가 생기게 마련인데, 그 이유는 주로 네 가지 형태로 나뉘어진다. 그 첫째는 상대가 원하지 않는 행동을 내가 강요하기 때문이며, 둘째는 내가 원하지 않는 것을 상대가 강요하기 때문이며, 서로가 원하지 않는 것을 서로에게 강요하기 때문이며, 마지막으로는 내가 원치 않는 것을 내 스스로에게 자기가 강요하기 때문이란다. 다시 말하자면 관계가 깨어지는 이유는 상대에게든 나에게든 원치 않는 것을 강요한다는 데 있다고 할 수 있다.

이 책을 접하면서 거듭 생각해보더라도, 요즘 같이 어렵고 암울한 시기일수록 좋은 인간관계 맺기에 더욱더 정성을 기울여야 할 것이다. 좋은 관계를 맺게 되면 마음이 편안해지고 기쁨에 차며, 주변과 원만하게 의사소통하기 때문에 혼자일 때보다 문제해결이 용이해진다. 개인의 발전과 좋은 부부 관계와 가족관계, 좋은 학교와 좋은 이웃을 만들 수 있는 사람은 오직 당신뿐이고, 당신이 그것을 시작한다면 좋은 세계를 만드는 일에 공헌하는 것이다.

결국 우리들의 삶이 행복해지기 위해서는 행복한 사람들과 좋은 관계를 유지하도록 노력해야 하며, 또한 주변에 행복한 사람이 적으면 적을수록 행복해질 기회도 줄어들게 될 것이라는 것을 인식해야 한다. 그러나 지금 세상은 행복한 사람과 가까이 있지 못해 고독하고, 좌절을 느끼고, 화나고, 불행한 사람들로 가득 차 있으며, 그들의 주요한 사회적 기술은 불평하고 탓하고, 다른 사람들을 비난하는 것인데 이렇게 되면 그 누구하고도 잘 지내기는 어렵다고 글라써는 말한다.

글라써는 이제까지 외부통제이론(자극반응이론) 때문에 많은 사람들이 자기 통제력을 상실하고, 좌절극복을 위해 핑계 대고, 남을 탓하고, 무책임해진다고 했다. 그는 전통적인 외부통제이론을 버리고 선택이론을 적용해야 한다고 주장하면서 선택이론이야말로 우리를 자유롭고 행복하게 해줄 것이라고 하였다.

오랜 기간 나는 좋은 관계를 만드는 방법을 일러주는 책을 끊임없이 찾아다녔고, 갈증에 못 이겨 직접 그것에 관한 책을 쓰기도 했었다. 마침 글라써 박사가 마음에 맞는 책을 올해 초에 출간하였고, 참으로 공감이 가는 선배를 만난 것 같아서 가슴 뿌듯함이 이를 데 없었다.

이런 가슴 설렘이 사라지기 전에 그 행복 속으로 여러분을 초대하고자 R.T. 1기인 우애령 박사와 번역을 서두르게 되었다. 놀라운 역량으로 옆에서 함께 달려와 준 우애령 박사, 그리고 그 과정에서 교정과 정리에 시간을 아낌없이 내어준 여러 연구원들에게 감사를 전한다.

이 책은 우리 한국에서 10년만에 현실치료상담 고급과정 강사가 되고, 또한 6명의 기초과정 강사의 탄생을 기념하며, 자축하는 계기도 되므로 현실치료상담 발전에 더욱 큰 의미가 되리라 본다.

시대적으로 필요한 책이기에, 피드백을 받아들여 차후 개정판에서 좀 더 보완된 모습을 보이기로 하고, 배고픈 사람들에게 허기부터 면하게 하겠다는 갈

급한 심정으로 이 책을 내어 놓는다.

  마치고 보니 집안 식구끼리 찰밥을 지어 이웃과 즐겁게 나누어 먹고자 한 상을 차린 기분이다. 기대에 찬 따뜻한 차림 상에 여러분 모두를 초대한다. 마음껏 행복을 선택해서 즐기시기를……

1998년 6월 김인자

한국 독자를 위해

선택이론은 가까이 지내는데 문제가 있는 사람들이 사용하고 있는 외부통제 심리학을 대신 하는 새로운 심리학을 제안하고 있다. 극단적인 빈곤이나 심각한 질병에 시달리는 경우는 예외이지만 흔히 사람들이 정신적 질환이라고 부르는 자기 파괴적인 행동을 하게 하는 가장 큰 이유는 불만족스러운 관계에서 비롯된 것이다. 이런 관계에는 약물 중독, 폭력, 범죄, 학교중퇴, 배우자나 아동 학대, 그 외에 해로운 모든 인간관계가 포함되어 있다.

성공적인 삶을 살아가기 위해 우리들은 서로 잘 지내는 방법을 배워야만 한다. 그러나 대부분의 사람들이 불만족스러운 관계를 해결하기 위해 외부통제 심리학을 사용하고 있는 한 이것을 배울 수는 없다. 특히 우리가 새로운 심리학인 선택이론을 배울 수 있다는 것을 모르고 있는 경우에 더욱 그렇다. 강요하고, 처벌하고 매수하는데 세상에서 사용하는 외부통제 심리학은 우리가 필요로 하는 인간관계를 파괴시킨다. 왜냐하면 이 심리학은 우리가 원하는 일을 하도록 다른 사람들을 밀어붙이는 것 자체를 목적으로 하기 때문이다. 자기를 통제하려고 드는 사람과 좋은 관계를 유지하기는 어렵다. 우리가 이 심리학을 포기할 때까지 인간관계의 진보는 이루어질 수 없다. 이것은 우리가 현재 지내고 있는 상태보다 더 좋게 지낼 수 없게 된다는 뜻이다.

선택이론은 새로운 내부통제 심리학이다. 이 심리학은 우리가 거의 모든 행동을 선택하고 있으며, 다른 사람들과 더 잘 지낼 수 있는 방법을 배울 수 있다는 것에 근거한다. 선택이론은 우리가 외부로부터 얻을 수 있는 것은 정보일 뿐이라고 가르친다. 그러나 정보 그 자체가 우리로 하여금 무엇을 하게 하지는 않는다. 이 이야기는 선택이론의 한 축을 우리에게 가르쳐준다. 곧 우리가 통제할 수 있는 유일한 인간은 나 자신뿐이라는 것이다. 선택이론 세계에서는 우리가 서로 필요로 한다는 사실을 받아들이고, 다른 사람들을 통제하는 것을 포기하게 된다. 그 대신에 우리들은 필요한 사람들과 잘 지내는 것뿐만 아니라 더 가까워지는 방법을 찾게 된다.

인간관계에 파괴적인 외부통제와는 달리 선택이론은 인간관계를 향상시키며 현재 우리가 성공적으로 풀지 못하는 인간관계의 문제들을 예방해줄 가능성이 있다. 이 책은 이 두 가지 심리학의 극명한 차이점을 잘 설명하고 있다. 그리고 개인적인 삶과 일터에서 어떻게 선택이론을 적용시키기 시작할 것인가에 초점을 맞추고 있다.

이 책을 읽어 나가면서 당신이 제일 먼저 그만두어야 할 일은 외부통제의 가장 파괴적인 세 가지 측면인 비난하고, 탓하고, 불평하기이다. 이렇게 할 때 인생의 모든 부분들이 향상될 것이고 당신의 삶에 완전한 변화를 가져오는 방향으로 가게 될 것이다. 선택이론을 따르는 삶에는 진정한 기쁨을 누릴 기회가 있다. 외부통제를 따르는 삶에는 사람들을 불행하게 만드는 부분이 더 많다고 생각한다.

끝으로, 한국에서 선택이론과 현실치료상담을 연구하는 동료들이 개인적으로 추구하는 일이나 학교나 지역사회에서 행하는 모든 일에 행운이 더 빨리 다가오는 데에, 이 이론이 긍정적인 도움이 되기를 바란다.

William Glasser

1998년 5월

서문

우리는 Glasser의 책명 '**행복의 심리**'를 '**선택이론, 개인자유를 위한 새로운 심리학**'으로 바꾸기로 하였다.

R.T.를 배우고 가르치고 상담하면서 우리 모두 '**선택이론**'을 확실하게 배우고 익혀 효과적으로 적용하는 것이 특별히 중요하다고 인식되었기에. 원명('Choice Theory, A New Psychology of Personal Freedom')에 더 충실하기로 한 것이다.

그러나 나는 심각하게 고민했다. 하지만 이런 작업을 해야 할 가장 큰 이유는, 우리가 근래에 "제 4차 산업혁명시대"를 맞게 되면서 그 엄청난 변화의 속도와 그 質과 量을 감당해야할 인간은, 끌려갈 것인가 아니면 우리의 미래 사회를 주도적으로 "가치 있는 새로운 삶"으로 창조해 나갈 것인가? 우리는 선택해야만 하기 때문이다.

그 갈림길에서 우리는 어느 쪽으로 어떤 선택을 해야만 하는데 "나와 우리의 삶을 위해, 선택이론을 잘 배우는 것이 도움이 될 것으로 믿어 의심치 않았기 때문에 결국 나는 이 작업을 위해 많은 시간을 공들여 수정했다.

요즈음 미래사회에 걸맞는 다양한 인재의 핵심 능력은 "도전 정신, 문제해결 능력, 소통 능력, 창의성, 적응력, 협동 능력"(조선일보 미래인재, 2017.3.30)이라고 하면서 여러 대학에서 교과 과정을 전면 개편하고 있단다. 이제 우리 상담, 특히 한국심리상담연구소는 1986년 개소 때부터, 치료보다는 예방과 성장에 역점을 두는 프로그램을 제공해 왔다. 그런 접근이 선도적이고 창조적인 것이었다는 것이 새삼스럽게 힘이 되었고 자긍심으로 나는 더 큰 책임을 절감한다.

만일 우리가 성공적인 삶의 주인이 되고 싶으면 우리 모두가 '**선택 이론**'을 잘 배우는 것이 개인의 성장과 상호 성장에 크게 도움이 될 것으로 나도 공감한다. 1998년 William Glasser는, 내부 통제 이론인 선택 이론 (1985년 까지는, 통제 이론-Control Theory)을 잘 배워서 상담 영역에서 뿐 아니라 가정, 학교와 다양한 사회조직 안에서도 좋은 관계 유지에 도움이 되고 있다고 했다. 또 그는 **선택 이론**은 상담과 치료에도 도움이 되었지만 예방과 상호 성장에도 절대적으로 긍정적 효과를 기대할 수 있다고 주장하기도 했다. '행복해서 웃느냐, 웃어서 행복하냐'라는 말이 있다. 선택 이론의 입장에서는 웃어서 행복해 진다는 것이다. 그래서 행복한 상태에 이르는 데에는 '**선택 이론**'의 이해가 크게 도움이 된다는 것이다.

W. Glasser의 '**선택 이론**'은, 우리의 모든 행동은 언제나 개인의 자유의지로 자신의 행동을 선택하는 것임을 강조한다. 또 이 책에서 W. Glasser는 다양한 상담을 통해 결국은 좋은 행동선택을 하기 위한 Quality기준 여섯 가지도 제시했다. Quality한 선택을 함으로써 우리의 다섯 가지 기본 욕구(제2장)를 충족하게 되어 "건강과 행복"을 누리게 된다는 것이다.

독자들은 '**선택 이론**'에 대한 깊은 이해로 자신과 이웃이 협동하여 바른 행동 선택을 하여 더 자유로워지기를 바란다. 또 자신의 선택에 대한 책임도 자기가 지게 된다는 것을 깨닫기 바란다. 결국 '행복'은 우리의 'Want'이지만 그곳에 이르는 데에는 효과적인 행동 선택을 해야 하기 때문에 '**선택 이론**'을 바로 배우는 것이 '행복'이라는 'Want'를 찾는 길이 되는 것이다.

이번 개정본에서는 독자가 특별하게 유념해야 할 부분을 다시 강조하고자 한다. Glasser가 全행동의 구성요소를 자동차의 네 바퀴로 비유했고 엔진은 인간의 두뇌속의 유전인자 안에 입력되어 있는 다섯 가지 기본 욕구이고, 자동차의 방향을 선택하는 핸들은 개인의 바람(Want)이고 어느 쪽으로 어떻게 갈지의 행동 선택은 행동체계 안에서 창조하는 것이라고 했다.

모든 행동은 언제나 창조하는 것인데 보통 창조의 개념을 긍정적인 것으로만 이해하는 경향이 있지만 Glasser는 자기 파괴적인 행동 즉 우울하기나 화내기나 남을 해코지하는 모든 부정적 행동도 행동체계 안에서 다 창조해 낸 것이라 했다. 우리가 파괴적이고 부정적인 행동(우울해하기, 화내기 등)을 선택하는 네가지 이유도(당신도 유능한 상담자가 되고 싶은가?의 7장, 8장)자세하게 설명하고 있다.

또 뇌의 기능을 설명하는 CT Chart에 A와 B 상황을 함께 上下로 구분해서 나누었는데, 행동선택을 하면서 A와 B 상황을 왔다갔다 하는 것이 아니다. Want 충족이 된 상황을 나타내는 것이 아래의 B 상황 그림이고, Want 충족이 안 된 경우를 A 상황으로 나타낸 것뿐이다.

또 그의 상담사례에서 우리가 흔히 범하기 쉬운 실수를 그는 겸손으로 훌륭하게 극복해서 상호성장의 계기로 만들었는데 그런 태도로 그가 우리의 스승임을 알 수 있게 해주었다. 즉 상담자가 내담자에게 필요한 것을 주는 것이 아니라, 내담자 스스로 새로운 자기 해결책을 찾을 때 상담자와 내담자와의 좋은 관계 유지체험을 하는 것이 내담자를 돕는 것임을 강조했는데 우리도 그

점을 반드시 기억해야 함을 주장하고 싶다.

또 다른 Glasser의 책, '당신도 유능한 상담자가 되고 싶은가?'에서도 Glasser는 R.T.식 상담평가를 하면서 내담자를 '자신의 위대한 스승'이라고 설명하였는데, 그러한 겸손한 상담자의 태도는 매우 인상적이었고, 나도 그 점을 꼭 닮고 싶다.

우리 모두가 '선택 이론'으로 네 가지 행동요소 중에서 느끼기가 아닌 '활동하기'에 초점을 맞춘 행동 계획을 창조적으로 만들어, 행복을 향한 '핸들(Want)'로 바른 방향을 선택하게 되기를 바란다.

이 교정본이 나오기 전에, 1998년 초판 번역에 참여해준 우애령 강사와 연구원들의 적극적인 참여에 다시한번 감사를 보내며, 이 개정본이 나오도록 적극 참여해준, R.T. Faculty들과, 이용운, 서민경, 그리고 R.T. 학회 총무간사 조화제의 협조에도 감사한다.

믿음으로

김인자

감사의 글

내가 방향을 잘못 잡고 책을 쓰기 시작했을 때 밥 술로(Bob Sullo)가 심사숙고하면서 바른 길로 접어들도록 도와주었다. 점차로 그 방향으로 내가 접어들기는 했겠지만, 그가 도와준 부분에 대해 깊은 감사를 드린다. 그의 저서, [당신의 학교에서 '좋은 것'을 고무시키기(Inspiring Quality in Your School: NEA Professional Library, 1997)]에서 그는 선택이론의 많은 부분을 학교 장면에서 실용적으로 어떻게 사용할 수 있는가에 관해 논의하고 있다.

25년간 동료로 지내온 밥 우볼딩(Bob Wubbolding)은 전반적으로 좋은 조언을 해주었다. 그의 전문 분야는 현실치료상담이고, 지금 [21세기를 위한 현실치료상담]이라는 새로운 책을 저술하고 있는 중이다. 그가 이 책에서 쓰고자 하는 것 중에는 이 치료법에 과연 연구의 뒷받침이 되어 있는가 하는 질문에 관한 대답도 들어있다. 실제로 이 치료법에는 연구의 뒷받침이 있다.

케이 멘틀리(Kay Mentley)는 10장에서 상세히 묘사되고 있는데, 헌팅튼 우즈에 최초로 좋은 초등학교를 세운 교장이다. 이 학교에서는 어디를 가나 선택이론으로 가득 차 있다. 바람직한 학교에 대해 우리가 가지고 있는 환상을 함께 모두어 케이와 교직원들이 생생하게 살려 낸 것이다. 케이의 책, [Quality가 핵심이다: 헌팅튼 우즈의 이야기]는 윌리엄 글라써 본부에서 구할 수 있다. 윌리엄 글라써 본부의 운영책임자인 린다 하쉬만(Linda Harshman)은 이 책을 쓰는데 필요한 시간을 내서 나를 도와주었다. 그녀는 리드형 관리자이며 어느 직원하고도 격의 없이 이야기를 나누는데, 당신은 곧 왜 그런지를 알아채게 될 것이다. 내게 그녀는 필요 불가결한 사람이다.

이 책이 쉽고 명료하게 읽힌다면, 편집자인 신시어 머먼(Cynthia Merman)의 덕분이다. 원고를 보낼 때 내가 "마술을 부려봐요."하고 이야기했는데 그녀가 이 일을 해냈다.

아일랜드, 더블린의 스케리(Skerries)에서 온 브라이언 레논은 내가 슬로베니아에 있을 때, 편집자가 이 책이 훌륭하기는 한데 새로운 부제가 필요하다고 팩스를 보냈을 때 필요한 지원을 해주었다. 그는 내가 올바른 쪽으로 가도록 방향을 잡아 주었는데 슬로베니아와 크로아티어의 많은 동료들도 도움을 주었다. 우리가 "선택이론은 당신에게 무슨 의미를 주는가"하고 물었을 때 그들은 "자유"라고 말했다. 최근에 아카폴코의 회의에서 두뇌 보호 연구자인 폴 로스비(S. Paul Rossby)를 만나는 즐거움을 누렸는데 그는 회의에서 폭력의 신경 생리적인 측면에 관한 논문을 발표했다. 발표 후, 나의 아내와 내가, 냉담하고 제멋대로인 것처럼 보이는 수많은 청소년들을 변화시킬 수 없을 정도로 폭력이 인각되어 있는 것은 아니라는 이야기를 했을 때, 그의 눈에는 눈물이 글썽거렸다. 보호와 선택이론을 통해 그들의 폭력은 변화될 수 있는 것이다. 나는 그와 다시 만나 의견을 나누게 되기를 고대하고 있다.

어떤 이유에서건 위에 언급된 사람들을 만나고 싶다면, 사귀어 볼 가치가 있는 사람들이므로 본 연구소로 연락하기 바란다. 이 사람들의 주소를 알고자 하는 사람들은 윌리엄 글라써 본부로 연락해 주기 바란다. 그들은 나를 도와주었듯이 당신도 기꺼이 도와주리라고 믿어 의심치 않는다.

여기서 그만 그쳐야 하겠다. 더 계속해서 쓰다가는 지구상에서 외부통제 이론이라는 역병을 몰아내기 위해서 나와 힘을 합해 선택이론을 가르치고 있는 수백 명의 사람들의 이야기를 다 하느라고 멈출 수가 없을 것 같기 때문이다.

Glasser의 글

목차

『선택이론, 개인 자유를 위한 새로움 심리학』에 부친다   4
한국 독자를 위해   7
서문   9
감사의 글   13

제1부 이론편 (The Theory)

제1장 | 우리는 새로운 심리학이 필요하다 (We Need A New Pshychology)   18
제2장 | 기본욕구와 느낌 (Basic Needs and Feelings)   46
제3장 | 당신의 좋은세계 (Your Quality World)   69
제4장 | 전행동 (Total Behavior)   91
제5장 | 적합성, 성격, 욕구강도 (Compatibility, Personality, and the Strength of the Needs)   126
제6장 | 갈등과 현실치료상담 (Conflict and Reality Therapy)   157
제7장 | 창의성 (Creativity)   185

제2부 실제편 (The Practice)

제8부 | 사랑과 결혼 (Love and Marriage)   218
제9부 | 신뢰와 당신의 가족 (Trust and Your Family)   253
제10부 | 암기교육, 좋은교육, 그리고 좋은 학교 (Schooling, Education, and Quality School)   309
제11부 | 직장에서의 선택이론 (Choice Theory in the Workplace)   367

제3부 적용편 (The Application)

제12부 | 좋은 지역사회 (The Quality Community)   396
제13부 | 개인 자유의 새로운 의미 (Redefining Your Personal Freedom)   423

부록 (The Appendix)

주요 용어 목록표   436

제1부

이론편
(The Theory)

제1장

우리는 새로운 심리학이 필요하다
(We Need A New Psychology)

이런 상황을 한 번 상상해 보자. 배고프지도 병들지도 가난하지도 않고 그런 대로 많은 것을 누리며 살고 있는 사람들에게 "요즈음 어떻게 지내십니까?"하고 물어 본다고 하자. 그리고 정직한 대답을 해달라고 청해 보자. 수없이 많은 사람들이 "나는 불행해요."라고 대답한다. 그 이유를 물어보면 대부분의 사람들이 불행의 탓을 주변 사람들에게 돌릴 것이다. 즉 애인, 아내, 남편, 헤어진 배우자, 자녀, 부모, 교사, 학생, 아니면 직장동료들을 원망할 것이다. 다음과 같은 말을 들어보지 못한 사람은 아마 한 사람도 없을 것이다. "너 정말 나를 미치게 하는구나……그건 나를 정말 화나게 해……그렇게도 배려해줄 수가 없니?….네가 나를 정말 화나게 해서 제대로 생각할 수가 없어." 그들은 불행을 스스로 선택하고 있다는 생각을 마음속에 조금도 떠올리지 못하고 있는 것이다.

선택이론은 실질적으로 불행한 느낌을 포함한 '모든 것을 우리가 선택한다'는 것을 설명해준다. 다른 사람들은 우리를 비참하게도 행복하게도 만들어 줄 수 없다. 그들로부터 얻거나 줄 수 있는 것은 정보일 뿐이다. 그러나 정보 그 자체가 우리를 어떻게 행동하거나 느끼게 만들 수는 없다. 정보가 우리의 두뇌로 들어오면 특정한 과정을 거치면서 무엇을 할지 우리가 결정하는 것이다.

앞으로 이 책에서 세세하게 그것을 설명하겠지만 우리는 모든 활동과 생각을 선택한다. 간접적으로는 거의 모든 느낌과 신체반응도 선택하고 있다. 기분 나쁠 정도로 고통스럽거나 아플 때 몸 속에서 진행되는 것은 당신이 일상생활에서 선택한 혹은 선택해 왔던 당신의 활동과 생각의 간접적인 결과인 것이다. '어떻게' 그리고 '왜', 이처럼 고통스럽고, 심지어 미친 행동과 같은 선택을 하는가? 그리고 '어떻게 하면 더 나은 선택을 할 수 있는가?' 하는 것을 나는 여기에서 보여주려고 한다.

선택이론은 우리가 인식하는 것보다 훨씬 더 많이 자신의 삶을 통제하고 있다는 것을 가르쳐 준다. 유감스럽게도 그 통제의 대부분이 효율적이지 못하기도 하다. 예를 들어 자녀를 못마땅하게 여기기로 당신이 선택하면 소리 지르고 위협하기를 선택하게 될 것이다. 이렇게 되면 상황은 점점 더 나빠지지 더 좋아지지는 않는다. 효율적인 통제를 한다는 것은 자녀나 다른 사람들과 관계를 맺을 때 더 나은 선택을 할 수 있다는 의미이다. 선택이론을 통해서 사람들이 실제로 어떻게 상호작용하고 있는가 하는 것을 배울 수 있다. 또한 유전자 속에 새겨진 것과, 살아가면서 배운 것을 어떻게 함께 조화시키는가 하는 것도 배울 수 있다.

선택이론을 배우는 가장 좋은 방법은 그저 일어나 버린 것 같은 불행을 왜 우리가 선택했는지에 초점을 맞추는 것이다. 우울할 때 우리는 그 고통에 대해 아무 통제도 할 수 없다고 믿는다. 곧 우리는 신경성 화학작용의 불균형으로 인한 희생자이기 때문에, 화학작용의 균형을 잡기 위해 프로작같은 향정신성 약품을 필요로 한다고 믿는다. 이렇게 믿는 것은 맞지 않는다. 우리는 실제로 고통에 대해 아주 많은 통제력을 지니고 있다. 우리가 과거에 일어났던 일 때문에 희생자가 되는 일은 거의 없다. 내가 앞으로 4장에서 설명하겠지만 무엇을 선택할 때, 두뇌의 화학작용은 지극히 정상이다. 향정신성 약물은 기분을 좀 낫게 해줄지 모르지만, 불행하게 느끼기로 선택했던 문제들을 해결해 주지는 못한다.

불행의 씨앗은 사람들과 만나기 시작하는 인생의 초기부터 심겨진다. 유감스럽게도 우리가 만나는 어떤 사람들은 무엇이 자신에게 필요한가를 알 뿐 아니라, 우리에게 무엇이 좋은 것인지도 잘 알고 있다고 믿고 있다. 이런 믿음으로 무장하고 수천 년 동안이나 우리 생각을 지배해 온 파괴적인 전통을 따르면서, 이들은 자신이 옳다고 믿는 것을 우리가 하도록 밀어붙이는 것이 의무라고 믿고 있다. 이 힘에 어떻게 대항할 것인가 하는 문제는 지금까지 인간들의 불행의 근원이 되었다. 선택이론은 '나는-네게-무엇이-옳은지-알고 있다'는 고전적인 전통에 대한 도전이다. 이 책은 모든 중요한 질문들, 불행할 때 우리가 스스로에게 물어보는 질문에 대답하려는 시도이다. 이 질문은 '어떻게 내가 원하는 대로 인생을 자유롭게 살면서 다른 중요한 사람들과도 잘 지낼 수 있는가?'하는 것이다.

내가 40년 간 정신과 의사로 일해 온 경험에 비추어 볼 때, 불행한 사람들은 아주 유사한 문제를 안고 있다. 그들은 잘 지내고 싶은 사람들하고 잘 지낼 수가 없는 것이다. 나는 성공한 상담자이지만, 가장 탁월한 정신과 의사인 나의 스승 해링턴(G. L. Harrington)의 말을 늘 되새겨 본다. 그는 "정신과 분야 사람들이 갑자기 이 세상에서 다 사라져 버린다 해도 세상은 그들이 사라진 것조차 잘 모를 것이다."라고 말했다. 물론 그가 우리들이 하고 있는 일을 얕보고 있는 것은 아니다. 그의 말에는 만약 정신과 의사의 목적이 세상에 가득한 불행을 감소시키고 사람들이 서로 잘 지내게 하는 것이라면 그들의 노력이 별반 성과를 거두지 못하고 있다는 뜻이 들어있다.

이제 그 목적에 도달하기 위해서는 인간들이 더 가까워지게 도움을 줄 수 있는 새로운 심리학이 필요한 것이다. 이 심리학은 누구나 배울 수 있도록 쉬워야만 한다. 그리고 일단 이 심리학을 이해한 후에는 이용하기가 쉬워야 할 것이다. 현재까지의 심리학은 이 점에서 실패하고 있다고 나는 본다. 어떻게 하면 서로 잘 지낼 수 있는지에 대해 우리는 예전보다 더 많이 알지 못하고 있다. 우리가 받아들이고 있는 심리학은 오히려 우리들을 더 멀어지게 하는 경향이 있다. 결혼관계만 놓고 보더라도, 전통적인 심리학의 활용은 실패하고 있는 것이다.

나는 관계를 파괴하는 이러한 보편적인 심리학을 개인의 자유를 파괴하기 때문에 외부통제 심리학이라고 부른다. 통제란 묵인하지 않겠다는 말처럼 가벼운 것일 수도 있고, 목숨을 위협할 정도로 강력한 것일 수도 있다. 어쨌든 통제는 무엇이든 간에 우리가 원하지 않는 것을 하도록 강요하려는 시도이다. 결국 '우리는 어떻게 느끼는가, 어떻게 일하는가' 하는 것을 다른 사람들이 우리에게 실제로 강요할 수 있다고 믿게 된다. 이러한 믿음은 사람들 모두가 필요로 하고 원하는 개인적인 자유를 다 빼앗아 가버린다.

세상에서 사용되는 외부통제 심리학의 간단한 전제는 다음과 같다. 잘못하는 사람들을 처벌하라, 그러면 그들은 우리가 옳다고 말하는 것을 따르게 될 것이다. 잘 따르면 상을 주라, 그러면 그들은 우리가 바라는 일을 계속해서 하게 될 것이다. 이러한 전제가 오늘날까지 지구상에 살고 있는 대부분의 사람들의 생각을 지배해 왔다. 이 심리학이 그토록 널리 퍼져 있는 이유는 권력을 쥔 사람들, 행정관리자, 부모, 교사, 사업가, 종교지도자 등 무엇이 옳고 그른지를 정의하는 사람들이 전적으로 이것을 지지하기 때문이다. 통제 당하는 사람들은 자신의 인생에 대한 통제력이 거의 없는 사람들이기 때문에 권력 있는 사람들을 받아들임으로써, 일종의 안전함에 안주하게 되는 것이다. 통제하고 강요하고 힘을 사용하는 심리학은 불행을 만들어낸다. 사람들이 그토록 노력했는데도 불구하고 불행을 감소시키기는커녕 오히려 널리 퍼뜨리고 있다는 사실을 깨닫지도 못하고 있다는 것은 매우 유감스러운 일이다.

이러한 불행은 줄지 않고 계속되고 있다. 그 이유는 우리가 통제에 관해 심사숙고하고 다른 사람들을 통제하는 것이 최상이라고 믿기로 결정해서가 아니다. 이러한 통제가 계속되는 이유는 사람들이 우리가 원하는 대로 움직이지 않을 때, 강요하고 통제하는 것이 우리가 생각해 낼 수 있는 전부라고 믿기 때문이다. 외부통제는 우리 조상의 심리학이었고, 우리 부모, 조부모, 교사와 지도자, 그리고 우리가 듣고 알고 있는 거의 모든 사람들의 심리학이 되었다. 그들의 방식대로 하라고 강요하는 것은 하도 오래된 방법이라 이제는 상식으로 통용되고 있다. 우리는 이 심리학을 생각도 해보지 않고 받아들여 사용하고 있다. 이 심리학이 어디서 왔는지 상관하지도 않고, 그 타당성에 대해 묻지도 않는 것이다.

그런데 외부통제가 그처럼 많은 불행의 근원이라면 강요받고 고통받는 힘없는 사람들까지 무엇 때문에 외부통제를 받아들이기로 선택하는 것일까? 그 대답은 간단하다. 효과가 있기 때문이다. 그것은 통제하는 사람에게 그가 원하는 것을 대부분 얻게 해주기 때문에 효과가 있다. 한편 외부통제는 힘없는 사람들에게도 효과가 있는데, 그 이유는 이들이 통제가 자신들 위에 군림하는 것을 보면서 자신도 언젠가는 힘을 얻어 다른 사람들을 통제할 수 있으리라는 희망 속에 살기 때문이다. 토템 기둥의 아랫부분에 속하는 사람들은 내려다보기보다는 더 많이 올려다본다. 힘없는 사람들은 그들이 불행하지만 다른 방도를 택할 자유가 없으며 저항하면 사태가 더 나쁘게 되리라고 믿고 있다. 이러한 그들의 견해는 대체로 정확하다.

따라서 이런 저런 이유로 많은 사람들이 원하지 않는 것을 하고 있다. 예를 들어 많은 여자들이 학대받는 결혼생활을 계속 유지하고 있는 이유는 그 생활을 떠나면 더 불행해지리라고 생각하기 때문이다. 대체로 그들은 혼자서는 자신을 부양할 수 없고, 자녀들도 잃고, 떠난다고 해도 또 다시 학대를 받을지 모르며 목숨까지 위태로울지 모른다는 두려움을 안고 있다. 또 많은 사람들은 그저 그렇게 끈덕지게 버티다 보면 언젠가 사태가 나아지리라는 희망을 지니고 있다. 그렇지만 이 책에서는 왜 사람들이 그저 그대로 외부통제를 받아들이고 있는가 하는 것보다 더 많은 것을 다루고 있다. 이 책은 외부통제를 믿고 사용하는 것이 모든 사람들, 즉 통제하는 자와 통제 받는 자 양쪽을 다 해롭게 한다는 사실에 관한 것이다. 예를 들어 학대하는 남편 역시 고통스럽다(그의 아내나 가족들보다는 덜할지 모른다.) 그도 또한 외부통제 심리학의 희생자인 것이다. 지금 하고 있는 것을 선택함으로써 그는 행복해질 기회를 잃어버리고 있는 것이다. 이 심리학은 우리 인생의 모든 부분을 파고드는 무서운 역병이다. 이것은 우리들의 행복, 건강, 결혼, 가족, 교육받을 기회, 그리고 가치 있는 작업을 하고 싶은 의도까지 파괴시킨다. 외부통제 심리학은 대부분의 폭력, 범죄, 약물중독, 그리고 우리 사회에 만연하고 있는 사랑 없는 성 관계의 원인이 된다.

이 책에서는 이처럼 인간 희생에 관한 모든 것이 쓰여져 있다. 그리고 외부통제 심리학이 '왜 그토록 해가 되는가?', 어떻게 관계를 중요시하는 새로운 이론이 이 심리학을 대체할 수 있는가?' 하는 것을 함께 배워서 이 희생을 감소시킬 수 있는 방법에 관해 쓰여 있다. 선택이론은 내부 통제 심리학이다. 이것은 왜, 그리고 어떻게, 인생의 길을 스스로 정하는 선택을 하게 되는가를 설명해 주고 있다. 선택이론은 그 동안 상식이라고 믿어져왔던 심리학과 완전히 다른 것이다. 나는 시간이 흐르면 선택이론이 새로운 상식이 되리라는 희망을 가지고 있다. 이 변화는 쉽지 않다. 이 변화는 우리들이 외부통제 심리학이 얼마나 잘못되었는가를 배우고, 살면서 만나는 모든 사람들을 대할 때 선택이론으로 바꾸어야 하는 강력한 이유를 깨닫게 될 때 가능할 수 있다. 이렇게 하려고 시도할 때 우리는 끊임없이 자신에게 묻게 될 것이다. 내가 하려고 하는 일이 우리들을 더 가까워지게 할 것인가, 멀어지게 할 것인가? 이 기본적 질문을 어떻게 사용할 것이며 그렇게 하면 무엇이 가능한가에 대한 것이 이 책의 핵심이고 정신이다.

나는 이 책에서 우리의 기본 심리학에 대한 질문을 던지고 있는데 그것이 쉬운 일이라는 망상은 가지고 있지 않다. 이 심리학의 존재를 인식하고 그것이 얼마나 해로운가를 인식하려면, 효과가 없는 데도 불구하고 이 상식에 의존하기 때문에 일어나는 고통과 불행을 살펴볼 필요가 있다. 예를 들어, 당신이 아는 유일한 심리학을 사용해서 십대의 아들이 공부하지 않는다고 주말 외출을 금지하는 처벌을 했다고 하자. 그러나 그 후에도 아들은 여전히 공부를 하지 않고 있으며, 상황은 점점 더 나빠지게 된다. 당신은 주말 내내 뿌루퉁한 얼굴로 집안을 돌아다니는 십대와 지내게 될 것이다. 한 달이 지나면 당신은 생각하기 시작할 것이다. 왜 내가 이런 일을 계속 되풀이하고 있는 것일까? 무언가 더 나은 방법이 있을 것이라고 생각하면서 말이다.

이런 인식에 도달하는데 시간이 걸리는 이유는 아들을 처벌하는 것이 너무도 당연한 상식의 일부가 되어 있어서, 그것이 선택처럼 느껴지지 않기 때문이다. 그리고 처벌하는 것이 옳게 느껴지며, 좋은 부모라면 이럴 때 이렇게 하는 것으로 알고 있다. 아마 당신의 부모도 당신에게 그렇게 했을 것이다. 그리고 다른 사람들에게 물어보면 모두들 당신 편을 들어주는 것이다. 거의 보편화된 상식의 중요성을 알려주면서 그들은 말한다. '그 애를 야단치세요. 왜 이런 바보 같은 질문을 하는 겁니까? 당신은 아들이 건달로 자라기를 바라세요?' 이런 충고의 유일한 문제는 성공하는 경우가 거의 없다는 점이다. 아들을 처벌하는 것을 계속한다면, 당신과 아들은 서로 말하고 듣는 것을 포기하게 된다. 두 사람 다 비참해지고 서로에 대해 느끼는 것에 대해 서로를 탓하게 되고 아들은 전보다 더 공부를 안 하게 되는 것이다.

아직은 대부분의 사람들에게 아이들의 문제에 관해 그런 방법을 사용하지 않는 것이 새로운 도전이며, 말썽의 소지가 있을 수 있다. 만일 당신이 행복하게 살고 싶다면 통제하거나 통제 받도록 허용하는 것이 행복한 관계 유지에 왜 그토록 파괴적인가를 배우는 것이 좋다. 그렇게 되면 통제하는 것이 비효율적인 상황에서는 선택이론을 시도해보려는 마음을 먹게 될 것이다. 만약 이 방법이 효과가 있다면 외부통제를 버리고 선택이론으로 대치하는 어려운 과정을 시작하게 될 것이다. 20년간에 걸친 내 경험에 의거해서 나는 그렇게 주장한다. 심리학이든 상식이든 간에 우리들의 관계를 파괴시킨다면 그것은 버려야만 한다.

외부통제 심리학을 포기해야 한다는 것을 독자들에게 납득시키기 위해 과학의 진보와 인간관계의 진보를 비교해 보는 간단한 그래프를 여기에 실었다. 이런 비교는 보편적인 것은 아니다. 진보를 생각할 때 먼저 마음에 떠오르는 과학의 진보는 그래프가 보여주는 것처럼 너무도 명확하다. 과거보다 지금 더 잘 지내는 것을 의미하는 인간관계의 진보가 있었다고 생각하기는 어렵다. 나는 이 영역에서 현저한 발전이 있었다고 충분히 믿게 만들만큼 서로 아주 잘 지내는 사람들을 보거나 들은 적이 그리 많지 않기 때문이다.

지난 수 백년간, 확실히 괄목할만한 과학의 진전이 있었다. 첫 비행기에서부터 화성을 탐사할 수 있는 수퍼 소닉 제트로까지 진보했다. 의사소통에 있어서도 손으로 다이얼을 돌리는 전화에서부터 인터넷으로 바뀌었다. 이런 리스트는 끝도 없다. 인간관계의 진보만 그렇지 못하다. 1960년대의 민권 운동이 이룬 진보나, 1970년에 좋은 관리가 표면적으로 부상한 이래 관리자와 근로자 사이의 더 나은 관계를 향한 최근의 움직임 같은 예외가 있기는 하다. 하지만 사람들이 과거에 서로 지내왔던 것보다 더 나아진 것이 전혀 없다.

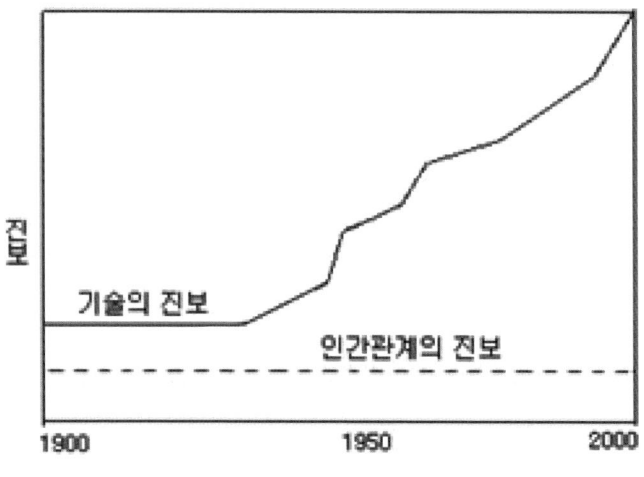

도표 1 인간관계의 진보와 비교해본 기술의 진보

아내와 남편이 서로 잘 지내는 방법에 대해 진보가 있었다고 할 수 있는가? 수년전보다 우리 가족들의 관계가 더 나아졌는가? 만약 더 나아졌다면 그건 정말 내게는 대단한 뉴스거리로 들린다. 현재 학교에서 가르치고 있는 교사가 처음 교직을 시작했을 때보다 상황이 나아졌다고 하는 말을 들을 때도 있다. 그러나 실제로는 그 반대의 이야기를 더 많이 듣는다. 아이들을 가르치기가 그 어느 때보다도 더 힘들어졌다는 것이다. 요즈음처럼 가차없는 정리해고의 시대에 수년 전에 비해서 일터가 더 좋아졌다고 떠들어대는 사람은 없다. 높은 지위에 있는 사람들까지도 직업 만족도가 점점 더 낮아지는 것을 경험하고 있다.

우리는 그래프 선이 상향선을 그리도록 서로 잘 지내는 방법을 보완하고, 개선하지 못했다. 그러나 많은 사람들이 제대로 잘 배우기만 한다면 관계향상을 시켜나갈 수 있는 상향조건은 얼마든지 많다는 것에는 의심의 여지가 없다고 본다. 가끔 우리들은 아주 훌륭한 학교들을 발견할 때가 있다. 여기서는 교사와 학생들이 서로 배려해주고 모든 사람들이 다 배우면서 행복하게 지낸다. 우리들은 결혼해서 행복하게 사는 부부, 결속된 가족들, 자기직업에 매우 만족해하고 있는 사람들을 만나기도 한다. 그런데 그 사람들에게 행복에 대해서 말해달라고 하면 망설인다. 그들은 확신이 없다. 어떤 사람들은 이렇게 말한다. 우리들은 서로 잘 지내려고 열심히 노력하고 있습니다. 다른 사람들은 어깨를 으쓱하며 말한다. 아마 우리가 운이 좋았던 게지요. 그러나 그들이 결코 말하지 않는 부분이 있다. '우리들은 서로 통제하려 드는 것을 포기했지요.' 라는 말이다. 그들은 자기들이 다른 이론을 따르고 있다는 것을 깨닫지 못하고 있다. 즉 자기들이 은연중에 선택이론을 따르고 있다는 것을 알지 못하고 있는 것이다.

과학의 진보에 관해 질문을 받을 때 사람들은 이따금 서로 잘 지내는 것에 대해 이야기한다. 많은 사람들이 이 두 가지 사이에 상관관계가 있음을 알고 있는 것이다. 그렇지만 누구도 중요한 과학의 진보가 운에 의해 이루어졌다고는 생각하지 않는다. 반대로 과학기술의 진보는 우리가 그 영역에서 새로운 이론을 채택하거나, 오래된 이론을 새로운 방법으로 사용함으로써 이루어지는 것이다.

인간관계의 진보를 이루기 위한 거의 모든 노력, 예를 들면, 결혼, 가족, 학교, 직장 내의 인간관계의 향상을 위해 사용해 볼 수 있는 이론에는 아무런 변화가 없다. 외부통제 이론이 너무도 단단하게 자리 잡고 있는 것이다. 그래서 우리가 조금 진전을 하는 경우에도 스스로가 외부통제 심리학을 버리고 본질적으로 선택이론을 사용하고 있다는 사실을 깨닫지 못하는 것이다. 나는 다른 심리학이 존재하고 있다는 것을 우리가 깨달을 수 있도록 인간의 욕구들을 강조하는 이론에 대해 설명하고자 한다.

나는 선택이론과 유사한 다른 심리학들이 없다고 주장하는 것은 아니다. 알버트 엘리스(Albert Ellis)[1])의 REBT도 그 중의 하나이다. 에드워드 데밍(W. Edward Deming)[2])은 질 높은 작업은 서로 잘 지내는 것을 방해하는 두려운 분위기를 몰아냄으로써 얻어질 수 있다는 것을 잘 보여주고 있다.

그는 연주자들이 자진해서 지휘자를 따라 연주를 함으로써 전체적인 화음을 이루어내는 교향악 협연의 지휘자와 작업장의 관리자를 비유하고 있다. 누구도 연주를 하도록 강요받는 것은 아니다. 다만 그렇게 하는 것이 그들의 이익에 도움이 되기 때문에 하는 것이다. 그 자신은 아마도 깨닫지 못하고 있겠지만 사우스 웨스트의 대단한 성공자인 허브 켈러(Herb Kelleher)는 회사를 운영하는 데 선택이론을 사용하고 있다. 최근의 책, '보십시오! 사업과 개인의 성공을 위한 /사우스 웨스트 비행사의 끝내주는 사업 비결을(Nuts! Southwest Airlines Crazy Business Recipe for Both Business and Personal success)'에서 그는 지도력에 대해 다음과 같이 말한다.

"사례와 설득을 통해 가치 있는 공통 동기를 추구하면서 사람들이 기꺼이 단결하도록 이끄는 것은 정말로 중요한 일입니다." 협조에 실패했다고 보는 정리해고에 대해 그는 언급했다. "우리 사우스 웨스트에는 일시해고가 없습니다. 불경기 동안 그렇게 했더라면 더 많은 돈을 벌 수도 있었을 것입니다. 그러나 불만은 불안을 낳게 됩니다. 일단 한 번 그렇게 되면 근로자들은 오랫동안 그것을 잊지 않게 되지요. 근로자들은 손익계산을 문제삼지 않는 사우스 웨스트에서 존중받고 있습니다."

그렇지만 사우스 웨스트는 예외의 경우이다. 켈러가 사업체를 매각하거나

---

1) Albert Ellis, 무슨 일에 관해서든지 자신을 불행하게 만들기를 어떻게 완강하게 거부하는가? How to stubbornly Refuse to Make Yourself Miserable About Anything-Yes Anything, New York: Lyle Stuart, 1988
2) W. Edwards Deming, 표집의 어떤 이론(Some Theory of Sampling(New York: Dover, 1966)

은퇴한다면 물려받은 사람이 기업을 소형화하고 이익을 향상시키기 위해 근로자들에게 어떤 일을 강요하게 될 것이 거의 틀림없다. 그리고 이것이 단기 운영에서는 이득이 될 것이다. 어쨌든 켈러가 사라지면 새로운 경영주가 외부 통제로 돌아서서 장기적으로는 실패할 가능성이 있다.

또한 우리는 불행이 얼마나 광범위하게 퍼져 있는가 하는 것을 실제로 알지 못한다. 그 이유는 수많은 사람들이 위의 상식에 의거해서 불행은 빈곤과 게으름, 그리고 권력 있는 자가 힘없는 자를 대하는 방식 때문에 유발된다고 생각하고 있기 때문이다. 그러나 풍요한 서구 사회에서도 부유하고, 열심히 일하고, 권력도 있으면서 불행하게 지내는 사람들의 숫자가 적지 않다. 성공적인 지식인들이 전문인이나 실업계 지도자들과 함께 높은 이혼율을 기록하고 있다. 부모 자녀간의 심각한 관계의 파탄은 빈곤하거나 힘없는 사람들 중에서 극단적인 형태로 더 많이 나타나지만, 결코 그들만이 그런 경험을 하는 것은 아니다.

빈민지역에 사는 학생들이 부유한 지역에 사는 학생들보다 배우려는 노력을 덜 하는 것은 사실이다. 그러나 이러한 실패는 학교에 출석하는 학생들의 경제력보다는 교사와 학생들이 서로 얼마나 잘 지내느냐 하는 것과 훨씬 더 많은 관계가 있다. 부유한 가정에서 사는 학생들은 교육받는 주요 이유가 번영을 유지하려는 것이지만, 교육의 혜택이 낮은 가정에서 사는 학생들보다 강한 동기를 지니고 있다. 교사들은 이 동기를 잘 받아들여 이런 학생들과 더 잘 지내는 성향이 있기 때문에 그들은 더 잘 배우게 된다. 그러나 교사가 선택이론이 결혼과 가족관계에 얼마나 유용한지를 알게 된다면, 선택이론을 동기가 낮은 학생들과 더 잘 지내는데 사용할 수 있게 된다. 집에서 교육적인 도움을 별로 받지 못하는 학생들이 학업을 보충하는데는 시간이 더 많이 걸릴 수도 있다. 그러나 예전에는 동기가 없었던 학생들도 훨씬 더 많이 배울 수 있게 될 것이다.

교육을 다루는 10장에 나와 아내가 일 년간 일했던 소수민족 학교에서 어떻게 선택이론을 활용하였는가 하는 것이 자세히 설명되어 있다. 이 분야에 관해서는 내가 상당히 잘 알고 있다. 보다 가난한 학생들이나 소수민족에 속한 학생들이 잘 배울 수 없거나 배우려고 들지 않는다는 상식은 완전히 잘못된 것이다. 그들이 처음에는 워낙 뒤져있기 때문에 느리게 배우지만 교사들과 잘 지내게 되면서 결국 다른 학생들만큼 잘 배우게 된다. 생산적이고 좋은 작업은 근로자와 관리자가 서로 잘 지내는 조직에서 일어나는 현상이다.

보통 우리가 서로를 대할 때 시스템(system)이라고 부르는 것을 사용한다. 외부통제 세계에서는 시스템이 물론 강압적이다. 결혼, 가족, 학교, 일터 같은 곳에서 시스템이 실패할 때 사람들은 더 많은 강압을 사용하여 사람을 교정하는데 초점을 맞춘다. 많은 치료자들이 시스템식 접근을 상담에 활용하고 있다. 그들은 가족구성원들이 관여하고 있는 가족 시스템이 잘 작동하도록 돕기는 하지만 개인을 교정하는 것을 강조하지는 않는다. 내가 제안하는 것은 불행한 사람들을 포함한 모든 사람들이 서로 어떻게 잘 지낼 수 있는지를 배울 수 있는 선택이론 쪽으로 변화하자는 것이다. 외부 통제가 이중으로 해로운 점은 우리가 해결하려고 하는 문제 자체가 그것에서 생겨날 뿐만 아니라, 그 문제를 다루는 방법으로도 외부통제가 또한 사용된다는 점이다. 처벌이 유효하지 않으면 반드시 더 심하게 처벌을 하게 된다. 그렇다면 인간관계의 발전에 그토록 진전이 없었던 것도 놀라운 일이 아니다.

지금까지는 심하게 통제하고 조종했기 때문에 혐오하는 관계가 되기 전에, 서로 잘 지내는 방법을 미리 가르쳐 불행을 경감시키려는 노력에 극히 적은 투자만 해왔다. 인간관계 진보의 평평한 선을 상승곡선으로 이끈다는 것은, 곧 외부통제이론에서 선택이론으로 변화하는 것을 의미한다. 이 예방이야말로 효과적인 방법인 것이다. 어떤 사람들에게 문제가 발생할 때를 예로 들어 보자. 일단 결혼이 실패할 조짐이 보이고 난 후 이 부부가 다시 사이가 좋아지는 경우는 드물다. 상담자가 아무리 노련하다 하더라도 결혼에 실패한 사람이나 낙제한 학생을 구제하기가 불가능한 경우가 종종 있다. 그렇다면 이에 대한 현명한 대처는 실패를 예방하는데 있는 것이지, 실패한 사람들을 교정하고 치료하는 더 좋은 방법을 찾는 데 있는 것이 아니다.

실패한 것처럼 보이는 수많은 사람들의 문제가 관계의 문제라는 내 주장을 구체적으로 이해하려면, 자신이나 주변 사람들의 인생을 살펴 보라. 아마 많은 사람들은 원하는 만큼 배우자, 부모, 자녀들과 잘 지내는 것이 불가능할 것이다. 당신이 그들과 오래 지내면 지낼수록 잘 지내기가 더 어렵다는 점 또한 수긍할 수 있을 것이다.

생각해 보라. 당신은 결혼할 때 행복했었다. 당신은 지금 불행하거나 이혼했는가? 당신 가족들 중에 누군가와 말을 안하고 지내지는 않는가? 자녀들이 중학교에 간 후에도 초등학교 때처럼 행복한가? 당신은 직장에서 지금도 즐거움을 느끼는가?

만약 위의 질문 중 한가지 불행이라도 경험하고 있다면 다른 사람을 통제하려고 드는 다음과 같은 네 가지 상황 중의 하나와 본질적으로 관계 가 있다.

1. 당신은 누군가에게 그가 거부하는 것을 하게 하고 싶다. 대체로 다양한 방법이 있다. 어떤 때는 노골적으로, 어떤 때는 우회해서 당신은 그 사람에게 당신이 원하는 일을 하도록 강요한다.

2. 누군가가 당신에게 하고 싶지 않은 일을 강요하려고 한다.

3. 당신과 누군가가 원하지 않는 일을 서로에게 강요하려고 한다.

4. 당신은 매우 고통스럽고 불가능해 보이는 어떤 일을 하도록 스스로가 자기 자신을 밀어붙이고 있다.

처음 세 가지 항목은 같은 상황을 두드러지게 다른 관점에서 바라보는 경우이다. 네 번째 것은 어딘가 다르기는 하지만 같은 유형이다. 이 경우에는 금연하기, 싫어하는 직장에 머물러 있기, 다이어트하고 싶지 않은데 몸무게 줄이기, 또는 좋아하지도 않았던 사람을 사랑하기 같은 일들을 하도록 당신 자신을 몰아 붙이는 경우이다.

처음 세 가지 경우는 자녀양육에 도움이 필요하다고 불평해대는 아내이거나 아내가 일 때문에 바빠서 함께 보낼 시간이 없다고 잔소리하는 남편일 수 있다. 아니면 두 사람 다 서로 불평하고 잔소리 해대는 사이일 수도 있다. 어쩌면 당신은 아이가 학교에서 공부를 잘 하려는 동기가 생기도록 도와주려는 부모나 교사일 수 있다. 아니면 근로자에게 그가 가치가 없다고 생각하는 일을 하도록 강요하는 고용주일 수도 있다. 다른 사람들을 통제할 수 있다고 믿거나 그 반대로 다른 사람들이 우리를 통제할 수 있다고 믿는 한 이런 보편적인 상황과 관련된 불행은 약화되지 않고 지속될 것이다. 이 변형의 역사는 인간의 역사만큼 오래되었다. 바로 이 강압에 맞서는 저항이 우리 인간관계에 그토록 진전이 없게 한 원인이 된 것이다.

이토록 널리 퍼져있는 외부통제 심리학에도 수수께끼 같은 예외가 있다. 그것은 오랜 기간에 걸쳐 시종 일관 변함없이 지내온 친한 친구에게는 외부통제 심리학을 거의 사용하지 않는다는 점이다. 그들과는 거의 깨닫지 못하는 사이에 선택이론을 사용하고 있는 것이다. 그렇지만 그 이론을 알거나 모르거나 간에 우리들 대부분은 종종 좋은 친구들을 배우자나 자녀, 학생이나 고용인들과는 다르게 대하고 있다는 것을 잘 알고 있다.

좋은 친구야말로 가장 믿을만한 장기적인 행복의 원천이라고 우리는 인식하고 있다. 친구가 원하지 않는 일을 강요하면 그 친구를 잃을 수도 있고 행복도 그들을 따라 가버린다는 것을 잘 알고 있는 것이다. 우리가 주저 없이 다른 사람들에게는 강요를 하면서도 친구에게는 강요하지 않으려 드는 것이야말로 바로 우정을 정의하는 좋은 방법일 것이다. 선택이론을 모든 사람들에게 사용한다면 훨씬 더 많은 친구들을 갖게 되어 행복도 증가하게 될 것이다.

여기에 관련된 또 다른 문제는 우리의 소유의식이다. 우리들 대부분은 남편이나 아내, 자녀나 학생, 그리고 고용인들을 소유해야만 하거나 소유하고 있다고 믿고 있다. 나는 아내와 아이들을 통제할 권리가 있는데 왜냐하면 그들은 내게 속해 있기 때문이다. 여기는 내 교실이고 내 학생들은 내가 말하는 것을 따르는 것이 좋다. 나는 이 회사를 소유하고 있고 나는 근로자들을 소유하고 있다. 그러므로 근로자인 당신은 지시하는 일을 하거나 그렇지 않으면 다른 일자리를 찾아보라는 것이 소유의식의 한 예이다. 이러한 사람들이 주변 사람들을 소유했다고 믿는 한, 자기들이 원하는 일을 하도록 밀어붙이는 것을 망설이지 않을 것이다. 그러나 우리는 친구들에 대해서는 다르게 느낀다. 우리가 그들을 소유하고 있지 않고 그들도 우리를 소유하지 않고 있다는 것을 수용한다. 상대를 위해 배려하지만 결코 소유하려고 들지 않는 것이 보다 바람직한 우정을 정의하는 또 다른 방법이 될 것이다.

우리는 소유의식에 관해 진정으로 생각해 보지도 않은 채, 두 집단으로 나누고 있다. 첫 번째 집단은 우리가 소유했거나 소유하려고 시도하는 집단으로 애인, 아내, 남편, 자녀, 학생, 고용인들로 구성되어 있다. 두 번째 집단은 우리가 소유하지 않고 있거나 소유하려고 시도하지 않는 사람들로 대체로 큰 집단을 말한다. 여기에는 친구들을 포함해서 친지, 우리에게 힘을 행사하는 사람, 보스, 그리고 물론 낯선 사람들이 포함되어 있다.

선택이론을 배우는 좋은 방법은 당신이 가장 친한 친구, 보스, 낯선 사람들을 대하는 방법과 다른 사람들을 대하는 방법을 비교해 보는 것이다. 당신은 왜 보스나 친구에게 강요하지 않는지 알고 있다. 당신은 친지들에게 거의 강요하지 않으며 조금이라도 센스가 있는 사람이라면 낯선 사람에게는 절대로 강요하지 않는다. 다치거나 심지어는 살해당할 까봐 두렵기 때문이다. 왜 우리는 자기도 잘 살고, 남도 잘 살게 하지 않는가? 왜 우리들 대부분은 빈말로만 이야기하면서 실제로 황금률을 행하지는 않는가? 왜 우리는 노력해봐야 성공하지도 못하면서 끊임없이 다른 사람들에게 원하지 않는 일을 강요하려고 시도하는가? 이 장의 첫 부분에서 이 질문에 대한 대답을 하고 있다. 다음 장에서 인간의 기본 욕구를 소개하면서 선택이론의 새로운 아이디어를 덧붙이려고 한다.

이에 앞서 외부통제 심리학의 세 가지 믿음을 자세히 설명하려고 한다. 그렇게 하면 두 번째와 세 번째 믿음이 인간관계에 너무도 해롭다는 것을 쉽게 알게 될 것이다. 이 전통적인 심리학을 이해하는 가장 쉬운 방법은 사람들이 살아가면서 어떻게 이것을 사용하고 있는가를 생각해 보는 것이다.

첫 번째 믿음: 나는 전화가 울리면 전화를 받고, 현관의 초인종이 울리면 문을 열고, 빨간 신호등이 켜지면 서고, 그 외에도 헤아릴 수 없이 많은 일들을 단순한 외부 신호에 응답하기 위해서 한다.

두 번째 믿음: 나는 다른 사람들이 원하지 않더라도 내가 원하는 일을 그들이 하도록 만들 수 있다. 그리고 다른 사람들은 내가 생각하고 활동하고 느끼

는 것을 통제할 수 있다.

세 번째 믿음: 내가 하라고 하는 일을 상대방이 하지 않았을 때 웃음거리로 만들고, 위협하고 처벌하거나, 하라는 일을 했을 때 보상해 주는 것은 옳은 일이며 심지어 도덕적 의무이기조차 하다.

이러한 세 가지 상식적인 믿음이 세계를 본질적으로 다스리는 외부통제 심리학의 기본이다.

첫 번째 믿음은 전화 벨이나 다른 기계 신호가 대부분의 사람들로 하여금 대답하게 만든다는 외부통제의 믿음이다. 두 번째 믿음은 행동하는 사람의 행동을 외부에 있는 사람이 항상 통제하는 것으로 보는 믿음이다. 예를 들어 부모가 자녀에게 말한다. "잔디를 깎아라." 교사가 학생에게 말한다, "교실에서 떠들지 마." 남편이 아내에게 말한다. "당신 때문에 화가 나" 세 번째 가장 파괴적인 믿음을 따라 남편, 아내, 부모, 교사, 그리고 보스들은 불복종하기로 선택한 아이들이거나 성인들을 위협하고, 처벌하고, 매수하려 한다. 하라는 대로하는 것이 아이들에게나 성인들에게 가장 좋은 것이며 그렇게 하는 것이 그들의 권리고 의무라고 믿고 있기 때문이다.

우리가 외부적으로 동기화된다는 이 믿음의 근거는 잘못되었다. 누군가가 지구가 평평하다는 믿음에 의문을 던질 때까지 지구는 평평했던 것과 마찬가지로, 전화가 울리니까 받는다는 대답은 우리가 의문을 던지기 전에는 맞는 답처럼 보였다. 일단 어떤 외부통제의 믿음에 관해 질문이 제기되면 옳았다고 믿었던 것이 사실은 틀렸다는 것이 명백하게 된다. 예를 들어, 우리는 전화벨이 울리기 때문에 그것을 받는 것은 아니다. 받고 싶으니까 받는 것이다. 전화에 응답을 즉각적으로 할 지도 모르지만 전화를 받을 때마다 우리는 그것을 최상의 선택으로 결정하는 것이다. 그렇게 생각하지 않으면 전화를 받지 않는다.

당신은 아마 주장할 것이다. "만약 우리가 전화벨이 울리기 때문에 받는 것이 아니라면 도대체 전화벨은 뭐 하러 울리는 겁니까? 확실한 건 전화벨이 울리지도 않는데 받는 것은 아니지 않아요?" 벨소리는 목적이 있지만 그것이 당신을 대답하도록 만드는 것은 아니다. 그 벨소리는 당신에게 밖에 있는 누군가가 안에 있는 누군가와 말하기를 원한다는 정보를 주는 것뿐이다. 전화벨 울리는 소리, 자신의 몸이 지각하는 것을 포함해서 외부세계로부터 지각되는 모든 것들이 다 정보이다. 그러나 정보는 통제가 아니다. 선택이론은 만약 '자극'이라는 말이 구체적인 선택을 하도록 우리를 '통제한다'는 뜻이라면 그런 '자극'이라는 것은 없다고 설명한다.

정보가 우리에게 무엇을 하도록 하는 것은 아니기 때문에, 그 정보를 택하거나, 무시하거나, 우리 보기에 적합한 대로 선택할 수 있는 것이다. 우리는 기계처럼 외부 통제에 구체적인 방법으로 응답하도록 설계되어 있지 않다. 하라고 하는 일을 우리가 할 때는 들어온 정보를 근거로 해서 그것을 하기로 선택한 것이다. 전화의 경우라면 전화 받고 싶지 않을 때 그저 벨이 울리도록 내버려두거나, 응답기로 전화를 받거나, 전화 코드를 뽑아 버리거나, 아니면 다른 사람에게 전화를 받으라고 소리칠 수도 있다.

무슨 행동을 선택하든 간에 그것은 우리 두뇌에서 산출해 낸 것이다. 선택이론은 우리가 다른 살아있는 모든 생물체처럼 내부적으로 동기화 되어 있다고 말한다. 당신은 질문을 할지도 모른다. "내가 전화를 왜 받는지, 왜 그 일을 하는지 알아서 달라질 게 뭐지요? 이미 그렇게 해버렸는데요. 그래서 어떻다는 거지요?" 전화 벨이나 신호등 불빛 같은 단순하고 기계적인 정보라면 그런 건 별다른 차이가 없다. 그러나 첫째 믿음에서 훨씬 더 복합적인 둘째 믿음, 곧 다른 사람이 하기 싫어하는 일을 시키려고 할 때나 혹은 다른 사람이 우리 행동을 통제할 수 있다는 믿음으로 옮겨지게 될 때는 외부통제와 선택이론 사이에 어마어마한 차이가 있다는 것을 이해하기 시작할 것이다.

예를 들어, 선택이론을 안다면 당신이 나처럼 근사한 집을 갖고 싶다고 말해도 내가 죄의식을 느끼게 만들 수는 없다. 당신이 근사한 집을 갖지 못하도록 방해를 했다면 죄의식을 느껴야 하겠지만 그렇지 않다면 무엇 때문에 내가 죄의식을 느껴야만 하는가? 우리가 살고 있는 이 외부통제 세계에 만연하는 필요 없는 죄의식으로부터의 자유야말로 선택이론을 배워서 얻을 수 있는 막대한 이득이다. 많은 어머니들이 외부통제 심리학을 믿음으로써 그들의 자녀들에게 죄의식을 느끼게 한다. 어머니가 원하는 일을 당신이 하지 않았기 때문에 죄의식을 느끼는 것은 당신의 선택이다. 당신이 선택이론을 배우게 되면 더 나은 선택을 함으로써 두 사람 다 자유롭게 만들어 줄 것이다. 물론 당신의 어머니가 당신이 죄의식에 사로잡히도록 하는 데 아주 능란하다면 선택이론을 배우기가 쉬운 일은 아닐 것이다.

선택하는 자유의 놀라운 예는 내 친구인 범죄학자의 행동에서 아주 잘 묘사되고 있다. 그때까지만 해도 그 친구는 외부통제와 선택이론 사이에 이론적인 차이가 있다는 사실을 중요하게 여기지 않았다. 그는 대부분의 사람들이 형편없다고 여길 선택을 했던 것이다. 외부통제 심리학이 위협은 했지만 그 심리학이 사용되지 않았던 덕분에 그는 살아난 것이다.

내 친구는 학술 모임 때문에 라스베가스에 가서 근사한 호텔에 투숙하게 되었다. 친구들이 호텔 방에 들어갈 때마다 몸조심하고, 재빨리 문을 잠그고, 걸쇠를 꼭 걸고, 체인을 하라고 경고했지만 그는 이 정보에 주의를 기울이지 않았다. 그래서 어느 날, 걸쇠를 걸고 체인을 하는 것은 고사하고 방문을 그저 잠그는 것조차 잊어버린 것이다. 잠시 후, 한 남자가 총을 휘두르며 잠기지 않은 문을 열고 방안으로 들어 왔다. 당신이 그곳에 있었다면 보기 드문 광경을 자세히 볼 수 있었을 것이다. 범죄자와 범죄학자가 얼굴을 마주 보게 된 것이다. 전통적인 심리학의 신봉자인 것처럼 보이는 범죄자가 말했다. "지갑 내놔." 내 친구는 너무 놀라(그는 스스로 선택이론을 실습하고 있었기 때문에 놀랐던 것이다)도둑에게 말했다. "지갑은 안돼요. 돈은 주겠지만 지갑은 안됩니다." 범죄자는 내 친구가 바닥에 내려놓는 돈 몇 푼을 집어들고 사라졌다.

만약 그 범죄자가 외부 통제심리학의 헌신적인 실습자였다면 내 친구는 이 이야기를 전할 수 있게 살아남지 못했을 것이다. 남자 손에 들려있는 총은 외부통제로서는 가장 강력한 것이었다. 결정적인 순간, 내 친구가 범죄자에게 지갑을 주지 않기로 선택했을 때 범죄자는 선택이론으로 바꾸어 그를 쏘지 않기로 선택한 것이다. 이런 선택은, 아주 보기 드문 선택으로 보이지만, 이 책에서 시종일관 다루어지고 있다. 이렇게 목적이 뚜렷한 범죄자도 외부통제를 포기하는 게 더 나은 것 같을 때 포기할 수 있다면 우리들에게도 외부통제를 포기하는 것이 그렇게 어려운 일은 아닐 것이다.

그러나 많은 경우에 우리가 불행하게 느낄 때는 불행을 남의 탓으로 돌리거나 최상의 도움이 안 되는데도 다른 사람들을 통제하려고 할 때이다. 좀 더 설명하기 위해 앞에서 언급했던 아버지와 아들의 예를 다시 들겠다. 공부를 하지 않는 아들을 외출금지 시켰더니 이제 아들은 공부라는 것을 아예 걷어 치웠다. 그는 '나쁜' 친구들하고 빈둥거리고 마리화나를 피우고 주말에는 당신의 눈을 피해 집을 몰래 빠져나간다.

당신은 처벌하고 논쟁하는데 많은 시간을 소모했지만 아들은 처음에 당신이 야단치기 시작할 때보다 더 나빠졌다. 이제 당신은 주말 뿐 아니라 주중에도 아들의 외출을 금지시킨다. 시간이 흘러가면서 아들하고 사이가 괜찮을 때는 그런 대로 효과가 있던 처벌이 더 이상 효과가 없는 것이 발견되기 시작한다. 아들은 당신과 이야기하지 않으며 학교로부터는 아들이 수업을 빼먹는다는 통지가 온다.

처벌은 효과가 없지만 당신은 자신이 하고 있는 일이 옳은 일이라고 굳게 믿고 있는 것이다. 그를 집안에 묶어 둘 수는 있지만, 더 이상 아들에게 아무 영향력이 없는 것을 당신은 마침내 알아차리게 된다. 아들에게 말을 걸려고 시도하면 그는 마치 이렇게 말하는 것처럼 눈을 치뜰 것이다. "누가 아버지 말을 듣고 싶대요?"

이제 아들에게는 당신이 실재하지 않는 존재처럼 되었다. 아들을 외출금지 시키기 전에 유지되었던 최소한의 관계도 사라진 것처럼 보인다. 아이는 몇 년 전의 그 아들이 아니고 당신은 어찌할 바를 모른다. 아들은 당신을 적처럼 대하고 있는 것이다. 도저히 무엇이 잘못되었는지 알 방도가 없지만 지금 두 사람이 하고 있는 행동이 서로의 관계를 더 악화시키고 있다는 것은 당신도 잘 알고 있을 것이다.

이 각본의 조금 다른 변형은 부모와 교사가 십대들과 겪는 오래된 불행에서 관찰할 수 있다. 결혼은 장기적인 불행을 키워내는 텃밭이며, 만족스럽지 못한 직장도 마찬가지이다. 그러나 현재의 이런 고통은 통제할 수 있다. 이것은 통제가 불가능한 비극적인 사건들, 사랑하는 사람이 죽거나 아무 잘못도 없는데 좋은 직장을 잃는 것 같은 고통과는 다르다. 이것들은 통제가 불가능하다. 하지만 당신은 함께 잘 지내고 싶은 십대를 처벌하는 것을 그만두도록 선택할 수 있다. 그와 잘 지내는 방법을 배워야 불복종이 드물어질 것이다. 어떻게 그렇게 하는가? 하는 것이 이 책의 2부에 쓰여 있다.

앞에서 예로 든 아버지와 아들의 경우에 처벌은 옳고 그른 것을 떠나 효과가 없었다. 외출금지 시키기 전에는 공부를 좀 했었는데 이제 그는 전혀 공부하지 않기로 선택한 것이다. 전에는 아들과 최소한 말을 나눌 수는 있었지만 이제는 말도 하지 않고 지내게 된 것이다. 한 때는 좋았던 관계가 서로 혐오하는 관계로 변한 것이다. 외부통제 심리학의 두 번째와 세 번째 믿음, 즉 아들을 원하는 방향으로 움직이도록 강요할 수 있고 또 강요해야만 한다는 믿음을 따르기로 선택한 것이 불행하게 된 이유인 것이다. 만약 통제하기를 멈추는 선택을 한다면, 외부통제에 근거를 둔 세상에서라도 자신의 불행에 기여하는 것을 멈출 수 있고, 당신이 통제하려고 드는 사람의 불행도 멈출 수 있다. 그들을 필요로 하는 만큼 그들도 당신을 필요로 한다는 것을 알게 되면, 심지어 그들이 당신을 통제하려 든다고 하더라도, 그의 보복을 멈추는데 도움을 줄 수 있다. 이렇게 되면 사태가 호전될 기회가 있다.

    그러나 당신은 그저 멈추기만 하는 것보다 더 많은 일을 할 수 있다. 강요와 복수의 자리를 타협으로 바꾸는 것이다. 아들에게 왜 이제 더 이상 그를 벌 주려고 하지 않는지 말하라. 당신과 아들의 관계가 학교 공부보다 더 소중하기 때문에 전처럼 함께 즐겁게 지내기를 원한다고 말하라. 아들은 당신이 그가 공부하기를 원한다는 것을 잘 알고 있다. 당신은 이미 예전에 그 핵심을 충분히 잘 말한 것이다. 더 단단하게 망치질하는 것은 다 헛된 일이다. 두 사람이 다시 친밀하게 되면 사이가 틀어져 있을 때보다 아들이 공부를 하고 당신이 원하는 일을 할 확률은 훨씬 더 높아진다.

    우리가 누군가에게 너무 오래도록 강요하면 되돌릴 수 없는 지경에서 돌아오지 못할 지점에까지 이를 수도 있다. 우리와 그들과 결코 다시 친밀해지지 못하게 될 수도 있다. 이 친밀함이 결핍되게 되면 어떤 아이들은 모든 관계를 포기하기 시작하고 점차적으로 쾌락을 추구하며 일생동안 자기를 파괴하는 길로 들어서기 시작한다. 우리가 필요로 하는 관계를 성취하고 유지하려면 강요하고, 힘을 사용하고, 억지로 복종시키고, 처벌하고, 보상하고, 조작하고, 지배하고, 동기화 시키고, 비난하고, 탓하고, 불평하고 잔소리하고, 괴롭히고, 억누르고, 등급을 매기고, 특권을 빼앗기를 선택하는 것을 그만 두어야 한다. 우리는 이 파괴적인 행동을 돌보고, 잘 듣고, 지지하고, 타협하고, 격려하고, 사랑하고, 친구가 되어주고, 신뢰하고, 수용하고, 환영하고, 존중하기를 선택하는 것으로 대체해야만 한다. 이 단어들은 외부통제 심리학과 선택이론의 차이점을 잘 구분해서 정의하고 있다.

앞의 문단에 쓰여진 단어들의 나열들을 보면, 외부 통제적인 단어들이 선택이론의 단어들보다 많은 것을 발견할 수 있다. 우리 언어는 문화의 거울이기 때문에 이것은 관계를 잘 보존하기보다는 파괴시키는 쪽으로 더 초점이 맞추어진 세상에 우리가 살고 있다는 확실한 증거가 된다.

관계를 향상시키는데 성공적이지 못하면서도 국가가 이 불행을 줄이기 위해 아주 많은 돈을 쓰고 있다는 점이 흥미롭다. 공교육이라는 단 한 가지 영역에서 학교를 향상시키기 위해 수십억 달러를 계속해서 쏟아 붓고 있는데도, 어떤 방식으로 성공을 측정하든 간에 아무런 향상이 없는 것이다. 빌 클린턴 대통령은 1997년 연두교서 담화에서 교육에 관해 오랫동안 이야기했다. 그는 훌륭한 제안을 했고, 연방정부의 돈이 필요한 만큼 제공될 것이라고 언급했다.

그러나 사람들에 관해 아무도 논박할 수 없는 진실이 있다면 어떤 노력이 성공하는 확률은 그 일에 관련된 사람들이 서로 얼마나 잘 지내는가 하는 것과 상관관계가 있다는 점이다. 이 진실은 결혼이나 가족관계에서 의심할 여지가 없는 사실이지만 학교나 직장에서도 마찬가지인 것이다. 교사와 학생들과 잘 지내는 학생은 거의 언제나 성공적이지만, 그러한 학생은 전반적으로 절반도 안된다. 도시나 지방의 빈곤지역에서 성공적인 학생들의 수는 10퍼센트보다 낮다. 이처럼 거의 제구실을 못하고 있는 학교에서는 돈과 노력이 그냥 낭비될 뿐만 아니라 그 일부가 학생들이 성공하는데 꼭 필요한 인간관계를 오히려 악화시키는데 사용되는 훈육 프로그램들을 구입하는데 쓰여지고 있다.

제1부 이론편 (The Theory) 41

이제 교사와 학생들이 모두 다 행복한 학교를 운영하기 위해 국가적인 노력을 기울일 필요가 있다. 또한 학교의 범위를 훨씬 넘어서 남편과 아내, 가족 구성원들, 근로자들, 매니저들이 지금보다 훨씬 더 행복하게 지낼 수 있는 사회를 건설해야만 한다. 나는 순진하다고 평가받을 수도 있는 위험을 무릅쓸 생각인데, 궁극적으로 이 책에서 주로 다루게 될 내용은 행복에 관한 것이다. 우리가 노력하는 모든 것들 중에서 일견 온당해 보이는 이 목적이야말로 성취하기에 가장 어려운 것이 될 수도 있다.

행복해 지기 위해 다른 행복한 사람들과 가까이 지낼 필요가 있다고 나는 믿는다. 따라서 행복한 사람이 적으면 적을수록 우리들이 행복해질 기회도 줄어들게 되는 것이다. 세상은 행복한 사람과 가까이 있지 못해 고독하고, 좌절을 느끼고, 화나고, 불행한 사람들로 가득 차 있다. 그들의 주요한 사회적 기술은 불평하고 탓하고, 다른 사람들을 비난하는 것인데 이렇게 되면 그 누구하고도 잘 지내기는 어렵다.

내가 여기서 소개하고 뒷장에서 더 많이 설명할 것들은 불행이 사람들을 두 방향으로 이끌 수 있다는 사실이다. 첫 번째 불행한 집단은 행복으로 돌아갈 방법을 찾으려고 애쓰는 집단으로 행복한 사람과의 즐거운 관계를 찾으려고 노력한다. 두 번째 불행한 집단은 행복한 사람들과 더불어 행복을 찾을 것을 단념한 집단이다. 그들은 더 이상 즐거운 관계를 가져보려고 노력조차 하지 않는다. 그러나 그들도 우리 모두와 마찬가지로 기분 좋게 느끼는 것을 포기하지는 않는다. 그래서 그들은 인간관계가 없는 즐거움을 추구한다. 쾌락을 음식과 알코올, 약물남용 등에서 찾고 폭력과 사랑 없는 성에 탐닉함으로써 즐거움을 추구하는 것이다. 더 많은 사람들이 행복해지는 사회를 창조하지 않는다면 이처럼 자기나 타인에게 파괴적인 행동을 하는 사람들을 줄일 수 있다는 꿈조차도 꿀 수 없을 것이다.

최근 약물퇴치기관(Drug Enforcement Agency)의 관계자는 공영 라디오방송에 출연하여 뉴욕시에만 오십만의 헤로인과 코카인 중독자가 있다고 말했다. 이 양상이 과장되었다고 하더라도 만약 여기에 알콜 중독까지 포함시킨다면 그 숫자는 훨씬 더 늘어날 것이다. 이 불행한 사람들 대부분이 즐거움을 위해 좋은 인간관계를 버린 사람들이다. 그들은 빠르고 강렬한 쾌락을 쉽게 약물을 통해서 찾는다. 이 쾌락은 약을 구해서 혈관 내에 넣기만 하면 되기 때문이다. 약물을 공급하기 위해 필요한 사람들을 빼놓고는 다른 사람들이 필요하지 않게 되는 것이다. 내가 이야기하고 있는 이 불행한 사람들이 꼭 가난하거나 소수민족의 일원인 것도 아니다. 그들은 약물이나 폭력, 사랑 없는 성에 관여하지 않을 수도 있다. 불행한 사람들 중 많은 사람들은 자신을 책임지고 돌볼 줄도 알고, 다른 사람들에게 해를 입히지도 않는다. 그러나 자신이 선택한 방법 때문에 행복한 사람들과 만족한 관계를 유지할 수 없는 것이다. 그 결과로 그들은 불행해진다. 불행은 우리가 겪는 인생의 모든 경험 중에서 다른 무엇보다도 가장 보편적으로 모든 사람들이 찾아가는 것이다.

인간관계에서 행복을 찾는 것과 인간관계가 없는 곳에서 행복을 찾는 것 사이의 차이를 우리는 잘 이해하지 못하고 있다. 따라서 불행하고 쾌락을 추구하는 사람들을 돕기가 왜 그토록 힘든 것인지 이해하지 못하는 것이다. 우리는 그들이 사람을 돕는 전문가들인 정신과 의사, 심리학자, 사회사업가, 상담자들이 보편적으로 만족 할 수 있는 인간관계를 찾고 있다고 추측만 하는 것이다.

그러나 관계를 포기하고 쾌락을 관계 밖에서 찾는 이 두 번째 집단의 사람들에게는 이 추측이 맞지 않는다. 그들은 마치 인간관계를 추구하는 것처럼 말하지만 그것은 그저 말일뿐이다. 그들은 스스로 이런 노력을 하지 않는다. 이들이 아직도 행복을 찾고 있다면 그들을 돕는 것은 훨씬 더 어려운 일이 된다.

우리가 좋아하건 않건 간에 누군가가 그들을 행복을 찾고 있는 사람들에게 다시 소개해 주어야만 한다.

상담자와 교사가 가장 잘 도와줄 수 있는 사람들이지만 선택이론을 알고, 좋은 인간관계 기술을 지닌 은퇴자 같은 비전문가들도 역시 고려해 볼만한 자원이다. 그에 관해서는 이 책의 마지막 장에서 기술되고 있다. 알콜 중독자에게 익명의 단주 모임(AA. Alcoholics Anonymous)은 그들이 필사적으로 추구하는 인간관계를 제공해준다. 이 모임에 참석한 사람들 중 절반쯤은 성공한다. 만약 AA의 성격을 정의한다면 외부통제보다 훨씬 더 많이 선택이론을 사용하고 있다는 점일 것이다.

전문가이거나 비전문가이거나 간에 그들에게 결핍된 것이 인간관계라는 것을 이해하고 있으면, 쾌락만 추구하는 집단과 일할 때 그들이 어떤 행동을 하든지 간에 좀 더 성공적일 수 있다. 그러나 성공적인 관계를 맺기 위해서는 그들을 통제하려고 들지 않도록 조심해야 한다. 자기가 사용했거나 다른 사람이 그들에게 사용했거나 간에 외부통제가 현재의 위치로 그들을 이끌어 간 것이다. 또 다른 방법 중 도움이 되는 것은 선택이론을 가르치는 것이다. 이 이론은 그들이 자신에게 무슨 일을 하고 있는 것인지 설명해줄 것이다. 선택이론은 모든 교정 사업이나 약물 재활 프로그램에 포함될 수 있다. 이런 프로그램 안에 선택이론을 필요로 하는 사람들이 많이 있기 때문이다. 그들을 소집단으로 가르치는 것은 매우 효율적일 수 있다. 그들이 배운 이론을 소집단에서 경험해 봄으로써 인간관계를 조성할 기회를 가져 볼 수 있기 때문이다. 다음 장에서 설명하려고 하는 것처럼 우리는 서로를 필요로 한다. 이 욕구는 우리들 유전자 속에 존재하기 때문이다.

인간행동을 정신·심리학적으로 이해하는 두 가지 입장

김인자 (2006)

1. 외부통제이론
   자극 - 반응이론 : Freud의 정신분석학적인 이론,
   　　　　　　　　내담자 중심이론, 행동치료
   　　　　　　　　- 유전, 환경과 같은 원인이 현재 행동에
   　　　　　　　　　영향을 끼친 것으로 믿는 입장.

2. 내부통제이론
   자극-주도적 반응이론 : W. Glasser의 선택이론,
   　　　　　　　　　　　긍정심리학, 의미치료요법 등

제2장

기본욕구와 느낌
(Basic Needs and Feelings)

부모, 고모, 삼촌, 오빠, 누나, 그리고 선생님들까지 우리가 자기 방식을 따라오게 하려고 애쓰기 때문에 우리는 신속하게 외부통제 심리학을 실습하는 것을 익히게 된다. 조부모들은 종종 예외이기는 하다. 그런데 우리는 행동 속에 숨어있는 동기를 알지 못하고 있다. 예를 들어 오래된 관계가 우리들에게 왜 그토록 중요하며, 그 관계를 성취하기가 왜 그렇게 어려운지를 모르고 있다는 것이다. 그 동기는 유전자 속에 입력되어 있다고 나는 믿고 있다. 이제 우리가 통제하려는 행동을 많이 선택하는 유전적인 이유를 설명하려고 한다.

우리가 태어났을 때 할 수 있는 일은 울고, 떼쓰고, 빨고, 팔과 다리를 버둥거리는 일 뿐이다. 분노의 초기 표현인 울고 떼쓰는 것은 어머니에게 자기를 돌보도록 힘을 가하는 방법이다. 대부분의 어머니들은 이 요구에 즉각적인 반응을 보인다. 이런 보호를 받지 못하면 곧 죽고 말 것이다. 이러한 울기는 생존의 욕구를 충족하려는 시도이며 평생토록 다른 사람을 통제하려는 노력으로 연결되는 것이다. 그러나 이것은 시작에 불과하다. 유전자가 그토록 강하게 밀어붙이지 않는다면, 우리는 자신을 돌볼 방법을 배울 수 없을 것이다.

다음 이야기는 아이들의 통제하려는 행동이 유전적이라는 것과 우리가 잘 모르는 사람을 배려할 수도 있다는 것을 보여주고 있다. 로스엔젤러스에서 미네아폴리스로 가는 비행기에서 16개월쯤 되어 보이는 아기가 세 시간 내내 비명을 지르며 울고 있었다. 어머니도 지쳐 어떻게 할 수가 없었다. 모두 다 그녀의 상황을 딱하게 여겼다. 어떤 사람들은 도와주려고 했지만 아이를 달랠 수가 없었다. 착륙하기 15분 전 어머니는 비행기 안에서 다 들릴 정도로 큰소리로 비명을 질렀다. "이건 정말 지옥 같아요." 그 아이는 고통을 겪고 있었다. 아마도 귀가 기압의 변화에 적응이 되지 못했던 것 같다. 아기의 두뇌에는 이 고통이 생명의 위협으로 해석되도록 입력되어 있었고, 아기는 생존 욕구에 떠밀려서 자기가 할 수 있는 일을 한 것이다. 아기는 자기가 무엇을 하는지 알고 있었다. 바로 어머니가 자기를 돕도록 힘을 가했던 것이다. 그 연령의 아이로서는 달리 선택할 방법이 없었던 것이다.

그런데 아기가 자라서 통제행동이 효과가 없어지면 자신을 돌보는 다른 방법을 바로 배우게 된다. 위의 아이가 지금부터 10년 후, 기압 변화 때문에 같은 문제를 겪게 된다고 가정해보자. 어머니하고 같이 그 비행기를 탄다면 세 시간 내내 비명을 지르지는 않을 것이다. 아이는 어머니가 어떻게도 할 수 없고, 죽을 위험에 놓인 것도 아니며, 비명도 도움이 안 된다는 것을 이해할 것이다. 아이는 또 그가 비명을 지르면 어머니가 화가 나서 오히려 더 불편해 질 것이라는 것도 생각할지 모른다. 아이는 유전자에 주의를 기울이지 않고 최선을 다해 그 고통을 참을 것이다.

그런데 그 비행기 여행 중 대부분의 승객들이 어머니에게 동정적이 되어 가능한 한 그녀를 도우려고 애를 썼다. 이것은 우리들 대부분이 낯선 사람들에게도 도움을 주려한다는 것을 보여주는 명백한 예이다. 우리는 또 세금도 내고 모르는 사람들을 돕기 위해 자선기관에 기부하기도 한다. 자기와 관련이 없는 사람들을 돕는 것은 인간의 독특한 행동이다.

우리 종족이 오랫동안 아이들을 돌봐야 하고, 일생동안 시간, 에너지, 자원들을 자신과 아이들의 생존을 위해 바쳐야 하는 것을 생각해 보라. 인간이 서로 가까워지려는 유전적 지시도 생존욕구만큼 강한 것이 틀림없다고 나는 믿는다. 미국처럼 부유한 나라에서는 생존 그 자체가 제일 중요한 관심사는 아니다. 불행이나 행복은 이러한 생존 이외의 다른 욕구들을 충족시키는 능력과 관련된다. 이 의미를 설명하기 위해 간단하게 유전자에 관해 논의해야겠다.

정자가 난자와 결합하는 첫 번째 세포에 각기 오만 개의 유전자가 공급된다. 이 십만 개의 유전자가 각 개인을 자기답게 하는 지시를 따르게 된다. 첫 번째 세포가 분열, 재분열을 셀 수 없이 많이 되풀이하면서 한 사람을 창조해 낸다. 이 최초 유전자의 복사가 태아의 거의 모든 세포에 복제되는 것이다. 이 복사체를 전달하는 모든 세포는 피부, 근육, 뼈, 골수, 심장, 폐, 그리고 두뇌 등이 되는데 필요한 유전자의 지시를 받게 된다.

유전학자들은 이 십만 개의 유전자에 해부학적, 생리학적으로 한 개인을 이루는 프로그램이 포함되어 있다는 것을 발견했다. 눈빛은 갈색이고 머리카락은 검은 색이라면, 나의 유전자가 이 해부학적 특질을 제공한 것이다. 소화가 잘 되거나 음악적 재능이 있다면, 이것은 위와 장과 두뇌의 신체반응인데 이들은 모두 유전자로부터 유래된 것이다. 낭종 섬유증(cystic fibrosis)에 걸린다면, 폐에 관련된 유전자가 해부학적으로나 생리학적으로 해야 할 역할을 못했기 때문이다.

유전학자들은 염색체의 한 조를 이루는 이 십만 개 세포의 정확한 목적을 발견하려고 애썼지만, 많은 부분이 아직 알려지지 않고 있다. 학자들은 십만 개보다 훨씬 더 적은 유전자가 해부학과 생리학적으로 정상적인 아기를 탄생시키는데 필요하다는 것에 동의한다. 이것은 유전자들 중 엄청나게 많은 숫자가 그 기능이 발견되지 않은 채 남아 있다는 것을 말한다. 나는 이 알려지지 않은 유전자들 중의 어떤 부분이 선택하고 행동하는 동기를 밝히는 심리학의 근거를 제공하리라고 생각한다.

그러므로 신체반응에 근거를 둔 생존욕구 이외에도 네 가지 심리적인 욕구를 충족시키도록 애쓰는 유전적인 프로그램이 있다고 나는 믿는다. 그것은 사랑과 소속, 힘, 자유, 그리고 즐거움의 욕구이다. 모든 행동은 언제나 최선의 선택이고 우리가 선택을 할 때는 그 욕구들 중의 한 가지나 그 이상을 충족시키려고 하는 것이다. 식물이건 동물이건 모든 살아있는 생물체에게는 생식 능력을 포함한 생존욕구가 유전자 속에 프로그램 되어 있다. 고등동물들은 우리 인간처럼 생존 이외의 욕구를 지니고 있다. 일 예로, 개도 사랑하며 심지어 질투도 할 수 있다. 그렇지만 개는 인간처럼 깊고 복잡하고 다양하게 사랑하지는 못한다.

어떤 고등 동물보다도 더 인간의 유전자는 생존욕구 이상의 것으로 동기화되어 있다. 사랑과 소속의 욕구는 낯선 이들까지 배려하게 한다. 뿐만 아니라 특별한 사람들인 배우자, 가족, 친구들, 같은 사람들과의 만족한 관계를 유지하려고 평생 노력하게 한다. 다른 유전자들은 힘, 자유, 그리고 즐거움을 추구하도록 우리를 몰고 간다. 고래, 돌고래, 영장류처럼 두뇌가 큰 동물들은 유사한 욕구를 지닌 것처럼 보이지만, 인간의 욕구와 비교할 만큼 충분히 알려져 있지는 않다. 내 추측으로는 상당히 유사한 점이 있으리라는 정도이다. 이 욕구들이 무엇인지 이 장에서 설명하고 있는 정도까지 모르고 있더라도, 우리는 태어나는 그 순간부터 이 것들을 충족시키기 위해 평생 노력하는 것이다.

우리가 무엇을, 왜 하는지 알기도 전에 욕구를 충족시키는 능력은 자연의 천재적인 솜씨이다. 진화는 인간과 고등동물에게 '느끼는' 능력을 부여했다. 이 능력에 근거해서 다른 어떤 것보다도 '우리가 어떻게 느끼는가'를 잘 알게 된다. 우리들은 어떤 고등 동물보다도 다양하고 복합적인 욕구를 지니고 있기 때문에, 아주 광범위한 범주의 느낌을 지니고 있다. 그렇지만 그 느낌이 아무리 복잡하더라도, 기분이 아주 좋을 때나 나쁠 때 무엇을 하고 있었는지는 기억한다. 이 기억에 근거해서 우리는 할 수 있는 한 기분 좋게 느끼려 하고, 가능한 한 기분 나쁜 느낌을 피하려고 하는 것이다. 그러므로 모든 행동의 분명한 동기는 가능한 한 자주 기분 좋게 느끼고 싶다는 데 있다. 그러나 유아기, 아동기, 성인기로 성장해가면서 사람들과의 관계가 점점 더 복잡해져 가기 때문에, 기분 좋게 느끼기가 더 어려워지게 된다. 비행기 속의 아기에게는 사건이 단순하다. 어디가 아프면 비명을 질러서 어머니가 그것을 해결해주도록 시도하는 것이다. 열두 살 난 아이에게는 사건이 좀 더 복잡하다. 아이는 불편함을 참으며 어머니가 할 수 없는 일을 해달라고 하지 않는다. 만약 비명을 지르면 어머니와의 관계가 나빠질 지 모른다. 따라서 기분 좋게 느끼고 고통을 피하려는 것만큼이나, 필요한 사람들과의 관계는 우리들의 선택에 중요한 영향을 미친다.

좋은 관계를 이루기 위해 대부분의 사람들이 아주 극심한 고통까지도 참는데, 그 이유는 고통보다 관계가 더 중요하기 때문이다. 관계를 얻고 유지하고 향상시키기 위해 우리들은 장기간에 걸친 불쾌한 활동도 자발적으로 한다. 결국에 가서는 기분이 좋아 질 수 있으며 필요한 사람들에게 더 가까워 질 수 있다고 믿기 때문이다. 심지어 더 좋은 관계가 되리라는 확신이 없어도, 나중에 더 기분 좋게 느끼거나 덜 고통을 느끼리라는 희망 속에서 즐거움을 연기하거나 고통을 참는다.

그렇지만 우리가 불행할 때에도 유전자들은 유쾌한 관계로 인해 기분 좋게 느끼는 능력을 제한하지는 않는다. 1 장의 끝부분에서 언급했던 것을 더 자세히 말하자면, 남에게 의존하지 않고 혼자서 즐거움을 느낄 수 있는 일들이 있다는 것이다. 어린 시절에는 많은 사람들이 즐거움을 얻기 위해 자위행위를 한다. 그럴 때 누군가를 상상하기도 하지만 즐거움이 그 사람들에게 의존되어 있는 것은 아니다. 어떤 사람들은 또한 다른 사람들에게 상처를 줌으로써 즐거움을 느끼기도 한다. 사람들을 내리 깎는 일을 자주 하는 사람들도 있는데, 이런 일은 그 과정에서 사랑과 소속의 욕구를 좌절시키지만 힘의 욕구를 충족시켜 주는 것이다. 단지 즐거움을 얻기 위해 다른 사람의 육체를 이용해 사랑 없는 성 관계를 가질 때, 우리는 생존욕구를 충족시킬 수 있다. 어떤 욕구가 충족될 때 느끼는 것과 유사한 느낌을 주는 중독성 약물을 사용해서 두뇌 기능을 기만할 수도 있다.

 우리 사회가 이 정도로 기능을 하는 이유는 우리들이 행복을 추구하는 것을 포기하지 않기 때문이다. 사람들이 함께 잘 지내기가 쉽지 않음에도 불구하고, 이웃이 필요하기 때문에 포기하지 않는 것이다. 우리는 생존하기 위해 함께 노력하고 있는 것이다. 함께 노력하는 것은 혼자 하는 것보다 효율적이고 대체로 더 기분 좋은 일이다. 물론 사랑과 소속의 욕구를 충족시키려면 다른 사람들이 필요하다. 다른 사람들을 돕기 위해 힘을 사용할 때, 기분이 좋고 그 과정에서 더 많은 힘을 얻기도 한다. 우리가 자유를 추구하며, 떠날 때에도 돌아오고 싶을 때는 누군가가 늘 우리를 다시 따뜻이 맞아 주기를 희망한다. 우리들은 다른 사람들과 함께 배우고 즐거움을 나누고 싶어 한다. 이와 같이 기본 욕구를 충족시키기 위한 이상적인 방법으로 우리는 다른 사람들과 가까워지려고 노력하고 그 상태로 머물러 있으려고 한다. 가까운 관계가 없는 사람들은 늘 외롭고 기분이 좋지 않다. 그들은 내일은 기분이 나아지리라는 확신도 없는데 내일도 오늘처럼 고독하리라고 생각하기 때문이다. 행복한 사람들과는 달리 그들은 단기간에 누릴 수 있는 즐거움에 탐닉한다. 알콜중독자는 술이 제공해주는 즉각적인 쾌락의 느낌을 위해 살며 궁극적으로 도움이 안되는 일을 하고 있다는 생각은 떠오르지 않는 것이다. 불행한 사람들은 즉각적인 만족을 추구할 때 전적으로 비합리적일 수 있다.

인간관계가 없는 즐거움은 관계를 즐길 때 느끼는 것과 유사하기는 하지만 이 느낌에 도달하게 만드는 활동은 다르다. 기분 좋게 느껴지기는 하지만 가깝게 지내는 친구가 없는 사람들과 관계를 맺게 되는 것을 경계하라. 위트도 있고 어울리는 재미도 있지만 그들의 유머는 항상 내리깎는 것이거나 증오에 차있다. 그런 사람과 결혼하게 되면 당신이 곧장 그 증오가 담긴 유머의 수혜자가 될 것이고 남은 생애 내내 그 결정을 후회하게 될 것이다. 좋은 친구들이 있고 그 사람들을 잘 대해주고 함께 있는 것이 즐거운 사람을 찾으라. 좋은 친구가 없는 사람은 사랑하는 방법을 모르는 사람이다.

우리가 대체로 기분이 좋을 때, 그런 좋은 기분을 느끼는 다른 사람과 가깝게 지낸다고 가정해 보자. 이럴 때 어떻게 느끼는가가 사랑과 소속의 욕구를 얼마나 잘 충족시키고 있는지 정확히 말해주는 것이다. 그리고 우리가 배려하는 사람들을 만족시켜 준다면, 얼마나 그들의 욕구가 잘 충족되는가 하는 것도 느낌이 말해 준다. 각 개인은 욕구가 충족되었으며 더 노력할 필요가 없다는 것을 말해주는 독특한 욕구충족의 수준이 있다. 이 아이디어는 3장에서 개인의 욕구 강도를 이야기할 때 더 설명할 것이다.

아침에 일어나 불행하게 느낀다면 다섯 가지 기본 욕구 중에서 한 가지나 혹은 그 이상의 욕구가 바라는 만큼 충족되지 않고 있다는 것이다. 일예로 당신이 독감이 들어서 깬다면 그 고통은 당신의 생존의 욕구충족이 바이러스 감염에 의해서 위협받고 있다는 것을 말해주고 있다. 막내가 대학으로 떠나버려 아침에 고독하게 느끼면서 잠에서 깨어난다면 사랑과 소속의 욕구가 충족되지 못한 것이다. 직장에서 승진을 예견하고 잠이 깨었는데 그 소식을 오늘 듣게 되어 있다면 당신의 초조함은 힘의 상실 가능성을 대처하기 위함이다. 승진이 되면 기분 좋게 느낄 것이다. 승진이 안되면 지금 느끼고 있는 것보다 더 기분 나쁘게 느끼게 될 것이다. 가족휴가 여행을 자유롭게 떠날 계획을 하고 있는데 개가 사라진 것을 발견한다면 당신은 그 개를 찾을 때까지 떠날 수 없어서 화가 나게 될 것이다. 즐겁게 테니스 칠 계획을 세웠는데 비가 오기 시작한다면, 즐거움에 대한 욕구의 좌절을 경험한다고 보아도 이상한 일이 아니다. 실망의 느낌이 즉시 그것을 당신에게 알려주기 때문이다.

일단 욕구들에 대해 알기 시작하면 기분 나쁠 때 욕구들이 좌절되고, 기분 좋을 때 그 욕구들이 충족되고 있다는 것을 대체로 인식하게 될 것이다. 위의 예들처럼 언제나 칼로 자른 듯 명백하지는 않겠지만 시간을 두고 생각해 보면 대개 알아낼 수 있게 될 것이다.

생존의 욕구(Survival)

모든 생명체는 유전적으로 생존하고 투쟁하도록 계획되어 있다. 내가 알기에는 스페인어로 가나스(ganas)란 말이 다른 어떤 단어보다도 이러한 노력을 하려는 강한 욕망을 잘 표현하고 있는 것같다. 이 말은 열심히 일하려는 욕망, 지탱하기, 생존을 확인하기 위해 무엇이든 하는 것, 생존을 넘어서 안전까지 가는 것을 의미한다. 이 가나스는 대단한 가치 있는 특성을 지니고 있다. 일을 잘 마치기를 원한다면, 그러한 특성을 많이 갖춘 사람 중에서 누군가를 고용하라. 가족과 인생을 함께 엮어나갈 배우자를 원한다면 가나스를 충분하게 가지고 있는 사람을 찾아서 그를 잘 대우하라. 그런 동기를 가지고 있는 배우자를 비난하지 말라. 당신은 가나스가 당신에게 등을 돌리는 것을 원하지 않을 것이다.

생존욕구의 다른 측면은 종족번식인데 이것은 성적인 즐거움에 근거를 두고 있다. 유전적인 관점에서 보자면 종족번식은 그 동안 대단히 성공적이었다. 사람들이 모자라는 장소는 이제 거의 없기 때문이다. 물론, 성은 생존을 뛰어넘어 다른 욕구들과도 관련되어 있다. 즐거움을 위한 성도 많은 사람들의 마음속에 자리하고 있다. 사랑이 성과 결부되어 있든 아니든 피임은 즐거움을 배가시키는 손쉬운 방법이다. 아마 인간이 해결해 낸 최상의 방법 중의 하나가 안전한 성을 즐기는 것이다.

인간과 동물의 생존 사이에 다른 점이 있다면, 어린 시절부터 있을 것이다. 인간은 생존하려는 욕구를 현재뿐만 아니라 미래까지 인식하고 있다는 점이다. 즉 우리들은 삶을 긴 안목으로 살려고 애쓴다. 많은 사람들이 건강하게 오래 살려는 희망으로 운동하고 다이어트하고 생수를 사서 마신다. 유감스럽게도 쉽게 입수할 수 있지만 생존에는 해가 되는 지방질은 옛 조상이 먹고 살아왔기 때문에 우리가 그 맛을 즐기게 되었다. 어떤 사람들은 지방질이 많은 치즈버거를 먹으려고 생명을 포기하는 셈이 된다. 그러나 지방질을 먹는다고 자녀들이 독립하기도 전에 금세 죽어버리는 것은 아니다. 지방질을 먹는 유전적인 즐거움이 아직도 우리를 지배하고 있지만 건강해지고 싶으면 절제해야 한다. 그렇지만 미래를 인식하고 있기 때문에, 지방질을 먹는 것이 어쩐지 편안치 않고 어떤 사람들에게는 이 불편함이 지방질을 피하는데 도움이 된다.

수백 만의 사람들이 음식과 의료의 결핍 때문에 지속되는 굶주림과 질병으로 고통받고 있는 것은 사실이다. 이 사람들이 굶주리거나 의료혜택이 없이 사는 것을 선택한 것은 아니다. 굶주림의 고통은 자동적으로 생존욕구에 입력되어 있지만 이 책에서는 직접적으로 이런 비자발적인 결핍을 다루고 있지 않다. 그러나 왜 그토록 많은 십대 소녀들이 굶주리며 심지어 죽음에까지 이르게 되는지 그 자발적인 결핍에 관해 세부적으로 설명해 보겠다. 이런 일들은 우리가 생존이라는 한가지 욕구를 뛰어넘어 다른 욕구인 힘의 욕구로 갈 수도 있다는 예이다. 만약 생존만이 단 하나의 기본욕구라면 거식증은 물론이고 자살도 있을 수 없다.

선택이론은 생존뿐만 아니라 다른 모든 인간활동에 적용될 수 있다. 그러나 여기서는 외부통제를 포기하면 어떻게 다른 사람들과 잘 지내는데 도움이 되는가 하는 사회적 활동에 초점을 맞추고 있다. 어쨌든 흥미 있는 일은 사이좋게 지내는 것은 이처럼 폭력적인 사회에서 생존을 위해서도 도움이 된다는 점이다. 젊은이들에게 질병이나 사고가 아닌 총상이 첫 번째 사인인 것을 보면 많은 사람들이 사이좋게 지낸다면 더 잘 생존할 수 있다는 것은 명백한 사실이다. 오늘날 동물들과 마찬가지로 선사시대에는 생존욕구만이 유일한 욕구였다. 그런데 점차 서로 사랑하는 사람들은 생존 가능성이 더 높아졌고, 그에 따라 이 특권이 계속되면서 사랑은 생존과 분리되어 기본욕구가 된 것이다. 마찬가지 경우가 힘에서도 일어났다. 시간이 흘러가면서 힘없는 자보다 힘있는 자가 생존에 더 유리했기 때문에 힘의 욕구도 또한 분리되었다.

다른 사람들의 지배를 피해서 더 쉽게 생존하려면 자유가 필요했다. 이것 또한 분리된 욕구가 되어서 힘에 대항하는 완충제로 기능 하게 되었다. 즐거움은 배우는 것에 대한 유전적인 보상이다. 이것은 생존과는 관계없지만 사랑과 힘과 자유를 더 많이 얻을 수 있는 일들을 배우기 시작하면서 분리된 욕구가 되었다. 이들이 바로 우리 삶을 동물과 달리 복잡하게 만드는 평생의 욕구로서 생존에 추가된 것이다. 이제 이 네 가지 새롭게 생존에 추가된 욕구들을 사랑과 소속부터 시작해 자세히 살펴보려고 한다. 그러면 이 복합성을 더 잘 이해할 수 있게 될 것이다. 이 심리적인 욕구에 대해서는 선택이론의 세부사항으로 들어가면서 더 자세히 설명하겠지만 다음 설명이 일단 도움이 될 것이다.

사랑, 사랑에 근거한 성, 그리고 소속감
(Love, Loving Sex, and Belonging)

　대부분의 훌륭한 책이나 연극, 오페라들이 성적인 사랑을 추구하며 무난하게 시작되다가 마침내 비난과 탓하기, 불평과 질투가 관계를 비집고 들어오면서 비참하게 끝난다. 시작은 어려울 것이 없다. 그러나 사랑과 소속의 유전자는 일생동안 사랑을 유지할 것을 요구하는데 이것은 외부통제 세계에서는 지키기 힘든 것이다. 시작할 때는 썩 괜찮아 보였던 관계가 시간이 가면 악화되기 시작한다. 사랑의 시련과 고난이야말로 문학에서 너무도 흥미 있는 부분이다. 만약 사랑이 강렬하게 지속된다면 아무 이야깃거리도 없을 것이다. 간통, 살인, 자살, 정신질환 등이 바로 이 악화된 사랑과 관련된 통속적인 비극이다. 질투의 느낌, 버림받은 느낌, 복수, 절망의 느낌들이 종종 사랑하는 사람들의 행동을 지배한다.

　그러나 살인을 저지르거나, 죽거나, 경미한 정도로 비참함에 시달리거나 간에 사랑 때문에 불행한 사람들은 1장에서 묘사한 외부통제의 세 가지 변형과 관련이 있다. '당신이 나를 불행하게 만든다. 그리고 나는 당신을 변화시키고 싶다' 라는 주제의 모든 변주곡인 것이다. 책과 연극이 불행의 초상을 그릴 때 극단으로 치우치는 경향도 있지만 대체로 정확하다. 사랑의 실패는 인간이 겪는 불행의 명단 중에서 첫 번째 자리를 차지할 것이다.

　이다 알고 있듯이 사랑은 정의 내리기가 어렵다. 그러나 어쨌든 우리들은 그 정의를 내린다. 그리고 사랑에 빠져 있을 때의 황홀함과 원하는 사랑을 이룰 수 없을 때의 비참함과의 차이를 안다고 믿고 있다. 이 책 뒷부분에서 나는 선택이론의 개념을 사용해서 많은 사람들에게 도움이 되었던 사랑의 정의를 내리고 있다. 그러나 지금은 편한대로 사랑의 정의를 사용하라. 여기서 내가 지금 설명하려고 하는 것에 대해 모두가 같은 정의를 내릴 필요는 없다.

우리들은 사랑과 소속감을 찾아다니지 않을 수 없지만 소속감이나 우정을 찾는 데는 별로 어려움을 느끼지 않는다. 우리는 쉽게 친구를 만들고 우정을 유지한다. 우리 욕구들 중 가장 좌절을 주는 것은 사랑이며 그중에서도 성적인 사랑이다. 성적인 사랑이 불만족스러울 때 사람들은 보통 환상 속에서 간통을 꿈꾸기도 한다. 일생동안 같은 사람과만 성적인 사랑을 나누려는 욕구가 유전적 인자 속에 존재한다는 증거는 하나도 없다. 유전자는 누군가를 원하는 것이지 구체적으로 어떤 사람인가는 관심이 없다. 이 사실은 높은 이혼율과 높은 재혼율을 보면 자명해진다. 그러나 전에도 언급했듯이 이혼이 불행한 결혼의 유일한 지표는 아니다. 그대로 사는 사람들 중에 이혼한 사람보다 더 불행하게 살고 있는 사람들이 많을 것이다. 대부분의 사람들 마음속에 만족한 사랑과 성이 함께 존재한다. 그러나 결혼식장에서 일생동안 성과 사랑을 함께 지킨다는 약속을 서로에게 할 때 이 일이 얼마나 어려운 것인가에 대해서는 아무 생각도 없는 것이다. 관계가 계속 되면서 많은 사람들이 항상 그러하듯 서로 밀어붙여 해를 끼치게 되면 성과 사랑의 결합은 희박한 상태에서 아주 소멸 상태로 가게 된다. 나를 통제해서 변화시키려고 드는 사람이나 내가 통제하고 변화시키려고 드는 사람을 사랑하는 것은 불가능하거나, 아주 어려운 일이다. 성관계는 결혼생활에서 계속되지만 이제 통제하는 방법의 일부분이 되고 만다. 배우자 중 한 사람이나 두 사람 다 외부 통제를 사용할 때 결혼에서 사랑은 사라져 버리게 된다. 그리고 자기가 고독하게 느끼는 것이 상대방 탓이라고 비난하기 시작하는 것이다.

내 추측으로는 많은 사람들이 사랑이 없는 성에 매달려 있거나 한 사람은 사랑이 있지만 상대방은 사랑이 없는 성에 매달리기로 한다. 그러나 이 사람들도 한때는 서로 사랑했었고 가능하다면 대부분의 사람들이 사랑을 하고 싶어 한다. 사랑 없이도 쾌락을 줄 수 있는 성을 얻기 위해 많은 사람들이 겉으로만 사랑하는 척하기도 한다. 그러나 많은 사람들은 사랑하는 척하는 연기조차 하지 않는다. 사랑에는 관심도 없는 생존 호르몬에 쫓겨서 좋아하지 않는 사람과 사랑 없이 쾌락만 주는 성관계를 갖는다. 성은 파트너 중 한 사람이나 두 사람 모두에게 기분 좋은 느낌이 들게 해주어서 그 자체만으로도 성관계를 갖는 이유가 된다.

성은 또한 힘과도 아주 큰 관련이 있다. 그러나 사랑이나 우정을 배제하는 것은 아니다. 이것은 사랑이나 우정이 있는 성처럼 힘의 성이라고 묘사될 수 있다. 헨리 키신저가 말하기를 힘은 궁극적으로 성욕을 불러일으키는 촉진제라고 말했다. 명백한 이유 때문에 여자들은 힘 있는 남자들에게 끌린다. 그들이 힘이 없다면 관심도 두지 않을 것이다. 그 반대도 마찬가지이다. 역사를 살펴보면 힘 있는 남자나 여자가 서로 힘을 나눈다고 믿으면서 성 관계로 빠지는 경우가 있다. 어떤 경우에는 이 환상이 사실로 되어버린다. 월리스 워필드 심프슨(Wallis Warfield Simpson)을 위해서 에드워드 8세(Edward VIII)는 영국 왕관을 포기한 것이다. 성은 우정과 즐거움을 다른 사람과 나누기 위한 수단이기도 하다. 두 사람이 다정한 파트너가 되어 사랑에 대한 긴장이나 대단한 기대 없이 오락으로 즐기는 성도 기분 좋은 것이다. 이것은 아마 새로운 사람에 대해 알게 되는 즐거운 수단일 수도 있다.

문학은 사랑이 시작될 때와 끝날 때에 초점을 맞추는데 그 때야 말로 흥분할 만한 일이 벌어지는 것이다. 단조로운 중간단계에서 관계를 지속시키려는 창의적인 노력은 독자들의 지대한 관심사일지 모르지만 대체로 작품에서 빠져있다. 작가가 중간단계의 관계를 극적으로 끌어나가는 것은 어려운 일이다. 영원한 사랑은 모든 사람들에게 생생한 관심사인 것이다.

성적이든 아니든 간에 사랑을 지키려고 한다면, 첫 번째 장에서 논의한 우정이라는 주제로 되돌아가야만 한다. 애인이나 다른 가족들과는 달리 좋은 친구는 소유의식에 빠져 있지 않기 때문에 일생동안 우정을 지킬 수 있다. 처음부터 함께 공유하고 있는 부분이 없다면, 좋은 친구가 되지 못한다. 이 적합성에 대한 논의는 뒤에서 다루겠다. 그러나 이 시점에서 당신의 사랑이 지속될 수 있는 것인지 아닌지 스스로에게 다음과 같이 물어보라. 내가 사랑에 빠진 사람이나 성 관계를 맺기 시작한 사람과 얼마나 많은 공통점이 있는가? 특별히 자신에게 물어보라. 호르몬에 의해 이 사람에게 매혹 당하지 않았더라도 친구로서 기꺼이 사귈만한 사람인가? 만약 그 대답이 '아니다'라면 당신의 사랑이 성공할 가능성은 거의 없다. 호르몬은 우리를 만나게 해주지만 우리 사이를 지속시켜주지는 않는다.

사랑이 있는 성적 관계를 유지하려면 자기 자신만의 생활도 필요하다. 성적인 삶만이 아닌 사회생활이나 취미생활에서 두 사람이 따로 분리되는 삶이 필요한 것이다. 남편과 아내는 각자 추구하는 흥미나, 친구들이 있어야만 한다. 당신은 이런 흥미를 두려움이나 비난 없이 누릴 수 있는가? 좋은 친구나 배려하는 가족 사이에서라면 아주 쉽고 자연스럽게 그렇게 할 수 있다. 우리들은 결혼생활에서도 쉽게 이렇게 할 수 있도록 배울 필요가 있다. 배우자가 이런 휴식을 즐기지 못하게 막는 것은 두 사람의 관계에 해를 끼치게 된다. 배우자에게 모든 것을 의존하는 것은 대부분의 관계가 우리에게 줄 수 있는 것보다 더 많이 요구하는 것이다.

사랑에 대해 생각할 때 우리는 주는 것보다 받는 것에 대해 더 생각하는 경향이 있다. 당신은 나를 사랑하세요? 라는 질문은 우리가 불만족스러울 때 흔히 던지는 질문이다. 배우자 중 한 사람이 상대방보다 훨씬 더 많은 사랑을 주기 시작할 때 사랑은 지속될 수 있는 것일까? 물론 무슨 일이든지 다 일어날 수는 있다. 사랑을 주기만 하고 거의 요구하지 않는 배우자를 만날 수도 있다. 그렇지만 주지 않고 받기만 하는 사랑에 오랫동안 의존하기는 어렵다. 사랑과 우정은 쌍방통행이다. 사랑을 받아들이는 것은 또한 예술이다. 사랑을 감사하게 받아들일 것을 배우는 것은 어떤 관계에서나 도움이 된다.

성 관계 외에 다른 사랑의 관계에서도 어려움은 일어난다. 예를 들어, 가족들, 특히 자녀와 부모 사이에서 종종 상대방이 주려는 것보다 더 많이 원하는 경우가 생긴다. 그렇게 되면 한쪽이나 양쪽 다에서 외부통제를 사용하게 되고 가족은 종종 분열하게 된다. 관계를 맺은 사람이 상대방을 통제하려는 시도를 하는 한 이 분열을 막을 방도는 없다. 유감스럽게도 이런 것이 대부분의 가족들이 의견일치를 보지 못할 때 취하는 행동이다. 사랑을 주고받는 데 있어 가족이나 다른 관계에서의 문제를 해결할 방도로서, 외부통제를 포기하고 선택이론을 활용하라는 것 이외에 다른 것은 제안할 것이 없다.

힘(Power)

만약 아주 특이한 인간의 욕구가 있다면 그것은 힘이다. 생존하려는 욕구의 한 부분으로 어떤 고등 동물들은 사랑을 원하고 자유를 원한다. 그리고 동물들이 어릴 때는 대부분 놀고 배우며 즐거움을 누린다. 그렇지만 사람들처럼 힘을 위한 힘을 원하는 방식은 우리 종족들만 지니고 있다. 동물들은 자신이 위협받게 되거나, 성을 원할 때, 자신이나 새끼들을 위한 음식을 원할 때 공격적이 되지만, 이것은 생존을 위한 것이지 힘을 위한 것이 아니다. 동물들은 충분한 음식이 있고, 호르몬 욕구에 휘둘리지 않고, 새끼들에게 먹일 것이 있으면 공격적이 되지 않는다. 우리들 인간만이 유일하게 힘에 휘둘리는 종족인 것이다. 아주 일찍 생존의 욕구에 대체되는 욕구로 우리들이 선택하는 것이 바로 이 힘의 욕구인 것이다.

많은 사람들이 원하는 것을 충분히 가졌다고 수긍하면서도 무언가 더 가지는 즐거움을 원한다. 무언가 더 가진다는 것은 다른 누군가가 덜 가지게 된다는 것을 의미하고 있다. 오래된 우정도 한 사람이 다른 사람보다 더 많은 힘을 지니고 싶어 하면 취약점을 노출하게 된다. 탐욕과 권위로 가득 찬 사람과 우정을 유지하기는 어렵다. 많은 사람들에게 이런 느낌의 추구가 만족되기는 어렵다. 우리는 이기기를 원한다. 상황을 잘 다루기를 원하고 내 방식대로 하기를 원한다. 사람들에게 무엇을 하라고 하기를 원하고, 그들이 그렇게 하는 것을 보기를 원하고, 그리고 그 일이 우리가 아는 최상이기를 원한다. 힘을 추구할 때 많은 사람들이 그것을 얻기 위해 필요한 것이 무엇이든 간에 상관하지 않는다. 힘의 추구가 결혼생활을 희생시키고 자녀와 부모와의 관계를 해치고 사업경쟁 관계를 파손시키더라도 그렇게 하는 것이다. 힘에 대한 강박적인 관념을 가지고 있는 사람은 극단적인 한계를 넘어 살인까지도 저지를 수 있다.

우리가 살고 있는 외부통제 사회에서는 그 정의가 다른 사람들에게 해가 되는데도 흔히 힘있는 사람이 현실을 정의 내린다. 예를 들어 학생들을 낙제시키는 것이 옳은 일이라고 믿는 교사들은 어느 학교에나 많이 있다. 힘을 남용해서 아이들을 낙제시키는 것이 1장의 도표 상에서 나타난 인간관계의 진보가 평평한 선을 이루게 되는 확실한 이유가 된다. 힘은 그 자체로는 좋은 것도 나쁜 것도 아니다. 어떻게 그것이 정의되고, 습득되고, 사용되는가 하는 것이 차이를 만드는 것이다.

어린아이가 부모나 다른 사람들이 자기 요구에 기꺼이 응하는 것을 보며 일단 힘의 맛을 보게 되면 더 많은 힘의 욕구가 생성되기 시작한다. 십대가 되면 어려서는 단지 생존하고 사랑이 담긴 관심을 끌기 위한 것에 불과했던 힘이 훨씬 더 많은 것을 요구하도록 우리를 밀어붙이는 것이다. 힘에 밀려서 우리들은 모든 일에 서열을 만들어낸다. 사회적인 위치, 이웃들, 거주지, 의복, 성적, 이기는 것, 부귀, 미모, 인종, 힘, 체격, 가슴이나 이두박근의 크기, 차, 음식, 가구, 텔레비전 시청률 등 생각해 낼 수 있는 거의 모든 것들이 힘 겨루기로 전환되는 것이다. 다른 사람들을 밀어 제치고 한발이라도 더 앞장서려고 애쓰는 것이 보통 우리 사회에서 사람들이 사는 방법 중의 하나이다.

물론, 많은 사람들이 공동의 이익을 위해 일함으로서 힘을 얻기도 한다. 강력한 힘을 느끼게 해주는 일을 성취하고, 동시에 다른 사람들을 여러 방법으로 도울 수도 있다. 어떤 사람이 배팅 점수의 평균을 올리거나 골프 스코어를 내리더라도 다른 누군가의 것이 감소되는 것은 아니다. 의사가 인간의 생명을 구하거나 새로운 치료법을 개발하면 그는 힘을 얻은 것으로 느끼고 모든 사람들은 혜택을 받는다. 전문직 중에서 가르치는 직업을 가진 사람들 중에 학생의 성공을 보고 힘을 느끼는 행복한 교사들이 많이 있다. 나는 사람들을 돕기 위해 이 책을 쓰고 있는데 성공하게 된다면 매우 기분이 좋을 것이고 자신을 아주 힘이 있는 사람으로 느낄 것이다.

번성하고 있으며, 상당히 민주적인 우리 사회에서는 다행히도 거의 모든 사람들이 힘을 얻을 방도가 있다. 그리고 많은 사람들이 자신이 얻은 힘에 만족한다. 우리들 모두 정치가나 돈을 찍어내는 재벌만큼의 힘을 열망하지는 않는다. 그러나 그 최저치로서 하고 싶은 이야기를 누군가가 들어주기를 원한다. 만약 그 누구도 내 말을 듣지 않는다면 무력함의 고통을 느낄 것이고 이것은 외국을 여행하면서 정보를 얻으려고 하는데 아무도 당신의 모국어를 모르는 것과 유사한 고통이다. 선택이론 세계에서는 훨씬 많은 사람들이 서로 들어주기를 즐기며 혼자 말할 권리를 독차지하려고 애쓰지는 않을 것이다.

개인적인 관계에서 상대에게 강요하는 것은 효과가 없는데 이는 힘이 있는 사람에게나 무력한 사람에게나 마찬가지이다. 힘있는 사람들은 너무 많이 강요하는 성향이 있고 결혼생활이나 가족관계에서 그 강요가 장애가 되는 것이다. 권력이 있는 사람들 중에는 아내와 함께 살기는 하지만 신의를 지키지 않는 사람도 있다. 요즈음에는 많은 사람들이 결혼이 성공적인 것처럼 가장하기보다는 이혼을 택한다. 최근의 법이 이혼하는 여성을 예전보다 훨씬 더 보호해주기 때문에 불행한 아내들이 권력 있는 남편과 헤어지는 것이다. 권력이 있는 사람들도 다른 사람들처럼, 아니 어쩌면 다른 사람들보다 더 많이, 행복해지기 위해 선택이론이 필요하다. 그들이 지닌 힘 때문에 그들이 이 이론을 채택한다면 사회전체가 그 혜택을 받게 되기 때문이다.

선택이론 사회에서는 서로 잘 지내는 것이 중요하기 때문에 다른 사람에게 강요하는 일이 적어지게 될 것이다. 서로를 심판할 일이란 별로 없을 것이고 차이점들을 극복하기 위해 타협하려고 더 노력을 기울이게 될 것이다. 권력자는 힘을 포기하고 사람들과 잘 지내는 것이 억압하는 것보다 더 힘을 얻게 된다는 것을 발견하게 될 것이다. 힘의 욕구충족을 배워야만 살아갈 수 있는 것이 대체로 이와 같은 사회의 특징이다. 이런 사회는 선택이론 심리학으로 바꾸기만 한다면 도달 할 수 없는 먼 곳에 있는 것은 아니다.

자유(Freedom)

다른 사람의 힘이 우리 관심을 끌게 될 때는 우리가 원하는 대로 사는 것을 위협하는 경우이다. 그와 마찬가지로 자유가 본질적으로 위협받게 될 때에도 우리는 관심을 기울이게 된다. 자유의 욕구는 당신이 원하는 것을 내게 강요하는 욕구와 내가 원하는 것을 당신에게 강요하는 욕구에 균형을 잡기 위한 진화의 의지라고 나는 믿는다. 이 균형은 황금률에 의해서 최상으로 묘사되고 있다. 남이 당신에게 하기 원치 않는 것을 당신도 남에게 하지 말라는 것이다. 힘으로부터 도출된 외부통제는 자유의 적이다. 당신에게 동의하지 않는 사람들을 말살해야 한다는 힘의 사용에 대한 잔혹한 규칙이 세상에 만연하고 있는 고통의 주범이다.

그렇지만 고통보다 더한 것이 위태롭게 된다. 자유를 상실할 때마다 인간의 속성을 규정짓는 건설적인 창의성을 나타낼 능력이 감소되거나 상실된다. 7장에서 상세히 설명하고 있는 것처럼 창의성은 언제나 좋지만은 않다. 자신을 표현하는데 자유롭지 못하게 느끼거나 자기를 표현했을 때 아무도 귀기울여 듣지 않는다면 창의성은 우리를 고통스럽게 하고 심지어는 병들게 하기까지 한다. 다른 사람들의 욕구를 훼손시키지 않고 자신의 욕구를 더 많이 충족시킬 수 있게 되면 자신의 이득을 위해서만이 아니라 모든 사람들의 이득을 위해서 창의성을 더 많이 사용할 수 있게 된다. 이것은 또 다른 황금률이다. 자유롭게 창의력을 발휘할 수 있는 사람이 이기적인 경우는 드물다. 그들은 자신의 재능을 나누는 그 자체로 아주 많은 즐거움을 얻는다.

미국을 가장 창의적인 현대사회로 성장하게 한 것은 자유, 특히 언론의 자유를 보호하는 헌법 때문이다. 일반적으로 나라를 세운 사람들 중에는 부유하고 권력 있는 사람들이 많았는데 이들은 헌법을 제정할 때 억압하는 사회의 위험성을 염두에 두고 있었다. 그들 중 대부분이 자유를 찾아 영국을 피해 왔고, 힘이 없는 사람들과 그 자유를 나누기 원할 만큼 충분히 관대했던 것이다. 부유하고 권력을 갖게 된다는 것이 꼭 이기적이 되는 것을 의미하는 것은 아니다.

많은 사람들은 자유를 오랫동안 누려왔지만 옳지 않은 것을 다른 사람들에게 전할 수 있는 언론의 자유에 대해 깊은 회의를 아직도 가지고 있다. 권리장전이 만들어진 이후 오랫동안 그 법으로 인해 생긴 문제 때문에 고통도 받고, 혜택도 받은 사람들은 기회가 있기만 하다면 문제에만 집착을 하고 언론의 자유를 보호하는 것에 반대하는 표를 던질 태세이다. '만약 내가 말하는 대로만 한다면 당신을 악의 세력으로부터 보호해 주겠다' 는 것이 세상에 존재했던 폭군들의 상투적인 수법이다.

즐거움(Fun)

즐거움은 배움에 대한 유전적인 보상이다. 우리들은 다른 사람들보다 더 많이, 더 낫게 배운 사람들의 자손인 것이다. 이 배움은 사람들에게 생존의 특혜를 주고 이 욕구는 우리들의 유전자 속에 자리잡게 된 것이다. 고래나 돌고래 등의 예외도 있지만 우리는 살아있는 동안 놀 줄 아는 유일한 동물이다. 그렇게 하기 때문에 우리는 평생 배우게 되는 것이다. 놀기를 그치는 날이 배우기를 그만 두는 날이다. 즐거움을 제일 잘 정의하는 것은 웃음이다. 사랑에 빠진 사람들은 서로에 대해 많은 것을 새로 알게 되어 끊임없이 웃게 되는 것이다.

갓난아기들이 크게 웃기 시작하는 때는 누군가가 깍꿍을 해 줄 때이다. 이 게임이 유용한 것을 가르치기 때문에 아기들이 웃는다고 나는 믿는다. 나는 나고 너는 너다. 그때까지는 아기들이 나는 나고 너는 또 나다. 곧 자기를 돌보는 사람들을 다 소유하고 있다고 생각하고 있었던 것이다. 당신이 다른 사람들과 다르고 그들을 소유하고 있지도 않다는 것은 몇 달밖에 안된 아기한테 문제가 될 것이 없다. 그렇지만 이것이 성인기가 될 때까지 지속되면 인간관계에 해가 되는 것이다. 인생 초기에 우리가 다른 사람들하고 다르고 내가 소유할 수 있는 사람은 나뿐이라는 사실을 발견하는 것은 중요한 일이다.

서로 잘 지내는 데는 상당히 많은 노력이 필요하다. 그렇게 하는 제일 좋은 방법은 즐거운 것을 함께 배우는 것이다. 웃고 배우는 것은 모든 성공적인 장기적 관계의 초석이다. 결혼이 시들해지기 시작할 때 첫 번째로 손상되는 것은 즐거움이다. 이것은 참으로 유감스러운 일이다. 왜냐하면 즐거움이야말로 충족시키기에 가장 쉬운 욕구이기 때문이다. 즐거워지기 위해 당신이 할 수 있는 일들은 수도 없이 많고 당신이 즐거움을 누리는데 다른 사람들이 방해하는 일은 드물 것이다.

욕구 그리고 인간관계(The Needs and Relationships)

1장에 제시했던 중요한 질문, 곧 어떻게 해야 원하는 대로 살면서도 필요한 다른 사람들과 잘 지낼 수 있을까, 에 대한 대답은 외부통제심리학을 사용하는 것보다는 선택이론을 사용하는 것이 그 방법을 찾는데 훨씬 더 많은 가능성을 부여해준다는 것이다. 그러나 만약 당신이 완전한 자유를 원한다면 그것을 누릴 수는 없다. 우리들 중 아무도 유전자에 입력된 것으로부터 자유롭지 못하다. 우리가 찾으려고 노력하는 사랑과 소속의 욕구만큼이나 다른 욕구들, 특히 힘과 자유를 무시할 수 없는 것이다.

힘은 사랑을 파괴한다. 지배하는 사람이 아무리 사랑한다고 주장하더라도 지배받고 싶은 사람은 없다. 사랑은 또한 얼마나 함께 있을 건인가를 타협하는 것을 의미한다. 좋은 관계에서는 자유를 위한 공간이 보통 때 원하는 것보다 덜 필요하다. 시간이 지나면 이 양은 변화하게 된다. 만약 그들이 성공적으로 조절하지 못한다면 그 관계는 실패하게 될 수 있다.

부부는 사랑, 힘, 그리고 자유는 욕구의 육중주를 이루어내는 공동지휘자이다. 언제든지 결혼에 긴장이 감돌게 되면 이들 다섯 개의 욕구들의 관계가 잘 작동을 하지 않고 있을지 모른다. 한 쪽이나 그 상대방이 결혼에 필요한 만큼의 충분한 사랑을 주었다고 생각하고 있다면 더 많은 힘이나 자유를 원하는 것일 수 있다.

결혼에 중요한 변화가 일어나게 되면 타협이 필요하게 된다. 배우자 중 한 쪽이거나 둘 다 일을 시작하거나 그만 두었을 때, 아이가 생겼을 때, 직업이 바뀌었을 때, 새 도시로 이사했을 때, 값비싼 집을 샀을 때, 그리고 특별히 한 쪽이 은퇴했을 때 상대방이 더 많은 힘이나 자유를 필요로 할 수 있다. 일예로 남편이 은퇴해서 집에 하루 종일 있게 될 때, 직장이 없던 경우나 남편보다 조기 은퇴했던 아내는 질식할 것처럼 느낄 수 있다. 이제 남편은 전에는 관심을 보이지 않았던 아내의 삶으로 끼어 들어오기 시작하는 것이다. 이 결혼이 위기를 넘기려면 부부가 자유의 욕구에 관해 재타협을 해야만 한다.

이 욕구에 관해 협상할 수 있는 가장 좋은 시기는 남편이 은퇴하기 전이다. 그러나 아내가 불편하게 느끼기 시작했다면 곧 협상하자고 주장해야 한다. 더 기다리면 기다릴수록 사태는 더 어려워지기만 한다. 이 부부가 욕구에 관해 잘 알고 전에 타협해 본적이 있다면 큰 문제가 없을 것이다. 만약 이 타협이 첫 번째 시도라면 매우 어려울 것이다. 이 타협을 하는 방법은 5장의 문제해결원의 논의에서 자세하게 묘사되고 있다.

이제 우리가 사회적 존재라는 것은 명백하다. 우리가 욕구를 충족시키기 위해서는 좋은 관계를 가져야만 한다. 로빈슨 크루소는 생존하기 위해 후라이데이가 필요했던 건 아니지만 후라이데이가 그에게 왔을 때 몹시 기뻐했다. 은둔자가 아닌 한 우리가 혼자서 불행에 빠질 때, 심지어 생존에 필요한 모든 것을 가지고 있고 살아갈 넓은 공간이 있다고 해도 인생은 거기서 그치는 것이 아니기 때문에 비참하도록 고독해 진다. 불행은 내가 원하고 필요로 하는 사람과 함께 하지 못하는 상태이다. 우리가 홀로 있을 때 다른 사람과 함께 있고 싶으면 누군가가 올 것이라는 영속적인 희망이 우리를 살게 하는 것이다. 누군가가 우리 친구가 되어 줄뿐만이 아니라 우리를 사랑하는 것까지 가능할 것이라는 희망을 품는 것이다. 그 사람은 내가 하는 말을 잘 들어주고, 함께 배우고, 웃으며 하고 싶지 않은 일을 강요하지 않고, 어쩌면 우리가 생존하는데도 도움을 줄지도 모르는 것이다.

요약해서 말하자면, 힘은 다른 사람들에게 영향력을 행사하기 위해 쓰지 않는 한 가치가 없는 것이다. 만약 당신이 담배 회사의 판매부 부장으로 단순히 임명받기만 했다면, 힘의 욕구를 충족시키기는 어려울 것이다. 인터넷을 통해 파는 것이 훨씬 더 보답이 클 것이기 때문이다. 자유는 다른 사람들로부터의 자유지만 결코 모든 사람들로부터의 자유는 아니다. 우리의 유전자는 그토록 많은 자유를 즐기도록 허용하지는 않는다. 무엇을 배우거나 성취했을 때 함께 나눌 사람이 없다면 무슨 즐거움이 있겠는가? 내 친구 한사람은 대단한 골퍼인데, 문제는 아무도 보아주는 사람 없이 혼자 있을 때 홀인원을 한 것이다. 이것은 참으로 비극적인 일이다.

제3장

당신의 좋은세계
(Your Quality World)

우리 모두는 보고 듣고 만지고 맛보고 냄새 맡을 수 있는 세계 안에 살고 있다는 것을 알고 있다. 우리는 이것을 현실세계나 현실이라고 부르고, 모든 사람에게 이 세계는 같은 모습으로 보일 것이라고 추측하는 경향이 있다. 그러나 장님과 코끼리의 우화처럼 현실을 다른 사람과 똑같이 인지하는 사람은 한 사람도 없다. 이것은 아주 수긍하기 어려운 사실이고 특히 평소에 객관적이라고 자부하고 있는 사람들이라면 수긍하기가

더 어려울 것이다. 우리는 현실의 많은 부분을 지각하고 싶은 대로 지각한다. 정상인과 미친 사람이 같은 세상에서 살고 있듯이 낙천주의자와 비관주의자가 같은 세상에 살고 있고 각자가 현실세계를 보는 시각은 아주 다르다. 우리가 보는 세상이 다른 사람들이 보는 세상과 유사할 수도 있다. 그렇지 않다면 함께 지낼 수도 없을 것이다. 그러나 우리가 보는 것들이 다 같은 것은 아니다.

선택이론은 현실을 각각 다르게 받아들이는 이유가 각자에게 독특하고 중요한 '좋은세계'(Quality World) 때문이라고 설명하고 있다. 이 작은 개인적 세계는 태어나자마자 곧 기억 속에 만들어지기 시작해서 일생동안 창조하고 재창조하는 세계이다. 이 세계는 우리가 아는 어떤 다른 것보다도 우리의 기본 욕구 중 하나 또는 그 이상을 가장 잘 충족시켜 주는 구체적인 그림들의 작

은 집단으로 이루어져 있다.

그려진 그림들은 세 범주 안에 포함된다. (1)우리가 가장 같이 있고 싶은 사람들, (2)우리가 갖고 싶거나 경험하고 싶은 일들, (3)우리 행동을 주관하는 아이디어나 신념의 체계들이 그것이다. 언제든지 우리가 현실에서 만나는 사람이나 일, 신념이 좋은세계 안에 들어 있는 그림과 일치될 때 우리는 좋은 기분을 느끼게 되는 것이다. 전 생애를 통해서 우리는 다른 어떤 것보다도 좋은세계와 더 밀접한 관계를 맺게 되는 것이다.

우리들 대부분은 기본 욕구에 대해 모르고 있다. 알고 있는 것은 우리가 어떻게 느끼는가 하는 것과 가능한 한 항상 기분 좋게 느끼기를 원한다는 사실이다. 그러므로 우리가 이 특별한 그림들을 좋은세계에 넣는 절대적인 이유는 그 사람들하고 함께 있거나, 그 물건을 사용하거나 경험하거나, 우리가 믿고 있는 그대로 행동할 때, 다른 사람이나 일이나 믿음을 따를 때보다 훨씬 더 기분이 좋기 때문이다.

또한 좋은세계 안에는 가장 중요한 지식들도 포함되어 있다. 이 지식이 중요하다는 것을 부정하려고 아무리 애를 써도 부정할 수는 없다. '난 관심 없어'라고 말해도 그것은 사실을 말하는 것이 아니다. 그렇지만 우리가 좋은세계 안에 있는 것에 대해 말한다면 굉장히 깊은 관심을 가진 것이다. 하루 종일 우리들의 마음은 좋은세계에 있는 이미지 사이를 오가고 있는 것이다. 즉, 그것들을 마음속에서 털어 내버릴 수가 없는 것이다. 이 그림들의 예는 저축을 하면서 사려고 하는 집, 간절히 원하는 새 직업, 미래에 중요한 좋은 점수, 결혼하려는 남자나 여자, 건강이 회복되고 있는 병든 자녀 등이다. 알코올 중독자들에게는 알코올의 그림이 너무도 간절하기 때문에 그 이미지가 알코올이다. 도박꾼에게는 테이블에서 한 판 벌리는 것이 언제나 마음속에 들어 있는 것이다. 혁명가들에게는 그토록 혐오하는 체계를 대치할 새로운 정치 체계가 자리

잡고 있는 것이다. 종교적인 사람들에게는 자기가 영생을 누리게 될 희망으로 천당이나 천국의 그림이 자리 잡고 있는 것이다.

우리 각자에게 이 세계는 개인적인 이상향으로, 그곳으로 옮기기만 하면 당장 기분이 좋아질 수 있는 그런 곳이다. 이 세계에 있는 그림들을 얻어 만족할 수 있으면 즐거운 일이고, 실패하면 언제나 고통스럽다. 우리가 그 존재를 알고 이 좋은세계가 각자에게 부여하는 결정적인 역할을 이해하기만 한다면 지금보다 서로 훨씬 더 잘 지내게 될 것이다.

한 예로 만약 스칼렛 오하라가 레트 버틀러의 좋은세계에 있는 그녀의 자리가 위협받고 있는 것을 알았더라면 그를 훨씬 더 조심스럽게 대했을 것이다. 그랬다면 레트는 결코 유명한 대사인 다음과 같은 말을 하지 않았을 것이다. "솔직히 말해서, 여보, 나는 당신을 지금 막 내 좋은세계에서 빼내 버렸소." (회의적인 사람들을 위해서 『바람과 함께 사라지다』의 내용 그대로가 아니라는 것을 밝힌다.)

우리의 좋은세계 안에 무엇이 들어있는지는 미세한 부분까지 알면서도, 이런 세계가 존재한다는 것을 아는 사람이 많지 않다는 것은 너무나 역설적이다. 나는 좋은세계에 대해서 아무것도 모를 수는 있지만 배우인 내 딸이 내게 아주 중요하다는 것은 알고 있다. 딸이 나오는 연극을 보러 가면 나는 그녀를 위대한 배우로 지각한다. 딸애가 결점이 있다고 해도 나는 그것을 보지 않는다. 나는 사람들을 붙잡고 내 딸이 얼마나 대단한가에 대해 이야기한다. 그리고 누구라도 나에게 동의하지 않으면 마음이 언짢다. 내게는 그녀의 위대한 연기가 다른 사람들이 무어라고 하더라도 현실인 것이다. 만약 온 도시가 딸의 연기를 격찬한다면 나는 황홀해질 것이다. 왜냐하면 내 현실세계가 다른 많은 사람들에 의해 현실로 인정되었기 때문이다. 따라서 우리가 현실세계를 정의 내리려 하는 한 가지 방법은 우리가 동의하는 한도 내에서 많은 사람들이 말하는 것을 근거로 하는 것이다. 한 평론가가 딸의 연기를 낱낱이 분석해서 현실로부터 괴리된 미친 짓이라고 혹평했다면, 그 평론가는 내 좋은세계로 결코 들어오지 못할 것이다.

만약 그녀를 혹평한 평론가가 그 도시의 위대한 평론가라면(그가 위대한 이유는 그가 연극 애호가들의 좋은세계에 들어가 있기 때문이다) 그의 말은 대부분의 사람들에게 현실로 비춰지게 될 것이다. 특히 딸이 또 다른 배역을 맡는 것과 관련해서 말이다. 그의 비평을 읽는 사람들은 덜 유명한 평론가들이 격찬하는 것에는 관심도 없을 것이다. 그 평론가들이 좋은세계에 들어있지 않기 때문이다. 대부분의 사람들이 이 인기 있는 평론가가 말한 것을 근거로 해서 자신의 의견으로 삼고 연극에 가지 않을 것이다. 힘이 있는 사람들의 믿음에 대항하는 것은 어려운 일이다. 그러므로 받아들이기 어려운 이야기지만 우리들 각자의 현실은 많은 사람들이나 중요하고 힘 있는 사람이 현실이라고 말하는 것에 의해 큰 영향을 받는 것이다.

그러나 궁극적으로, 사람들이 동의하거나 말거나, 우리들은 자신에게 가장 편리한 방법으로 현실을 정의 내린다. 만약 우리의 좋은세계에 그림이 각각 다르게 들어와 있어 당신과 내가 논쟁을 하게 된다면 현실 세계에서 무슨 일이 일어나고 있는가에 대해 결코 당신과 동의하지 못할 것이다. 나는 텔레비전에 나온 대통령을 보고 근사하다고 말한다. 당신은 미친 사람을 보듯 나를 응시한다. 대통령은 그대로 있지만 우리 두 사람은 같은 방식으로 그를 보지 않는 것이다. 논쟁을 피하려고 대부분의 사람들은 정치적이거나 종교적인 이야기를 하지 않고 그 대신 날씨에 대해 이야기하는 것이다. 어떤 기후가 우리들의 좋은세계에 있든지 간에 아무도 그 그림이 잘못이라고 하지는 않을 것이기 때문이다.

내 딸이 나의 좋은세계 안에 있기 때문에 나는 그녀를 무대 위에 있는 그대로 볼 수 없다. 그렇지만 그날 밤 연극을 보러온 대부분의 사람들과 같은 식으로 무대 장치는 볼 것이다. 무대장치를 칭찬할지는 모르지만 우리가 디자인하지 않은 한 무대 장치가 나의 좋은세계에 들어가 있지 않기 때문에 있는 그대로와 다르게 볼 필요가 전혀 없는 것이다. 절대적 객관성이라는 것은 신화이다. 이런 것은 우리 모두가 똑같은 좋은세계를 갖게 된다면 가능할 것이다.

이 모순을 배심원 재판에서 가장 극명하게 볼 수 있다. 피고가 다양한 이유로 배심원의 좋은세계에 들어가 있으면 그들은 증거에 별 주의를 기울이지 않고 무죄를 선고한다. 만약 피고가 배심원들의 좋은세계 안에 들어가지 못하면 불충분한 증거로도 유죄 평결을 받게 되는 것이다. 바로 그런 이유로 피고들이 재판정에 나갈 때 옷을 단정히 입고 배심원들에게 경의를 표하는 것이다. 좋은세계하고 관계없는 것이라면 또 모르지만 그렇지 않으면 우리는 자신이 생각하고 있는 것만큼 사태를 객관적으로 볼 능력이 없다.

그렇지만 세상이 굴러가려면 현실세계라는 것이 있어야만 한다. 우리가 현실의 아주 큰 부분들을 같은 방식으로 볼 수 없다면 바벨탑을 쌓는 것과 같이 그 어떤 일도 서로 도우면서 효율적으로 해낼 수 없을 것이다. 일례로 우리들은 지금 몇 시인가 하는데 대해 동의한다. 그렇지 않다면 제 시간에 온다는 개념은 있을 수 없다. 그러나 대체로 시간은 우리들의 좋은세계에 들어있지 않다. 보통 일반적인 상황에서 몇 시인지 아는 것이 그다지 큰 즐거움을 주지는 않는다. 그러나 내가 철도역의 배차원이라면 시간이라는 것이 내 좋은세계 안에 분명하게 들어가 있을 것이다. 시간을 모르고 있으면 엄청난 사고가 발생할 수 있기 때문이다. 이 세상에 존재하는 모든 것들이 누군가에게는 중요하지만, 대부분의 경우 우리들 모두에게 그다지 중요하지 않은 일들이 충분히 많기 때문에 우리는 무엇이 현실인가에 대해서 동의할 수 있게 되는 것이다.

욕구를 충족시키려고 할 때 우리들은 끊임없이 좋은세계를 창조하고 재창조한다. 큰 힘을 원한다면 정치를 이 세계에 담을 것이다. 만약 생존이 내가 원하는 전부라면 에벤저 스크루지(Ebenezer Scrooge)를 내 역할의 모델로 삼을 것이다. 만약 자유가 나의 좋은세계 안에 우세한 사진으로 있다면 작은 보트를 사서 대양을 혼자 즐겁게 항해할 것이다. 더 많은 성관계를 원한다면 배우자를 무시하고 나의 좋은세계의 그림과 맞는 매력적인 파트너를 찾아 나설 것이다. 내가 선거사무실 운영에 엄청난 돈을 쏟아 붓고 선거에 떨어졌다면, 점차적으로 정치를 내 좋은세계로부터 빼어내게 될 것이다. 우리는 이 그림들이 나를 위해 효과가 있을 때까지 그 그림들을 보존하는 경향이 있다.

그러나 너무 오랫동안 좌절을 겪으면서도 이 그림들을 지니고 있을 수가 있는데 그 이유는 그 그림들을 빼어내는 것이 고통스럽기 때문이다. 곧 과거에 내 욕구를 크게 충족시켜주었던 것을 포기해야 하기 때문이다. 그래서 우리들 대부분은 원하는 것만큼 욕구 충족이 되지 않아도 오랫동안 그런 그림들을 좋은세계 안에 지니고 있다. 당신은 이상적인 아내의 그림이 현실세계와 달라져도 한동안 그 그림을 지닐 지도 모른다. 아내는 그곳에 오랫동안 있었기 때문에 당신은 그녀가 바뀔 것을 기대하는 것이다. 또한, 그녀를 빼어버리면 아내를 떠나고 싶은 유혹을 느끼게 될텐데, 그렇게 되면 재정적인 문제며 불행한 자녀들의 문제가 야기될 수도 있다. 아내하고 지내는 것이 불행하지만 그녀를 빼어버리면 더 불행해질지 모른다. 당신이 왜 누군가를 좋은세계 안에 그대로 지니고 있는지 타당한 이유를 지니고 있더라도 그 사람과 당신이 원하는 방식대로 지낼 수 없다면 고통스러운 것이다. 로미오와 줄리엣은 좀 더 나이들 때까지 헤어져 있었던 것이 더 좋았을지 모르지만 그들의 좋은세계가 그런 선택을 하도록 놓아두지 않았다.

내가 앞의 두 장에서 설명한 것처럼, 기분이 좋은 것도 사실 복합적인 것인데 그 이유는 즐거운 그림에 두 가지 종류가 있기 때문이다. 첫 번째 즐거움은 내가 행복이라고 부르는 것인데, 그 뜻은 당신이 불행했을 때 누군가와 함께 있는 그림을 충족하려고 노력을 한다는 것이다. 최소한 행복한 사람들은 사랑하는 사람이나 가족 구성원, 혹은 친구 한 사람은 좋은세계에 들어있다.

그러나 상당수의 사람들이 믿고 함께 즐거워 해줄 사람을 찾지 못하고 있다. 그들은 거부당하고 학대받음으로 인해 인간관계에서 즐거움을 느끼려는 행복을 포기한 사람들이다. 많은 경우 그들은 인간관계 없이 즐거움을 누리는 방법을 발견하기 시작한다. 기분이 좋아지기 위해 그들은 좋은세계에 있는 사람의 그림 대신에 사람이 없는 즐거움의 그림들, 폭력, 약물, 사랑 없는 성의 그림들을 바꾸어 넣기 시작하는 것이다. 이렇게 함으로써 자신을 사람들과 행복으로부터 더욱 멀어지게 만들어 문제의 심각성을 배가시키는 것이다. 더 외로워질수록 자신이 사람들을 거부하고 있다는 것을 수용하지 못하고 사람들이 자신을 거부하고 있다고 점점 더 믿게 된다. 그들 대부분은 다른 사람들이나 정부를 비난한다.

그들이 만일 남자들이라면 여자들을 증오하고 얕보기를 즐긴다. 그 이유는 성적으로 여자가 필요함에도 불구하고 아무도 필요로 하지 않는 사나이 중의 사나이로 자신을 보고 싶기 때문이다. 허슬러(Hustler)잡지는 이런 남자들의 좋은세계 안의 환상을 이용해서 만들어진 것이다. 그런 남자들이 아주 많은 것은 틀림없는 사실이다. 그 잡지를 만든 사람이 수백만 달러를 벌어들였기 때문이다.

몇 년전 우리 부부는 학생들 대다수가 교사나 동급생이나 공부를 그들의 좋은세계에 넣고 있지 않은 시내 중학교에서 일한 적이 있다. 학생들은 학교에서 아무런 행복을 느끼지 못하고 있었다. 그러나 불행한 청소년의 보편적인 즐거움의 그림들인 약물, 난폭하게 희롱하기, 사랑 없는 성관계에 관해 이야기하고 충족시키기도 하면서 어떤 쾌락을 느끼고 있었다. 그들은 학교에서 행복해진다는 건 애당초 포기하고 있었다. 학교에서 즐거움을 거의 경험하지 못하기 때문에 이 사실은 분명했다. 그리고 그런 일은 몇 년전 초등학교에서도 일어났던 일들이기 때문에 그들은 학교생활이 행복할 수 있다는 생각조차도 하고 있지 않다.

교사들과 교장이 위협과 처벌을 가하며 공부하라고 강요하면 할수록 그들은 점점 더 저항하고 자기들의 좋은세계 안에 있는 것들에 초점을 더 맞추게 된다. '교육'에 관한 것은 이 책의 10장에서 이런 상황을 바꾸기 위해 우리가 한 모든 것을 이야기할 때 논하겠다. 이쯤 되면 우리의 목표가 그 학생들이 공부를 하도록 설득하는 것이라면 우리가 무엇을 해야만 했는지 당신은 알 수 있을 것이다. 그들에게 우리들과 공부를 그들의 좋은세계에 넣도록 설득해야만 했다. 그들이 우리를 어떻게 대하든 간에 우리는 그들을 잘 대해 주었다. 선택이론을 통해 우리들은 관계를 맺을 수 있었고 이 관계를 통해서 학생들은 학교에서 사람들과 함께 욕구를 충족시키는 그림을 그려보게 된 것이다. 그들이 직원과 동급생들을 자기들의 좋은세계에 넣기 시작했을 때 행복이 서서히 쾌락을 대치하기 시작했다.

우리가 도우려는 사람들의 좋은세계 안에 반사회적인 그림만 있다면 우리가 할 수 있는 일은 관계를 맺는데 성공해서 그들의 좋은세계로 먼저 들어가는 것이다. 학교에서는 학생들에게 주로 처벌을 사용해 왔었는데, 특히 가난하고 학교를 싫어하는 학생들에게는 부작용만 낳을 뿐이다. 대부분의 사람들이 옳다고 믿고 있는 '처벌'을 하면 할수록 우리가 원하는 것에서 점점 더 멀어지기만 한다. 처벌을 그렇게 많이 하고 학생들이 교사나 공부를 좋은세계에 넣지 않고 있다는 것을 감안할 때, 학교가 현재의 상태라도 유지되고 있는 것은 놀라운 일이다.

우리 모두는 자신의 좋은세계 안에 우리를 지지해주는 행복한 사람들이 필요하다. 그렇지 않은 사람들은 필요하지 않다. 부모나 교사, 고용주들의 임무야말로 바로 그런 사람이 되어주는 것이다. 너무나 많은 교사와 고용주들이 그들이 가르치고 관리하는 사람들에게 따뜻하고 친절하고 협조적일 필요가 있다는 것을 깨닫지 못하고 있다. 이건 그다지 힘든 일이 아니다. 하루 몇 분간만 관심을 보이면 충분하다. 배려와 지지가 지금 아무 일도 하지 않는 학생이나 근로자들을 자발적으로 열심히 일하게 만들 것이다.

좋은세계에 충분히 지지해주는 사람들이 없으면 1장에서 묘사되었던 불행의 네 가지 변형의 극을 치닫게 될 것이다. 곧 우리 자신을 기본 욕구에 반대되는 쪽으로 몰아 붙이려고 하게 되는 것이다. 거식증에 걸린 사람들이 그 예이다. 보살핌을 아무리 받아도 그들은 만족하지 못하며 겉으로는 체중을 줄이기 위해 굶주리지만 실제로는 그들에게 관심 있는 사람들을 통제하기 위해 그렇게 한다. 우리 모두 세상을 있는 그대로 보지 못하고 원하는 대로 보기 때문에 부모의 보호를 통제라고 해석하기도 한다. 어쨌든 그들이 선택한 일을 어떻게 합리화해도 그들의 좋은세계에 있는 그림은, 거울에 비추어진 어떤 모습보다도 더 여윈 것이라는 것을 연구결과는 밝혀냈다.

만약 이 젊은 여인들이 만족시킬 수 없는 그림처럼 변화하려고 고지식하게 고집 한다면 굶어 죽을 수밖에 없다. 실제로는 누가 굶어죽으려고 하는지 아닌지를 알아내는 것은 어려운 일이다. 왜 자신을 그토록 굶주리게 하는가 하는 질문에 대답하기는 쉬운 일이 아니다. 내 추측으로는 그렇게 함으로써 원하는 대로 자신을 대우해 주지 않았던 사람들에게 힘을 행사할 수 있다는 예기치 않은 발견을 하게 되는 것이 아닌가 싶다.

무력한 사춘기 소녀가 모든 가족을 갑자기 통제하게 될 때, 너무 기분이 좋아서 먹기 시작할 수 없게 되는 것이다. 문자 그대로 신체 내의 엔돌핀에 중독되어서 배고픔의 고통을 잊어버리게 되는 것이다. 만약 그녀가 먹는다면 이 모든 힘을 잃게 되고 즐거움도 함께 사라져 버리는 것이다. 뒷부분의 자녀양육에 관한 장에서 아이가 어렸을 때 합리적인 힘을 얻는 방법을 가르쳐서 거식증이 갑자기 가져다주는 비정상적인 힘이 필요 없도록 어떻게 기를 것인가를 설명하고 있다. 자녀양육의 열쇠는 자유와 힘을 책임감 있게 경험하도록 도와줄 수 있는 사랑이 있고 협조적인 사람들이 아이들의 좋은세계 안에 가득 차게 하는 것이다. 거식증은 좋은세계의 영향력을 설명해주는 생생한 예이다. 잘못된 그림은 인생을 망치게 할 수 있다.

다른 사람들과 지금보다 잘 지내려면 그들의 좋은세계에 무엇이 들어있는가를 알려고 애쓰고, 그것을 지지해주려고 노력할 필요가 있다. 그렇게 하는 것이 다른 어떤 것보다도 그 사람과 가까워지는 길이다. 다른 사람들의 좋은세계에 무엇이 들어있는가를 발견하는 것은 쉬운 일이 아니다. 또 알아낸 것을 지지해주는 것은 더욱 어렵다. 이는 거식증의 예가 선명하게 보여 주듯 언제나 쉬운 일은 아니다. 어떤 부모도 이 미친 그림을 지지해 줄 수도 없고 지지해 주어서도 안되는 것이다.

진실을 말하라. "네게 대해 염려하고 있어. 그렇지만 네가 원하는 것을 모두 다 지지해줄 수는 없단다." 무슨 일이 일어나고 있는 건지 내가 설명할 수 있는 것보다 당신이 더 잘 안다고 하더라도 거식증의 치료는 어려운 일이다.

우리들 대부분은 좋은세계에 있는 그림들을 가까운 사람들과도 나누기를 꺼려한다. 그들이 지지해주지 않고 우리에게는 매우 중요한 것을 비난하고 웃음거리로 삼을까봐 두려운 것이다. 만약 그렇게 한다면 우리는 상처받거나 화가 나거나 두 가지를 다 경험할 수도 있다. 예를 들어 남편이 소설을 쓰고 싶지만 아내에게 말하기를 두려워하고 있다고 하자. 남편은 이런 소리를 들을까봐 두려운 것이다. "우스운 얘기네요. 당신이 소설 쓰는 것에 대해 뭘 안다구요?" 이렇게 내리깎을까 봐 두려워서 아내에게 말하지 않는다. 그러므로 상처받지 않을 수 있다. 그렇지만 자기 그림을 아내와 나눌 수 없기 때문에 그는 점점 아내를 원망하게 될 수 있다. 실제로 아내는 아무 말도 하지 않았다. 이건 모두 그의 머릿속에 있는 일이다. 아내는 그가 말했을 때 매우 지지적일 수도 있다. 불편하게 만드는 건, 그 자신의 두려움인 것이다. 그렇지만 많은 결혼생활에서 두려움과 원망은 흔한 일이다. 이런 일은 결혼 초기에 상대방의 좋은 세계에 있는 그림들을 비난하면서부터 시작된다. 가장 현명한 일은 당신이 선택이론을 알고 있다면 배우자에게 좋은세계와 두려운 것이 무엇인지를 설명해주는 것일 것이다. 그것이야말로 결혼생활에서 필요한 믿음을 얻는 방법이다. 그렇게 하지 않으면 당신의 원망이 배우자를 비난하고 탓하는 데까지 이끌어가게 될 것이다. 이렇게 되면 신뢰는 더 줄어들게 된다.

사람들이 외부통제 심리학의 세 번째 믿음을 따르는 것은 흔한 일이다. 즉 사람들을 당신이 원하는 대로 하게 만드는 것이 당신의 권리라는 것 말이다. 그들은 좋은세계 안에 관계를 맺는 것을 넘어 서서 실제로 누군가를 소유하는 그림을 집어넣는 것이다. 그 사람을 소유하고 있다면 그가 당신이 원하는 대로 움직이게 하는 것이 옳다. 그러나 어떤 소유 의식의 그림이건 관계 만들기에는 걸림돌이 된다. 이것은 거의 언제나 우리를 실망, 분노, 그리고 갈등으로 몰아 넣는다. 소유 의식의 그림은 살인으로 이어지기까지 한다. 감옥은 소유되지 않으려는 배우자를 죽인 셀 수 없이 많은 남자와 몇몇 여자들로 가득 차있다. 로버트 브라우닝의 비극적 시 나의 마지막 공작부인은 소유주가 질투를 할 때 소유욕이 어떻게 재난으로 변할 수 있는가를 아주 선명하게 보여주고 있다.

힘있는 사람들은 자기보다 힘이 없는 사람들의 좋은세계에 관대하기가 특히 어렵다. 모든 사람들이 내게 옳은 것이 다른 사람들에게도 옳은 것이 아니라는 것을 배운다면 세상은 훨씬 더 행복한 곳이 될 것이다. 선택이론은 좋은세계가 내 인생의 핵심이라고 가르친다. 그것은 다른 사람의 삶의 핵심이 아닌 것이다. 이것은 외부통제를 하는 사람이 배우기에는 어려운 과제이다.

　우리들 대부분은 좋은세계에 자기자신에 대한 두 가지 그림을 지니고 있다. 하나는 약간 이상화 된 그림이고, 다른 하나는 극단적으로 이상화된 그림이다. 이 두 가지 그림 때문에 처음에 거울을 볼 때 극도로 이상화된 자기와 거울에 비친 자기를 비교해 보고 만족하지 않는다. 당신은 아마도 여기서 잠깐 생각에 잠길 것이다. 그러면 당신은 도저히 이 이상화된 그림처럼 멋지게는 보일 수 없기 때문에 이 그림에 맞춘다는 것은 불가능하다는 것을 즉각 깨닫게 된다. 기분이 좀 언짢아 지지만 이런 생각이 아무런 필요도 없는 것이라는 것을 깨닫고, 그런 식으로 생각하는 것을 그만 둔다. 우리들 대부분에게 극도로 이상화된 그림은 환상의 그림이다. 이 그림은 존재하고 있고 우리는 그것을 즐기지만 심각하게 받아들이지는 않는다. 우리는 그래도 성취할 기회가 조금은 있는, 약간 이상화된 그림에 정착하게 된다. 나는 이상화된 테니스 선수라는 그림을 가지고 있지만, 전문운동 선수와는 거리가 있는 것이다.

　그러나 우리의 좋은세계 안에 들어갈 사람들을 우리가 선택할 수 있고 마음대로 그런 사람들을 그려볼 수 있기 때문에 또한 그 그림들을 빼어내 버리기를 선택할 수도 있다. 부모와 자녀는 대체로 예외인데 이것은 9장에서 설명하고 있다. 드문 일이긴 하지만 우리들은 자기 자신을 제외한 모든 사람들을 자기의 좋은세계에서 다 빼내 버릴 수도 있는 것이다. 우리는 우리 자신을 어떤 모습으로 그리던 간에, 우리 모습을 빼내버릴 수는 없다. 이 그림이 전적으로 비현실적일지라도 우리가 그것을 원하는 한 계속해서 그처럼 되려고 노력하는 것이다. 그런데 자기가 부과한 이런 임무로부터 자신의 그림을 빼어 내버림으로써 도피할 수는 없다. 자신의 그림을 뺀다는 것은 우리가 존재하지 않는다는 것을 의미한다. 어쨌든 혼자 있는 자기 그림을 괜찮은 것으로 바꾸기를 거부하는 경우에 해볼 수 있는 일이 한 가지 있다. 이것이 아마 자살하려는 동기 중의 하나일 것이다. 완전히 혼자가 되기로 선택한 것을 기분 좋게 느끼려고 애쓰는 것을 계속하느니 죽는 것이 낫겠다는 것이다. 자기가 이룰 수 없는 인간관계를 얻기 위해 애쓰느니 죽고 말겠다는 자살의 보편적인 동기와는 차이가 있다.

좋은세계의 그림책에 넣은 사람들과 함께 있는 것이 너무 기분이 좋기 때문에, 혹은 그들과 함께 있으면 기분이 무척 좋으리라고 믿기 때문에, 그 관계를 자칫 파괴적인 상황으로 이끌 수도 있다. 우리들의 그림책에 어떤 특정한 사람을 집어넣는 것이 때로는 건강과 행복에 위험을 줄 수도 있다. 그들을 좋은세계에 집어넣을 때 우리는 종종 그 사실을 알고 있다. 그리고 공평하게, 그 사람들의 그림책에는 우리 그림이 들어가게 되는데 그것이 파괴적일 수도 있다. 우리는 좋은세계 안에 있는 사람들과 함께 약물 남용하기, 범죄 저지르기, 다른 사람 학대하기, 속이기, 거짓말하기, 아니면 자살까지도 할 수 있는 것이다.

그러므로, 우리들과 다른 사람들이 좋아하건 좋아하지 않건 간에, 좋은세계 안에 집어넣은 사람은 현실 세계의 관점에서 본다면 좋지도 않고 나쁘지도 않다. 필경 그 그림들을 넣을 것이냐 빼어 버릴 것이냐에 대해 생각할 때, 현실 세계가 큰 영향력을 행사했었을 것은 사실이지만 우리가 무엇을 생각하느냐 하는 것이 중요하다. 그 그림들은 그들과 함께 있으면 아주 좋고 함께 있지 않으면 나쁘다고 우리가 믿고 있기 때문에, 아니면 적어도 희망하고 있기 때문에 그 안에 있는 것이다.

사물도 마찬가지이다. 좋은세계의 그림책에 넣기를 선택하는 모든 사물들은 어떤 식으로든지 사람들과 밀착되어 있는데, 이 밀착이 우리가 원하는 좋은 느낌을 주는 것이다. 우리가 좋은 집이나 성능 좋은 차, 값진 명화 같은 것들을 소유한다 해도 누군가와 더불어 즐기지 못한다면 만족이 덜 한 것이다.

이 그림책에 넣은 사물들은 우리가 개인적으로 소유하기를 원하는 것들이 아닐 수도 있다. 이들은 아름다운 석양일수도 있고 눈부신 넓은 정원일 수도 있고, 보름달, 거대한 푸른 고래 그림일 수도 있다. 이 그림들은 좋아하는 사람들하고 함께 나눌 때 가장 즐거운 것이다.

우리가 가장 믿는 것은 종교, 정치적 확신, 신념, 인생을 사는 방식들이 다. 음악, 예술, 운동, 그리고 그 외 무엇이든 우리의 삶의 방식들이 나름대로 있다. 그러나 우리가 좋은세계 안에 넣을 만큼 강력한 이 신념체계는 그것이 다른 사람들에게도 똑같이 좋을 것이라고 납득시킬 수 없다면 별로 의미가 없다. 모든 사람들을 납득시킬 필요는 없지만 우리가 믿고 설득시킬만한 사람을 납득시킬 수 없을 때 우리는 마음에 상처를 입는다. 사실상 우리가 사람들을 납득시킬 수 있게 되면 그 때 그것들을 좋은세계에 집어넣는 타당한 이유가 되는 것이다. 처음에는 가까운 사람들을 납득시키고 다음에는 가까운 친지들에게로 나아가게 되지만, 우리는 아주 낯선 사람에게까지 자주 그렇게 하지 않는다. 사람들이 믿기를 거부하면 그들을 납득시켜 보려고 극단적인 행동을 하는 사람은 드물다.

물론 어떤 사람들은 끝까지 해보려고 한다. 그들의 좋은세계 안에는 정부일에 폭력적으로 반대하는 의사를 갖고, 그 믿음체계에 따라 행동하려는 테러리스트들이 있다. 소수의 권력 있는 지도자가 믿는 대로 다른 사람들을 믿게 하기 위해서 어마어마한 양의 피가 전쟁터에 뿌려졌다. 미국이 베트남 전쟁으로부터 빠져나오기를 그토록 내켜하지 않았던 것이 좋은 예가 된다. 정치가들은 옳거나 그르거나 간에, 미국은 절대로 질 수 없다는 좋은세계의 그림을 바꾸기가 너무도 어려웠던 것이다. 우리 시민들은 거의 아무도 그 경직된 믿음에 동조하지 않았다. 이제 군대는 대다수 국민들의 그림책에 전쟁을 수행하는 그림이 들어있지 않을 때 전쟁을 수행함에 따르는 위험부담을 잘 깨닫게 되었다.

심각한 위협을 가해서 사람들이 살아남기 위해 어떤 식으로 말하고 행동하도록 선택하게 할 수는 있다. 그러나 이런 행동은 그 힘의 영향력이 있을 동안만 지속된다. 아무리 위협하고 처벌한다고 해도 결코 다른 사람의 좋은세계에 집어넣은 그의 그림을 강제로 바꾸게 할 수는 없다. 어떤 사람도 절대로 뺏어갈 수 없는 것은, 자신의 그림책을 통제하는 당신의 자유이다. 이러한 자유는, 최근의 두 가지 관련 신문기사에 잘 나타나고 있다.

첫 번째 보고는 능력 테스트로 측정한 바에 의하면 학교 컴퓨터가 학습효과를 증가시키지 않았다는 것이다. 두 번째는 좋기도 하고 나쁘기도 한 소식인데 미국의 4학년 학생들은 다른 나라에 비해서 수학과 과학 분야에서 괄목할만한 실력향상을 보여주고 있지만 8학년 학생들은 다른 나라 8학년 학생들보다 뒤떨어져 있다는 것이다. 첫 번째 이야기는 교사-학생 상호작용이 컴퓨터-학생 상호작용으로 대체되었다는 것을 말해주고 있다. 그런데 컴퓨터는 학습에 도움이 되는 좋은 도구이지만 교사는 아니다. 좋은 교사가 컴퓨터를 사용하고, 그 한계를 잘 이해하고 학생들하고 충분한 상호작용을 가져서 학생들이 교사를 자기들의 그림책에 넣게 되면 컴퓨터는 도움이 된다. 그러나 내 경험에 의하면 교사와의 상호작용 없이 컴퓨터 사용의 양적인 증대만을 논하는 것은 아무런 의미가 없다고 본다.

같은 논리가 4학년과 8학년 사이에 일어나는 학력의 저하를 설명하는데 도움이 된다. 이 두 가지 상황은 몇 명의 학생들이 교사를 자기들의 좋은세계 안에 넣고 있는가를 말해주는 것이다. 미국의 어느 곳에라도 가서 1학년, 2학년, 3학년, 4학년 교실에서 무슨 일이 일어나고 있는지 잘 관찰해 보라. 그리고 같은 지역에서 6, 7, 8 학년생들의 교실을 관찰해보라. 눈에 띄는 차이점을 발견하게 될 것이다.

훨씬 더 많은 어린 학생들이 상급반 학생들보다 배우는데 더 열심히 참여하고 있다. 이것은 다른 말로 하자면 저학년 학생들이 고학년 학생들보다 그들의 좋은세계 안에 교사를 더 많이 넣어두었다는 것을 의미한다. 왜 학력저하가 나타나는지 세세한 부분이 10장에서 설명되고 있지만 전반적인 이유는 단순하다. 외부통제 심리학이 저학년보다 고학년에서 더 많이 적용되기 때문이다. 학력에 차이가 나게 된 원인은 학생이나 교사에게 있는 것이 아니라 이 심리학의 사용에 있는 것이다.

우리가 좋은세계 안에 특정한 그림을 집어넣는 방법을 어떻게 배우는지 설명하려면 신생아 시기부터 시작되어야 한다. 초기 몇주동안 아기가 아는 것은 느낌뿐이다. 아기는 기분 좋게 느끼는한 잘 잔다. 그러다 깨어 있을 때는 주위를 살펴본다. 아기가 기분이 나쁠 때, 예를 들어 배가 고플 때에는, 생존의 유전자가 작동한다. 그러면 아기는 의도적으로 기분이 더 나아지게 하기 위해 가능한 무언가를 하기 시작한다. 그렇지만 아기가 태어날 때 지니고 나온 몇 가지 행동인 울고 찡얼거리고 하는 일 외에 할 수 있는 일이 별로 많지는 않다.

한 주나 두 주만 지나면 아기는 고통과 울음과 음식을 먹여주는 것이 연결되는 것을 배운다. 이 조합을 배운 아기는 먹여주는 것이 매우 기분 좋기 때문에 먹여달라고 울기 시작하게 된다. 아기는 곧 빠는 것과 우유에 대해서 배우게 되고 무언가 자기를 먹이고 있고 그것이 기분 좋은 일이라는 것을 깨닫게 된다. 이 기분 좋고 절대 필요한 생존에 관한 지식으로 인하여 아기의 좋은세계가 형성되기 시작하는 것이다. 아기가 더 배우게 되면서 그 세계는 더 커지게 된다. 그러나 아기가 어른이 되어도 좋은세계가 그렇게 커지지는 않는데 그 이유는 인생 초기에 접할 수 있었던 그 어느 것보다도 더 좋은 느낌을 줄 수 있어야 하기 때문이다.

몇 주가 더 지나면 기분이 좋아지도록 자기를 먹이고 도와주는 것이 누군가를 알고, 그 특별한 누군가란 대부분의 경우에 어머니가 된다. 이 첫 번째 사람인 어머니를 우리들 대부분이 이 특별한 세계에 집어넣는 것이다. 아기는 또한 우는 것이 만병통치약이고 이 행동이 고통만 감소시키는 것이 아니라 자기가 울 때 엄마나 다른 사람들이 자기를 돌보러 달려오는 행복으로 연결시켜 준다는 것을 배우게 된다. 아기는 행복이 무엇인지 모르지만 이 느낌이 사람들과의 가까운 접촉에서부터 오고 이것이 아기에게 나중에 행복이 무엇인가를 배우도록 준비시켜 준다. 이런 일이 일어날 때 아기는 기분 좋은 것과 나쁜 것과의 차이를 알게 되는데, 이 차이가 일생동안 그 사람을 동기화시키는 것이다.

아기가 6개월이 되면 기분 좋은 것이 좋은세계 안에 있는 엄마의 그림과 깊이 연관되어 있다는 것을 깨닫게 된다. 그러나 아기는 또한 자기의 계속되는 요구에 응하려는 엄마의 노력이 완전하지 않다는 것을 배우게 된다. 아기의 장에 가스가 약간 차게 되면 트림을 하도록 아기의 등을 두드려 주는 것밖에 별달리 할 일이 없다. 때로는 엄마가 성공해서 아기가 기분이 좋아지지만 성공하든 그렇지 않든 간에 아기는 뭔가 희미하게 엄마가 언제나 자기가 기분이 더 좋아지도록 하기 위해 애쓴다는 것을 이해하게 된다. 그러나 동시에 자기가 할 수 있는 만큼은 해야 할 때가 있다는 것도 배운다.

엄마가 때때로 도울 능력이 없을 때에도 언제나 도우려고 애쓰는 것을 이해하기 때문에 아기는 계속해서 엄마를 강하게 좋은세계 안에 집어넣어 두는 것이다. 그렇지만 아기는 엄마가 아무리 좋더라도 스스로 할 일을 하는 것이 좋은 생각이라는 것도 배우게 된다. 자신을 돕는 것을 배우게 될 때, 아기는 자신의 그림을 좋은세계에 넣게 된다. 아기는 지금 개인적 자유의 첫 번째 씨앗을 뿌리고 있는 것이다. 우리의 좋은세계에 있는 사람들이 우리가 자신의 일을 스스로 할 수 있도록 하면 할수록 우리는 더 많이 자신을 돌보는 것을 배우게 된다.

아기가 두 살 정도가 되면, 형성되기 시작한 자신의 강력한 그림이 이제 예기치 못한 충격을 준다. 아기에게는 알려져 있지 않지만 아기의 유전자에게는 잘 알려진 것인데 이제 아기는 새로운 불편함에 휘둘리게 된다. 이제 힘을 좀 원하는 것이다. 부모가 이럴 때 제일 만만하다. 아기에게 이 새로운 좌절에 관한 도움을 주기에 그들보다 더 나은 사람들이 어디 있겠는가? 사소한 일들로, 아기가 원하는 것과 좋은세계 사이에 아주 작은 차이가 생긴다. 어떤 때는 아마도 장난감을 잘못 둔 것일 수도 있다. 아기는 엄마나 아빠가 어떻게 해주든지 간에 계속해서 비명을 지르기를 선택한다. 어떤 부모는 이 자기-힘-살펴보기 시기를 '무서운 두 살'이라고 부른다. 대부분의 아기들이 두 살쯤 되었을 때 이런 행동이 가장 두드러지기 때문이다.

비록 아기는 자신이 하고 있는 일을 깨닫지 못하고 있지만 힘의 욕구에 휘둘리고 있는 것이다. 자기의 통제하는 행동이 그 동안 아주 써먹을 만 했는데 이제 그 행동이 모든 불편함을 제거하는데 충분한지 아닌지를 탐색하고 있는 것이다. 그것이 힘의 궁극적인 목적이다. 아무도 이런 것을 얻지 못하지만 어떤 아기는 한동안 꽤 근접하게 원하는 것을 얻어낼 수 있다. 아기는 자신에게 말한다. '나를 위해서 다른 사람들이 얼마나 해줄 수 있는지 알아봐야겠다.' 아기가 확인하고자 하는 많은 부분은 힘에 관한 것이지만 시간이 흐르면 자유와 즐거움과도 관련이 있게 된다. 자유를 추구하는 가운데 아기는 온 백화점을 다 돌아다니고 엄마가 자기를 잡아서 쇼핑 수레에 태우면 떠나가게 울어대는 것이다. 아기는 아마도 가게 안에서 책을 발견하고 그것을 보려는 참이었을 것이다. 즐거움과 배움, 바로 그것이다. 그리고 아빠가 그것을 사지 않으려고 하면 심술을 부리는 것이다. 때로 아기가 원하는 것은 어떤 특정한 것이 아니다. 아기는 그저 부모가 재빨리 성의를 다해 열성적으로 자기의 요구에 반응하는지를 알고 싶은 것이다.

두 살과 네 살 사이에 세상에는 한계가 있다는 것을 발견하게 된다. 그리고 힘의 욕구가 밀고 들어오기 전에 형성해 두었던, 부모가 자기를 위해서 무엇이든 해준다는 그림을 수정하고 또다른 성숙 과정을 다시 경험한다. 아이는 부모가 자기가 원하는 것만큼 해주지는 않지만 아직도 좋은세계에 넣어둘 만큼은 가치가 있다는 것을 알게 된다. 유치원 아이들은 다른 사람이 해주지 않거나, 해줄 수 없는 것을 원하는 것은 너무 고통스럽다는 것을 배우기 시작한다. 그래봐야 소용이 없는 것이다. 아이는 너무 많은 것을 원하지 말아야 한다는 과정을 배우게 된다. 무엇이 가능한가에 근거를 둔 이런 좋은세계의 적응은 배울만한 가치가 있다. 아이는 또한 예전에 조건 없이 응석을 받아주었던 사람들이 변하면 그들을 좋은세계에서 빼버리고 새로운 사람들을 넣는데 있어서 보다 더 현실적이 되기 시작한다.

좋은 부모가 자기들이 해줄 수 있는 것과 아이들이 자신들을 스스로 도울 수 있는 것에 대해 선을 그어주면 아이들이 분별력 있는 좋은세계를 만드는데 도움을 줄 수 있다. 서로 아이의 좋은세계 안에 들어가려고 경쟁하는 이혼한 부모는 이런 가르침을 주기에는 불리한 위치에 있다. 그리고 아이들은 종종 이 상황을 이용하려고 한다. 아이들이 현실을 다루기를 얼마나 잘 배웠는가 하는 것이 그들의 여생동안 행복한 삶을 살게 될 것인가, 불행한 삶을 살게 될 것인가에 큰 영향을 미친다. 그리고 엄청나게 많은 사람들이 이것을 제대로 배우지 못하고 있다. 그러나 아이들이 자라서 학교에 가게 되면 다른 충격을 받게 된다. 원래 외부통제는 쌍방통행하는 길인데 대부분의 경우 저쪽에서 오기만 한다. 교사와 부모들은 점점 더 연합이 되어서 아이들이 하고 싶어 하지 않는 수많은 일들을 시키려고 드는 것이다. 이를테면 숙제 같은 것을 시키는 것인데, 이런 것들이 아이들의 좋은세계에 들어있는 경우란 거의 없다. 그렇지만 숙제는 교사와 부모의 좋은세계에 강하게 들어있다. 아이가 숙제를 하지 않으면 교사와 부모들은 위협하고 처벌한다. 그러면 아이들은 자기를 기분 좋아지도록 돌보느라고 시간과 노력을 기울이던 바로 그 사람에 의해서 마음의 상처를 받게 되는 것이다. 아이들은, 부모가 외부통제의 세 번째 믿음을 가지고 아이들을 위해 무엇이 옳은지 안다고 생각하며 그런 믿음에 근거해서 극성을 떠는 것을 알 리가 없는 것이다.

이네 살부터 사춘기 이전까지 아이들은 집안에서 그런 대로 만족스러울 수 있는데, 그 때까지는 좋은세계에서 부모를 빼어 버리고 싶을 만큼 부모가 강력하게 처벌하지는 않기 때문이다. 부모가 좀 더 현명하다면 아이들에게 무엇을 하라고 할 때 많은 사랑을 보여주고 왜 그런 요구를 하는지 설명해 주면 좋다. 그리고 아이들의 저항하는 행동을 벌하지 않고 잘 대처할 만큼 부모가 충분히 강하면 사태는 대체로 원만하게 해결된다. 아이들은 그들의 좋은세계 안에 부모의 그림을 강하게 지니고 있기 때문에 부모를 밀어붙이려 애쓰다 성공하지 못하는 것보다는 협동하는 것이 더 낫다는 것을 알고 있다.

십대에 이르면 성호르몬이 더 자유롭게 분비되기 시작하면서, 과거에 온순했던 아이들까지도 부모와 힘으로 충돌하는 일이 늘어나게 된다. 이 기간 동안 많은 부모와 자녀 사이에 심각한 손상이 오게 된다. 십대들은 매일 말썽부릴 일에 너무 많이 노출되어 있어서 다른 어떤 때보다도 그들의 좋은세계 안에 있는 부모를 더 필요로 한다.

각자는 서로 상대방이 싫어하는 일을 하게 만들려고 하거나 아니면 상대방이 자기가 원하는 사람이 되기는 애당초 틀렸구나 싶어서 서로 물러서게 된다. 그리고 외부통제 이론을 철저하게 따라 자기만 옳다고 확신하는 것이다. 선택이론을 이해하는 부모들은 필사적으로 십대의 좋은세계에 남아 있으려고 애쓴다. 우리 집에서 효과가 있었던 것을 부모들에게 조언해본다면 '그들이 말하는 것보다 그들의 행동에 깊은 관심을 보이라'는 것이다. 그것은 언제나 쉬운 것은 아니다. 그렇지만 만약 당신이 좋은세계에 관해 조금 알고 있고, 야단치고 벌주는 것이 자녀의 좋은세계에 있는 당신의 자리를 위협하는 것을 깨닫는다면 충분히 이 조언을 받아들일 동기가 생길 것이다.

우리 사회에서 상황을 그토록 어렵게 만드는 것은 좋은세계에 있는 사람들과 잘 지낼 능력이 없어서가 아니다. 그들하고 잘 지낼 수가 없다면, 그저 관여하지 않고 있으면 되고 어떤 때는 그들을 피하면 된다. 그러나 관여하지 않는 것이 아는 사람에게는 효과가 있을지 모르는데 지역사회 안에서는 효과가 없을 것이다. 아주 많은 사람들이 점점 더 많이 하고 있는 것처럼 안전장치, 경비, 성벽의 외부통제 뒤에 숨는 것이 미국의 꿈이 아니다. 우리 사회의 가장 큰 문제는 우리들에게 반감을 지닌 많은 사람들과 잘 지내는 것은 고사하고 서로 알고 지내지도 못하는 것이다. 우리는 그들이 위험하거나 위험할 가능성이 있다고 보며 그들 중 많은 사람들이 실제로 그렇다. 그들은 우리가 좋은세계에 집어넣고 싶지 않은 사람들이다.

그러나 우리들과, 우리들이 두려워하고 피하려는 그들까지도 서로 필요로 하고 있다는 사실을 전혀 모르고 있다. 우리나 그들이나 똑같은 유전자를 지니고 있는 것이다. 사랑과 소속의 욕구에는 조건이 붙지 않는다. 우리가 무슨 조건을 부과하든지 간에 그것은 우리가 사용하는 심리학과 관계가 있을 것이다. 유전자 속에는 아무런 심리학도 없다. 외부통제 심리학이 우리 사회의 심리학으로 지속되는 한 이 사람들과 대처하는 방법은 그들을 처벌하거나 그들로부터 숨는 길밖에 없다.

만약 우리가 외부통제 이론에서 선택이론으로 바꾼다면 다르게 생각하기 시작할 것이다. 아마도 그런 사람들로부터 숨거나 그들을 처벌하는 것이 우리가 원하는 평안과 안전을 가져다주는 것이 아니라는 것을 인식하기 시작할 것이다. 그러면 우리는 안전하고 비용도 덜 드는 대안을 고려해 볼 수 있게 된다. 손을 더 뻗어서 지역사회에 광범위하게 선택이론을 가르치는 것이다. 선택이론은 아무런 해도 끼치지 않는다. 선택이론을 가르치면 도움도 안 주면서 두려워하고 피하는 사람들을 도울 수 있는 좋은 기회를 갖게 될 것이다. 좋은세계가 우리 삶에 부여해주는 부분에 대한 폭넓은 지식이 변화를 가져올 것이다. 이와 같은 지역사회의 개념을 나는 이 책의 3부에서 더 자세히 설명하고 있다.

William Glasser의 선택이론 요약

참고: 웬델 워커 교재 (김인자, 2003)

1. 개인의 자유와 책임에 대한 심리학
2. 인간의 동기와 행동을 설명하는 이론
3. 우리는 내면적으로 동기화 되었음
4. 타인, 외부의 힘, 사건들이 우리를 통제하지 않음
5. 모든 행동은 목적이 있음
6. 우리의 욕구를 채울 수 있는 바람(Want)을 현실에서 찾으려고 선택한 행동에 대한 책임은 나에게 있음
7. 우리는 5가지 기본욕구(생존·사랑과 소속·성취·자유·즐거움)를 가지고 태어났고, 욕구강도는 일생 동안 변하지 않음

제4장

전행동
(Total Behavior)

토드라는 인상 좋고 옷맵시가 좋은 삼십대 초반의 남자가 상담을 받으러 나에게 왔다. 그는 나를 보자마자 몹시 우울하다고 말했다. 우울하다는 이유로 상담을 받으러 오는 사람들은 아주 많다. 내가 하는 치료나 상담은 현실치료 상담이라고 부른다. 이 상담은 선택이론에 그 근거를 두고 있으며 대부분의 경우 과거를 중요시하지 않고, 현재의 관계를 향상시키는데 초점을 맞추고 있다. 상담의 성공 여부는 내담자와 상담자가 좋은 관계를 유지하는 것에 달려 있다. 토드가 앉자마자, 다음과 같은 생각이 내 마음을 스쳐갔다.

그가 선택이론을 알았더라면, 지금보다 자신에 대해 훨씬 더 많이 알 수 있었을 것이다. 그러나 물론 선택이론을 알았더라면, 그는 내게 올 수밖에 없었던 그 행동을 하지 않았을 것이다. 집중적인 심리치료의 필요성은 이 젊은이와 같은 유능한 사람들이 선택이론을 알고 그것을 삶에 적용한다면 훨씬 감소될 것이다. 그러나 그는 선택이론을 모른다. 그래서 내가 할 일은 상담의 일부로 그에게 선택이론을 가르치는 것이다. 나는 그가 현재 인간관계에 만족하지 않고 있다는 점을 그에게 가르칠 것이다. 사람들은 늘 이 문제 때문에 상담하러 온다. 그의 과거가 이 문제에 기여는 했겠지만 대부분의 현대 심리치료자들이 우선적으로 초점을 맞추는 과거가 문제 그 자체는 결코 아니다.

그의 문제는 애인과의 관계일수도 있지만 그런 것 같지는 않았다. 내 경험에 의하면 애인 때문에 상담하러 오는 남자들은 거의 없다. 그 나이에는 어머니, 아버지 또는 아이와의 문제일 수도 있지만 그것도 아닌 것 같았다. 그의 경우 아내가 그가 원치 않는 일을 한 것이다. 물론, 아내의 입장에서는 남편이 그녀가 원치 않는 일을 하고 있다고 보았을 것이다. 어쨌든 여기에 와있는 사람은 그이기 때문에 나는 그를 상담해야만 한다.

그가 우울하다고 말할 때는, 이 불행이 그에게 다가왔다고 믿고 있는 것이 확실하다. 그렇지만 나는 그가 느끼고 있는 불행은 선택한 것이라고 믿고 있다. 나는 아내가 무언가 마음에 들지 않는 일을 한 것에 대처하려고 그가 '우울하기'를 선택했다는 것을 가르치려고 한다. 내가 왜 '우울한'이라는 형용사를 '우울하기'라는 동사로 바꾸었는지 설명하겠다.

우리가 태어나서 죽을 때까지 하는 일은 행동하기이기 때문에 선택이론에서는 모든 불평을 형용사나 명사에서(대부분의 사람들이 표현하는 방식이다) 동사로 바꾼다. 이 변화는 매우 중요한 것이다. 왜냐하면 동사는 지금 무언가 불평하고 있는 것을 우리가 능동적으로 선택했다는 것뿐만 아니라, 더 나은 선택을 할 수도 있고, 불평을 안할 수도 있다는 것을 가르쳐 주기 때문이다.

내가 하는 상담은 그에게 두 가지 대안을 제시할 것이다. 만약 그가 그 대안의 하나 또는 둘 다를 선택한다면 기분이 좋아질 것이다. 그리고 만약 그가 그 대안을 선택하기를 거부한다면 기분이 좋아지지 않을 것이다. 또 지금보다 더 기분이 나빠질 가능성도 있다. 그는 이러한 선택들을 적어도 처음에는 좋아하지 않을 것이다. 그렇지만 기분이 더 나아지기를 원한다면, 그가 할 수 있는 일은 그것뿐이다. 첫째는 그가 아내에게 이제까지 원하고 있는 것을 바꾸기로 선택하는 것이다. 둘째는 그가 아내를 대하는 방법을 바꾸기로 선택하는 것이다. 어떤 대안을 원하는지 결정하는데 따라 그는 하나나 두 가지 모두를 다 행할 수 있다. 그렇게 하면 그가 이제까지 느껴온 것보다 훨씬 더 기분이 좋아질 것이 확실하다.

토드는 그가 불행을 선택하고 있다는 내 주장에 즉시 이의를 제기할 것이다. 우리가 기분이 나쁠 때는 이것이 선택으로 보이지 않는다. 그것은 마치도 우리에게 닥친 일처럼 보이는 것이다. 바로 그 이유 때문에 나는 선택이론에 관해 충분한 정보를 주어서 내 말을 이해할 수 있게 될 때까지 그들이 자신의 느낌을 선택하고 있다는 이야기를 하지 않는다. 만약 내가 준비 없이 직접 대놓고 그렇게 말한다면 아마 다들 일어나서 나가 버릴 것이다.

그러나 두세 번 만난 후 바로 이것을 토드가 이해하기 시작했다. 그의 경우는 결혼생활을 구제하기에는 너무 늦었다. 그가 나를 만나러 오기 전에, 그의 아내는 가출을 했다. 하지만 위의 선택들은 재혼한 여자와의 결혼생활에서 도움이 되었다. 만약 그가 먼저번 아내를 대한 것처럼 현재의 아내를 대했더라면 그들의 관계도 좋아지기 어려웠을 것이다. 다음은 우리가 상담 초기에 나누었던 이야기들의 핵심이다. 서로를 알기 위해 나눈 이야기들과 농담은 여기서 생략했다. 그러나 성공적인 상담에 필요한 따뜻하고 지지적인 관계를 발전시키기 위해 이런 이야기들을 나누는 것은 우리들에게 중요했다.

토드는 나를 신뢰하게 되었고, 우리는 곧 그의 아내와의 손상된 관계를 어떻게 할 것인가 하는 이야기로 들어갔다. 그가 아내와 좋은 관계를 갖고 싶어 한 것은 명백해 보였다. 그리고 그가 그렇게 할 수 없다면 다른 사랑을 찾을 수도 있을 것이었다. 그러나 내게 올 때는 이러한 대안이 그에게는 떠오르지 않았다. 다음의 대화는 짧지만 현실치료상담을 이해하는 데는 충분하다. 또한 그 당시 내 마음에 떠올랐던 것을 설명하기 위해 대화를 중단해가면서 어떻게 선택이론을 상담에 적용하는지 설명하려고 했다.

"토드, 어떻게 된 이야기인지요. 말씀해 주세요, 마음속에 있는 것들을요."

"나는 우울해요. 기분이 아주 언짢습니다. 너무 마음이 상해서 한 주일동안 직장에 나갈 수도 없었습니다."

"그런 느낌이 드는데 대해 누군가를 탓하는 건가요?"

처음에 나는 그가 실패한 관계를 살펴보았다. 그리고 그가 보편적인 외부통제를 사용해서 자기 기분에 대해 누구를 탓하는지 알아보려고 했다. 이 경우에는 그의 아내였다. 이 질문이 그의 주의를 끌게 되었고 상담이 시작되었다.

"내 아내입니다. 아내가 떠나버렸습니다. 한 주일쯤 전에 직장에서 돌아왔는데요. 아내는 늘 집에 있었는데 그날은 집에 없더라구요. 거기 대해 그리 대수롭지 않게 생각했습니다. 어떤 때는 아내도 볼일이 있을 테니까요. 그런데 한 시간이 지나갔는데 전화도 오지 않았습니다. 그리고 무언가를 발견했어요."

"무엇을 보셨습니까?"

"아내가 남긴 메모지였습니다. '안녕' 이렇게 딱 두 마디 써서 냉장고에 자석으로 붙여놓았어요. 그리고 아내는 가버렸습니다. 침실에 가보았더니 아내 물건은 하나도 없더라구요. 옷이며 모든 것이 다요. 나는 망연자실했습니다. 정말 나는 그녀를 사랑합니다. 어떻게 내게 이럴 수가 있습니까?"

"뭐라고 말씀드리기 어렵군요. 어떻게 그럴 수 있는 지는 아내만 알 겁니다. 내가 궁금한 건 왜 그랬는가 하는 것입니다. 아내는 뭔가 몹시 화가 난 것 같은데요. 그게 무엇이라고 생각합니까?"

"뭐라 말하기 어렵습니다. 정말이지 말하기 어려워요."

내담자가 "말하기 어려워요."라고 말할 때는 대체로 무슨 일이 진행되고 있는지 알기는 하지만 그것에 관해 말하고 싶지 않다는 것이다. 그렇지만 편안치 않은 그 일에 자신이 관련되어 있다는 것을 그는 인정해야만 한다. 나는 그가 내키지 않아 하는 것을 모르는 체하고 계속 진행해 나갔다.

"글쎄요. 어쨌든 말해보십시오. 여기는 말하기 어려운 일들을 말하는 곳입니다.”

"예, 나는 그렇게 생각하지 않는데 아내는 내가 너무 권위적이라고 그러는 겁니다. 충격적이었지요. 그런데 우스운 건 그녀가 그걸 좋아하는 줄 알았다는 거예요. 아내는 나보다 열 살이나 어립니다. 스물 세 살이지요. 내가 자기보다는 더 많이 알지요. 내가 개입하는 것을 아내가 좋아하는 줄 알았습니다.”

"아내가 돌아오기를 바랍니까?"

"그럼요. 그야 물론이지요. 아내가 돌아오기를 바랍니다. 아내가 돌아오게 도와주실 수 있습니까?"

나는 그 질문에 대답하지 않았다. 아내가 돌아오는 것이 그에게나 아내에게 가장 좋은 일인지 아닌지 알아보기 위해서는 더 이야기해봐야 했다. 대답을 하지 않음으로서 나는 할 수 있다거나 없다거나 하는 말을 하지 않았다. 그 후 무엇을 하고 지냈느냐는 다음 질문은 지금까지 해온 것보다 무언가 좀 더 낫게 해볼 수 있지 않는가 하는 의미를 함축하고 있었다. 내 경험으로는 대부분의 내담자들이 그렇게 해석했다.

"아내가 떠난 후 무엇을 하고 지내셨습니까?"

"정말이지 아무것도 못했습니다. 너무 기분이 언짢았거든요. 집에 그냥 앉아 있었습니다. 직장 사람들 몇 사람이 내가 걱정이 되어 나를 만나러 왔었는데, 그 중 한 사람이 선생님 전화번호를 주었습니다. 나는 어떻게 하면 좋을지 모르겠습니다. 우울증에 관해 들은 적은 있지만 그게 무언지 전혀 몰랐었습니다. 나는 마비된 것 같습니다.”

그 말에 대해 나는 반응을 보이지 않았다. 그를 당장 기분 좋게 만들 아무 것도 줄 것이 없었기 때문이다. 그가 어떻게 느끼고 있는지 듣고 있는 동안 나는 느낌에 대해서는 별로 말하지 않았다. 그는 여기에 와서 말하고 있는데, 즉 무언가 하고 있는 것이다. 나는 그가 무엇을 하기로 선택했는가 하는데 초점을 맞추었다. 그에게 선택하기에 관해 생각하게 해야만 했다. 그리고 상담실은 그런 생각을 시작하기에 좋은 장소였다.

"아내가 떠난 후로, 당신은 집에 앉아서 출근하지 않기로 선택하셨다는 것 같은데요, 그렇습니까?"

"선생님, 이해 못하시는군요. 나는 집에 앉아 있으려고 선택한 것이 아닙니다."

"맞습니다. 나는 이해하지 못합니다. 어떻게 당신은 집에 앉아 있기를 선택한 것이 아니라고 하는지요? 누군가가 당신이 집에 앉아 있도록 만들었습니까?"

"그렇지만 그 동안 괴로웠습니다. 일하러 못 나갈 만큼 너무 괴로웠어요. 나는 아무 것도 선택하지 않았습니다. 나는 그 메모를 읽은 후 괴로워했어요."

"당신은 오늘 나를 보러 오기로 선택했습니다."

"나는 도움이 필요했거든요. 그래서 여기 온 겁니다."

"아내에게 연락하려고 해보았습니까? 아내에게서 소식을 들었습니까?"

"아내가 전화라도 하지 않을까 하고 기다렸지요. 그녀를 찾을 생각도 해 보았는데 그랬다가 싸우게 되면 상황이 더 나빠질 것이라고 생각했습니다. 한 순간 몹시 화가 났었어요. 그런데 그녀가 떠나버렸다는 데 생각이 미치자 정말 슬퍼졌습니다. 나는 아내를 사랑합니다. 어떻게 해야 좋을지 모르겠습니다. 나는 아내를 지배하려고 들지 않았어요. 그게 그냥 내 방식이었지요. 우리 아버지도 그랬지만 어머니는 별로 상관하지 않는 것 같았어요. 아마 그런 걸 아버지에게서 배운 것 같습니다."

"누구에게서 그것을 배웠는가 하는 것이 중요합니까?"

"정신과 의사들은 그런 일에 관심이 있다고 생각했는데요."

"나는 당신의 부모에게는 관심이 없어요. 당신은 성인입니다. 나는 당신이 무엇을 원하고, 무엇을 하기를 선택할 것인가에 관심이 있습니다. 그리고 나는 원하는 것을 얻을 수 있는 방법을 선택할 수 있도록 돕고 싶습니다. 우리는 당신의 아내가 떠났다는 사실을 다루어야 합니다. 당신은 그녀가 아주 떠났다고 생각합니까?"

"바로 그 문젠데요. 머리를 쥐어 짜내어 봤지만 모르겠어요. 만약에 돌아올 생각이 있었다면 자기 물건을 좀 남겨 놓고 갔을 겁니다. 모든게 다 사라졌어요. 깨끗이요. 이 모든 일들이 너무 갑자기 일어난 겁니다. 어찌해야 좋을지 모르겠습니다."

"지금 당장 아내에게 말할 수 있다고 가정해 봅시다. 무슨 말을 하시겠습니까?"

"미안하다고 말하겠어요. 내가 무엇을 했는지 몰랐다고 말하겠습니다. 나는 여태껏 아내에 대해 모든 것을 당연히 여겨왔습니다. 난 정말 눈먼 멍청이였습니다. 내가 모든 일에 간섭하는 걸 아내가 좋아하는 줄 알았습니다. 문제는 내 비난이었습니다. 아내에게 무엇인가를 잘한다고 인정한 적이 없습니다. 언제나 사소한 작은 일들이 무언가 잘못되었다고 했지요. 아내는 나를 '완벽씨'라고 불렀는데 악의를 품거나 그런 식으로 말하지 않아서 그게 말하자면 칭찬이라고 생각했던 겁니다. 우리는 절대로 싸우지 않았습니다. 사랑도 나누구요. 아내는 떠나기 한 주일 전쯤에 사는 게 자기가 원하는 대로 되는 것 같지 않다고 말했습니다. 나도 그렇게 느끼느냐고 아내는 물었지요. 내가 신경 쓰이는 건 아내가 정말로 행복해 보이지 않는다는 점이라고 말했습니다. 아내에게 더 행복해지도록 노력해야 한다고 말했어요. 아내는 그 동안 노력해 보았지만 자기가 해낼 수 있는 일이 아닌 것 같다는 겁니다. 아내는 거기에 대해 내가 무언가 해볼 수 있는 일이 있다고 생각하느냐고 물어왔습니다. 나는 내가 할 수 있는 모든 것을 언제나 하고 있다고 말했지요. 내가 더 이상 할 수 있는 일이 있으리라고는 생각할 수 없었습니다. 아내는 내가 그렇게 말할 줄 알았다고 하더군요. 그 이야기를 나눈 다음에 아내는 조금 행복해 보였어요. 나는 상황이 더 나아졌다고 생각했습니다. 그래서 아내가 떠났을 때 정말 놀랐습니다."

"지금도 당신이 달리 할 수 있는 일이 아무 것도 없다고 생각하십니까?"

"오, 아닙니다. 아니에요. 이제 아주 많은 일들을 다르게 할 수 있다는 것을 알겠습니다. 그렇지만 어떻게 아내에게 이 말을 할 수 있겠습니까? 아내는 가버렸는데요. 전화를 기다렸지만 전화도 하지 않습니다."

"아내에게 보고 싶고, 사랑하고 있으며 기꺼이 변화할 마음이 있다고 말하고 싶지 않습니까?"

"물론입니다. 그렇지만 어떻게요? 아내가 있는 곳을 안다고 해도 일을 망칠까봐 두렵습니다. 나는 자기가 잘못했다는 걸 인정할 줄 아는 남자가 못됩니다. 아마 제일 먼저 아내 탓부터 할 거예요. 나는 우울하지만 아직도 좀 화가 나있어요. 아내는 그런 식으로 집을 나가서는 안되거든요."

"내가 제안을 해도 좋을까요? 내가 만난 사람들에게 효과가 있었던 제안인데요."

"물론입니다. 그럼요. 무언데요?"

"편지를 쓰는 겁니다. 아내한테 얼마나 그녀를 사랑하고 보고 싶어하는지 말하세요. 그리고 당신이 변할 거라고 말하십시오. 어떻게 쓸지는 말하지 않겠습니다. 편지는 당신이 쓰는 거지 내가 쓰는 게 아니거든요. 편지는 마음에서 우러나와야 하고 그렇지 않다면 쓸 필요도 없습니다. 그렇지만 도움을 받으려고 나를 만났는데 아내도 와서 함께 나를 만나겠느냐고 물어보십시오. 이렇게 하면 그녀도 당신과 단둘이 만나지 않아도 되거든요. 아마 기꺼이 이 정도는 하려고 할 지 모릅니다."

"할 수 있습니다. 좋은 생각이십니다."

"이렇게 하면 아무런 강요도 안하는 거지요. 그녀는 편지를 읽고 생각해 볼 수 있습니다. 그녀는 당신을 전화에 매달리게 하지 않을 겁니다. 그건 너무 강요하는 것 같거든요. 편지를 써서 가져오십시오. 보내기 전에 함께 검토해봅시다. 그래도 좋겠습니까?"

"좋습니다. 정말 좋습니다. 그 아이디어 마음에 드는데요. 여기 온게 기쁩니다. 좋습니다."

"말해 보십시오. 지금 어떻게 느끼는지요. 내 말은 지금 이 순간 말입니다."
"기분이 나아졌는데요. 아주 많이 나아졌습니다."
"왜 기분이 나아졌습니까?"
"무언가 할 일이 생겼기 때문이지요. 기분이 절망적이지 않습니다. 잘 될 거예요. 잘 되겠지요."

토드는 집으로 가서 공들여 편지를 썼음에 틀림없었다. 그것은 아주 작품이었다. 아직도 그가 아내의 좋은세계에 남아있다면 이 편지는 도움이 될 것이었다. 나는 그에게 기회가 있다고 생각하기는 했지만 그렇게 자기 물건을 남김없이 가져가 버리는 것이 좋은 징조로 보이지는 않았다. 그의 아내는 편지를 읽고 전화했다. 아내는 별로 말을 많이 하지 않았고, 그는 아내에게 압력을 가하지 않았다. 현명한 처사였다. 그녀는 남편과 함께 나를 보러 오겠다고 말했고, 그가 시간 약속을 정했다.

상담실에 와서 그녀는 별로 말을 하지 않았다. 그는 다시 잘 해보려고 감정이 담긴 호소를 길게 했다.

그녀는 주의 깊게 들었지만 고개를 흔들었다. '아니요,' 그리고 말했다. "보세요. 우리는 4년동안 결혼생활을 했어요. 당신에게 신세를 졌지요. 당신은 나쁜 남자가 아니에요. 그저 나하고 맞지 않는 것뿐이에요. 무엇 때문에 내가 언짢아 하는지를 몰랐다면 그거야말로 당신이 어떤 사람인가를 보여주는 거예요. 나는 이제 겨우 스물세살이에요. 나는 당신하고 다시 잘해볼 생각이 없어요. 당신이 지금 근사한 말을 하지만 그건 내가 당신에게 압력을 넣었기 때문이지요. 이 일은 당신에게는 게임인데 당신은 지는 걸 싫어하거든요. 이건 내게는 게임이 아니에요. 이젠 끝났어요. 나는 부당하게 주장하는 것이 아니예요. 위자료도 필요 없구요. 우리가 결혼해 사는 동안 저축했던 것 중 내 몫만 원해요. 혼자서 웬만큼 해나갈수 있어요."

그녀는 내게 감사를 표시하고 떠나버렸다.

토드는 오랜 시간동안 아무 말이 없다가 말했다. "그 여자 없이 난 살 수 없어요."

"그건 상당히 극적인 진술인데요. 자살할 계획입니까?"

만약 그가 자살할 우려가 있다고 조금이라도 걱정했다면, 나는 그렇게 말하지는 않았을 것이다. 그는 자살 성향이 있는 사람은 아니었다. 그는 결혼생활 외에 아주 많은 다른 일들을 하고 있었다. 내가 말한 것이 그의 긴장을 가라앉힌 것처럼 보였다.

"아닙니다. 자살은 하지 않을 겁니다. 그렇지만 오랫동안 기분이 언짢을 거예요. 정말 그녀를 사랑했거든요."

"원하는 만큼 그런 상태로 지내십시오. 불행한 사람들이 나를 먹여 살리거든요."

"이 모든 것들이 선생님께는 심각한 일이 아닙니까?"

"별로요. 왜냐하면 나는 이야기의 나머지 부분을 알고 있거든요. 그리고 그 부분은 꽤 좋거든요."

"이야기의 나머지 부분을 알다니 무슨 뜻입니까?"

"내 말은 머지않아 당신이 새로운 누군가를 발견하게 될 거라는 겁니다. 그리고 그 여자에게 조금 전에 아내에게 약속했던 대로 대해준다면, 매우 행복하게 될 겁니다. 그게 바로 이 이야기의 결말이 되겠지요."

그리고 실제로 이야기의 결말이 그렇게 되었다. 토드가 아내의 그림을 그의 좋은세계에서 빼어 버리는데 그리 오래 걸리지 않았다. 그는 이미 아내의 좋은세계에서도 빠져 있었다. 그는 새로운 여자를 발견해서 데려오기까지 했다. 그 때 내가 아주 깊이 그의 좋은세계에 들어가 있어서 그는 내가 새 여자를 만나 승인해 주기를 바랐다. 아무도 결혼이 어떻게 되리라는 것은 예측할 수 없기 때문에 지지해주는 것 말고 다른 행동을 해야 할 이유도 없었다. 그는 새 여자에게 나에 관한 이야기를 다 했다. 그는 그녀에게 자기가 너무 지배적이기 때문에 실패한 결혼의 진상을 이야기했다. 이 여자는 그와 나이가 비슷했고 그에 대한 생각은 상당히 현실적으로 보였다.

그가 그녀에게 진실을 말했기 때문에 나는 물었다. "어떻게 생각하십니까? 그가 당신을 어떻게 대했나요? 당신의 삶을 다 떠맡으려고 합니까?"

"아니요, 정 반대인데요. 아주 잘 대해줘요."

"그렇지만 아마 전처하고도 처음에는 그랬을지 모릅니다. 그럴 수 있거든요. 아시겠지만요."

그가 끼어들었다. "아닙니다. 그런 일이 일어나지는 않을 겁니다."

그리고 그런 일이 일어나지 않았다. 그녀는 신중했지만 그들은 약 1년 후 결혼했다. 그 해에 그를 몇 번 만났다. 상황은 괜찮았다. 흥미 있는 부분은 그의 전처가 일 년쯤 후에 전화해서 그녀도 행복하다고 말한 것이다. 그녀는 자기가 원하던 타입의 남자를 만났다는 것이다.

이제 현실치료상담은 내담자에게 선택이론을 설명하는 것을 포함하고 있다. 토드가 아내를 잃은 상실을 극복하고 새 여자를 만나 다시 시작할 때 그에게 무엇이 일어났는가를 설명해주는 선택이론을 가르쳐주었다. 그는 자기 여자친구에게도 내가 가르친 모든 것을 다 가르쳤다고 말했다. 이 이론이 두 사람이 좋은 출발을 하도록 도와준 것 같았다. 나는 특별히 그에게 우울하기를 선택하는 것에 관해 가르쳤다. 나는 그에게 이런 상황이 다시 일어나서 우울하기를 선택하거나 인간이 보통 선택하는 흔한 불행의 유형들을 선택하기 시작할 때 무엇을 할 것인가를 가르쳤다.

언급했던 것처럼 그가 왔을 때 나는 그가 오랜 기간 불행한 관계를 맺어 오다가 막 끝냈다는 것을 알고 있었다. 그것이 내담자가 치료자를 보러 오는 공통된 이유이기 때문이다. 설명했던 것처럼 그것이 아내와의 관계일 것이라고 나는 거의 확신했다. 대부분의 사람들에게 더욱 더 충격적인 사실은 그가 불평하는 불행을 자신이 선택하고 있는 나의 주장이다. 이것은 대부분의 사람들이 믿고 있는 사실로부터 급진적인 출발을 하는 것이다. 특히 내담자가 스스로 정의한대로 우울증이라는 고통스러운 증상 때문에 정신적인 도움을 찾고 있다고 믿고 있는 입장에서 말이다. 우울할 때 우리는 자신이 통제할 수 없는 느낌의 희생자라고 믿는다. 오랜 기간 심하게 우울하면 이 선택을 대체로 임상적 우울이라고 부르고 정신질환으로 간주한다.

널리 알려져 있는 현대의 믿음에서는 정신질환이 두뇌 화학작용의 불균형 때문에 온다고 본다. 이 불균형을 바로 잡고 기분이 좋아지기 위해 환자는 향정신성 약품을 필요로 한다. 그리고 우울증 같은 경우에 정신과 의사는 프로작 같은 약을 생각해 내게 된다. 나는 토드를 위한 약물사용을 생각하지 않았다. 나는 그가 정신질환 때문에 고통받고 있다고 믿지 않았다. 나는 그가 상황에 대처하기 위해 우울해 하기로 선택했기 때문에 약물의 도움 없이 좀 더 나은 선택을 하도록 도와줄 수 있다고 믿었다.

후에, 그에게 선택이론을 가르쳤을 때 그나 다른 모든 사람들이 태어나서부터 죽을 때까지 할 수 있는 일은 행동하는 것뿐이라는 것을 가르쳤다. 자신의 삶을 잘 살펴보고 당신이 행동하지 않았던 시기가 있는지 생각해 보라. 모든 중요하고 의식적인 행동, 즉 우리들이 기본 욕구를 충족시키기 위한 행동은 선택된 것이다.

우리는 언제나 행동할 뿐만 아니라, 우리들의 삶을 가장 효율적으로 통제를 할 수 있는 방법으로 행동하기를 선택하려고 한다. 선택이론의 개념으로 말한 다면 효율적인 통제를 한다는 것은 좋은세계에 있는 그림들을 상당히 만족시킬 수 있는 방법으로 행동하는 것을 말한다. 나를 보러 왔을 때 토드는 그의 좋은세계 안에 아직도 아내와 함께 있는 자신의 그림을 가지고 있었다. 그는 자신이 불행을 선택하고 있었지만 그의 좋은세계에 대해서는 모르고 있었다. 그가 알고 있었던 것은 기분이 나쁘다는 것하고 좀 더 기분이 좋아지기를 원하고 있다는 것뿐이었다.

앉아서 불행하게 느끼고 있는 대신, 편지 쓰기가 문제를 해결하는데 도움이 되었기 때문에 그는 기분이 좀 나아진 것이다. 다시 말하자면, 그가 기분이 좋아진 이유는 자신의 인생에 좀 더 효율적인 통제를 다시 할 수 있는 무언가를 하고 있다고 믿었기 때문이다. 떠나버린 여자에게 사랑이 담긴 편지를 쓰는 것은 그저 앉아서 불행해 하고 있는 것보다 더 효율적인 방법이었다. 그래서 그는 기분이 더 나아졌던 것이다. 나중에 그의 좋은세계 안에 들어있는 아내의 그림을 새로운 약혼녀로 바꾸자 그는 거의 완전한 안정을 느꼈다.

다시 말하지만, 우울하기 같은 고통스러운 행동을 선택하기를 그만 두는 것은 우리들의 선택인 것이다. (1) 우리가 원하는 것을 바꾸거나, (2) 우리가 하고 있는 것을 바꾸거나, (3) 아니면 둘 다 바꾸는 것이다.

이 치료에서 토드는 우울하기를 강하게 선택하고 있었는데도 불구하고 더 나은 선택을 할 능력이 있었다. 그가 더 나은 선택을 하고 우울하기를 그만 둘 능력이 있다면 소위 정신병이라고 부르는 것 때문에, 그가 고통받고 있는 것이 아니라고 하는 것이 옳을 것이다. 그가 이런 선택을 하는 것을 못하게 막는 두뇌의 결함은 전혀 없었던 것이다. 나중에 설명하겠지만 우울하기를 선택하는 것은 얼마나 심하게 오래 그런 상태였는가 하는 것과 상관없이 정신질환이 아닌 것이다. 다른 모든 행동과 마찬가지로 그것은 선택인 것이다. 걷거나 말하는 것처럼 직접적인 선택은 아니다. 그러나 당신이 전행동의 개념을 이해한다면 결국 즐겁거나 고통스러운 모든 느낌이 간접적으로 당신이 선택하였다는 것을 알게 될 것이다. 그렇지만 간접적인 선택도 어쨌든 선택인 것이다.

이 주장을 실증하기 위해, 우리가 행동이라는 말을 너무 폭좁게 사용하고 있다는 것을 설명해야만 한다. 행동은 자신을 이끄는 방법이라고 사전에 정의되어 있다. 나는 이 정의를 받아들이지만 방법이라는 단어를 확대시키고 싶다. 선택이론의 관점에서 본다면 이 단어는 중요하다. 우리가 자신을 이끄는 "방법"에는 함께 움직이며 분리될 수 없는 네 가지 요인이 있다. 첫 번째 요인은 활동하기이다. 행동을 생각할 때 우리들 대부분은 걷기, 말하기, 먹기 같은 활동을 생각한다. 두 번째 요인은 생각하기이다. 우리는 항상 무엇인가 생각하고 있다. 세 번째 요인은 느끼기이다. 행동할 때마다 우리는 항상 무엇인가를 느낀다. 네 번째 요인은 신체반응이다. 우리가 하고 있는 모든 일은 심장의 펌프질, 폐의 숨쉬기, 두뇌와 관련된 화학작용처럼 신체작용과 항상 관련되어 있다.

이 네 요인이 동시에 일어나고 있기 때문에 선택이론은 행동이라는 한 단어를 전행동이라는 두 단어로 확장시켜 설명하고 있다. 전행동이라는 말은 행동이 항상 이 네 가지 요인을 함께 포함하고 있기 때문이다. 활동, 생각, 느낌, 그리고 신체반응은 우리들의 모든 행동과 연관지어져 있다. 이 책에서 종종 행동이라는 단어를 사용하고 있지만 의미하는 바는 항상 전행동이다. 앉아서 이 책을 읽고 있을 때, 당신은 페이지를 넘기면서 눈과 머리를 움직이고 있는 것을 선택한 것이다. 본질적으로 이것은 당신의 활동이다. 당신은 또한 읽고 있는 것에 관해 생각하고 있을 것이다. 그렇지 않다면 여기 쓰여져 있는 것을 이해할 수 없을 것이다. 실제로는 당신이 활동하고 있을 때 언제나 생각하고 있고 그 역으로 생각하고 있을 때는 언제나 활동하고 있는 것이다. 이 둘은 함께 있기 때문에 자주 이 두 가지를 합해서 행하기라는 한 단어로 쓴다. 무언가 하고 있다고 말할 때에는 거의 언제나 활동과 생각의 특정한 조합을 말하고 있는 것이다.

당신은 또한 무언가 느끼고 있다. 언제나 고통과 즐거움을 자각하고 있는 것이다. 아마 지금은 특별한 느낌이 없을지 모른다. 그러나 종종 느끼는 불행을 선택하고 있는 것이라는 내 주장에 동의할 것인가 말 것인가 생각하고 있을 것이고 이 생각은 언제나 어떤 느낌과 함께 온다. 무엇을 느끼고 있는지 주의를 기울이지 않고 있어도 당신은 항상 무언가 느끼고 있다. 또한 심장은 뛰고, 폐는 숨쉬고, 두뇌는 작동하고 있는 것이다. 즉, 당신이 선택한 전행동 중 활동하고, 생각하고, 느끼는 것은 신체반응과 항상 연결되어져 있는 것이다.

이제 전행동을 소개했다. 즐겁거나 괴로운 느낌을 선택하고 있다고 말할 때 무엇을 의미하고 있는 것인지 설명할 수 있다. 주의를 기울인다면, 이 책을 읽고 있는 동안 어떤 느낌을 지니고 있다는 것을 쉽사리 알아차릴 수 있을 것이다. 그러나 그 알아차림이 당신의 느낌을 선택하고 있다는 의미는 아니다. 당신은 이렇게 말할지 모른다. '나는 내 느낌을 깨닫고 있지만 그 느낌은 저절로 일어난 것이다. 내가 그것을 선택하고 있다는 것은 깨닫지 못한다. 불행할 때 내가 불행을 선택하고 있다는 것을 확실히 깨닫지 못하겠다는 말이다. 당신의 주장처럼 선택의 여지가 있다면 나는 확실히 불행을 선택하지는 않을 것이다.'

그러나 이 말이 사실이라면 정신과 의사를 보러 간다는 것은 이치에 닿지 않는다. 만약 당신이 느낌에 대해 아무 것도 선택할 수 없다면 인생과 문제에 대해 이야기하는 것이 무슨 소용이 있겠는가? 토드가 내게 오기로 선택했던 것은 너무도 불행하게 느꼈기 때문이었다. 그가 아내를 미워하고 어서 떠나주지나 않나 하고 바라고 있었다면 아마 기분이 너무 좋아져서 결코 나를 만나러 오지 않았을 것이다. 왜 당신은 느끼는 것은 통제할 수 없다고 믿는가? 이에 대한 내 설명은 당신은 활동이나 생각에 대해 통제하는 방식으로 당신의 느낌을 직접적으로 통제할 수 없다고 믿기 때문이라는 것이다.

토드가 우울하게 느낀다고 말했을 때 기운 내라고 말하는 것은 별 의미가 없다. 어느 누구도 직접적으로 더 기분 좋게 느끼는 것을 선택할 수는 없다. 이것은 테니스를 치는 것처럼 활동하는 행동이나 장기처럼 생각하는 행동을 선택하는 것과는 다르다. 그러나 이 네 가지 부분이 분리될 수 없다는 전행동의 개념을 받아들여보라. 느낌을 직접적으로 통제할 수 없음에도 불구하고 당신은 느낌이나 심지어 신체반응까지도 간접적으로 통제할 수 있다는 것을 발견하게 될 것이다.

이 네 가지 요인이 언제나 전행동을 선택할 때 작동하지만 활동과 생각만 직접적으로 통제할 수 있다고 당신은 주장할지 모른다. 어떤 때는 내가 생각하는 것을 통제할 수 없는 것처럼 보인다. 내 마음속에서 되풀이되는 생각을 몰아낼 수가 없다. 당신이 그 되풀이되는 생각을 불행한데도 불구하고 선택하는 이유는, 다른 어떤 생각보다도 그 생각이 삶의 어떤 측면을 더 낫게 통제할 수 있도록 해주기 때문이라고 나는 생각한다. 당신이 언제나 그 당시로서는 최상의 선택을 한다는 것이 전행동을 이해하는 골자이다.

다음 이야기는 최상의 선택이 곧 좋은 선택을 의미하는 것은 아니지만 당신이 그것을 선택했을 때는 그 당시에는 좋은 것으로 보였다는 것을 설명해주고 있다. 한 젊은이가 피닉스에 있는 큰 선인장이 있는 정원에서 걷고 있었다. 갑자기 그는 옷을 다 벗어 제치고 키작은 선인장 밭으로 뛰어들어 뒹굴기 시작했다. 곁에 서있던 사람들이 여기저기 찔려서 피가 나는 그를 끌어내고는 물었다. "왜 그랬어요?" 그는 말했다. "그 때는 그게 좋은 생각인 것 같았거든요." 우리들은 모두 다 살아가면서 자기를 해칠 의도도 없으면서 선인장 밭에 뛰어든다. 우리가 뛰어들 때에는 그것이 좋은 아이디어인 것처럼 보이는 것이다. 이혼담당 변호사는 한 번 이상 선인장 밭에서 이것이 최상의 선택이라고 믿으면서 몸을 굴리는 사람들 때문에 직업을 유지할 수 있는 것이다.

예를 들어 토드는 아내가 떠났다는 괴로운 생각을 도저히 마음속에서 몰아낼 수가 없었다고 말했다. 이 되풀이되는 강박적 선택은 선택이론으로 잘 설명할 수 있다. 내가 언급했던 것처럼 우리가 지각을 다룰 때, 토드의 경우에는 아내가 좋은세계에 강렬하게 들어가 있는데, 현실세계에서도 이 그림이 이루어지도록 통제해보려고 하는 것이다. 토드의 되풀이되는 생각은 현실세계에서도 그렇게 해보려는 노력이다. 그의 논리는 그녀에 대한 생각을 계속하고 있으면 어떻게 해서든지 그녀가 돌아오도록 만들 수 있으리라는 것이다. 그녀가 영영 떠나버렸다는 생각조차 받아들이고 싶지 않은 것이다.

이제 어떻게 느낌이나 신체반응을 간접적으로 선택하는가에 초점을 맞추어 보자. 우리들은 활동과 생각에 대해서는 거의 전적으로 통제력을 지니고 있다. 그리고 우리 느낌과 신체반응은 이 선택된 활동과 생각과 분리될 수 없는 것이다. 내가 머리를 벽에 찧는 행동을 선택했다면 다치게 될 것이다. 내가 활동하기와 생각하기와 연관된 괴로운 선택을 했다고 하는 것이 옳은 해석이 아닐까? 내가 불행하게 느낀다면 기분이 좋아지도록 술을 마시는 전행동을 선택할지 모른다. 술 마신 경험으로 미루어 보면 그럴 때 기분이 좋았던 것이다. 그렇다면 왜 안하겠는가? 그렇지만 내 혈관 속에 알코올을 집어넣으려면 그에 관한 생각과 활동을 해야만 하는 것이다. 알콜은 혈관에 자기 발로 걸어들어 갈 수는 없고 그것이 들어오기 전까지는 기분 좋게 느낄 수가 없는 것이다.

우울하다고 말하는 토드의 경우에 그가 불행을 선택하고 있다고 말하기는 했지만 그가 직접 선택했다고 말하고 있는 것은 아니다. 그가 직접적으로 선택하고 있는 것은 우울하기나 우울의 선택이라고 내가 부르는 전행동의 활동과 생각 부분이다. 그가 우울해 하고 있는 한, 그는 끊임없이 마음속에서 똑같이 불행한 생각을 반복하게 되는 것이다. 되풀이해서 그는 생각했다. 그녀가 떠나지 않았다면, 그녀가 돌아왔으면, 그녀를 좀 다르게 대했더라면, 그녀가 없이 내가 무엇을 할 수 있겠는가?

그가 이 불행한 생각들을 하고 있는 동안 활동은 느려져서 거의 불구자처럼 되어 버린 것이다. 모든 일이 다 힘들게 되어서 직장에 나가는 것까지도 불가능한 일처럼 느끼게 된 것이다. 활동이 느려지게 되면서 눈에 띄게 신체반응과의 관련이 깊어졌다. 탈진과 무기력의 느낌이 끊임없이 들어서 움직일 기력이 다 사라져버린 것처럼 에너지의 전체적인 결핍이 온 것이다. 그런데 이것은 전행동이기 때문에 그의 느낌과 신체반응은 전체적으로 연관되어 있는 것이다. 느낌과 신체반응이 무엇이든지 간에 이것들은 생각과 육체적인 활동과 분리될 수 없게 연결되어 있다. 많은 경우에 그렇듯 우울해지면 활동이 느려지는 것이 본의가 아닌 것처럼 느껴진다. 그러나 그렇지 않다. 만약 토드가 좀 더 노력하는 것을 선택했다면 그렇게 할 수 있었을 것이다. 그는 실제로 상담실로 나를 만나려 오려고 노력했다.

선택이론은 또한 그가 다른 사람들이 전행동을 선택하는 것과 같은 이유로 우울하기를 선택했다는 것을 가르쳐 주었다. 우울하기는 이 상황에서 그가 생각해 낼 수 있는 어떤 것보다도 더 나은 통제력을 주었기 때문이다. 이것이 선인장 밭에 뛰어드는 것과 같은 방식이다. 스스로 깨닫지는 못하고 있지만 우리들과 마찬가지로 그는 아이 때부터 우울하기를 배웠던 것이다. 그 이래로 자주 우울해했다. 그리고 이 상황에서는 우울하기를 너무도 강하게 선택했기 때문에 도움을 청하러 오게 된 것이다. 우울해하는 것이 고통스럽지만 이 상황에서 우울해 하지 않으면 더 고통스러워지거나 그의 경험에 의하면 더 큰 고통으로 빠졌을 것이다.

간략하게 이 보편적인 상황과 당신이 선택하는 거의 모든 상황에서 우울하기가 왜 최상의 선택인가 하는 것을 설명하려고 한다. 그러나 내가 왜 우울하기나 우울하기를 선택하기라고 전행동에 이름을 붙이는가를 우선 설명한다면, 나의 생각을 이해하기가 더 쉬워질 것이다.

선택이론에 따라서 나는 전행동의 가장 두드러지는 부분에 이름을 붙인다. 전행동을 이 네 가지 부분으로 다 묘사한다는 것은 거추장스럽고 의도한 바도 아니다. 내가 당신이 거리를 걸어가는 것을 보았을 때 나는 당신이 걷고 있다고 말할 것이다. 이 때 당신은 또한 생각하고 느낄 것이며 심장은 물론 뛰고 있을 것이다. 그렇지만 활동부분인 걷는 것이 가장 두드러진다. 만약 당신이 장기를 두면서 말을 어떻게 움직일까 심사숙고하고 있는 것을 본다면 나는 당신이 생각하고 있다고 말할 것이다. 이 때 나는 당신의 작은 활동이나 느낌, 신체반응이 어떤 상태에 있는가에 관해 언급하지 않는다. 만약 내가 당신이 저녁 먹은 것을 토하고 있는 것을 본다면 신체반응을 묘사하면서 당신이 토하고 있다고 말할 것이다. 이 때 당신 행동의 다른 부분에 대해서는 그리 많은 주의를 기울이지 않을 것이다. 응급실에 데리고 들어가면 의사가 무엇을 먹었는가 어디서 먹었는가하는 전행동의 다른 부분들을 묻겠지만 가장 두드러진 행동인 구토가 그 질문들을 묻도록 한 것이다.

토드가 내게 와서 우울하다고 말했을 때, 정확하게 말하자면 자신이 선택하고 있는 전행동의 가장 두드러진 부분에 초점을 맞춘 것이라고 할 수 있다. 그는 우울해하고 있다고 말하지 않았지만 왜 그런 선택을 했는지 설명해주는 선택이론을 배운다면 쉽게 그렇게 말할 수 있게 될 것이다. 실제로, 지금부터 이 책에서는 정신질환으로 간주되는 불안신경증이라든가 공포증이라든가 하는 전행동을 내가 언급할 때마다 전행동이라는 관점에서 설명할 것이다. 불안 신경증은 불안해하기(anxiety −ing)나 불안하기를 선택하기라고, 그리고 공포증은 공포스러워 하기(phobicking)나 공포를 선택하기라고 부를 것이다.

 이 새 이름들은 처음에는 거추장스럽겠지만 익숙해지면 더할 나위 없이 자연스럽게 들릴 것이다. 이 호칭은 전통적인 호칭보다 더 정확한 것으로 이 개념은 더 활동 중심적이다. 왜냐하면 이 증상들은 선택의 결과이기 때문에 분명히 희망이 생기게 되는 것이다. 당신이 한 가지 선택을 할 수 있다면 더 나은 다른 선택도 할 수 있는 것이다. 당신의 선택은 고통스러운 것일지 모르지만 되돌릴 수 없는 것은 아니다. 아무도 고통을 좋아하지 않기 때문에 상담자와 내담자 두 사람이 함께 더 나은 선택을 하는데 즉시 초점을 맞출 수 있기 때문이다. 우울해지고 신경증이 되고 한다는 것은 수동적이다. 그 일이 우리에게 일어나 버린 것이다. 우리는 그 증상의 희생자이고 그것에 대해 아무런 통제력이 없는 것이다. 이러한 명사와 형용사의 사용은 자신을 위해서 할 수 있는 일이 아무것도 없다는 것을 아주 논리적으로 믿게 만들어버리는 것이다.

 '선택하다'라는 동사와 함께 쓰이는 동사들은 즉시 선택이론의 아이디어와 손잡을 수 있도록 해주는 것이다. 당신은 지금 하고 있는 일을 선택하고 있지만 무언가 더 나은 선택을 할 능력이 있는 것이다. 만약 그것이 선택이라면, 당신이 선택한 것에 대해서 책임을 져야 한다는 것이 당연해진다. 동사를 쓰게 되면 당신은 정신질환의 희생자가 아닌 것이다. 당신 자신의 좋은 선택의 수혜자이거나 자신의 나쁜 선택의 희생자인 것이다. 당신은 독감이나 식중독에 걸린 것 같은, 보편적인 개념으로 병에 걸린 것이 아니다. 선택이론의 세계는 강인하고 책임성 있는 세계인 것이다. 당신이 하고 있는 일의 책임을 회피하려고 문법적 문제를 이용하지 말라.

 '우울증'과 '정신질환'들을 묘사하는데 명사나 형용사를 보편적으로 사용함으로써 많은 사람들이 고통스러워하기 보다는 무언가 더 해볼 수 있다는 생각을 막고 있다. 언제나 더 나은 선택을 할 수 있는 자유를 갖고 있음을 배우게 되면 불행을 선택하고 있다는 생각이 낙관주의로 바뀌도록 도와줄 것이다. 이 새로운 깨달음이 개인적 자유의 재정의인 것이다. 상황이 절망적이라는 생각, 곧 거기 대해 어떻게도 해볼 수 없다는 그런 생각이, 그토록 우리를 불안하게 만드는 것이다. 굉장히 많은 사람들이 선택이론이나 정신질환에 대해 아무 것도 모르고 상담자를 만나본 적도 없으면서도 우울해하는 것보다 더 나은 선택을 하면서 살아가고 있다. 당신도 그렇게 할 수 있다.

이렇게 해보라. 상당한 봉급인상을 기대하고 있었는데 당신이 얻은 것이라고는 약간의 수당뿐이었다고 상상해 보라. 한동안은 화가 나겠지만 직장을 계속 다니고 싶기 때문에 거의 즉각적으로 '우울하게' 느끼게 될 것이다. 이제 늘 하던 것처럼 우울하기를 계속하는 대신 자신에게 다음과 같은 말을 들려주라. 나는 기대했던 봉급인상을 받지 못했기 때문에 우울하기로 선택했다. 우울해 하는 것을 선택한 것이 이 상황을 다루는데 어떻게 나에게 도움이 될 것인가? 만약 이것이 도움이 안된다면 더 나은 무엇인가를 나는 선택할수 있는 것일까?

이 말이 마음속으로 흘러 들어가면 당신은 계속해서 우울해 하는 것이 어렵다는 것을 발견하게 될 것이다. 당신은 더 나은 전행동을 찾아보려고 노력하게 된다. 이 상황에 대해 윗사람을 탓할지라도 상당한 봉급인상을 얻기 위해 무언가 더 할 수 있는 일이 있는지 살펴볼 수도 있다. 혹은 불평하지 않고 다른 직장을 찾아보기로 마음먹을 수도 있다. 아니면 당신의 동료에게 말하라. "나는 할 수 있는 모든 일을 다 했어. 그러니 나를 좀 지지해 주어서 이 상황을 헤쳐 나가자구. 기분 상해 봤자 아무 소용이 없거든. 누구에게도 그런 건 필요 없어. 당신이 내 편을 들어주고 내가 최선을 다했다는 것을 인정해 준다면 나는 괜찮을 거야." 이처럼 무언가 적극적인 일을 하는 것은 많은 사람들이 하는 것처럼 소극적으로 불행을 그저 받아들이는 것보다는 훨씬 좋을 것이다.

우리가 전행동에 관해 안다면, 분명히 고통스럽거나 불행한 사람들을 보고

'어떻게 느끼십니까?'라고 묻지 말아야 한다는 것을 알게 될 것이다. 이 질문은 누군가가 다쳤거나 아파서 도저히 기분이 좋아질 수 없을 때 보통 묻는 말이다. 로스앤젤레스의 정형외과에서 정신과 의사로 일하고 있을 때 나는 의사들에게 회복이 되려면 아주 오래 걸리는 고통스러운 환자에게 이 질문을 하지 않도록 납득시키려고 애썼다. 이렇게 물을 때, 묻는 사람이 기대하는 대답은 "좋아요"라거나 "좀 나아졌어요"인 것이다. 환자나 의사나 이런 대답을 들으려고 물었다는 것을 알고 있다.

그래서 환자들은 대체로 거짓말로 말한다. "좋습니다." 그리고 이 거짓말은 의사-환자 관계를 해친다. 이 질문은 또한 의사의 치료만으로 환자가 기분 좋게 된다는 것을 의미한다. 그런데 사실상 그렇지 않다. 더 좋은 질문은 다음과 같다. '오늘은 무얼 할 계획입니까?' 아무리 아픈 환자라고 하더라도 무엇인가 할 수 있고 심지어 병원에서도 그저 누워만 있는 것 이외에 무엇인가 할 수 있을 것이다. 자신을 위해 무엇인가 할 수 있다는 것을 의미하는 질문 자체가 이 어려운 상황에서도 그가 기분이 좋아질 수 있는 통제감을 가지게 되는 것이다.

내가 이런 질문을 전신마비 환자에게 던졌을 때 경험했던 것처럼 많은 환자들이 이 의사가 미친 사람이 아닌가 하는 시선으로 보는 것에 대비해서, 나는 언제나 어떤 활동을 제안해 볼 준비를 하고 있었다. 텔레비전 보기나 같은 방 환자에게 텔레비전 프로그램에 관해 이야기하기 같은 아주 간단한 활동들이다. 매주 방문하게 되면서 그들은 이렇게 질문을 받을 것을 기대하고 내게 말할 무엇인가를 준비하게 되었다. 종종 그들은 무엇인가 하고 있을 때 기분이 좋아진다고 덧붙여 말하기도 했다. 이런 말은 일상적인 접근에서 이 변화가 유용하다는 것을 확신시켜 주는 것이었다. 선택이론의 세계에서는 우리들이 가짜 인사인 '기분이 어떠세요?'를 그만 치우고 그 대신 '오늘 무얼 하실 거예요?' 이거나 아니면 '무언가 중요한 일이 일어나고 있습니까?' 라는 인사로 대치하는 것이다. 대체로 사람들을 이상한 대답으로 몰아넣는 비활동적인 느낌의 질문 대신에 다양한 활동적인 행동에 관한 질문을 하는 것이다.

나는 전행동을 묘사해 보았는데 왜 그토록 많은 사람들이 우울하기를 선택하는지 논리적인 이유를 세 가지로 설명해 보겠다. 이 이유들은 사람들의 우울해 하기, 불안해하기, 두려워하기 등처럼 흔히 정신질환이라고 부르는 모든 범주를 설명해 주고 있다. 많은 사람들의 류마티즘 같은 질병들도 이 세 가지 이유로 설명될 수 있다. 많은 의사들이 수많은 질환에 심리적인 요소가 있다고 믿고 있고 이런 질환들을 심인성 질환이라고 부른다. 심인성(心因性)의 심(心)은 우리 마음속에서 일어나는 것이 육체에서 일어나고 있는 일과 관련이 깊다는 것을 뜻하는 것이다. 우리가 불만족스러운 인간관계에 있을 때처럼 인생의 효율적인 통제를 못하고 있을 때 신체변화에 고통스럽게 관여하고 있다고 보아도 좋을 것 같다. 병에는 걸리지 않을지 몰라도, 우리가 좌절감을 느낄 때에 기분이 좋을 때보다 전체적으로 더 정상적인 신체반응을 지닐 수는 없는 것이다.

분노를 억제하기(Restrain The Anger)

우리 생활에서 효율적인 통제를 하지 못하게 될 때마다, 많은 사람들이 태어나면서부터 사용해온 화내기라는 전행동을 즉각 생각해낸다. 화내기는 생존을 돕기 위해 유전자 속에 입력되어 있고 유아기 때부터 이것을 사용하거나 아니면 좋은세계에 있는 중요한 그림이 충족될 수 없을 때마다 그것을 생각해내는 것이다. 오랜 경험을 근거로 해서 토드나 다른 많은 사람들은 아내가 그를 떠난다는 메모를 보았을 때 대부분의 사람들처럼 즉시 화내고 싶은 충동을 느낀다. 화내기는 좋은세계에 들어있는 사람이 우리가 그에게 원하는 행동과 전혀 다른 행동을 취할 때 대부분 처음 생각하는 전행동이다.

그러나 나이를 몇 살 더하면서 화내기가 대체로 비효율적인 선택이라는 것을 알게 된다. 화를 내면 원하는 것을 얻기 어렵다. 특히, 화가 나 있는 어른들을 통제하려고 사용할 때에 더욱 그렇다. 우리가 떼를 쓰기로 선택을 했는데 부모가 그런데 관심을 기울이지 않을 만큼 머리가 좋을 때는 그 떼쓰기가 가치 없다는 것을 배우게 된다. 떼쓰기는 우리가 원하는 것도 주지 않고 결국 에너지만 소모시키고 많은 고통을 느끼게 한다. 너무 오래 이렇게 되면 우리는 이 선택이 원하지 않는 처벌이나 거절을 당하게 되는 식으로 상황을 더 나쁘게 한다는 것을 배우게 된다.

토드는 이것을 배운 것이다. 상담 말기에 그는 메모를 보는 순간, 아내를 추적해 집에 돌아오도록 강요한다면 상황을 훨씬 더 나쁘게 만들 수도 있다는 것을 알았다고 말했다. 우리가 깨닫지는 못하고 있지만 우울하기는 인간이 분노를 억제하기 위해 발견해 낸 가장 힘있는 방법 중의 하나이다. 우리들 모두 다 우울하기를 많이 사용한다. 그렇지만, 내가 곧 설명하려는 것처럼 우울하기 그 자체가 아주 강한 통제 행동이다.

심하게 우울해할 때 당신이 가장 잘 알고 있는 것은 불행한 느낌이다. 이 느낌은 당신의 생각, 활동, 그리고 심지어는 신체반응까지도 느려지게 하는 경향이 있다. 분노를 송두리째 막는데는 엄청난 에너지가 소모되기 때문에 피곤해지는 것이다. 우울해 하는 한, 거의 아무 것도 할 에너지가 없게 되는 것이다. 만약 우리가 빨리 효율적으로 우울해할 수 없다면 결혼생활이나, 가정, 사회 안에서 제대로 기능할 수 없을 것이다. 우울하기는 엄청나게 많은 부부폭력과 가족폭력을 예방한다. 우리들 대부분이 좌절하는 많은 순간에 우울해 하지 않는다면 거리와 집들은 전쟁터가 되고 말 것이다.

텔레비젼에서 거의 매일 보는 살인과 파괴는 성인이 격분해서 주먹을 휘두를 때 무슨 일이 일어나는지 보여주는 좋은 예들이다. 우울해하는 사람들이 좀 있다 하더라도 그들은 그런 대로 괜찮아질 것이다. 우리들 대부분은 어떻게 우울해 하는지 알고 그것을 제법 잘해내는 것이다. 어떤 사람들은 이 우울해 하기 행동에 일생을 바치고 돌봄을 받아야만 한다. 이렇게 하는 사람들은 기능을 할 수 없게 만드는 이 선택 때문에 아주 꼼짝 못하게 되지만 어쨌든 이것도 선택인 것이다. 그들이 만일 그들의 삶을 통제할 수 있는 다른 선택을 생각해 낼 수 있다면 이런 행동을 선택하기를 그만 둘 것이다.

우울하기는 토드가 아내 뒤를 쫓아 그녀를 해치고 살인이 일어날 수도 있는 것을 막았다. 살인은 총기를 구하기 손쉬운 미국에서 흔한 행동이다. 아마 우울하기는 자살을 막았을 지도 모른다. 자살은 사람들이 자신의 삶을 도저히 다시 효율적으로 통제할 수 없다는 생각에서 삶을 포기했을 때 선택하는 전행동이다. 만약 어떤 사람이 심하게 우울해하고 있었는데 겉보기에 뚜렷한 이유도 없이 우울하기를 그쳤다고 하자. 그렇다면 그의 인생이 지금까지 지내왔던 것보다 더 효율적이 된 것이 아니기 때문에 자살하기로 결심한 것일 수도 있다. 그 결정은 불행을 벗어나는 방법을 그에게 제시한 것이다. 어떤 측면으로는 그 결정이 그에게 드디어 이 고통을 영원히 끝낼 길이 생겼구나 하는 아이디어를 준 것일 수도 있다.

정신과 치료자들은 장기간에 걸쳐 우울해 하던 사람들의 기분이 나아진 상태를 언제나 주의해 살핀다. 그런 상태는 그들이 자살을 생각하고 있는 것이라는 의심을 갖게 한다. 분노를 억누르는 고통이 너무나 크기 때문에 많은 사람들이 더 살 가치가 없다고 생각하고 그 분노를 자신에게 돌려 저항하는 것이다. 토드에게는 문제가 아니었지만 그가 만약 좋은세계에 있는 아내의 그림을 대치할 다른 여자를 찾지 못했다면 자살을 기도했을지도 모른다. 사교적으로 보이는 남자가 자살하는 건 드문 일이지만 시간을 끌면 무슨 일이나 가능한 것이다.

도와주세요(Help Me)

우울하기는 애원하지 않고 도움을 청하는 방법이다. 이것은 아마도 다른 사람들에게 보낼 수 있는 가장 강하게 도와달라는 정보일 것이다. 우울하기는 너무도 강한 통제력이 있기 때문에, 그 고통에도 불구하고 다른 사람들을 통제하려는 시도로 많은 사람들이 선택하는 것이다. 이 고통의 역할은 도움을 요청하는 정당한 방법이다. 만약 아무 고통의 흔적이 없이 도와달라고 청하거나 밀어붙인다면 다른 사람들이 우리를 무능하게 보거나 자신을 돌볼 힘이 없는 사람으로 볼 것이다. 우리는 다른 사람들에게 그렇게 보이고 싶지 않은 것이다. 우리들 대부분에게 무능하게 보이는 것은 상당히 고통스러운 일이다. 힘의 욕구에 너무 심각한 좌절이 오는 것이다. 그리고 지나치게 애원하는 것 같아 자존심이 손상되는 것이다. 그러나 많은 경우 다른 식으로는 제공될 수 없는 도움을 얻는 방법으로 우울하기를 선택하는 일을 우리는 서슴없이 하는 것이다.

토드에게 선택이론의 일부분을 가르쳐준 후에 그는 아내가 떠난 후 줄곧 전화를 기다렸다고 말했다. 전화가 오면 너무 우울해서 출근도 못하고 있다고 이야기하면서 아내의 동정심에 호소할 참이었다는 것도 인정했다. 그가 출근하지 않고 집에 있는 경우가 거의 없었기 때문에 그녀에게 감동을 줄 수도 있었을 것이다. 그러나 아내는 전화하지 않았다. 그는 또한 자기가 얼마나 기분이 언짢은가하는 것이 내게 강한 인상을 심어 줄지도 모른다는 생각을 했었다. 또 내가 깊은 인상을 받는다면 더 우울해하면서 그의 문제를 해결하도록 나를 관여하게 해야겠다고 생각했을 것이다. 그러나 나는 선택이론을 알고 있었다. 따라서 느낌 부분이 아주 불행하다는 전행동을 하더라도 내담자거나 누구거나 간에 나를 통제할 수는 없었다. 그들에게 연민을 느낀다면 우울하기로 우리를 통제하도록 그들을 내버려두지 않고 우울하기보다 훨씬 더 나은 선택들이 있다는 것을 보게 도와주어야 한다.

회피(Avoidance)

우리는 원하지 않거나 두려워하는 어떤 일을 하지 않는 핑계로 종종 우울하기를 사용한다. 우리가 피하려고 하는 어떤 것을 해내라고 누군가가 제안을 하면 보통 우리는 동의하면서 '당신 말이 맞아요. 그러나 지금은 하도 기분이 언짢아서 그것을 할 수가 없군요.'라고 말한다. 예를 들어 회사가 정리해고를 단행하는 바람에 아무 잘못도 없는 당신이 좋은 직장을 잃었다. 당신은 무슨 일이 일어났고 얼마나 당신이 우울한가를 이야기한다. 나는 당신의 우울하기에 별로 관심을 표명하지 않겠다. 그 대신 나는 말하겠다. '어려운 일인 줄 알겠어요. 그렇지만 그저 앉아 있지 말고 이력서를 들고 나서요.'

그러나 당신은 타당한 이유로 우울해 하고 있다. 당신은 방금 직장에서 일시적으로 해고당했고 자기 잘못이 아님에도 불구하고 거절당한 느낌이다. 당신은 다시 거절 당할까봐 두려워하고 있다. 당신의 나이나 경험에 맞는 좋은 일이 없을지도 모르는 것이다. 우울하기도 고통스럽지만 직장을 구하러 다니면서 다시 여러 차례 거절당하는 것보다는 덜 고통스러운 것이다. 토드는 직장에서 아무 문제가 없었고 다른 여자 친구를 찾아보는데 대한 두려움도 없었다. 그러나 앞서 말한 두 가지 이유, '분노를 억제하기'와 '도와주세요'라는 것이 나를 보러 왔을 때 작용하고 있었던 것이다.

여기까지 읽고 특히 최근에 심하게 우울해한 적이 있다면 당신은 아마 아직도 말할 것이다. 당신이 옳을 지 모른다. 그렇지만 아직도 내가 이 모든 불행을 선택하고 있는 것으로 느껴지지는 않는다. 우울하기가 선택이라는 내 주장을 검토하려면 적어도 한 시간이라는 짧은 기간만이라도 다른 행동선택을 하도록 억지로 해보라. 다른 상황에서 육체적으로 격렬한 무엇인가를 해보라. 쉽게 할 수 있고 보통 때 즐겨하던 가벼운 산책이나 짧은 거리 달리기 같은 것을 할 수도 있을 것이다. 만약 당신이 이 운동을 지나치게 동정심이 많지 않은 좋은 친구와 함께 할 수 있다면 더할 나위 없이 좋은 일이다. 친구하고 걷거나 달리고 있는 동안에 당신은 자신이 우울해 하지 않고 있다는 것을 알아차리게 될 것이다. 잠시 동안 당신은 불행한 관계에 대해서 생각하지 않고 있었고 기분이 훨씬 더 나아진 것이다.

그러나 하던 일을 마치자마자 당신은 나빠진 관계에 관한 생각으로 되돌아가고 그 느낌도 되돌아오는 것이다. 우울하기 위해 아까 이야기한 세 가지 이유 중에서 한 가지나 그 이상의 이유를 유지하게 해 주는 불행한 생각을 계속해서 해야만 하는 것이다. 이런 생각들을 멈추려면 이 책 전반을 통해 내가 제안하고 있는 것을 해야만 한다. 원하는 것을 바꾸거나 당신의 행동을 바꾸는 것이다. 다른 길이란 없다. 토드는 아내에 대한 태도를 바꾸려고 했지만 너무 늦었던 것이다. 그녀는 이미 그를 그녀의 좋은세계에서 빼어내 버린 것이다. 그러나 내 도움을 받아서 그는 원하는 것을 바꿀 수 있었다. 그는 그의 세계에서 아내를 빼어내고 다른 여자 친구를 집어넣었다. 그는 나하고 만나는 동안 내내 우울하기를 하지 않고 있었다.

지금까지 선택이론 아이디어 중에서 받아들이기에 가장 거북한 것은, 우리들이 선택한 활동과 생각이 건강과 큰 관계가 있다는 것이다. 즉 이들 활동과 생각이 우리 신체반응에 불리한 효과를 미친다는 것이다. 일 예로 심인성 질환이라고 부르는 질병을 우리에게 일으키도록 선택하는 생각이 따로 있는 것일까? 이 점에 관해 간략하게 다루어 보겠다(7장의 많은 부분에서 매우 보편적이며 때로는 치명적이기까지 한 질병에 관한 선택이론의 설명을 다루고 있다. 의사의 협조 하에 행해지거나 아니면 의사가 해줄 수 있는 범주를 넘어서서 선택이론이 어떻게 우리를 도울 수 있는지 쓰여져 있다). 이제는 여자들에게도 늘어나고 있지만 남자들에게 더 흔한 질병인 심장동맥 질환이나 동맥경화증을 살펴보자.

당신은 47살난 영화 제작자인데 흥행이 아주 잘될 것이라고 확신하는 영화에 자금을 대려고 혈안이 되어 있다. 돈을 얻기 위해 할 수 있는 모든 것을 다 했지만 재산을 다 소진하고 무일푼이 되었다. 당신의 기분은 나쁘다. 쉽사리 돈을 줄만도 하건만 주지 않는 사람들로부터 줄줄이 거절당하는 고통을 완화시키기 위해 당신은 기름진 음식을 먹고 담배를 피운다. 처음에는 가슴에 단지 무거운 듯한 느낌이 오지만 이 무거움은 점차적으로 더 커져 가슴 통증이 되고 숨쉬기는 더 가빠지게 된다.

의사에게 가서 당신은 동맥혈관에 노폐물이 잔뜩 끼어 있다는 사실을 알게 된다. 당신은 의사에게 무엇을 할 수 있는지 묻고, 의사는 당신이 어떻게 살 것인지 선택하기에 달려 있다고 말한다. 의사는 다이어트, 운동, 흡연, 스트레스, 그리고 심장병에 강력히 연관되어 있다고 알려진 모든 생활방식에 관해 이야기한다. 의사는 선택이론을 이해하지 못하고 있는지 모르지만 그가 스트레스에 대해서 이야기할 때에는 곧 당신의 인생이 효율적인 통제하에 있지 않음을 언급하고 있는 것이다. 이것은 당신의 건강에 해롭고 곧 신체반응에 해롭다는 것을 말해주는 것이다.

그런데 당신의 행동은 전행동이기 때문에 인생의 효율적인 통제를 잃게 되자 느낌이나 신체반응을 활동이나 생각에서 떼어 낼 수 없게 되는 것이다. 이런 경우 의사의 관점에서 보자면 당신이 영화를 만들기 위해서 선택하고 있는 모든 비효율적인 행동의 한 부분인 신체반응의 결과가 병든 동맥 혈관인 것이다. 방금 설명한 바에 의하면, 심장병을 앓기(heart diseasing)는 기름진 음식을 먹고 담배를 피우고, 그리고 운동을 하지 않는 당신의 선택으로 잘 묘사될 수 있는 것이다.

　의사는 도움이 되는 약품을 주고 수술까지도 할 수 있지만 건강하지 않은 식습관, 흡연, 앉아 있기만 하는 태도를 멈추는 것은 당신의 선택이다. 나는 다른 의사들보다 더 나아가 말하기를 당신의 삶을 효율적으로 다루는 법을 배우기 위해 상담을 받으라고 제안할 것이다. 무슨 일이 일어나고 있는지 '스트레스'라는 말보다 훨씬 더 정확한 표현을 해주는 단어인 '좌절'은 당신의 식습관처럼 심장질환에 크게 영향을 미치고 있을지도 모르기 때문이다.

　언급했던 것처럼 우리 삶이 효율적인 통제에서 벗어나게 되면 보다 더 효율적인 통제를 하기 위해서 네 가지 요인을 포함한 전행동을 선택하는 것이다. 우리들은 행복한 척하며 아무 문제도 없는 것처럼 행동할 수 있지만 건강한 척 할 수는 없다. 우리는 신체반응을 통제할 방법은 가지고 있지 않다. 우울하기를 선택할 때 두뇌화학이 우리가 느끼는 것의 원인이 되는 것은 아니다. 이것은 우울하기라고 부르는 전행동을 만드는 활동, 생각, 느낌과 관련되어 일어나거나 일어나리라고 예기되는 두뇌의 신체반응이다. 이런 이유로 '우울증'은 두뇌의 화학 작용의 불균형에서 기인한다는 설명은 현대적으로 수용되고 있지만 잘못된 것이라고 나는 믿는다.

　토드가 냉장고에서 메모를 발견했을 때 그의 느낌, 활동, 생각들이 그 메모를 보기 전과 다르게 변한 것처럼 두뇌의 화학물질도 즉각적으로 변화했다고 당신을 설득해 볼 수 있다. 아마도 그는 무언가를 더 해보고 싶었을 것이다. 그가 선택이론을 알았더라면 그렇게 할 수도 있었을 것이다. 그러나 실제 일어났던 일은 메모를 발견하고 우울하기를 선택함으로써 달려 나가 그녀를 되돌아오게 하려는 긴급한 마음을 억누를 수 있었다. 이 활동에 사태를 직면하기나 폭력의 사용까지도 포함시키고 있었다면 그의 상황은 훨씬 더 나빠졌을 것이다.

지구상의 수백만의 사람들이 우울하기를 선택하는 것과 같은 이유로 그는 우울하기를 선택했다. 중요한 관계가 자기가 원하는 대로 되지 않는 것이다. 우울하기를 선택한 사람은 정신질환에 걸린 것이 아니다. 그들의 두뇌 화학작용이 비정상적인 것도 아니다. 이 화학작용은 그들이 행복했을 때와 다르게 변하기는 했지만 이 변화는 그들이 선택한 우울이라는 전행동에는 아주 정상인 것이다. 언급했던 것처럼 아주 어렸을 때부터 우리 모두 우울해 하기를 배웠고 일생동안 그것이 필요할 때면 활용해 왔다. 이 선택이 너무 심각해지고 오래 지속될 때에만 무언가가 대단히 잘못되고 있다는 것을 깨닫기 시작하는 것이다.

그러나 인생에 무언가가 대단히 잘못되었다는 생각을 받아들일 준비가 되어 있는 사람들은 많지 않다. 불편함의 원인을 정신질환이나 비정상적인 두뇌 화학작용의 탓으로 돌리는 것이 더 편리한 것이다. 이 책을 읽고 있는 사람들 중 단 한 사람이라도 자기 인생이 효율적이지 않을 때 심각하게 우울해질 능력이 없는 사람은 없다. 왜 우리가 선택하는 우울에 대한 두뇌 화학작용이 정상인가 하는 것을 알기 위해 다음과 같은 시나리오를 생각해 보자.

어느 무더운 여름날 서늘한 현관문 앞에 내가 앉아 있다. 항상 하루에 5마일을 달리는 이웃 남자가 거리에 나타나서 우리집 쪽으로 달려온다. 나는 그에게 그늘 진 앞 계단에 앉으라고 말한다. 그가 청하지 않았지만 내가 물 한 컵을 권하고 우리는 즐겁게 이야기를 나눈다. 나는 선택이론을 좀 가르쳐보려고 마음먹는다. 그는 내 직업을 알고 있다. 나는 그가 맞장구치리라 확신한다.

나는 묻는다. "왜 그렇게 땀을 많이 흘리십니까?" 그는 무슨 소리인지 이해할 수 없다는 듯 나를 바라본다. 이어서 나는 말한다. "진심으로 묻는 겁니다. 말씀해주세요." 그는 말한다. "나는 달리고 있었습니다. 누구라도 하루에 이렇게 달리고 땀을 흘리지 않을 수는 없지요. 달리기와 땀 흘리기는 함께 일어나지요." 나는 말한다. "그런 일이 함께 일어나는 것에는 동의합니다. 그런데 왜 당신은 달리기가 땀 흘리기의 원인이라고 생각하지요? 왜 당신은 땀 흘리기가 달리기의 원인이라고 말하지 않는 겁니까?" 그는 전행동에 관해 모르기 때문에 미친 사람을 보듯 나를 보며 "나는 당신이 무슨 의도를 갖고 있는지 모르겠는데요."라고 말한다.

그는 모른다. 우리들이 너무도 외부통제 사고에 익숙해져 있기 때문에 무슨 일이 달리기와 땀흘리기처럼 함께 일어나게 되면 종종 한 가지가 다른 것의 원인이라고 말한다. 그렇지만 같은 논리를 사용한다면 땀흘리기가 달리기의 원인이라고 말하는 것도 말이 되는 것이다. 사실상 그 두 가지가 함께 일어날 때 어떤 것도 다른 것의 원인이 되는 것은 아니다. 달리기(활동 부분)와 땀흘리기(달리기와 연관된 정상적 신체반응), 두 가지의 원인이 되는 것은 달리기로 한 그의 선택이다. 만약 그가 달리기를 선택하지 않는다면 땀흘리지도 않을 것이다.

토드가 우울하기로 선택했을 때 앞에 설명했던 세 가지 이유 중의 한 가지나 그 이상의 이유 때문에 우울하기가 정상적 느낌의 한 부분인 전행동을 선택했던 것이다. 그 느낌과 두뇌의 화학작용이 연관되어 있더라도 또한 정상이다. 두뇌 화학작용은 땀흘리기가 달리기의 원인이 아니듯이 그의 우울하기의 원인이 아니다. 이것은 우울하거나 달리기를 선택해서 두 가지 결과가 함께 나타나는 것뿐이다. 이것이 바로 내가 설명하는 것을 선택이론이라고 부르는 이유이다. 신경물리학자들이 우울한 사람의 두뇌활동이 행복한 사람들, 혹은 우울한 사람이 행복할 때의 두뇌 활동과 다르다면 그것이 발견되는 것은 당연한 일이다. 그렇지만 우울하기를 선택한 경우에는 신체반응만 변화한 것이 아니라 생각, 활동, 느낌도 변화한 것이다. 우울하기보다 훨씬 더 정상적인 달리기를 선택한 남자의 경우, 이 선택에 의해 확실히 변하는 것은 활동과 신체반응 뿐이다. 그의 생각과 느낌은 달리기로 한 그의 선택과 별로 큰 연관이 없을 것이다. 그러나 달리는 사람들은 달린 후에 보다 더 선명하게 생각하게 되고 행복한 느낌이 들었다고 보고하고 있다.

프로작 같은 약물이 두뇌의 우울한 활동을 감소시켰다는 연구는 또한 너무나 당연한 일이다. 우울하기는 두뇌의 화학적 세로토닌(serotonin)이 낮아지게 만든다. 프로작은 그것을 높아지게 만든다. 우리가 우울하기를 선택할 때 세로토닌이 낮아지는 것은 정상적인 신체반응이다. 이 수준을 올리면 우울하기를 선택한 많은 사람들이 기분이 나아지는데 도움이 된다. 알코올, 니코틴, 그리고 다른 중독성 약물들이 제각기 화학적인 방법으로 두뇌에 직접 즐거움을 투입하기 때문에 기분이 더 나아지는데 도움이 된다. 프로작도 같은 일을 한다. 이 약이 만성적으로 불만족한 관계를 맺고 있는 복용자에게 많은 즐거움을 준다면 이것 또한 중독이 될 수 있다.

프로작을 복용하는 사람들 중 어떤 사람들은 그 약 없이 인생을 살아간다는 것은 생각할 수도 없다고 말한다. 그들에게는 이 약이 알코올과 상당히 유사하게 작용한다. 그들은 사교적인 음주가가 매일 약간의 술이나 포도주를 기대하듯 매일 프로작을 기대하는 것이다. 그리고 사교적 음주가처럼 그 약이 떨어지면 어찌할 바를 모르는 것이다. 그러나 사교적인 음주가들 중 어떤 사람들은 알코올 중독이 되어 간다. 고독할수록 알코올 중독자가 될 위험은 더 많다. 프로작에 중독 되는 것은 더 위험할 수도 있다. 이 약이 자기 삶을 효율적으로 통제하지 못하는 사람들에게 처방해 주는 약이기 때문이다. 프로작은 토드의 삶에 새로운 관계를 가져오지 못했다. 이 약이 그의 기분을 조금 낫게 해주어서 누군가를 좀 더 찾아다닐 수 있게 도와줄 수 있을지는 모르겠다. 그러나 이 약은 알코올이나 마리화나가 고독을 풀어주는 것보다 더 낫게 도와주지는 못한다. 기분을 낫게 해주지만 고독을 해결해 주지는 못하는 화학물질을 기대하기보다는, 많은 불행의 원인이 되는 심리학을 치워버리는 것이 진정 더 좋을 것이다. 만약 토드가 그의 아내를 좋은세계에서 빼 버리기를 거절하고 프로작만 복용하게 된다면 그는 남은 생애동안 그 약이 필요할 것이다. 게다가 이것은 효율적이지도 못할 수 있다. 약물은 즐거움을 제공한다. 그러나 행복을 제공하지는 못한다. 행복해지기 위해 당신은 사람들을 필요로 한다.

프로작 같은 약은 종종 심리치료와 병행되어서 사용된다. 합리적인 근거는 약물을 통해 얻는 화학적 후원으로 기분이 좋아진다면 정신치료에서도 더 많은 이득을 얻어낼 수 있다는 것이다. 잘못된 관계에 빨리 초점을 맞추는 대부분의 현실치료상담 상담자들은 프로작의 필요성을 느끼지 않고 있다. 오랜 치료생활동안 나는 한 번도 향정신성 의약품을 사용해 본적이 없다. 좋은 심리치료는 이 약물의 필요성을 배제한다. 만약 더 많은 사람들이 선택이론을 배우고 사용한다면 이 약물의 사용은 줄어들게 될 것이다. 대체로 모든 정신치료 진단들은, 명백한 두뇌의 손상을 제외하고는, 우울하기로 선택한 사람의 세 가지 이유 중에서 하나나 그 이상이 선택된 것들이다.

외부통제가 핵심인 문화에서 선택이론이 우리에게 쉽사리 다가오는 것이 쉬운 일은 아니다. 그러나 자신의 삶에 사용하기 위해 선택이론을 충분히 배운 많은 사람들과 우리 부부가 나눈 경험은 긍정적이었다. 선택이론의 사용이 결혼, 가족, 학교, 직장에서의 인간관계를 파괴하지 않고 향상시키고 있다는 사실이 바로 이 차이를 만드는 점이다. 더군다나 우리가 좋은 친구들과 지낼 때는 선택이론을 사용하기 때문에, 이것이 선택이론의 효율성을 증명한 셈이 된다.

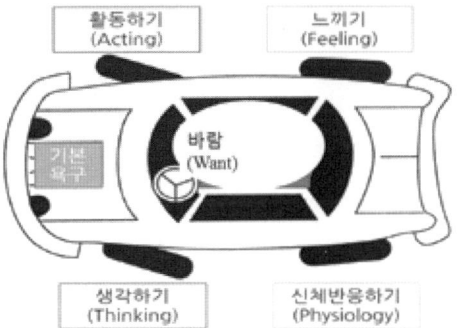

할동하기에 초점 맞춘 행동을 선택하면 바람이 충족된다.

제1부 이론편(The Theory)

제5장

적합성, 성격, 욕구강도
(Compatibility, Personality, and the Strength of the Needs)

    내가 네 살 때 나는 우리 부모가 전적으로 서로 맞지 않는다는 것을 깨달았다. 아버지가 물건을 부수는 폭력사태가 때때로 일어났고 한 번은 어머니를 때리는 것을 보았다. 부모가 싸우기 시작하면 나는 공포에 떨었다. 여섯 살이 되었을 때, 폭력사태는 더 일어나지 않았고 아버지와 어머니는 전 보다는 잘 지내는 것 같았다. 두 사람 사이에 어떤 어려움이 있었든 간에 그들은 언제나 내게 사랑을 기울였다. 어머니는 결혼생활을 자기 마음대로 못하게 하는 것이 절대로 불가능할 것이라는 메시지를 아버지에게 전달함으로서, 결국 이기게 되었다는 것을 나중에야 알게 되었다. 아버지는 점잖은 사람이었다. 나는 어머니가 얼마나 무자비하게 그를 괴롭혔는지 알고 있었다. 아주 어린 나이였음에도 나는 아버지가 도저히 참을 수 없는 지경에까지 몰아 붙여질 때만 폭발한다는 것을 알 수 있었다. 만약 올림픽에 통제라는 종목이 있다면 어머니는 금메달을 딸 수 있었을 것이다. 아버지는 전적으로 선택이론 그 자체였다. 아버지를 알아온 60여년 동안 어머니가 못살게 굴 때 말고 그가 다른 사람들을 통제하려고 드는 것을 본 적이 없다. 어머니에게 그럴 때에도 진심은 아니었다. 우리 부모는 아버지가 돌아가실 때까지 거의 70년간 결혼생활을 유지했다. 그 당시에는 대부분의 사람들이 결혼을 파기하지 않았다. 아버지가 어떤 일로 투쟁해야만 했는가를 잘 보여주기 위해서 다음의 예를 들어보겠다.

의과대학에 들어가기 바로 전, 24살에 나는 이미 결혼을 했다. 어느 날 아버지가 아파트로 와서 단둘이만 이야기를 하고 싶다고 전화를 했다. 아버지가 전에 그런 적은 없었기 때문에 어조로 보아서 개인적으로 특별한 일임이 확실해 보였다. 아버지는 어찌할 바를 몰라 하고 있었다. 어머니는 늘 하던 대로 극단적으로 무엇인가를 해치웠고 아버지는 혼자서 그 상황을 감당할 수가 없었다. 아버지는 나한테 와서 어떻게 하면 좋을지 물었다.

오랫동안 어머니는 아버지에게 사업을 정리하고 은퇴해서 겨울이면 몇 년째 가곤 하던 플로리다로 이사를 가자고 들볶아왔다. 어머니는 클리브랜드의 추위와 습기를 몹시 싫어했다. 아버지는 56세 밖에 안되었지만 13살 때부터 일해 왔기 때문에 은퇴할 수 있었다. 아버지는 사업을 함으로서 얻는 자유를 포기하고 어머니가 허락한 몇 명의 클리브랜드 친구들을 포기해야하는 건지 전혀 확실하지 않은 상태임에도 사업체를 정리했고 이제 집을 팔고 플로리다로 이사하려고 한다고 말했다. 내가 의과대학을 가면 결코 아버지의 사업에 관여하지 않을 테니까 더 이상 일할 이유를 찾기 어려웠다. 모든 상황을 고려해 볼 때, 아버지는 어머니가 옳다고 동의했고 이제 이사가는 것을 기다리고 있었다.

어머니는 아버지가 이사준비를 하는 동안 만족해 보였고 일은 잘 풀려 나가고 있었다. 그런데 어머니에게 사업체를 팔고 집을 내놓았다고 말하던 날 그녀는 말했다. "왜 이런 일을 한 거예요? 도대체 무엇 때문에 내가 클리브랜드를 떠나서 플로리다로 가고 싶어한다고 생각하게 된 거냐구요? 나는 이 집과 친구들을 떠나고 싶지 않아요." 어머니는 클리브랜드에 친구가 하나도 없었다. 그리고 마치 아버지가 어머니에게 의논 한 마디 한 적이 없었고 어머니는 클리브랜드를 떠날 의사가 전혀 없는 것처럼 말했던 것이다. 아버지는 어떻게 하면 좋겠느냐고 물었다. 나는 오랫동안 생각한 후에 말했다. "아버지, 아버지는 이제 겨우 56세입니다. 아버지는 앞으로 30년간은 더 건강하게 사실 수 있어요(실제로 그는 그만큼 살았다). 이혼하세요. 어머니는 결코 변하지 않을 테니까요."

아버지는 이 충고를 받아들일 준비가 안 되어 있었다. 그러나 다시 충고를 한다고 하더라도 나는 같은 말을 했을 것이다. 어머니는 사업체가 팔렸고 돌아설 길이 없다는 것을 알자 플로리다로 떠났다. 어머니는 몇 년간이나 아버지를 들볶아 오던 대로 했다. 어머니는 이제 더 이상 싸울 일이 없다는 생각이 들었음에 틀림없다. 아버지는 조건 없이 항복함으로써 그녀를 무장 해제시켰다. 첫 번째 격분한 다음에 어머니는 언제나 해왔던 것처럼 행동했다. 입을 다물고 마치 그녀가 아무 소리도 안 했던 것처럼 행동한 것이다. 만약 아버지가 왜 그런 소리를 했느냐고 물었다면 어머니는 그런 말을 했다는 것을 부인하고 이런 반응을 보였을 것이다. "내가 플로리다로 가고 싶어하지 않는다는 생각을 왜 하게 됐는지 모르겠네요."

그렇지만 물론 아버지는 묻지 않았다. 누이는 아버지가 이사한 몇 년 후 플로리다로 이주했고 아버지의 향후 30년간의 삶은 그를 포함한 우리들 모두가 기대했던 것보다 훨씬 좋았다. 더 많은 이야기거리가 있지만 내 이야기의 핵심은 우리 부모가 하루도 성격이 맞지 않았다는 점에 있다. 어머니에게는 어머니의 방식이 아니면 다른 방식은 없었다. 성격이라는 것으로 본다면 어머니의 성격과 아버지의 성격은 상극이었다.

우리가 보통 다른 사람들과 관계를 맺는 방법을 성격이라고 부르는 데 이것이 부분적으로는 유전자 속에 입력되어 있다고 나는 믿고 있다. 구체적으로 말하자면, 어머니가 따뜻한 기후를 좋아한다던가, 무엇이나 다 읽는 독자라던가 하는 것이 유전적이라고는 생각하지 않는다. 그러나 만나는 모든 사람들을 통제하고자 하는 어머니의 엄청난 욕구는 유전적이라고 생각한다. 우리에게 서로 다른 성격을 부여하는 것은 다섯 가지의 기본적이고 유전적인 욕구 강도의 차이점이다. 우리들 중 어떤 사람들은 사랑과 소속의 욕구가 강하다. 다른 사람들은 힘과 자유의 욕구가 강하다.

  이 욕구의 강도는 태어날 때 고정되어 있고 변하지 않는다. 자폐증 아동은 사랑과 소속의 욕구가 낮거나 거의 없다. 이 아이들은 인간간의 상호작용에 거의 관심이 없고 우리들 대부분이 그토록 바라는 가까운 상호작용을 바라는 욕망이 없는 것이다. 사람들과 많이 접촉하게 되면 그들 중 어떤 아이들이 다른 사람들과 소통하는 방법을 조금 배우게 될지 모르지만 결코 정상적인 아이나 성인이 원하는 것만큼 되지는 못할 것이다. 이 소속욕구의 결핍, 그보다 더 적은 사랑의 욕구는 더스틴 호프만이 나오는 영화 레인맨(rain man)에서 선명하게 나타나고 있다. 사랑과 소속의 욕구가 높은 사람들은 중증 장애나 장애인에게 돌봄을 주는 희생적인 사람들일 것이다. 이 중증 장애인들은 자신이 받은 것과 비교해 볼 때 아주 적은 부분밖에 되돌려주지 못하거나 아니면 아무것도 돌려주지 못한다.

  사람들의 성격 차이는 형제자매 사이에서도 충격적일 정도로 크게 나타난다. 우리 어머니와 아버지가 대단히 독특한 것도 아니다. 수많은 남편과 아내들이 다른 성격을 지니고 있다. 어떤 사람은 외향적이며 사교적이고, 낙천적이고, 자유롭고, 즐거움을 좋아한다. 다른 사람들은 침착하고, 조용하고, 보수적이고, 수동적이고, 변화가 없고, 비관적이며 침울하다. 이 변형은 끝도 없이 많다. 우리들의 성격은 각자에게 독특한 유전적인 욕구강도에서 창조되는 것이다. 이들 중 어떤 프로파일은 우리 부모처럼 아주 맞지 않는다. 어떤 사람들은 우리 부부처럼 아주 잘 맞는다.

  어떤 부부들은 성격이 서로 다르지만 상호보완적이다. 즉 차이가 관계를 더 강화시켜 주는 것이다. 그러나 관찰한 바에 의하면 가장 좋은 결혼은 남편과 아내가 유사한 성격을 가지고 있는 경우에 이루어진다. 아버지가 자기처럼 사랑의 욕구가 높고 힘의 욕구는 낮은 여자와 결혼했더라면 훨씬 더 행복하게 살 수 있었을 것이다. 어머니는 측량할 수 없이 강한 힘의 욕구를 지니고 있었는데, 누군가를 소유할 때에만 깊이 사랑할 수 있었을 것이다. 어머니는 사랑과 힘을 분리시킬 수가 없었다. 이 예는 우리들의 욕구강도가 얼마나 독특한 것인가 하는 것이다.

내가 이 장에서 설명하는 것은 잘 맞는 배우자를 찾아내는 것과 잘 맞지 않는 사람과 잘 지내는 것은 운에 달린 것이 아니라는 것이다. 당신의 욕구강도와 당신이 잘 지내고 싶은 사람의 욕구강도를 측정해 보는 것이 아주 정확하지는 않을 수도 있다. 그러나 이 측정은 당신과 파트너가 어떻게 사람들을 대하는지 이해하는 좋은 공부가 될 것이다. 곧 두드러지게 성향이 다른 사람과 결혼해서 사는 것도 어려운 일이지만 잘 지내기 어려운 사람을 바꾸어보려고 전력을 기울이는 것도 소용이 없는 일이다. 어느 누구와도 혼자서 전력을 기울여야 하는 관계로 들어가서는 안된다. 이 책을 읽는 독자들 중 많은 사람들이 이미 결혼했을 것이고, 어떤 사람들은 의아해할 것이다. 우리가 맞지 않는다면 너무 늦은 것일까? 이 대답은 당신들 두 사람이 얼마나 안 맞는가에 달려 있다. 대부분의 경우 당신의 욕구강도는 어떻게든 잘 지내보는 것이 불가능할 정도로 배우자와 다르지는 않다. 서로 통제하는 것을 포기하고 두 사람의 관계에 선택이론을 사용하기 시작하면 이 차이점들에 관해 타협해 볼 수 있다. 그러나 정확하게 타협하려면 그 차이점이 무엇인가를 알고 있을 필요가 있다. 즉 어떤 욕구들이 마찰을 빚고 있는가를 깨닫고 있어야 한다는 것이다.

일단 이 정보를 얻게 되면 당신은 두 사람의 차이점에 초점을 맞출 수 있게 된다. 이렇게 되면 잘 맞는 부분에 대해서 비난하거나 비판하는 것을 중단해야 한다. 당신이 기꺼이 허용하려는 것보다 더 많은 자유를 내가 원한다면 우리는 그 차이를 조절해 볼 수 있고 나를 사랑하지 않는다는 둥 하면서 사태를 과장하지 않을 수 있는 것이다. 자유의 욕구에 차이가 있지만 사랑의 욕구는 괜찮을 수도 있는 것이다. 자유에 대해 동의하지 않는 것을 사랑과 연결시키지 말아야 한다. 욕구강도의 차이가 너무 극단적으로 다르지 않다면 결혼에 심각한 폐해를 가져오는 것은 아니다. 이것이 당신의 차이점들을 다루는데 도움이 되는 방법이다. 선택이론과 함께 있으면 언제나 성공할 승산이 있는 것이다. 그러나 당신이 통제나 강요를 사용하면 차이점들은 그대로 남아있게 된다. 상대방을 바꾸려는 노력은 확산이 되고 선택이론을 사용한다면 문제가 되지도 않았을 사소한 일들을 가지고 늘 말다툼하게 될 수 있다.

긴 결혼생활동안 첫 번째 아내와 나는 한 가지 욕구 강도에서 갈등이 있었다. 그러나 우리 두 사람 다 선택이론을 배워 결혼에 적용하기 시작하자 서로 다른 점을 잘 극복할 수 있었다. 내게는 자유가 아주 강한 욕구이다. 그녀에게는 그 욕구가 보통이었다. 그 맞지 않는 점을 발견하고 그 점에 관해 타협을 하자 훨씬 더 잘 지낼 수 있었다. 아내가 죽은 후, 나는 선택이론을 가르치는 우리 본부의 강사와 결혼했다. 우리는 결혼하기 전에 욕구강도를 체크하고 두 사람이 아주 잘 맞는 것을 알게 되었다. 우리들은 또한 서로에게 선택이론을 사용하는 것에 처음부터 동의했다. 지금까지는 우리 두 사람이 아주 행복한 관계를 맺고 있으며 시간이 흐를수록 더 사이가 좋아지고 있다.

정상분포에 속하지 않고 극단적으로 욕구강도가 다른 사람들이 결혼한 경우에는 그 결혼이 즉시 위험한 상태로 될 수 있다. 완전히 모든 것이 맞는 결혼의 가능성도 역시 적다. 부부가, 아니면 적어도 한 쪽이라도 욕구강도를 배울 수 있으면 차이점을 극복하는 방법을 인식하도록 선택이론을 사용해 볼 수 있는 것이다.

더 자세히 설명하기 위해 다른 측면은 다 좋은데 생존의 욕구가 다른 경우에 야기될 수 있는 문제를 살펴보자. 이 욕구강도의 뚜렷한 차이의 변형은 문제가 될 수 있다. 한 쪽의 생활 스타일이 다른 쪽보다 보수적일 때 생존욕구의 차이가 드러나게 된다. 예를 들자면 한 쪽은 저축가인데 한 쪽은 낭비가인 경우이다. 이 조합은 부부가 차이점을 깨닫고 말썽이 일어날 때에 타협할 수 있는 계획을 일찌감치 짜 놓지 않으면 그 징조가 좋지는 않다.

대부분의 경우처럼 돈은 있지만 넉넉하지는 않은 경우를 보자. 덜 보수적인 쪽이 소비하자고 말하면 다른 쪽이 필요 없다고 말한다. 이 의견 차이에 대해 싸우기로 작정한다면 항상 다투게 될 것이고 곧 이 다툼은 개인적인 것으로 연장 될 것이다. '당신은 더 이상 나를 사랑하지 않는 거지요' 라는 것이다. 그리고 두 사람은 큰 일이나 작은 일이나 모든 차이에 대해서 상대방을 탓하게 될 것이다. 만약 두 사람의 힘의 욕구가 엇비슷해서 두 사람 다 포기하지 않으면 시간이 흐를 수록 자기들의 입장을 더 고수하게 되는 것이다. 곧 자기들이 무엇을 하고 있는지도 모르면서 다른 사람의 유전자를 바꾸려고 드는 불가능한 일을 하려 드는 것이다. 그들이 협상할 수 있는 길은 타협뿐이다. 선택이론은 타협하는 방법이다. 싸우기, 다투기, 통제하려고 들기 등은 갈등을 증폭시키는 방법이다.

문제해결원 (The Solving Circle)

결혼문제를 해결하기 위해 선택이론을 사용하는 좋은 방법은 당신이 결혼에(다른 관계도 마찬가지이다) 관한 이야기를 하러 문제해결원이라고 부르는 원 안으로 들어오는 것에 동의하는 것이 그 출발점이 될 수 있다. 방바닥에다 상상하는 원을 그려보는 것이 도움이 된다. 당신과 배우자는 의자를 갖고 그 원 안으로 들어오는 것이다. 이 해결원에는 세 가지의 실체가 있다. 아내, 남편, 그리고 결혼 그 자체이다. 당신들 둘 다 욕구강도의 차이에 근거를 두는 자기의 강한 입장이 있다. 그러나 이 입장이 해결원에 들어오는 것이 내키지 않을 정도로 강해서는 안된다. 이 원안 에 들어올 때 당신들이 동의하는 것은 각자가 원하는 것보다 결혼 그 자체가 우선 순위를 차지한다는 점이다. 당신들 두 사람은 선택이론을 알고 있다. 배우자를 밀어붙이면 약한 사람이 밀려나가거나 원 밖으로 나가 버리려고 결심하게 된 것이다. 두 사람 다 이 원 안에 남아 있지 않는 한 타협할 여지는 없어진다. 당신이 할 수 있는 일이란 계속 다투는 것뿐이다.

둘이 원 안으로 들어서는 이유는 당신이나 배우자가 원 밖에서 결혼 문제를 해결할 수 없기 때문이다. 결혼의 실패는 계속 상처를 입고 피를 흘리게 된다. 이 상처는 치명적이 아닐지 몰라도 당신들 중 한 사람이나 두 사람 다 원밖에 서 있기로 하면 계속해서 출혈을 하게 될 것이다. 이것이 대부분의 결혼이 종식되는 양상인데 서서히 출혈이 심해져 결국 죽음에 이르게 되는 것이다. 그런데도 부부 중 한 사람 또는 두 사람 다 이 원안으로 들어오려 들지 않는 것이다. 이 심한 상처는 치명적이기도 한데 너무 불만스러워서 두 사람 다 원 밖으로 나가는 경우에 일어나게 된다. 이 상처는 결혼이 너무 출혈을 해서 바로 곧 죽음에 이르게 되리라는 것을 나타내는 것이다.

선택이론을 아는 부부는 상대방이 원하지 않는 일을 하라고 강요하지 않는다. 해결원 안으로 들어올 때에 그들은 결혼에 상처를 입히지 않기로 동의한 것이다. 의견차이가 얼마나 심각한가에 관계없이 그 차이점을 타결하기 위해서는 부부가 함께 원 안에 있어야만 한다. 그들은 한 사람이 말하고 다른 사람이 동의하는 것으로 시작하게 된다. '우리는 돈 문제에 의견차이가 있어요. 이건 우리 두 사람 중 한 사람이 더 강한 생존 욕구를 지니고 있기 때문이지요. 그렇지만 그 차이가 우리가 타협할 수 없다는 것을 의미하는 것은 아니거든요. 우리 두 사람 다 다투고 탓하는 것이 도움이 안되는 걸 알고 있지요. 이 원 안에 머물러 있으면서 결혼에 상처를 입히는 것을 피하기 위해서 각자가 기꺼이 할 수 있는 일들이 무엇인가를 이야기하고 찾아내도록 해야 해요.'

이 원 안에서 각자는 배우자에게 결혼생활을 돕기 위해 무엇에 동의할지 말하게 된다. 이 한계 내에서 그들은 협상에 도달해야 한다. 어떤 때는 한 쪽이 전적으로 양보하기도 하지만 현실적으로 협상이 대체로 필요하다. 한 쪽이 말할 지 모른다. '나는 당신이 여기까지 소비하는 데 동의하겠어. 이건 내가 원하는 것보다는 많지만 내가 협상에 도달하기 위해 노력하는 거야.' 다른 쪽이 말한다. '나는 원하는 것보다 쓰는 것을 좀 줄일께요. 그렇지만 이 선이 내가 낮출 수 있는 최대치예요.' 만약 두 사람이 어느 지점에서 수용하는 것에 동의가 된다면 타협은 성공한 것이다. 결혼의 실체가 두 사람 각자가 원하는 것보다 더 우선권을 차지하게 된 것이다.

첫 번 시도에서 협상이 이루어지지 않으면 한 사람이나 두 사람이 다 말해야만 한다. '지금 내가 원하고 있는 것이 내게는 결혼보다 더 중요해요. 지금은 이 원 밖으로 나가겠지만 내일 다시 한 번 해보도록 하지요.' 이것은 시험이다. 자기 자신에게 하룻밤이나 몇 날 밤을 숙고해 볼 기회를 준다면 다음에 그들이 다시 원 안에 들어왔을 때 두 사람 다 이렇게 말할 준비가 되어 있어야만 할 것이다. '우리가 돈을 쓰느냐, 저축하느냐 하는 것보다 우리가 이 원안에 머물러 있는 것이 더 중요해요.' 기꺼이 타협할 의사가 있는 것을 알고 있는 한 의견 차이는 표면적이며 곧 사라져 버리게 된다. 이 문제해결원은 두 사람이 사용하기 위해 있는 것이고 서로 동의하는 한 효과가 있다. 한 사람이나 두 사람 다 원 밖에 머물러 있게 되면 외부통제의 지배를 받아 곧 결혼은 파괴된다.

생존욕구의 논의로부터 사랑과 소속의 욕구 강도의 불균형으로 이야기를 옮겨 보자. 이 욕구의 강도는 얼마나 우리가 받고 싶은가 보다 얼마나 우리가 주고 싶은 가로 측정된다. 이것을 이해하는 것이 중요하다. 우리들 대부분은 실제로 가능한 사랑보다 더 많은 사랑을 원한다. 이 욕구의 강도에 심각하게 차이가 있을 수 있고 이 욕구의 차이는 생존의 욕구의 차이보다(돈에 관한 의견차이 같은 것)심각하다. 그렇지만 우리가 얼만큼 원하든지 간에 배우자가 줄 수 있는 것밖에는 얻을 수 없다는 것을 배워야만 한다. 우리들은 유전자 속에 들어 있는 것보다 더 많은 사랑을 줄 수는 없는 것이다. 그렇지만 대부분의 결혼에서는 그 정도의 사랑이면 충분하다.

아내가 간직한 모든 사랑을 내가 얻기를 바란다면, 줄 수 있는 모든 사랑을 주라. 그러면 기회가 있다. 여기서 아주 조금이라도 주기를 주저한다면 큰 어려움의 원인이 될 수 있다. 갈등이 심한 결혼생활에서 사랑을 드러내놓지 않는 것은 흔히 있는 처벌행동이다. 통제하는 남편은 파티에서 만난 남자에게 관심을 기울이는 아내에게 묻는다. "당신은 왜 나를 그런 식으로 대하지 않지?" 아내는 생각한다. '나를 마음대로 하려고 들지만 않는다면 당신에게도 그렇게 해드리지요.' 다른 남자가 주의를 끄는 이유는 그런 사회적 상황에서 남자나 여자 누구에게도 통제 당한다는 생각이 들지 않았기 때문이다. 남편은 아내가 얼만큼의 사랑을 줄 수 있는지 모르지만 그가 원하는 것은 아내의 능력 한도 내에서 가능한 것이다. 아내가 주기를 보류한다는 추측이 옳았다. 잘못된 것은 아내를 힐난한다는 것이다. 그렇게 되면 아내가 더 많은 사랑을 주도록 설득하기는 고사하고 오히려 사랑을 덜 주게 하는 결과를 가져오게 할 수도 있다. 그리고 두 사람은 해결원 안에서 가까워지는 것도 어렵게 된다.

혼동스러운 사랑과 성에 대해 경계하라. 강력한 성욕이 사랑과 소속의 강력함을 나타내는 것은 아니다. 성 호르몬은 종족의 생존욕구와 관련되어 있는 것이다. 결혼 초기에서의 강한 성충동은 사랑과 소속과는 거의 관계가 없다. 사랑과 소속에 대한 검증은 조속한 성관계 보다는 상대방을 자신보다 더 즐겁게 해 주고 싶은 지속적인 관심과 관계가 있다. 결혼해서 두 사람 사이에 일찍 성적욕구가 시들기 시작하는 것은 두 사람에게 호르몬이 부족해서가 아니다. 그 이유는 부부 중 한 사람이나 두 사람 다 성에 따르는 사랑이 충분하지 않다고 느끼기 시작 한 것이다. 이것이 유전적인 원인에 기인하는 경우는 거의 없다. 처음에는 충분한 사랑이 있었겠지만 그 사랑의 불이 너무 강한 통제 때문에 꺼지게 된다.

어떤 경우 유전적인 변형이 있을 수도 있다. 사랑의 욕구가 더 많은 쪽이 사랑을 많이 주고 그 응답으로 돌아오는 사랑에 만족하지 않을 수 있는데 대개 아내 쪽이 그런 경우가 많다. 아마도 그 배우자는 사랑에 관한 욕구가 약해서 아내가 원하는 만큼 줄 수 없는 것인지 모른다. 아니면 그가 줄 수 있는 만큼의 사랑을 주지 않기로 선택했는지도 모른다. 실제로 문제는 그것이 아니다. 어느 쪽 상황이든 간에 타협의 여지가 있고 문제해결원이 이 타협을 하기에 가장 좋은 방법이다. 부부가 다 욕구 강도와 좋은세계와 전행동을 이해하기 위해 선택이론을 받아들였을 때만 이 원이 도움이 된다는 사실을 명심해야한다.

원 안으로 들어가면 서로 무엇을 원하는지 이야기하지 말고 무엇을 기꺼이 줄 것인지 이야기하라. 우리는 자신의 행동만 통제할 수 있다. 그러니 당신은 무엇을 줄 것인 가만 이야기하고 상대방이 어떻게 해주었으면 좋겠다는 이야기를 하지 말아야 한다는 것을 기억하라. 만약 한 쪽이 상대방이 줄 수 있는 사랑과 우정에 만족하지 못한다면 이 결혼에 걸 수 있는 희망은 그리 많지 않다. 이 원 안에서의 타협은 바로 사랑을 주는 것이 그 자체로 충분한 것이기 때문이다. 두 사람의 논쟁이 사랑을 받는 것 대신에 주는 것으로 선회하게 되면 사랑의 문제가 해결될 큰 기회가 올 수 있는 것이다.

생존과 사랑에 관한 한은 부부의 욕구 강도가 유사할수록 결혼의 전망도 좋다. 그러나 힘에 관해서도 그런 것은 아니다. 힘의 욕구는 결혼생활에서나 사회생활에서나 가장 충족시키기 어려운 욕구이다. 우리 사회의 규범이 되어 버린 강압적인 직장에서 힘의 욕구를 충족시키기 어렵기 때문에 다른 어느 곳에서도 채울 수 없는 이 욕구를 가정에서 채우고자 하는 좌절된 사람들이 아주 많다. 만약 양쪽 다 힘의 욕구가 강해서 서로 이 욕구를 가정에서 채우려고 들게 되면 이런 시도가 그들의 결혼을 파멸시킬 수 있다. 아내를 구타하는 남편은 다른 곳에서 충족시킬 수 없는 힘의 욕구를 집안에서 아내로부터 충족하려고 하는 힘없는 남편들이다.

들볶지 않는 사람들과 일할 수 있어 힘의 욕구가 충족될 수 있는 좋은 직장은 결혼생활에도 크게 도움이 된다. 어머니가 정말 행복해하는 것을 본 것은 6개월쯤 주의 기소배심원으로 일했을 때이다. 만약 어머니가 50년 뒤에 태어났더라면 뛰어난 머리와 어마어마한 에너지를 직장에 쏟아 부을 수 있었을 것이다. 엄청난 힘의 욕구 때문에 결코 행복한 결혼은 하지 못했겠지만 행복한 독신녀는 될 수 있었을 것이다. 그녀 밑에서 일하는 사람들이 과연 행복할 수 있었을까하는 것은 어림짐작이 되겠지만 어쨌든 그녀는 빨리 책임자가 될 수 있었을 것이다. 내 추측으로는 고용인들이 그녀의 소유욕을 받아들인다면 그들을 잘 대해 주었을 것이다. 나는 많은 고용인들이 그렇게 하는 것을 보았다. 만일 당신의 힘의 욕구가 낮다면 그리 어려운 일도 아니다.

힘의 욕구가 낮은 부부는 언제나 잘 맞는다. 낮은 힘의 욕구는 타협하고자 하는 강한 욕망을 이끌어낼 뿐 아니라 힘의 욕구가 낮은 부부는 대체로 대부분의 시간을 해결원 안에 들어가 있기 때문이다. 한 쪽이 다른 쪽보다 훨씬 더 높은 힘의 욕구를 지니고 있어도 결혼생활은 괜찮을 수 있다. 그 이유는 힘의 욕구가 낮은 쪽이 다른 쪽이 무어라고 명령하든지 간에 사랑이 있는 한 크게 괘념하지 않기 때문이다. 나는 높은 힘의 욕구를 가지고 사랑할 줄 아는 남자와 낮은 힘의 욕구로 사랑할 줄 아는 여자가 우리 부모들의 결혼 후반기처럼 원만하게 지내는 것을 보았다.

 그러나 두 사람 다 힘의 욕구가 강할 때 힘이 힘을 끌어들여서 서로 원 밖으로 밀어내고 싶은 충동을 이기지 못하는 경우가 있다. 이런 결혼이 실제로 많이 이루어지는데 그 이유는 힘이 힘을 매혹하기 때문이다. 이 결혼은 우리 두 사람을 위해서 충분하지 않다는 것이 이 불행하고 불운한 관계에 있는 사람들의 싸움의 주제가이다. 이 힘을 지향하는 두사람이 서로 잘 지내는 방법은 결혼의 밖에서 힘의 욕구를 충족시킬 수 없을 때 서로가 필요로 하는 것을 얻기 위해 힘을 합하는 방법을 찾는 것이다. 이것이 전처와 내가 우리 결혼에서 실행했던 것인데 우리들은 원만하게 잘 지냈다. 현재 아내는 전처보다 훨씬 낮은 힘의 욕구를 지니고 있어서 함께 잘 지내고 있다. 우리들은 둘 다 힘을 즐기지만 내 첫 번째 결혼에서처럼 그토록 중요하지는 않다. 나는 성공적인 남편과 아내의 팀들을 많이 보아왔는데 그들은 혼자서라면 결코 해내지 못했을 일들을 잘 해내고 있다.

 생존과 사랑의 욕구와는 달리 힘의 욕구는 문제해결원 안에서 타협되기 어려울 수도 있다. 힘의 욕구가 높은 사람들은 자신들이 깨닫지도 못하는 사이에 서로를 원 밖으로 밀어낸다. 바로 이 힘의 속성 때문에 타협이 어렵다. 왜냐하면 타협이란 두 사람이 서로 어떤 힘을 조금씩 포기하려고 하는 것이기 때문이다. 두 사람 다 힘을 포기하지 않으려고 들 때 타협이 이루어지기는 매우 어렵다. 타협이란 얼만큼의 힘을 포기할 것인가 하는 것이기 때문에 결혼하기 전에 자기 파트너의 힘의 욕구가 얼마나 강한지 알아보는 것이 중요하다. 결혼 후에는 너무 늦을지도 모른다. 이 힘의 문제는 내가 결혼에 잘 맞지 않는다고 믿는 욕구강도를 지닌 두 종류의 사람들을 설명할 때 더 자세히 설명하려고 한다. 자유의 욕구가 강한 사람들은 오래 지속되는 모든 관계를 힘들어 하지만 그 중에서도 특히 결혼을 힘들어한다. 자유롭게 사는 것의 속성은 누구에게도 소유되지 않는 것이다. 누군가가 그들을 소유하려고 들면 힘의 욕구가 강한 사람들처럼 싸우지 않고 그들은 떠나버린다. 세상에서는 결혼한 사람들의 절반이 이혼을 하고 있고 많은 사람들이 항상 밖에서 떠돌고 있다. 결혼은 두 사람 다 낮은 힘과 낮은 자유의 욕구를 지니고 있을 때 가장 무난하다. 한 쪽은 자유의 욕구가 높고 다른 쪽은 자유의 욕구가 낮을 때에는 낮은 쪽이 높은 쪽의 자유를 제한하려고 들지 않는 한은 문제가 없다.

힘과 달리 자유의 차이점은 문제해결원 안에 있을 때 보통 언급이 된다. 원 안에서 자유의 욕구가 높은 배우자는 자기가 자진해서 어떻게 양보할 것인지 말해야 한다. 단순히 상대방이 자유를 제한하는 어떤 부분에 동의함으로써 자유의 욕구가 높은 사람은 이 타협이 행복한 결말을 가져오리라고 확신할 수 있다. 자유의 욕구가 높은 쪽이 집에 좀 늦겠다고 전화를 걸어주는 것만으로도 큰 차이를 가져올 수 있다. 두 사람 다 좌절해서 서로 거부하기만 하면 희망이 없다.

양쪽 파트너가 다 자유의 욕구가 높으면 결혼이 잘 이루어질 수도 있고 그렇지 않을 수도 있다. 배우자가 원하는 자유를 수용해 주면 괜찮다. 그렇게 하기 위해서 양쪽 다 해결원 안으로 들어와서 어떤 자유를 자기가 포기할 의사가 있는지 말하는 것이 좋다. 자유의 무제한한 백지수표는 두 사람이 함께 있지 않는 시간을 보충해 줄 풍부한 사랑과 소속감이 있지 않는 한 도움이 되기 어렵다. 그리고 사랑과 소속감이 높다고 하더라도 매우 어려운 일이다. 결혼이란 전적으로 자유를 누리는 일과는 관계가 멀다. 이것은 해결원 안에서도 실상 어려운 시도인데 부부간의 높은 자유의 욕구는 어떤 형태의 결혼에도 끊임없는 도전이 된다.

오늘날, 결혼 전에 함께 사는 사람들이 많이 있는데 이 맞지 않는 부분이 결혼이라는 법적인 단계를 거치기 전에 드러나게 된다. 이 때가 바로 이 원을 사용할 때이다. 아마도 이것은 혼전해결원이라고 불려 져야 할 것이다. 결혼한 후 두 사람 다 자유를 향한 강한 욕구를 지니고 있다는 것을 발견하게 되면 그들은 이혼하거나 아니면 이혼하지도 않고 떠나버릴 것이다. 두사람 다 힘의 욕구가 높은 경우와는 달리 부부가 더 큰 자유를 위해 결합할 수는 없는 것이다. 자유의 욕구가 높은 두 사람이 자유를 공유한다는 것은 모순되는 말이다. 이런 이유로 해결원은 자유를 많이 원하는 사람들에게는 의미가 없다. 그들은 어느 누구와도 그 원 안에 들어가고 싶어하지 않는다. 그들에게는 어떤 원도 감옥으로 보이는 것이다.

즐거움의 욕구를 나누는 것은 모든 관계에 대단히 좋은데 특히 결혼생활에서 그렇다. 배우는 것에 대한 유전적인 보상이 즐거움이기 때문에 함께 무엇인가를 배우는 사람들은 관계가 잘 지속될 확률이 아주 높다. 즐거움은 연령이나 성, 돈의 부족 등에 별로 제한을 받지 않는 것이다. 아주 조금만 노력해도 언제 어디서나 웃고 배울 수 있는 것이다. 그렇지만 즐거움이 결혼 관계에 제일 중요한 것은 아니다. 배우자들이 독립적으로 즐겁게 지내면서 결혼에 손상을 입히지 않을 수도 있고 그렇게 하는 사람들도 흔히 있다. 만약 양쪽 파트너가 다 즐거움의 욕구가 낮다면 두 사람 다 자기가 무엇을 누리지 못하는지는 모르겠지만 결혼은 원만하게 풀려나갈 수 있다. 나는 즐거움의 욕구가 높거나 낮거나 같거나 간에 다른 모든 욕구가 잘 맞는다면 결혼에 어느 쪽으로나 큰 영향을 주지 않는다고 생각한다.

그러므로 가장 좋은 결혼은 생존의 평균 욕구를 공유하고 사랑과 소속의 욕구가 높고 힘과 자유의 욕구가 낮고 즐거움의 욕구가 높은 경우이다. 이 드문 유형을 벗어나는 경우에는 타협할 필요가 있다. 차이가 클수록 타협도 많이 이루어져야 한다. 이 정보가 제공하려고 하는 것은 당신이 결혼했거나 준비 중이거나 간에 말썽이 일어날 소지가 어디 있는가에 대한 선명한 그림을 가져야만 한다는 것이다. 이 정보로 무장이 되어 있으면 보다 나은 결혼을 원하는 부부들이 타협하기 위해 이 원을 사용하게 될 것이다. 불만족스러운 결혼은 지금까지 인간 불행의 가장 큰 원인이었다. 오래 전 부부간의 타협의 가치에 대해 내가 이야기하자 한 친구가 말했던 것처럼 "다른 대안을 고려해 보지 그래"라고 말할 수도 있겠다.

지금까지의 이야기에 동의한다면 이제 어떻게 자신과 배우자의 욕구강도를 진단할 수 있을지 의아해 질 것이다. 나는 이 질문에 대해 많은 생각을 해보았는데 이것이 설문지 응답처럼 연필과 종이만 있으면 그저 이루어질 수 있는 일이라고는 생각하지 않는다. 이 질문은 자기 자신과 배우자에 대해 아는 것을 근거로 해서 각자가 질문해야 한다. 근본적으로 이것은 당신과 배우자의 좋은세계의 탐색인 것이다.

결혼하거나 재혼할 준비가 되어 있을 때 당신은 이미 상대방과 어떤 관계를 유지하고 있다. 십대일 때부터 당신은 자신에게 맞는 남자나 여자를 찾아왔던 셈이다. 어떤 관계를 갖게 되면 당신의 좋은세계에 오랫동안 자리 잡고 있는 이상형과 비교해서 평가하게 된다. 만약 당신이 외부통제형의 사람이라면 이상적인 관계의 핵심은 파트너가 당신을 위해 무엇을 할 수 있는가 하는 데 있을 것이다. 타인 지향적인 관계를 이상적으로 보게 되면 당신이 진정으로 필요로 하는 관계가 무엇인지 발견하기 어렵게 된다. 각자가 배우자에게 무엇을 해 줄 수 있는가에 근거를 둔 관계 말이다. 오 헨리의 단편인 '크리스마스 선물'은 선택이론식 사랑의 슬픔과 기쁨을 둘 다 묘사하고 있다.

이상적으로 잘 맞는 사람을 좋은세계에 창조해내기 위해 당신은 가족과 친구들을 관찰하고 책을 읽고, 영화와 텔레비젼 드라마를 보았을 것이다. 십대 시절, 특히 당신이 여자라면 친구들하고 끝도 없이 이 남자 애하고 저 여자 애가 왜 맞는지, 왜 안 맞는지 이야기들을 나누었을 것이다. 이 모든 정보에 근거를 두고 당신의 생각과 행동을 다른 사람들과 비교해 볼 때 어느 지점에 당신이 서 있는지 볼 수 있어야만 한다.

왜냐하면 당신이 행하고 생각하는 거의 모든 것의 근저에 기본욕구가 깔려 있기 때문이다. 당신이 말하는 내용 중에 많은 부분이 이 욕구를 중심으로 한 것이다. 기본욕구가 무엇인지도 모르는 채로 당신은 아마 사랑과 힘과 자유에 관한 많은 이야기들을 나누었을 것이다. 이런 이야기를 하는 이유는 이 욕구들 사이에 차이가 있을 때 상황이 어려워지는 걸 보기도 하고 경험하기도 했을 것이기 때문이다. 여자인 경우라면 당신이 원하는 것은 사랑인데 어떤 남자들이 원하는 것은 성관계 뿐인 것이다. 어떤 남자는 왜 당신을 소유하려고만 드는지(힘), 어떤 남자들은 왜 다른 남자친구들하고 사라져 버리는지(자유)에 대해 이야기 해 보았을 것이다. 이런 말들을 하면서 관계라는 것에 대해 여러 가지 생각을 해 보았을 것이다. 여자들보다 더 강력한 힘의 욕구 때문에 남자들끼리는 이런 식으로는 잘 이야기하지 않는다.

만약 당신이 보통 사람들보다 위험을 감수하고 싶어하지 않는다면 생존의 욕구가 높은 것이다. 알고 있는 대부분의 사람들과 비슷한 정도로 위험을 자진해서 감수할 수 있으면 당신의 욕구는 평균쯤 된다. 당신 친구들보다 더 위험을 감수할 의사가 있으면 당신의 생존 욕구는 낮은 것이다. 사랑과 소속의 욕구도 마찬가지다. 당신의 사랑과 소속의 욕구를 진단하는 열쇠는 당신이 가족이나 친구들에 비해 얼마나 기꺼이 사랑을 주려고 하는 가에 있다. 이 욕구에 관해서는 주의하기 바란다. 사랑 없는 결혼으로 뛰어들기 전에 주의 깊게 살펴보라. 성과 사랑을 혼동하지 말라. 소속감에 주의를 기울이라. 2장에서 말한 것처럼 두 사람 사이에 성관계가 없더라도 친구가 될 수 있는 사람이 아니면 결혼하지 않는 것이 좋다.

힘의 욕구를 측정하려면 당신이 언제나 자기 방식대로 하려고 하는가, 결정적인 말을 당신이 하려고 하는가, 사람을 소유하려고 하는가, 당신이 행하거나 하는 말의 대부분이 옳은 것으로 보이기를 원하는가 하는 것들을 스스로에게 물어보라. 그렇다면 당신의 힘의 욕구는 상당히 높은 것이다. 자기 방식대로 하거나 안하거나 별로 큰 관심이 없고, 사람을 소유하려고 하지 않고, 결론을 자기가 내려고 싸우지 않는다면 당신의 힘의 욕구는 낮다. 어쨌든 그런 것들이 마음에 어느 정도로만 쓰인다면 당신의 힘의 욕구는 평균쯤 된다.

규칙에 순응하는 것이 참기 어렵거나 한 장소나 한 집단에 머물러 있는 것이 견디기 어려우면 당신의 자유의 욕구는 매우 높은 것이다. 어느 정도 그렇다면 평균 정도이다. 순응하는 것이 별로 어렵지 않으면 자유의 욕구가 낮은 것이다. 즐거움도 마찬가지이다. 당신이 배우기를 좋아하고 배우는 동안 많이 웃는다면 즐거움의 욕구가 매우 높은 것이다. 남을 가르치며, 서로 많이 웃기를 좋아한다면 당신의 즐거움의 욕구는 더 높을 것이다. 그것보다는 조금 더 적게 배우고 웃기를 즐긴다면 당신의 즐거움의 욕구는 평균이다. 그러나 만약에 배우는데 많은 노력을 기울이고 싶어하지 않고 다른 사람들의 즐거움에 그저 의존만 하고 있는 경우라면 당신의 즐거움의 욕구는 낮다. 다른 사람들이 웃을 때 거의 웃는 법이 없고, 지금 알고 있는 것 보다 무엇인가 더 알아내는데 그다지 관심이 없다면 당신의 즐거움의 욕구는 매우 낮은 것이다.

욕구를 진단하는 다른 방법은 당신의 좋은세계를 살펴보는 것이다. 당신이 배우자나 약혼자와 더불어 서로 좋은세계의 그림들을 나눌 수 있을 만큼 신뢰한다면 두 사람이 사랑할 기회는 더 많은 것이다. 자신의 좋은세계를 진단할 때(따로 따로나 혹은 함께) 다음과 같은 것을 살펴보라. 만약 당신의 좋은세계가 사이 좋게 지내는 사람들로 가득 차 있다면 사랑과 소속의 욕구가 높은 편이며 이 욕구들을 잘 충족시킬 수 있었기 때문에 행복한 사람이다. 만약 좋은세계에 적은 숫자의 사람들만 있지만 그들과 아주 가까운 사이라면 당신은 사랑에 대해서는 높은 욕구를 지니고 있지만 소속에 대해서는 낮은 욕구를 지니고 있는 것이다.

당신이 좋은세계에 많은 사람들을 담아두고 있지만 그들 중 누구와도 가깝게 지내지 않고 있다면 소속감의 욕구는 높지만 사랑의 욕구는 낮은 것이다. 당신이 좋은세계에 적은 숫자의 사람들을 담고 있고 그 중 어느 누구와도 가깝게 지내지 않는다면 사랑과 소속의 욕구가 둘 다 낮은 것이다. 이것은 당신의 욕구가 없다는 것을 의미하는 것이 아니라 배우자보다 낮은 욕구를 지니고 있다는 것을 의미하고 있다. 만약 당신의 욕망이 소속의 영역에 더 많이 있고 개인적인 가까움의 영역에서는 적다면 이것은 문제가 될 수 있다.

이미 설명했던 것처럼 타협하는데 이 정보를 사용하고 해결원을 타협의 전달수단으로 사용하면 좋다. 원 안에 머물러 있으면서 자신의 행동만 통제할 수 있다는 것을 받아들이기만 한다면 거의 모든 것에 관해 타협할 수 있다. 당신이 선택이론의 합리성을 이해한다면 배우자를 탓하는 것이 아무 의미가 없다는 것을 이해하게 된다. 왜냐하면 그것이 바로 자기 배우자가 존재하는 방식이기 때문이다. 이것은 배우자가 키가 크지 않다고 원망하거나, 해산물에 알레르기가 있다고 탓하는 것과 똑같다. 자신의 욕구 강도를 깨닫고 함께 노력하려면 두 사람이 함께 사용할 수 있는 정보가 필요하다. 이 정보를 관계의 향상을 위해 사용할 의도가 있다면 이 조사를 시작하는 것만으로도 서로 가까워 질 수 있다. 대부분의 사람들이 그토록 맞지 않는 것은 아니다. 해결은 당신이 마음먹은 바대로 실제로 행동하는가 안하는가에 달려 있다. 작은 타협은 다음과 같은 메시지를 보내는 것이다. '나는 개인적으로 원하는 것보다 우리들의 관계에 더 많이 마음을 쓰고 있다.' 이것은 힘있는 메시지이다.

나는 단순하고 명백한 욕구강도의 범주를 묘사해 보았다. 어떤 사람의 경우는 내가 묘사한 것들과 다를 것이고 여러 가지 다른 이유 때문에 더 높기도 하고 더 낮기도 할 것이다. 모든 가능한 다양성을 혼자서 다 훑어 볼 수는 없다. 그것은 당신이 할 작업이다. 시간을 내서 아는 사람들과 토론해 보라. 마음을 열고 시도해 보면 잘 해낼 수 있을 것이다. 여러 가지 느낌을 떠올려 보고 욕구가 충족되었을 때 얼마나 기분 좋게 느꼈는지 기억해 보라. 크게 기분 좋게 느끼는 만큼 그 욕구도 강한 것이다. 약한 욕구를 충족시키는 데는 많은 것이 필요하지 않다. 기분이 좋아지는 전행동을 조사해보면 당신의 프로파일이 상당히 정확해 질 것이다.

사귄지 얼마되지 않았는데 관계가 상당히 깊어질 듯 싶으면 그 사람의 그림이 좋은세계에 깊이 자리잡아 실제 모습을 보기 어려워지기 전에 미리 잘 맞는지 평가해볼 생각을 해야 한다. 그 사람이 이미 좋은세계에 자리잡고 그에 대한 평가가 정확해지기 어렵다고 하더라도 어쨌든 이것을 해보는 것은 아무 것도 안 해보는 것 보다 낫다. 자신을 평가하듯 그 사람을 평가해 보라. 문제가 눈에 띄면 서로에게 매력을 느끼고 있는 동안에 그것에 관해 이야기 해보라. 이 평가는 사랑 때문에 방해받을 수도 있다. 그렇지만 이미 타협이 불가능할 정도로 통제하는 행동을 많이한 후에 타협하는 것보다는 사랑의 힘을 빌릴 수 있는 이 시점에서 타협하는 것이 훨씬 더 수월할 것이다.

좋은 성관계를 원하는 욕망이 이 기본적인 평가를 하는데 큰 요인이 되지 않도록 하라. 어쨌든 성관계가 좋지 않거나 성관계를 갖고 싶은 욕구가 강하지 않다면 이 상황이 더 나아지리라는 기대를 별로 하지 않는 것이 좋을 것이다. 서로 싫어하는 점을 알게 되기 전인 초기에 서로를 좋아하고 있을 때의 성관계는 나중에 더 좋아질 것이 없을 만큼 좋다. 좋은 관계에서는 성관계의 빈도가 적어지더라도 관계가 만족스럽게 남아있을 수 있다. 성관계가 잘 시작되었는데 나빠진다면 비탈을 굴러 내려가는 것은 성이 아니라 관계이다.

관계가 원하는 만큼 잘 진행되고 있지는 않지만 욕구강도의 진단이 너무 어렵고 부정확해서 노력할 가치가 없다고 생각한다면 당신은 자신을 잘 알 수 있는 기회를 놓치고 있는 것이다. 결혼 후 배우자에 대해 불만이 생기기 시작할 때 부부가 결혼을 지키기 위해 서로 도울 기회는 많지 않다. 지금이 황금처럼 귀한 기회이다. 사용해 보라. 만약 당신이 그 남자나 그 여자를 내 사랑으로 바꿀 수 있다는 널리 알려진 사랑의 망상에 빠져 있다면 자신을 도울 기회를 거의 잃는 것이다. 이 망상은 외부통제의 최고 수준에 속한다. 상황이 처음에 좋지 않았다면 그 후에 변화가 올 가능성이 상당히 높지만 좋은 쪽을 향해서 변화하는 것은 아니다.

처음에 약속했던 것처럼 누구와 결혼해도 맞지 않는 두 가지 성격을 설명해 보겠다. 이런 성격의 사람과 결혼하면 불행 이외에는 아무것도 얻는 것이 없다. 이 두 가지 유형에는 은빛 테두리가 없는 것이다. 아직 결혼하지 않았지만 사귀는 사람이 이 두 가지 중 한 타입이라면 할 수 있는 만큼 빨리 먼 곳으로 도망치도록 하라. 이 부분을 읽는 즉시 짐을 싸는 것이 좋다. 이 책을 다 읽을 때까지 기다릴 필요도 없다.

이런 성향의 사람과 이미 결혼했다면 지금 그 관계가 얼마나 나쁘든 간에 거의 확실히 더 나빠지게 될 것이다. 이제 자신이 탈출하려면 무엇을 해야 하는지 생각해보기 시작하라. 남자건 여자건 이런 종류의 사람들과는 지금 보다 나중에 어떻게 느끼게 될지 생각해 보는 것이 좋다. 그러나 당신에게 그 관계가 나쁘다고 내가 말해줄 필요도 없다. 당신은 이미 그것을 알고 있는 것이다. 내가 여기서 설명하는 것은 왜 그것이 나쁜가 하는 것이다.

반사회적 인격 (The Sociopath)

반사회적인 인격 장애를 가진 사람은 힘과 개인의 자유에만 관심이 있고 다른 사람의 욕구에 대한 배려를 하지 않는다. 대부분의 반사회적인 인격 장애자들은 주로 남자들인데 그 이유는 유전적으로 남자들이 여자들보다 사랑과 소속의 욕구는 낮고 힘의 욕구는 높기 때문이다.

반사회적 인격 장애자들의 생존욕구는 평균보다 낮지만 하고 있는 일에 잠시동안 집중할 정도의 생존 욕구는 있다. 특징적인 것은 자유의 욕구는 높은 반면에 사랑과 소속의 욕구는 거의 존재하지 않는다는 점이다. 그는 항상 힘의 욕구를 만족시키려고 움직인다. 다른 사람들을 희생시키며 속이고 사취하거나 훔치기도 한다. 즐거움의 욕구는 상당히 다양할 수 있지만 그가 높은 즐거움의 욕구를 지니고 있다면 당신이나 만나는 모든 사람들을 착취할 수 있는 모든 방법을 배우는데 그 욕구를 사용할 것이다. 또한 당신이 아무리 능력이 있더라도 얕보기를 좋아한다. 그가 유능하게 보는 사람은 그 자신뿐이다. 처음에는 반사회적 인격 장애자들이 너무도 활동적으로 일을 하고 대단히 매력이 있기 때문에 아주 근사하게 보일 수 있다. 그러나 낮은 생존의 욕구 때문에 대부분이 그러한 모습을 유지하지 못한다. 그들 주위에 있는 삶은 불행할지 모르지만 심심하지는 않다. 반사회적 인격 장애자는 자기가 다른 어느 누구보다도 낫다고 믿고 있기 때문에 사람들을 바보로 만드는데 능숙하다. 그는 재미있어 보이고 심지어 친절해 보이기까지 하다. 그에게 무언가 결점이 있는 것을 알게 되면 그는 명랑한 어조로 수긍하면서 당신의 민감성에 대해 칭찬을 아끼지 않는다. 얼마나 당신의 사랑에 감사하고 있는가를 말하고 그 사랑으로 자신은 변화될 것이라고 말한다. 그는 일생을 두고 당신 같은 사람을 찾고 있었다 하고 그것은 사실일 것이다. 그러나 당신이 그런 남자를 찾아 헤매었던 것은 아니다. 이런 사악한 약탈자에게는 인생은 사냥이고 당신은 유희도구가 되는 것이다. 당신을 손에 넣기 위해 그는 어떤 무기라도 사용한다. 그의 게임에는 규칙이 없다.

이 남자는 유전적으로 누구에게도 사랑이나 소속을 느낄 능력이 없다. 그는 매력 있고 관능적일지 모르지만 착취하기 위해서 그렇게 한다. 그는 결코 진정으로 배려하는 적이 없다. 일단 그가 여자로부터 원하던 모든 것을 얻었는데 여자가 자기에게 집착을 보이게 되면 높은 자유의 욕구 때문에 그는 달아나 버린다. 그 여자가 떠나지 않으려고 들면 그녀가 그를 위해서 무엇을 하든 간에 매맞는 것밖에 아무것도 기대할 것이 없다는 것을 알게 만들려는 생각으로 구타하기도 한다. 그는 심지어 자기가 원하는 것이 무엇인지 말도 해주지 않고 그것을 모른다고 구타하기도 하는데 때린 후에 이렇게 말한다. "당신이 그걸 알았어야지."

당신이 지금 반사회적 인격 장애자와 관계를 맺고 있다는 의심이 들면 그의 친구들을 살펴보라. 친구가 하나도 없는 것을 발견하게 될 것이다. 친구들이 멀리 있거나 곧 방문할 거라고 하지만 결코 아무도 나타나지 않는다. 그에 관해 절대적으로 명백한 사실은 그 남자에게 확실한 것은 아무것도 없다는 사실 하나 뿐이다. 절대적으로 그렇다. 그가 당신이 청하는 일을 한다면 이것은 실수이거나 당신을 앞으로 더 착취하기 위한 음모의 일부일 뿐이다. 사귀기 시작할 때 당신을 비싼 장소로 데려간 후에 신용카드를 잃었다거나 당신의 카드를 빌려달라고 하면 다시는 그를 만나지 말아야한다. 그리고 카드를 다시 돌려 받는 것을 잊어서는 안된다. 만약 그가 카드 둔 곳을 잊어버렸다고 하면 즉시 그 카드의 효력을 정지시켜야 한다. 그에게 신용카드란 없다. 그러나 그는 이미 당신의 카드로 주연을 베풀려는 생각을 하고 있는 것이다.

무위도식자(The Workless)

우리가 만나는 사람들 중에서 가장 알 수 없는 사람은 무위도식자이다. 그는 처음에는 다른 사람들하고 관계를 잘 맺고 당신도 그와 쉽게 관계를 맺을 수 있다. 그러나 당신이 그에게 가까워져서 결혼하게 되면 점점 더 심하게 좌절하게 될 것이다. 무위도식자들 중에 여자들도 있지만 별로 눈에 띄지 않는다. 아직까지 우리 사회에서는 여자가 일하지 않고 부양받는 것이 남자보다 좀 더 수용이 되기 때문이다.

금방 자신의 실제 모습을 드러내는 사회병질자와는 달리 이 사람들은 아주 천천히 그 모습을 드러내 보인다. 당신은 어떤 사람과 관계를 맺고 있는지 깨닫기도 전에 그와 깊이 관여하게 될 수 있다. 그리고 그는 당신을 직접적으로 괴롭히지는 않는다. 당신은 그가 하는 일보다 하지 않는 일에 의해 더 상처를 받게 된다. 그러나 마침내 평생에 걸친 그와의 긴 관계에서 대부분의 사회병질자와 일년도 안되는 관계에서 상처받게 될 모험기간보다 더 큰 상처를 입게 된다. 이 사람들을 무위도식자들이라고 부른 이유는 그들이 일을 하지 않기 때문이다. 그가 술이나 약물을 과다하게 사용하지 않음에도 불구하고 그가 알콜 중독자와 같은 이유는, 그가 생존하기 위해 아내, 가족 구성원, 친구들 같은 능력자들을 필요로 한다는 점에서 그렇다. 그리고 보통 이들은 알콜중독자처럼 필요한 사람들을 찾아낸다.

무위도식자는 일할 능력이 있는 것처럼 보이고 한동안 직장에 붙어 있기도 한다. 특히 그가 젊었을 때에는 그럴 수 있다. 그러나 몇 년 이상은 견디지를 못한다. 대체로 해고당하지만 어떤 때는 자기가 그만두기도 한다. 그가 사십대에 이르더라도 다시 일하게 될 확률은 없다. 그는 그를 돌보는 다른 사람들에게 의존한다.

무위도식자의 생존 욕구는 대단히 낮은데, 사회병질자보다도 더 낮다고 나는 믿는다. 힘의 욕구는 강하고 이것은 사회병질자와 같다. 그렇지만 그는 가나스가 아주 없다. 내가 2장에서 이야기한 생존하기 위해 열심히 일하려는 욕망인 가나스가 없기 때문에자기 힘의 욕구를 충족시킬 능력은 거의 없다.

생존의 욕구가 낮기 때문에 자신을 위해 또 남을 위해서 더 낫게 무엇인가를 하려는 욕망을 충분하게 갖지 못했다. 이들은 다른 사람들보다 욕망이 뚜렷하게 낮으며 자기에게 봉급을 주는 고용주를 위해서도 일할 동기가 별로 없다. 강한 힘의 욕구는 그에게 비현실적인 아이디어를 불어 넣어주고 무엇을 해달라고 요청을 하면 그에게는 다 하찮게 여겨질 뿐이다. 그렇지만 그의 욕구강도 프로파일 중에서 가장 치명적인 것은 이 두 욕구 사이의 관계이다. 많은 힘의 욕구를 지니고 있지만 그것을 성취하려는 욕망은 없는 것이다. 그는 거창하게 말하고 꿈을 꾸지만 실제로 해내는 일은 아주 적다.

무위도식자의 자유의 욕구는 평균치이거나 평균보다 약간 위이다. 그는 많이 움직이지만 이것은 무엇인가를 하기 위한 움직임이 아니다. 그는 떠도는 것을 좋아하고 낯선 사람들을 만나기를 즐기며 자신에 대해 이야기하기를 좋아한다. 후자는 아주 특징적이다. 그는 자신과 주위 사람들의 이야기를 당신에게 말하지, 결코 당신과 함께 말하지는 않는다. 당신이 해야하는 말에는 관심도 없다. 그는 그 자신 이외에는 진정으로 다른 누구에게도 관심이 없다. 그는 또한 자신이 어떻게 생긴 사람인지에 대한 통찰력이 없다. 특히 그가 일하지 않는다는 사실에 대한 통찰력이 없다.

무위도식자는 사랑을 받을 능력이 있는데 이 능력은 사회병질자에게는 없는 것이다. 그는 사랑 받기를 좋아하고 당신이 그를 친구로 대해주는 것을 좋아한다. 사회병질자와는 달리 관계를 만들거나 유지하는데는 아무 문제가 없다. 직업을 지켜야 하는 것처럼 어려운 일이 요구되지 않는 한 말이다. 결혼해서 사이가 가까워지게 되고, 으레 해야하는 일을 요청 받으면 자기가 할 몫을 하지 않는다. 그런 남자와 결혼하면 결코 자라지 않는 어린아이와 결혼한 것과 마찬가지이다. 그는 당신이 사랑과 우정을 주는 것에 대해 너무도 기쁘고 감사해 하기 때문에 당신이나 그의 부모에게 무엇을 되돌려 줄 능력이 있다고 당신이 속을 수 있다. 하지만 그는 그렇게 할 능력이 없다. 그는 되돌려 줄 것이 아무 것도 없는 것이다.

그를 어린이와 같은 감각에서 본다면 즐거움의 욕구가 아주 높다. 그는 학교를 좋아하는 경향이 있고 영원한 학생이라고 불리는 집단 내에서 자주 눈에 뜨인다. 때로는 자기가 하던 공부를 끝내기도 하지만 대체로 끝내지 못한다. 끝낼 때가 다가올 즈음에 그만 두어 버리는 것이 전형적인 태도이다. 그의 두려움은 공부를 끝내고 배운 것을 활용해서 일하러 가야만 한다는 데에 있다. 그는 일하러 가면 아무것도 하지 않는다. 무엇을 할지 모르거나 자기에게 무엇이 기대되고 있는지 모르는 사람처럼 행동한다.

무위도식자는 이 세상의 현실과 거의 접촉이 없다. 그의 현실은 자신에 대한 것뿐이다. 그는 정상적으로 보이고 그에게 아무것도 기대되지 않는 한 정상인것처럼 행동하지만 그렇지 못하다. 그런 남자하고 결혼하면 당신이 그를 부양하는 한, 좋은 동료를 한 사람 갖게 된다. 모든 일은 거의 당신이 하고 그에게 아무것도 요구하지 않는다면 말이다. 그에게 최소한도의 책임을 지라고 요구하면 그것을 안하며 만일 당신이 하라고 고집하면 심술궂어지고 가학적이 될 수도 잇다. 그가 어떤 때 무엇인가를 한다면 그것은 그 자신을 위한 것이지 어느 누구를 위한 것도 아니다.

만일 무위도식자가 가족의 영향력으로 높은 자리를 얻게 되면, 그는 그저 로보트처럼 되어 상황은 엉망이 되고 아무도 듣지 않는 말도 안되는 주문들을 하고는 한다. 무위도식자는 과거에 살면서 지금보다 전에는 내가 매우 유능하고 일들은 다 잘 되어 갔다는 환상 속에서 사는 경향이 있다. 그는 있지도 않은 성취에 관해 말하는 것을 너무도 즐긴다. 그래서 그런 대로 상당히 잘해냈던 학교에 대해서 말하기를 좋아한다.

만약 무위도식자가 며칠 간 일을 하게 되면 마치도 몇 달 동안을 일한 것처럼 말한다. 그가 기억하고 있는 과거는 언제나 좋기만 하다. 미래는 마치 그를 기다리고 있는 기회의 세계인 것처럼 그는 말한다. 그가 하고 싶지 않은 일은, 현재에 살고, 일하고 책임을 지며 일을 마치는 것이다. 그에게 인생은 항상 과거에 있거나 이제 곧 다가오는 것이다. 인생은 한 번도 현실인 적이 없다.

무위도식자는 종종 결혼하고 아이도 갖지만 이 조건이 그들의 유전자 속에 있는 것이라면, 이것은 다음 세대로 또 전달되어질 것이다. 그들은 아이를 사랑한다고 말하지만 아이들을 위해 무슨 일을 할만큼 그들을 사랑하지는 않는다. 만약 일을 한다면 그것은 아이들이 아니라 자신을 위한 것이다. 아이들이 어릴 때는 그들과 더불어 아이들 같은 게임을 하기를 즐긴다. 아이들이 십대가 되면 아버지를 다른 어느 누구보다도 훨씬 더 정확히 본다. 이 시점에서 많은 자녀들이 무위도식자 아버지에게 흥미를 잃게 되고 아버지는 자녀들에게 흥미를 잃게 된다. 무위도식자의 자녀들이 아버지에게 흥미를 잃게 되는 것은 자녀들에게 도움이 된다. 그렇지 않다면 자녀들이 실망하게 될 것이기 때문이다.

우리들 대부분이 무위도식자들을 몇 명 알고 있고 그들을 돕기 원한다. 그들은 종종 정신과의사에게 보내진다. 나는 이런 사람들을 많이 보았다. 그들은 정신치료를 따르지 않는다. 치료의 목적은 더 나은 인간관계를 발전시켜 더 효율적인 삶을 살도록 도와주는 것이다. 그런데 무위도식자는 치료를 시작하면 흔히 자신의 매력을 내세워 상담자를 속여서 쉽사리 관계를 맺고 작은 도움으로 자신들을 추스릴 수 있는 것 같은 모습을 보인다. 그렇지만 이것이 포인트이다. 그들은 도움을 원하는 것처럼 보일 뿐이다.

그들은 치료를 아주 좋아한다. 내담자의 입장이 되어서 어떤 도움을 받으려는 것이 아니라 재빨리 자신이 상담자가 되어서 언제나 말하고 제안하고 도와준다. 어떤 점으로는 그들이 하려는 일은 상담자와 동업을 하려는 시도이다. 상담자가 이런 일이 진행되는 것을 인식하고 직면하려고 하면 무위도식자는 성이 나서 상담자를 탓하고 관계를 깨뜨려 버린다. 치료자에게도 다른 상황에서 늘 하던 방식대로 행동하는 것이다. 그들에게 아무 것도 청하지 않는 한 그들은 괜찮다. 그러나 그들은 자신만을 위해서 괜찮지 다른 사람들을 위해서 괜찮은 것은 아니다.

유전자의 욕구에 대처하기 위한 노력으로 그들은 오르락내리락 하는 양극성장애인 조울증을 보인다. 그러나 그들이 올라가거나 내려가거나 그 중간에 있거나 간에 결코 그들은 믿을 수 없다. 이것이 그들을 다른 양극성 장애자와 다르게 만드는 점인데 다른 사람들은 극단적으로 고양되거나 내려가 있는 상태를 선택하고 있을 때가 아니면 상당히 믿을 만하다. 어떤 때는 리튬 카보네이트로 도움을 받는 다른 양극성 장애와 달리 리튬이나 다른 어떤 약물도 무위도식자를 돕지는 못한다 (이것은 시도해서는 안된다는 뜻은 아니다).

무위도식자들이 양극 행동을 선택하는 이유는 올라갔다 내려갔다 하는 행동이 현실과의 투쟁을 그대로 반영하기 때문이다. 그들이 엄청난 힘의 욕구 때문에 양극성 장애의 높은 극단에 있게 될 때는 매우 힘이 있고 거의 전지전능한 인물로 자신의 그림을 좋은세계에 집어넣고 마치도 그런 사람인 것처럼 행세하며 주위를 돌아다닌다. 그들은 있는 그대로 자신을 보려는 욕망이 없다. 높은데 머물러 있고 에너지를 모두 쏟으면서 가치 있는 일은 아무 것도 하지 못한다. 그들은 경주하려는 모터를 돌아가게 하기 위해 연료를 태우는 차와 같지만 기어에 머물러 있기가 불가능한 것처럼 보인다. 그들에게 유일한 기어는 중립기어 뿐이다.

점차로 그의 현실이 아닌 다른 사람들의 현실이 활동과 충돌하기 시작한다. 그들은 돈이 떨어지고 살 곳이 없어지게 된다. 아내, 가족, 친구들도 더 이상 그를 돕지 않는다. 휘발유도 없고 엔진은 멈춘다. 이제 그들은 심하게 우울해진다. 그들이 우울해 하고 있는 것은 이 잔인한 세상에서 어느 누구도 그들과 함께 있을 만큼 자기들의 재능을 인정해 주는 사람이 없다는 사실 때문이다.

그런 착각 속에서 자신은 다른 사람들에게 준 것이 없으면서도 주로 받아가기만 했다는 사실을 보지 않으려고 한다.
 그들은 자신의 삶이 망가졌기 때문에 우울한 것이 아니다. 자신의 삶을 결코 그런 식으로 보지 않는다. 그들의 우울은 휴식과 망각의 단계이다. 한동안이 지나면 그들은 모터를 다시 가동해서 그 과정을 되풀이한다. 위와 아래로 움직이지만 언제나 그 자리에 정지해 있다. 그들이 내려가 있을 때에는 자살 경향이 있을 수 있지만 현실을 더 잘 이해하는 유능한 사람들처럼 자살 경향이 있는 것은 아니다.
 돈이 떨어져서 보호가 필요하면 가족이나 누구거나 간에 돌보는 사람들은, 그가 먹고 싶다면 음식을 준비해야만 하도록 구조화된 특별한 시설로 그들을 보내야만 한다. 그들이 일하지 않는다면 그냥 그 속에 앉아 있을 수 있는 환경이어야 한다. 그들은 갇혀 있어서도 안된다. 그들은 오고 가는 것이 자유로워야 하지만 음식물 재료를 구입할 정도의 돈만 주어야 한다. 일을 함으로서만 즐거움을 얻을 수 있는 특별히 마련된 방을 제외하고는 라디오나 텔레비젼 같은 소극적인 오락시설도 없어야 한다. 함께 경기를 할 수만 있다면 농구 같은 적극적인 흥밋거리도 좋다. 활동은 그들에게 좋은 것이다. 그들은 일반적으로 비활동적이다. 직원들은 자신들의 판단으로 미루어 보아 시설을 위해서 가치 있다고 생각되는 무엇인가를 무의도식자가 말하기 전에는 그들하고 말해서는 안된다.

 나는 사회병질자와 무위도식자를 마치도 실제의 사례인 것처럼 묘사했다. 사회적 병질자들은 실 사례에 가깝다. 사회적 병질자들은 어떤 사람은 살인자이고 어떤 사람은 그렇지 않은 것을 제외하고는 다양성이 별로 없다. 무엇이 어떤 이는 살인자로 만들고 다른 사람은 살인자가 안되도록 만드는지 나는 모른다. 나는 그저 살인자는 가장 나쁜 관계를 갖고 있거나 아무 안건관계도 갖지 않는다고 유추해보지만 이것은 그저 짐작이다. 내가 그들하고 관여하게 된다면 언제나 최악의 사태가 일어날 수 있다는 것을 염두에 둘 것이다.

무위도식자는 다양한 회색빛깔로 다가온다. 무위도식자에게는 일해달라는 요청도 별로 없다. 어떤 경우에 늘 출근하지 않아도 되는 특수한 직업을 갖고 있을 수도 있다. 어떤 사람들은 자신을 위해 할 수 있는 일을 하지만 결코 꾸준하게 하지는 않는다. 그리고 힘든 일은 결코 하지 않는다. 높은 숙련이 필요한 직업을 갖게 되면 무슨 일을 해야하든 간에 자신을 너무 자격이 높은 것으로 보기 때문에 직장을 떠나가 버린다.

그러나 무의도식자가 어떤 회색 빛깔로 나타나든 간에 당신이 결혼하기를 원할 만한 사람을 이 유형에서 생각해 낼 수는 없다. 그러나 만약 당신이 높은 자리에 있는 무위도식자하고 결혼했고 그가 당신을 잘 대우해 준다면 그대로 머물러 있을 수도 있다. 그것이 높은 위치의 무위도식자와 보통 무위도식자 간의 확실한 차이점이다. 높은 위치의 무위도식자는 그를 잘 돌보는 아내를 잘 대한다. 이것은 성인아이와 결혼한 것과 같다. 그는 변하지 않을 것이다. 그렇지만 그는 아마도 더 나빠지지는 않을 것이다. 만약 그런 사람과 결혼했다면 그와 함께 하는 인생항로는 그가 나를 잘 대해 주는 동안만 지속될 것이라는 점을 분명히 해 두겠다.

내가 이런 타입의 사람들을 부분적으로 묘사했는데 그렇게 함으로써 욕구강도 프로파일이 독특한 유형의 어떤 사람들, 곧 당신이 경계해야만 할 사람들을 알아차릴 수 있도록 하기 위한 것이었다. 그런데 무위도식자의 프로파일은 보편적이지만 사회병질자가 되게 만드는 욕구강도 프로파일은 극히 드물다. 대부분의 많은 사람들은 평균에서 3점이내의 편차 안에 있어서 넓은 범위 안에서 그래도 정상이라고 간주되는 범위 안에 속해 있다.

우리들 대부분은 현실세계에서 작동할 수 있는 좋은세계를 창조해낼 수 있고 좋은 관계로 효율적인 인생을 충분히 창조해 낼 수 있을 만큼 강하다. 물론 우리들은 연령, 성별, 크기, 외모, 건강, 그리고 재능 같은 여러 가지 상황에 의해 제약을 받는다. 그러나 그런 현실세계의 한계 내에서도 우리가 사용하려고 마음먹은 것보다 더 많은 선택의 여지가 있다. 우리들은 유전자보다 더 많이 외부통제 심리학에 의해 제약을 받고 있는 것이다.

제6장

갈등과 현실치료상담
(Conflict and Reality Therapy)

마음속의 그림책에 두 가지 상반되는 그림이 동시에 들어가 있을 때, 당신은 갈등을 느끼게 된다. 그 그림 중 한쪽으로 더 가까이 가면 갈수록 다른 한쪽 그림은 좌절을 겪게 된다. 당신이 두 가지 그림을 다 원하는 한 출구는 없다. 예를 들어보자. 나는 날씬해지고 싶지만 다이어트나 운동을 하고 싶지는 않다. 일 년에 한 번뿐인 운동 경기의 표를 구했는데 내 애간장을 태우던 여자가 바로 그날 밤이라면 시간이 있다고 말해오는 것이다. 회의가 시간을 넘겨 진행되고 있는데 자리를 뜨면 상사가 화가 나겠고 자리를 뜨지 않으면 딸애가 출연하는 연극이 시작하는 시간에 맞추어 도착할 수 없게 된다. 죽을 애를 써서 일년이나 금주했는데 저녁식사에 초대한 친구가 아주 고급 포도주를 보여주면서 "이거 굉장한 포도주야. 딱 한잔만 해봐. 그저 한 번 맛만 보라니까," 이렇게 말한다.

갈등의 리스트는 끝도 없고 갈등의 심각성은 상반되는 두 그림의 강도에 비례한다. 양쪽 그림이 모두 강하면 갈등은 더욱 고통스러워진다. 희랍비극이래 연극과 소설의 단골 주제인 가장 강렬한 갈등은 사랑과 신의 사이의 갈등이다. 안나 카레리나는 브론스키 공작과 살았어야 하는가 아니면 남편과 아들에게 돌아갔어야 하는가.

갈등을 더욱 심각하게 만드는 것은 즉각적인 해결책이 없다는 점이다. 그러나 그 갈등을 해결하지는 못한다 하더라도 무엇인가 해 볼 수 있는 일은 있을 것이다. 나의 위대한 스승인 해링턴 박사는 "도저히 어떻게 해야할 바를 알 수 없을 때에는 어느 쪽 방향으로도 움직이지 말라."라고 말했다. 적어도 그러면 당신은 사태를 악화시키지는 않는다. 결국 시간이 그 갈등을 이쪽이나 저쪽으로 움직여 가게 할 것이고 그 결정은 덜 고통스럽게 될 것이다. 그렇지만 당신이 기다릴 수가 없을 때가 많다. 당신이 결정하지 않으면 그림들 중 하나를 영원히 잃게 될 수도 있기 때문이다.

다른 해결책은 좋은 상담을 받는 것이다. 상담자는 당신에게 무엇을 하라고 말할 수는 없지만 대안의 틀을 짜줄 수는 있다. 그렇게 함으로써 상담자는 당신이 평등한 선택처럼 보던 것이 실상은 같은 선택이 아니라는 것을 보여주게 될 수 있다. 그리고 당신이 상담자에게 이야기하고 있는 동안 시간이 흘러가게 되는 것이다. 이야기함으로써 당신은 한동안 버티어 나갈 수 있을 것이다. 그렇지만 많은 경우 당신은 어떻게 할 것인지 결정하게 된다. 당신은 한 쪽으로 마음을 굳히고 다른 쪽을 포기한다. 이제 다른 그림이 아직도 당신의 그림책에 남아 있기 때문에 당신은 비참하게 느낄 것이다. 이 고통은 당신이 그림중의 한 가지나 두 가지 모두를 당신의 그림책에서 빼어낼 때까지 사라지지 않는다. 갈등에 싸였을 때 흔히 하는 일은 심한 우울에 사로잡히는 것이다. 이렇게 되면 당신은 상담자를 만나거나 좀 더 버티어 보거나 할 동기가 생기게 된다. 당신이 얼마나 기가 죽었는가를 보고 주위 사람들이 도움을 구하도록 권할 것이고 도움을 구할 수 있도록 지지해 줄 것이다.

상담자가 하는 일은, 내가 성공적으로 도와주었던 것처럼 갈등에 빠져 있는 사람을 제 3의 대안으로 인도하는 일이다. 이 대안은 갈등 구조의 어느 한 쪽으로가 아니라 두 갈등들에 의해 좌절되고 있는 욕구를 충족시켜 주는 쪽으로 나아가도록 이끌어 주는 것이다. 이제 아무리 노력해도 심각한 갈등을 해소할 수 없었던 45세 여자에게 4장에서 언급했던 현실치료상담을 어떻게 적용시켰는가 하는 것을 보여주려고 한다. 첫 번째 만남을 말 한마디, 한 마디 풀어나가면서 왜 그렇게 했는가 설명하겠다. 그렇게 함으로써 상담과정으로 직접 들어올 수 있는 통로를 열어 보겠다. 지금쯤은 내가 시도했던 것이 무엇인지 이해할 만큼 당신은 충분히 선택이론을 알고 있을 것으로 본다.

선택이론은 내가 1960년대 초기부터 발전시켜 온 현실치료상담의 틀을 제시해주고 있다. 그러나 이것은 단지 큰 틀에 불과하고 내가 무슨 이야기를 할지 일일이 다 말해주는 것은 아니다. 내담자들은 다 다르고 나는 각 내담자에게 가장 도움이 잘 될 수 있는 이야기는 무엇일까를 맞추어 내는 것이다. 이미 앞장에서 설명한 바와 같이 우리 인간이어떻게 기능 하는가 하는 것을 설명해 주는 선택이론을 사용해서 내담자에게서 많은 것을 알아 낼 수 있다. 토드의 경우처럼 여기 예로 든 내담자를 상담하기 전에 그녀에게 심각한 인간관계의 문제가 있다는 것을 나는 알 수 있었다. 또한 그녀가 우울을 선택한 것을 알고 있었기에 그녀를 도우려면 좀더 나은 선택을 하도록 설득을 해야 했다.

곧 알게 되겠지만 그녀는 갈등 상황 안에 있지 않은 바람 중에서 어떤 부분을 성취할 수 있는가에대해 초점을 맞출 필요가 있었다. 그녀가 갈등 속에 있는 한, 그녀가 선택하는 어떤 것도 갈등을 해결해 줄 수는 없는 것이다.

도움이 필요한 많은 사람들이 이 내담자와 유사하다. 이 사람들은 수개월씩 끝없이 계속되는 상담비용을 감당할 길이 없다. 만일 상담비용을 감당할 수 있다면 많은 사람들이 상담으로부터 도움을 받을 수 있게 되기 때문에 사람들이 상담을 받을 수 있도록 상담시간을 줄이는 것이 중요하다. 현실치료상담에 내가 수년간 가르치고 실습해온 선택이론을 접목시키면 10번 정도,, 또는 그 이하의 만남으로도 아주 많은 일이 성취될 수 있다.

전통적인 정신치료에서 그토록 많은 시간을 차지해 오던 대부분의 것들이 내 상담에서는 제거되어 있다. 구체적으로 제거될 수 있는 부분은 다음과 같다.

1. 오랜 시간에 걸쳐 문제를 입증할 필요가 없다. 문제는 항상 불만족스러운 현재 상태의 관계이다. 대체로 문제는 명백함에도 불구하고 내담자는 그것이 문제가 아니라고 부인한다. 그 부정을 받아들이면 내담자의 문제가 과거의 상황이나 사람들 때문이라는 것을 입증하기 위해 많은 시간을 소비하게 될지 모른다. 이 부정을 잘 다루어 첫 번째 만남에서 현재의 관계로 들어갈 수 있어야 한다.

2. 문제는 항상 현재에 있는 것이기 때문에, 내담자의 과거를 오랫동안 집중적으로 조사해 들어갈 필요가 없다. 예를 들어 어떤 내담자가 어릴 때 받은 학대 때문에 사람들을 신뢰하는 것을 전혀 배우지 못했다면 현재 상황에서 만족한 인간관계를 유지한다는 것이 불가능할 것이다. 그러나 과거에 대해 너무 많은 시간을 소비하게 되면 내담자는 방향감각을 잃게 되고 과거에 잘못된 것을 이해하지 못하면 현재의 관계 문제를 해결할 수 없다고 믿게 될 것이다. 과거에 대한 긴 탐색은 과거에 너무 많은 일들이 일어났기 때문에 절대로 현재에서는 효율적이 될 수 없으리라는 것을 믿도록 내담자를 이끌게 된다. 그에게 진실을 말해주는 매우 중요하다. 과거는 지나가 버렸다. 그는 자신이나 다른 사람들이 해 버린 일을 변화시킬 수가 없다. 그가 할 수 있는 일은 상담자의 도움을 받아 좀더 효율적인 현재를 구축하는 일 뿐이다.

3. 전통적인 상담에서는 상당히 많은 시간을 내담자가 불평하는 증상이며,

다른 사람의 행동, 그들이 사는 세상 등의 끝도 없는 목록에 대해 묻고 들어주고 하는데 할애한다. 내담자가 이렇게 하도록 격려 받거나 허락된 시간이 많으면 많을수록 불평은 점점 더 중요해지고 정말 문제인, 지금 내담자가 무엇을 하도록 선택해야 하는가 하는데 도달하는 것은 점점 더 어려워진다. 선택이론은 내담자가 정당한 불만을 가지고 있는 것을 부정하지 않지만 우리가 진정 통제할 수 있는 사람은 자기자신 뿐이라는 것을 가르치는 것이다. 불평은 상담자를 포함한 어느 누구도 통제할 수 없다. 현실치료상담은 내담자가 자신을 돕기 위해 무엇을 할 수 있는가 하는 점과 문제가 되고 있는 현재의 관계를 향상시키는 데에 강조점을 두고 있다. 이와 같이 함으로써 시간을 절약할 수 있을 뿐만 아니라 상담에 초점을 맞출 수 있게 되고 상담을 보다 더 효율적으로 이끌 수 있게 되는 것이다.

그러나 현실치료상담에서는 현재 관계를 발견해내고, 과거와 현재에 대한 과도한 불만을 피하고, 내담자가 지금 무엇을 할 수 있는가를 파고드는 것은 상담 시간을 짧게 할뿐만 아니라, 내담자들 자신이 좀 더 효과적인 삶을 영위할 수 있는 자유를 지니고 있다는 사실을 이해시키는데 도움을 준다. 그들은 현재 관계에서 원하는 모든 자유를 얻을 만큼 자유롭지는 않겠지만, 과거에 다른 사람들을 탓하느라고 현재 인생에서 보다 도움이 되는 선택을 할 수 있는 시간을 너무 많이 뺏기는 것으로부터는 자유로울 수 있다. 이렇게 하기 위해 나는 내담자에게 선택이론을 가르치기 시작한다. 그들은 그것을 배운 후에 더 나은 선택을 하게 되고 치료를 길게 끌 수도 있는 많은 문제들을 다루는 방법을 스스로 배우게 되는 것이다. 이것은 제 때의 한 바늘을 꿰매는 것이 나중에 아홉 바늘을 덕본다는 속담처럼 중요한 치료의 한 바늘인 것이다.

무대를 설정하기 위해 1965년에 내가 디모인 근교에 연구소를 차리고 있었는데 프란체스카[3]라는 여자가 상담하러 왔다고 가정해보자. 나는 그녀가 안정이 되도록 간략한 담화를 시작할 것이다. 그녀가 불안해하기를 하고 있는 것이 분명했지만, 내가 말한 것이 도움이 되었다고 생각한다.

"여기 당신 이름하고 주소가 있는데요. 상담을 시작하기에 충분합니다. 전화로 당신은 상담자를 만나보는 것이 처음이라 좀 불안하다고 말씀하셨지요. 그 걸 극복하는 가장 좋은 방법은 지금 여기서 당신의 이야기를 들려주기 시작하는 것입니다. 내가 당신을 심판하리라고 염려하지 마십시오. 나는 심판하지 않습니다. 여기 오는 분은 모두 할 이야기가 있지요. 당신 이야기를 들려주십시오."

아주 자주(특히 50년대와 60년대에는), 사람들은 도움을 받지 않고 언제나 자신의 문제를 잘 해결해야만 하는 것처럼 상담자에게 오는 것을 부끄럽게 느낀다. 그들은 자신이 부적절하다고 심판받을까봐 불안해했고 나는 이 염려를 부식시키려고 노력했다.

그러자 프란체스카는 자신의 이야기를 시작했다.

"6주일 전에 나는 죽었습니다. 당신은 지금 죽은 여자를 보고 있습니다. 자살할 생각도 해보았는데 그렇게 할 필요가 없다는 것을 깨달았습니다. 나는 이미 죽었거든요."

내게는 이것이 새로운 출발점이다. 이 여인은 심각하게 우울하기를 하고 있고 자신이 얼마나 바닥에 이르러 있는가를 내게 확실히 알리려고 시도하고 있다. 이 시도는 성공적이었다. 나는 강한 인상을 받은 것이다. 대체로 내담자가 이렇게 가라앉은 상태로 시작할 때 사소한 유머를 써보기도 했지만 지금은 그것을 시도하지 않으리라고 마음먹었다. 그녀는 유머를 잘못 해석할지도 모른

---

[3] 짐작하고 있겠지만 제임스 월러의 소설 '매디슨 카운티의 다리'에 나오는 여주인공 프란체스카를 인용하는 자유를 누리고 있다.(Secaucus, N.J. : Warner Books, 1992)

다. 그러나 우울해하기로 한 그녀의 결심의 일부는 나를 테스트하는데 있다. 그녀는 내가 그 우울을 어떻게 다루는가를 보려고 시도하고 있는 것이다. 내가 불안해져서 언짢아하고 있는 것을 보이거나 혹은 그녀의 불행을 다룰 수 있을 만큼 강하다는 것을 보여야 하는 것일까? 상담을 시작하면서 바로 나는 그녀가 고통받고 있는 것을 잘 이해하고 있고, 그러나 그녀가 고통에 어떻게 대처할지 잘 도와줄 자신을 지니고 있다고 말문을 열어야만 했다. "프란체스카, 당신이 오십 마일이나 차를 몰고 왔을 때는 충분한 이유가 있을 겁니다. 나는 정말 당신의 이야기를 듣고 싶은데요."

"어디서부터 시작해야 할지 모르겠어요."

"어디서부터라도 좋습니다. 어떻게 시작해도 상관없습니다."

"나는 결혼했고 십대인 아들과 딸이 하나씩 있어요. 우리는 매디슨 카운티의 농장에 살고 있지요. 6주일 전까지는 괜찮게 지냈어요. 행복하지는 않았지만 그런 대로 지낼 만 했지요. 나는 이태리 태생이고 이태리 액센트가 있는걸 아실 거예요. 2차대전 직후 이태리에 주둔하고 있는 미군이었던 리처드를 만나 결혼했지요. 그이가 서둘러서 이곳으로 곧 오게 되었어요. 그이는 좋은 사람이고 아주 훌륭한 아버지예요. 우리는 결혼한 후 내내 농장에서 살았지요. 농장 일은 괜찮았구요. 우리는 아주 친밀하지는 않았지만 잘 지냈어요. 그런데, 정말 진부하게 들리겠지만 6주전에 로버트를 만났어요. 이웃에서 길을 물어보러 우리 집으로 차를 몰고 왔지요. 그는 다리를 찾고 있었어요. 자기가 사진사인데 우리집 근처에 있는 오래된 다리를 찍으러 출장 왔다고 하더군요. 나는 집에 혼자 있었어요. 남편하고 아이들은 시카고에 갔었구요. 4H 회원이라 가축들을 데리고 모든 경진대회에 참석하고 있었지요. 보세요. 저는 농부의 아내예요. 나는 면직으로 만든 허드레 옷을 입고 있었어요. 전 지금 마흔 다섯이에요. 제 손을 보세요. 제 얼굴을 보세요. 볼품이 없지요."

"하지만 로버트에게는 당신이 괜찮게 보였을 거예요."

프란체스카는 울음을 터트리더니 걷잡을 수여없이 흐느껴 울었다. 물론 그녀는 로버트에게 괜찮게 보였을 것이다. 그녀는 잘생긴 여자였다. 잘 차려입지 않고 있었어도 사진사는 그녀가 아주 괜찮다는 것을 알아볼 수 있었을 것이다. 그녀가 내게도 잘 보이고 싶어 노력하고 있는 것을 알아챌 수 있었다. 자기 인생을 어떻게 하려고 하든 간에 그녀의 용모는 도움이 될 수 있을 정도였다. 나는 그녀가 몇 분 동안 울게 두었다. 그리고 끼여들었다. 그녀는 고통스러워하고 있었지만 오래 우는 것은 그녀에게 도움이 되지 않을 것이다. 눈물이 너무 많은 시간을 잡아먹을 수 있었다. 우는 것이 도움이 될 수 있었다면 그녀는 여기 오지 않아도 될 것이다. 내가 하려는 일은 대체로 다른 상담 때 하듯이 그녀가 울고 있는 동안 상담을 계속하는 일이다. 그녀는 상담을 하러 왔고 나는 시작을 해야만 했다. 이야기를 시작하기만 하면 그녀는 괜찮아질 것이었다.

"좀더 이야기를 들려주십시오. 말하시는 동안 우셔도 좋습니다. 당신은 여기 도움을 받으러 오셨거든요."

"저는 부끄러워요."

"거기 대해 말씀해 주십시오."

"짧은 이야기예요. 저는 그와 사랑에 빠졌어요. 우리는 나흘간 함께 지냈지요. 그리고 그는 떠났어요. 저는 이제 죽은 거지요."

"당신이 그를 떠나보냈나요?"

"그와 함께 갈 수는 없었어요. 그럴 생각도 해보았지요. 그렇게 하고 싶었지만 나는 그대로 남편과 아이를 버리고 떠날 수 없었어요. 어떻게 그럴 수가 있겠어요? 누구라도 그렇게 할 수는 없을 거예요."

우리는 세상에서 가장 오래된 갈등을 보고 있는데 이 갈등은 충절과 사랑 사이의 갈등이다. 그녀는 이 사이에서 찢어지는 고통을 맛보고 있다. 이 문제를 해결해 주기 위해 내가 당장 해 줄 수 있는 일이라고는 없다. 해결해 줄 수 있는 것은 시간뿐이다. 그렇지만 나는 그녀가 사태를 잘 바라보도록 돕고 시간이 흘러가기를 기다리는 동안 갈등과 상관없이 욕구를 충족시키기 위해 어떤 일을 하도록 선택하기를 도울 수는 있다.

"어려웠겠지만 당신은 남는 쪽을 택했습니다. 그리고 여기 오실 선택을 하셨구요. 그것도 쉬운 선택은 아니었을 겁니다."

그녀가 여기 오도록 어려운 선택을 했다는 것을 깨달으면서 그녀가 도움을 청하지 않고 자신의 문제를 스스로 해결해온 독립된 인간이라는 사실을 이해할 수 있었다. 그러나 그녀가 여기 오기로 결심한 것은 좋은 선택이었다.

"잘 보셨어요. 선생님께 전화를 걸고도 벨이 울리기 전에 여러 번 그냥 끊어 버렸어요. 작년에 교회에 나오는 여자가 선생님 이야기를 해주었지요. 왠지 선생님의 이름이 내 마음에 남게 되었어요. 그런데 여기 와서 되풀이되는 생각을 하고 있어요. 무엇을 위해 왔을까? 당신이 무엇을 할 수 있을까? 이 모든 일들을 다시 되짚어 가는 것이 무슨 의미가 있을까? 그 일은 일어났고, 이제는 끝났고 그 사람은 가버렸어요. 여기 와서 선생님께 그 사람을 되돌려 보내달라고 하는 건 아니에요."

그녀가 내 이름을 기억했던 이유는 로버트가 그녀의 인생에 끼여들기 오래 전부터 그녀가 불행했기 때문이다. 이 이야기를 그녀에게 하지는 않았지만 내 마음에는 새겨두었다. 말하기 시작하면서 그녀는 울음을 그쳤다. 잘된 일이었다. 그녀는 중요한 질문을 던졌다. "선생님이 무엇을 하실 수 있지요?" 그래서 나는 대답해야만 했다.

"당신이 여기 오게 된 문제에 대해 잘 대처할 수 있도록 돕는 일을 나는 하고 있지요. 나는 불행한 사람들을 많이 도와보았기 때문에 당신도 틀림없이 도울 수 있을 겁니다. 당신이 해야할 일은 나하고 이야기하는 것뿐입니다. 우리 두 사람이 나눈 말에 대해 생각해 보면서, 정직해 지는 것입니다. 아마 이 일은 당신에게 어려운 일일 것입니다. 내가 엉뚱한 곳으로 가면 그렇다고 말씀해 주십시오. 다음이 내가 아는 전부입니다. 그 사람은 6주전에 떠났습니다. 당신은 어느 누구에게도 그 동안 일어났던 일을 말할 수가 없습니다. 당신은 고통에 싸여 있습니다. 이제 이야기할 필요가 있어요. 당신이 말하고 듣고 생각하는 한 나는 도와 드릴 수 있을 것입니다.

그것은 사실이었다. 로버트는 과거의 인물이 아니다. 그는 실제로 현재에 존재하고 있다. 만약 그녀가 말하고 듣고 생각한다면 나는 그녀를 도울 수 있다. 가능한 한 빨리 내담자에게 이 이야기를 들려주는 것이 중요하다고 생각한다.

"그렇지만 너무 절망적으로 느껴져요. 나는 죽은 것처럼 느껴져요."

"이렇게 생각해 보세요. 내가 요술 지팡이를 흔들어서 로버트와 당신 사이에 있었던 일을 감쪽같이 없어지게 할 수 있다고 가정해 봅시다. 당신이 로버트가 집앞에 나타나기 이전처럼 같은 농장에서 같은 결혼 생활을 하는 같은 여자로 그냥 있는 거지요. 당신은 내가 요술 지팡이를 흔들어서 모든 것들을 다 지워 버리기를 원하십니까?"

그녀가 그토록 불행하게 느끼고 있지만 일어났던 그 사건 속에 좋은 점도 있었음을 나는 찾아내야 했다. 그녀가 "죽었다"면 적어도 그녀는 헛되게 죽어서는 안되는 것이다. 자신이 한 일에 대해 후회가 없다고 말할 수 있고 그녀가 한 일에 대해서 내가 얕보거나 비난하지 않는다면 그녀는 내가 자기편인 것을 알게 될 것이었다. 나는 그녀의 고통이 곧 과거가 되기를 희망하면서 그 사건에도 좋은 점이 있다는 것을 이용할 수밖에 없었다.

"아니, 아니에요. 나는 그 나흘간의 일을 절대로 포기하지 않을 거예요. 그 나흘은 내 인생의 가장 좋은 날들이었어요. 제발 그 일들을 치워버리려는 암시조차도 하지 말아주세요."

"그 나흘이 좋은 날들이었다고 말해주기를 기대하고 있었습니다. 이 일들은 이미 일어났고 대체로 일어났던 일들 중에는 좋은 점도 있지요. 그렇지 않다면 그렇게 언짢은 심경일 리가 없습니다. 어떤 때 혼자 남겨지게 된 여자는 너무 마음이 상해서 일어났던 일들 중에 좋은 일은 하나도 없었던 것처럼 생각하게 될 수도 있지요. 그리고 때로는 아무 좋은 일이 없는 경우도 있기는 합니다. 그러면 그녀는 자신을 혐오하게 되지요. 당신이 과거에 대해 좋게 생각하는 쪽이 더 낫다고 생각합니다. 당신은 죽은 것 같다고 말했지만 그에 대해 생각할 때 당신은 살아 있는 사람처럼 보이는군요."

"로버트에 대해 생각하지 않았다면 저는 정말 죽었을 거예요. 그 사람 생각을 항상 한답니다. 늘 그를 보고 있고 느끼고 있어요. 그래서 이렇게 마음이 아프군요. 그래서 그 사람에 관해 이야기를 하면 이렇게 마음이 찢어질 것 같아요. 그래서 여기 오는 것이 그렇게 불안했어요. 그 사람에 관한 이야기를 해야만 한다는 것을 알고 있었거든요. 그런데 그러면서도 미칠 것처럼 그 사람의 이야기를 하고 싶었어요."

여기서, 우울이라는 전행동의 사고부분을 명백하게 볼 수 있다. 그 여자같이 생각하고 느끼고 있다면 어떻게 두뇌 화학작용이 정상적일 수 있겠는가?

"프란체스카, 우리는 혼자서 고통스러워하도록 창조되지 않았어요. 그 사람에 관해 나하고 이야기를 나누면 도움이 될 거예요."

이 말을 한 후에 그녀는 좀 더 마음을 놓은 듯이 보였다. 프란체스카는 내게 그 사람의 이야기를 하고도 안전하게 느낄 수 있고, 내가 심판하지도 않는다는 것을 발견한 것이다. 여기서 나는 상황을 좀 더 가볍게 만들도록 시도할 수도 있고 그렇게 해볼 만하다고 본다. 일이 심각해질수록 그녀를 돕기는 더 어려워지는 것이다. 좀 더 가벼운 마음이 되면 그녀는 좀 더 분명히 생각할 수 있을 것이었다. 모든 것들이 심하게 무겁게 남아 있게 되면 그녀는 자신의 비참함만 바라보게 될 것이다.

"이건 무슨 소설책에 나오는 이야기 같군요, 그렇지 않습니까? 마치 그가 당신을 개구리에서 공주로 만들어 주었는데 이제, 당신 생각에 다시 개구리가 되어야 하는 것처럼요."

"바로 그렇습니다. 나는 개구리인 게 너무 싫었어요. 하도 오래 동안 개구리로 있어서 내가 공주가 될 수 있다는 사실마저도 잊고 지냈어요. 로버트가 와서 마실 물을 좀 달라고 하더니 내게 이야기를 했지요. 그 사람이 그렇게 하자 갑자기 내가 공주가 된 거예요. 우리 집안에서는 그다지 많은 이야기가 오고 가지 않아요. 우리는 모두 개구리들이지요. 우리는 개굴개굴하고 있는 거지요. 우리 집 안에서는요. 농장 이야기, 아이들 이야기, 부모, 푸른 리본, 고등학교, 옥수수 가격, 고장난 트랙터 이야기 같은 것들뿐이지요. 하루 종일 개굴개굴 이지요. 로버트는 내게 이야기를 걸고 나를 끝없이 사랑해 주었어요. 나는 한 번도 그런 사랑을 느껴 본 적이 없었어요. 나는 그런 사랑이 있는 것도 몰랐어요. 그리고 그 사람은 생명을 지니고 있었어요. 로버트는 카메라를 지니고 여행하지요. 나는 그 사람하고 함께 다리에 갔어요. 그는 사진을 찍을 때 내 의견을 물었어요. 나는 노동하는 두 손만 갖고 있는 존재이기 보다 나은 무엇인 것이 아주 좋았어요. 그 나흘 동안 얼마나 생생하게 살아 있는 것처럼 느꼈는지 선생님에게 다 말할 수가 없어요. 그가 떠나자 그 상처가 너무도 컸어요. 얼마든지 끝없이 내가 이야기할 수는 있지만 그런들 무슨 소용이 있겠어요? 그는 가버리고 나는 죽었는걸요."

나는 그녀의 고통을 이해한다. 그렇지만 내가 그 시간 동안 고통에 대부분의 초점을 맞추고 있으면 그녀에게 도움보다 해를 끼칠 수 있다. 그리고 그녀는 이야기하고 있다. 개굴개굴한 소리내기는 창의적인 반짝거림을 보이고 있었고 이것은 언제나 좋은 징후이다. 그렇지만 나는 이 여인이 어떤 희망의 빛을 볼 수 있는 곳으로 가는 길을 알도록 해야만 한다. 내가 가르친 것을 실천해야만 한다. 고통스러운 상황 속에서도 만족할만한 선택을 할 수 있다는 것을 그녀에게 보여주어야만 한다. 자신이나 로버트가 한 일을 변화시킬 수는 없지만 그녀가 이제부터 어떻게 할 지를 선택할 수는 있다. 나는 그녀가 지금 원하는 것, 그녀가 지금 통제할 수 있는 것, 그녀만 할 수 있고 어느 누구도 뺏어 갈 수 없는 그 어떤 것들을 찾아내려고 시도해야만 한다. 이것이 갈등을 헤치고 살아가는 방법이다. 갈등에 초점을 맞추지 말라. 갈등부분이 아닌 다른 것에 초점을 맞추도록 하라. 그것이 그녀에게 시간을 벌어주고 어떤 희망도 주게 될 것이다. 이것이 갈등을 성공적으로 푸는 유일한 방법이다. 사물은 변하고, 시간이 흐르는 속에서 대부분의 갈등들이 흐려지고 잊혀지게 된다. 그러나 나는 지금 인생에는 갈등보다 더 많은 무엇인가가 있음을 그녀가 보도록 해야만 한다.

"프란체스카, 잠깐만 생각해봐요. 왜 나를 보러 오기를 선택했나요? 내가 일어난 일을 없어지게 할 수 없다는 걸 아시면서요."

긴 침묵이 흘렀다. 그런데 나는 '선택한다'는 단어를 긍정적인 감각으로 도입했다. 그녀가 전화를 마침내 건 것이 좋은 선택이었다는 것을 넌지시 알린 것이다. 이제 내가 할 일은 우리 대화를 몰고 나아가서 상담 시간 동안 무언가 좋은 일이 실제로 일어났다는 것을 그녀가 보도록 하는 것이었다. 그것이 무언지는 알 수 없지만, 우리는 계속해서 생각해 볼 것이고 그러면 무언가가 떠오를 것이었다. 아니면 그녀에게 무언가 떠오를 수도 있다.

"누군가에게 이야기해야만 했기 때문에 선생님에게 왔어요. 알고 계시지요. 선생님은 내가 이야기해야만 한다고 방금 말씀하셨지요. 매디슨 카운티에는 내가 왜 그런 일을 했는지 이해하려고 꿈이라도 꾸는 사람도 없을 거예요. 선생님은 내가 얼마나 터져버리려는 유리병 같았는지 이해하실 수 있을지 모르겠네요. 우리 집은 나흘동안 불길에 휩싸여 있었어요. 그리고 남편이 귀가하자 이 집은 다시 얼음처럼 차가워지고 말았지요. 나는 아무일 없었던 것처럼 꾸며대려고 했지만 그렇게 할 수 없었어요. 나는 무기력했어요. 남편이 뭔가 잘못된걸 알아차렸고 아이들도 그랬지요. 이렇게 지낼 수는 없어요. 나는 여기 기적을 구하려 온 건 아니에요. 행복한 결말을 요구하러 온 것도 아니구요. 지금 느낌으로는 선생님이 나를 다시 개구리로 돌아가게 해주면 고맙겠어요."

"당신이 이야기해야 한다는데는 동의하는 데요. 로버트하고 일어났던 일보다 더 많은 일들이 있을텐데요. 만약 당신이 작년에 여기에 왔다고 가정해보지요. 그랬다면 무슨 이야기를 하셨겠어요?"

"작년에 나는 여기 오지 않았지요. 개구리는 치료받으러 가지 않는답니다."

개구리는 치료자에게 가지 않는다. 좋다. 다른 생기가 일어났다. 나는 우리가 불행한 길에서 벗어나게 되었다고생각했다.

"그렇지 않아요. 많은 개구리들이 나를 보러오는데 그들을 도와 줄 수는 없어요. 나는 상담자가 개구리에게 해줄 일은 별로 없다고 생각하거든요. 그런데 지금 말씀하신 건 나를 보러 온 이유가 아직도 공주가 되고 싶은 데 있는 것 같은데요. 세상에는 공주를 위한 장소가 있지요. 비록 불행한 공주일지라도 말입니다. 그런 사람들을 여럿 도와준 적이 있지요."

"세상에 나를 위한 자리는 없어요. 세상은 로버트와 함께 떠나버렸어요. 세상은 사라져버렸어요."

"세상이 사라져버렸다구요? 그렇게 보기는 좀 어려운데요. 만약 집에 돌아가 딸아이가 차에 치어 병원에 있는데 당신을 찾고 있거나 아들애가 여자 친구가 임신했다고 해도 한숨만 내 쉰 다음에 세상은 다 사라져 버렸다고 말할 건가요? 프란체스카, 세상은 확실하고, 분명하게 여기 다 있어요. 아마 가버린 것은 당신의 결혼일지 모릅니다. 당신은 메신저의 방문을 받았습니다. 그게 메시지였나요?"

"무슨 말씀을 하시는 거예요? 남편을 떠나야만 한다고 말씀하시는 건가요?"

"결혼생활을 직시해야만 한다고 말하고 있는 겁니다. 당신은 나흘동안 로버트하고 결혼생활을 직시한 거예요. 로버트가 현관에 나타나자 마자 당신의 결혼생활을 한 눈에 보아버린 거지요. 당신은 결혼생활에 대해 이야기하려고 여기 왔고 이제 시작해보는게 좋겠는데요."

내가 결혼생활을 직시하도록 그녀를 설득할 수 있다면 우리 상담은 진전할 수 있으리라고 생각한다. 로버트에 대해서는 어떻게도 할 수 없을지 모르지만 그녀의 결혼에 대해서는 무엇인가 해 볼 수 있는 것이다. 그녀가 리처드와 결혼생활을 유지하려면 그 결혼에는 변화가 있어야만 했다. 그녀는 알고 있다. 변화는 결혼의 끝장일 필요가 없다. 이것은 그녀에게 달려 있고 그녀가 결혼생활에 문제가 있다고 남편에게 이야기한다면 그녀의 남편에게도 문제가 된다.

"아이들에게는 아버지가 필요해요."

좋다. 그녀는 남편과의 관계를 이야기하자고 하는 초대를 받아들인 것이다. 이것은 그녀가 어느 정도 통제할 수 있는 부분인 것이다. 그녀가 통제할 수 없는 부분에 관해 시간을 낭비하는 것은 합리적이지 않다. 나는 그녀를 다시 볼 수 없을 것처럼 처신했다. 시간은 귀중한 것이고 우리는 진전을 해야만 했다.

"아이들은 모두 다 어머니와 아버지가 필요하지요. 그렇지만 어머니, 아버지가 함께 사는 것이 불행하다면 아이들이 두 사람을 꼭 같이 있도록 해야만 하는 것은 아닙니다. 그것에 관해 생각해 보셨지요. 당신 마음속에 아이들과 남편의 인생을 떠나 로버트와 떠나 버린다면 좋을지도 모른다는 생각이 스쳐 지나가기도 했을 것입니다."

"그 생각을 하긴 했지만 그게 환상이라는 걸 알고 있어요. 그 사람하고 도망칠 수는 없을 거라고 말씀드렸지요. 나는 남편하고 아이들을 떠날 수 없어요. 나는 그렇게는 못해요. 말씀드렸지 않았나요."

"당신이 그렇게 할 수 있다고 말한 건 아니에요. 내가 말한 건 당신이 그쪽으로도 생각해 보았다는 점입니다. 그럴 가능성을 향해서도 한 순간 당신의 마음이 움직였지요. 그렇지만 로버트는 가버렸습니다. 당신 인생이 모든 가능성이 그 사람하고 함께 떠나버렸습니까? 6주일이 지났고 당신의 느낌이 어떤지는 자신이 알고 있지요. 그 전처럼 될 수 있다고 진정으로 믿고 계십니까?"

"그 외에 내가 무엇을 할 수 있겠어요? 무슨 이유로 떠나겠어요? 로버트가 문 앞에 나타난 건 남편의 잘못이 아니지요."

"우리 떠나야 할 이유에 대해서는 이야기하지 말고 머물러 있어야 할 이유에 대해서 이야기 해보지요. 당신이 리처드와 함께 공유하고 있는 것은 무엇입니까?"

"가족이 있지요. 나는 아이들이 있습니다."

"지금 이 상태에서 가족이 당신과 공유하는 것은 무엇입니까?"

"그리 많지 않아요. 무기력하게 죽은 여자지요."

"이런, 당신이 죽었다는 걸 잠깐 잊었군요. 나는 당신이 새로운 인생을 바라볼 생각을 하는구나 하는 희망을 가졌었군요. 프란체스카, 나는 이런 일을 하고 있어요. 사람들이 내게 와서 자신의 예전 삶이 잘 굴러가지 않는다고 말하면 나는 그 사람들이 새로운 삶을 찾을 수 있도록 도와줍니다. 예전 삶이 괜찮았다면 당신은 로버트하고 같이 자지 않았을 것입니다. 그 사람은 떠돌아다니는 호색가가 아닙니다. 그런 일이 일어난 건 당신의 삶이 괜찮지 않았다는 것을 그가 알아차릴 수 있었기 때문입니다. 당신의 얼굴에 온통 그렇게 씌어져 있었을 테니까요. 그가 문안에 들어섰을 때 그걸 안 볼 수는 없었지요. 당신이 사랑에 빠졌던 건 로버트 뿐만이 아닙니다. 거기에는 새로운 인생에 대한 아이디어가 있었지요. 로버트는 가버렸습니다. 당신은 새로운 인생의 아이디어도 포기할 준비가 되어 있습니까?"

"선생님은 잔인하시군요."

"왜 그렇게 말하는 거지요?"

"내 앞에서 새로운 인생을 거론하시니까요. 내가 지금 느끼는 건 새로운 인생을 생각하기는 고사하고 죽을 지경에 있다는 거예요. 선생님은 마치 내가 이 고통을 옥수수 껍질 벗겨내듯이 벗겨낼 수 있는 것처럼 말씀하시는군요. 나는 하루를 넘기기가 힘들어요. 저녁 반찬을 무엇을 할지도 생각해낼수가 없어요. 새로운 인생이란 내게는 마치도 달 저 편의 이야기처럼 먼 이야기예요."

여기서 우울해하기의 힘을 볼 수 있다. 이것은 아무것도 움직일 수 없게 한다. 새로운 인생에 대해 이야기했을 때 그녀가 저항하는 것이 바로 우울해하는 세 번째 이유이다.

새로운 삶을 위해서나 좀 다른 인생을 생각해 내는 것보다도 우울해하기를 계속하는 것이 훨씬 쉽다. 그녀는 남은 인생을 우울해 하면서 살 준비를 하고 있고 만약 내가 도와주지 않는다면 그렇게 할지도 모른다. 그녀가 나를 보러 온 이유 중의 하나는 상담이 그녀를 도와줄 수 없다는 것을 확인하기 위한 것이다. 그런데 내가 도울 수 있다고 이야기했고 그녀는 그것을 잔인이라고 불렀다. 이것이 바로 우울해하기가 작동하는 방법이다. 불행이 희망을 파괴하는 것이다. 하지만 그녀가 남은 인생을 우울해하며 살기를 선택하려는 것을 내가 알았을 때 아무 말 없이 가만히 있는 것이야말로 더 잔인한 일일 것이다. 나는 무엇인가 할 수 있다면 하려고 한다. 나를 잔인하다고 말함으로써 내게 겁을 먹게 하려고 했지만 나는 그렇게 쉽게 겁을 먹는 사람이 아니다. 그녀는 내가 얼마나 끈질긴 사람인지를 알게 되었고 나는 그녀가 그것을 고마워하리라고 생각한다.

"당신이 정말 죽었다면 하루를 살아내야 할 필요가 없습니다. 죽음은 아무 것도 하지 않아도 좋은 완벽한 변명이 되지요. 로버트가 당신을 삶 속으로 다시 데려왔습니다. 만일 그가 여기 있다면 당신에게 말할 것입니다. '나는 갔지만, 프란체스카, 당신은 생생하게 살아있어줘'라구요. 그가 그렇게 말하리라는걸 나는 알고 있습니다."

"그렇지만 무슨 일이 일어났는지 보세요. 나를 바라보세요. 아침에 거울을 보면 내 죽은 얼굴이 보여요. 이게 며칠간 생생하게 살았던 일의 결과라면 더 이상 그런 걸 원하지는 않아요. 선생님이 무엇을 의도하시는지 알아요. 나쁘지 않지요. 다른 기회를 잡아 보는 거요. 달리 무슨 말을 하시겠어요? 선생님을 탓하는 건 아니에요. 뭔가 말을 해야만 할 테니까요. 선생님은 새 삶을 제안하지만 내게는 그저 말장난일 뿐이에요. 계속해서 그게 무슨 의미인지를 말씀해보세요. 새 삶이라는 게 내게 어떤 것인지를요."

나는 그녀가 진정한 질문을 하는 시점까지 이끌어왔다. 그녀는 자신이 선택한 우울하기에 의심을 품기 시작한 것이다. 그녀는 뭔가 구체적인 것, 무언가 매달릴 것을 찾고 있는 것이다. 그녀는 내 도움을 청하고 있다. 그건 말뿐이었을까? 아니면 무언가 제안할 만한 것이 있을까? 그리고 그녀는 무엇인가 제안해주기를 바라고 있다. 그녀는 흥미가 생겼고 이제 전보다 훨씬 덜 우울한 것이다.

"좋아요. 말해보지요. 새로운 삶이란 당신이 통제할 수 있는 부분이 좀 생기는 삶이지요. 당신에게는 그것이 새로운 삶이 될 수 있을 겁니다. 당신이 리처드하고 결혼해서 이태리에서 이곳으로 왔을 때 당신은 삶에서 누려왔던 작은 통제를 포기했던 것입니다. 남편은 자신의 삶을 통제해왔구요. 그의 관점에서 보자면 그가 한 일은 모두 옳은 일들이었습니다. 그런데 그 일들이 당신에게도 옳은 일이었습니까? 그는 그저 그가 원하는 것을 당신도 원한다고 믿어 왔고, 이것은 정말 그의 잘못은 아닙니다. 당신이 그에게 무언가 다르게 말해 본 일이 있습니까? 당신은 로버트와 같은 실수를 저지른 것입니다. 그가 여기 왔고, 당신을 사랑했고 당신은 그를 사랑했습니다. 그리고 그는 떠났습니다. 누구도 당신이 그 사람을 사랑했던 것처럼 다른 사람을 사랑하지는 않았을 것입니다. 그렇지만 그는 통제력이 있었습니다. 당신들이 사랑을 나누는 순간 당신은 그에게 당신의 마음을 주었고, 그는 그것을 받아 가지고 떠나 버렸죠. 그후에 그가 이렇게 말 한적이 한 번이라도 있습니까? '이런, 프란체스카, 당신은 정말 나를 사랑하는구려. 무얼 원하는지 내게 말해줘요. 당신이 원하는 것을 줄 수 있을지는 모르지만 말해줘요. 그러면 내가 무엇인가 할 수 있을 것이 있으면 해주고 싶어요.'"

"아무도 내가 무엇을 원하느냐고 물은 적이 없어요. 누구도요. 세상에, 왜 이런 이야기를 내게 하시는 거지요? 끔찍하게 느껴지네요. 어떻게 제게 이러실 수가 있으세요. 어떻게?"

그녀는 다시 울음을 터뜨렸다. 전보다 더 격심하게 울었다. 나는 아무 말도 하지 않았다. 그렇지만 그녀가 울음을 그치기만 하면 무어라고 할 지 준비를 하고 있었다. 한 5분 정도 지난 후에 그녀는 울음이 잦아지더니 멈추었다.

"이제 뜻이 통했군요. 당신은 해 볼 수 있는 것을 간절히 찾고 있는 거예요. 당신은 리처드나 로버트에 대해 아무 것도 할 수가 없어요. 그들이 했던 일이나 당신이 그들에게 했던 일에 대해서요. 그렇지만 지금 당장 당신이 자신의 삶을 위해 무엇인가 할 수 있습니다."

"내가 무얼 할 수 있겠어요? 무슨 뜻이세요? 이해할 수가 없어요."

"여기 나를 만나러 오는 것과 같은 거지요. 당신이 해낸 거예요 누구에게도 묻지 않구요, 누군가에게 의존하지도 않았습니다. 당신은 누군가에게 상처를 입힌 것도 아니구요. 우리가 여기서 이야기 한 것 때문에 이 세상의 누구도 해를 입은 사람이 없구요. 이건 전부 당신의 것이지요."

"그렇지만 내가 이혼을 결심한다고 하면 어떻게 되는 거지요? 남편이 상처받지 않겠어요?"

이제 우리는 아슬아슬한 시점에 놓여 있다. 바로 지금 수백만의 남자와 여자가 이 생각을 하고 있다- 만약 내가 떠나면 남편이나 혹은 아내가 상처받지 않을까? 물론 프란체스카의 남편은 상처받을 것이다. 그렇지만 여기에 꼭 대답되어야만 하는 다른 질문이 있다. 프란체스카는 자신이 어떻게 느끼고 이 상황에서 무엇을 할 것인가에 대해서도 자기자신에게 또한 책임이 있는 것이 아닌가? 남편은 전적으로 옳고, 프란체스카는 전적으로 나쁜 것일까. 대답은 두 사람 다 전적으로 옳은 것도 전적으로 나쁜 것도 아니라는 것이다. 이 대답은 우리 인간이 완전한 종으로 진화할 수 있을 때까지 언제나 나오게 되는 대답일 것이다. 프란체스카의 문제는 그녀가 남편을 상처 주게 될까봐 혹은 남편이 그녀를 해치게 될까봐 하는데 있는 것이 아니다. 이 질문의 대답은, 만약에 꼭 대답이 필요하다면, 프란체스카가 지금 할 수 있는 일은 자신에게 도움이 되고 결혼에도 도움이 될 여지가 있는 것을 찾고 있는 것이다. 그녀는 남기를 선택했다. 떠나기에는 너무 충실했던 것이다. 그렇지만 그 충절이 그녀가 예전에 살았던 삶, 그래서 로버트를 받아들이게 한 그런 삶을 싫어도 받아들인다는 것을 의미하는가? 그녀는 로버트와 사랑에 빠졌을 때 자신의 인생을 변화시켰다. 이제, 그녀가 선택한다면, 리처드와 어떻게 더 나은 인생을 꾸려나갈 수 있을까 하는 것이다. 인생은 이제 전과 똑 같을 수는 없는 것이다. 그리고 남편과 더 나은 인생을 꾸려나갈 수 있으려면, 남편으로부터 도움을 얻어내야만 한다. 그렇게 되면 그녀를 위해서 나은 인생이 될 뿐만 아니라, 결혼 자체도 더 나아지고 남편의 인생을 향상시키는데 도움이 될 것이다. 이것이 내가 이 상담을 이끌어 가려고 원하는 방향이고, 결혼상담은 이런 방향을 택해야만 한다고 나는 믿는다. 나는 성공하지 못할지도 모르지만 좋은 상담을 거치지 못하면 그녀는 혼자서 우울해하기 이상으로는 절대로 진전하지 못할 것이다.

"우리는 지금 누군가에게 상처를 줄 일에 관해 이야기하고 있는 것은 아닙니다. 우리는 당신이 어떻게 해야 자신을 도울 수 있는지 알아보려고 시도하고 있습니다. 당신이 그렇게 할 수 있으면 남편도 또한 도울 수 있겠지요."

"나 자신을 돕는다는 건 무슨 이야기지요? 선생님은 농장을 떠나는 걸 말씀하고 계세요? 나는 농장에 많은 정성을 쏟아 붓고 있어요. 내가 그이를 위해 해준 모든 것들을 다 잃게 될 거예요. 남편은 황폐해지게 될 거예요."

"남편은 당신으로부터 얻던 것을 잃게 될 것입니다. 그는 당신이 이십 년이 넘게 그를 위해 해주었던 일들을 잃게 되겠지요. 그리고 당신이 옳아요. 남편은 몹시 상심하겠지요. 그렇지만 나는 일에 대해 이야기하고 있는 것이 아닙니다. 당신이 만약 지금처럼 계속 비참해 있어서 아무 말도 안하고 있다면 당신에게나 남편에게나 공정한 일이 아닙니다. 그에게 사실을 말하세요. 당신이 불행하다고 말하세요. 그하고 지내는 게 불행하다고는 하지 말구요. 그건 잔인한 일입니다. 농장에서 살아가는 삶이 불행하다고 말하세요. 남편에게 그렇게 말할 수 있겠습니까?"

"그이는 이해하지 못할 거예요. 그이는 말 할거예요. '무슨 소리를 하고 있는 거야? 전에는 불평한 적이 한 번도 없었잖아? 무슨 소린지 모르겠네' 할거예요"

"그러니까 말하세요. 남편이 여기 없으니까 나한테 말하세요. 농장에서의 당신 삶에 관해 남편에게 무엇이라고 말하겠습니까? 여긴 안전해요. 말하고 싶은 무엇이든지 말해보세요."

"나는 고독을 견디기 어렵고, 지루함과, 매일매일 똑같은 일을 하는 것을 견딜 수 없다고 말하고 싶어요. 끊임없이 기후, 해충, 제방뚝에 관해 걱정해야 하는 걸 참을 수가 없구요. 나는 농사짓지 않고 농장 일에 관심이 없는 사람들과도 이야기하고 싶어요. 나는 부드러운 손을 다시 갖고 싶구요, 가끔 예쁜 옷도 입구 싶어요. 내가 쓰는 빌어먹을 잔돈푼까지 다 헤아려야 하는 게 싫구요. 이 분홍 드레스를 보세요. 나는 로버트를 위해 이것을 샀지만 나를 위해서도 산 거지요."

프란체스카는 의자를 앞으로 내어 앉으면서 나를 쳐다보았다. 그녀는 이제 균형을 찾았고 이곳에 걸어 들어올 때와는 사뭇 달라졌다. 그녀는 막 새 삶을 묘사한 것이다. 나는 그녀가 작은 활동을 생각해봄으로서 로버트 생각에서 떠날 수 있는 어떤 것을 생각해 볼 수 있도록 무언가 말해야 한다.

"이태리로 돌아가고 싶으세요?"

그녀는 이태리에 친척들이 있을 것이다. 그들 중의 몇 몇과는 아직도 연락이 있을 것이다. 당신이 누군가가 필요할 때, 당신이 안식을 필요로 할 때 쓰라고 가족은 존재하는 것이다. 이 질문은 그녀에게 상처를 줄 수 없었고 실제로 상처를 주지 않았다. 이 질문은 그녀에게 일격을 가했지만 그녀는 그 질문을 좋아했다. 그녀는 한참 가만히 있었다. 그녀는 생각하고 있었다. 그렇지만 이것은 좋은 생각이었다. 이것은 로버트로부터 멀어지는 생각이었다.

"거기 관해서는 더 이상 생각하지 않았어요. 몇 번 그 이야기를 꺼냈지만 남편은 언제나 비용을 감당할 수 없다고 말했지요. 농장은 무엇이든지 다 먹어치우는 것 같았어요. 나는 더 이상 간청하지 않았지요."

"그렇지만 이태리에 가보는 것, 아이들을 데리고 방문하는 것을 생각하는 걸 멈춘 것은 아니지요."

나는 이제 새로운 국면이 전개되는 것을 볼 수 있다. 나는 이것을 따라가 농장으로부터 벗어나는 방법으로 삼을 수도 있으리라 싶어 이 국면을 따라가기로 한다. 우리는 둘 다 그녀가 농장에서 벗어나야 한다는 것을 알고 있다.

"남편은 아직도 우리가 그 비용을 감당할 수 없다고 할 거예요."

"당신이 비용의 반을 대고 아이들도 그렇게 할 수 있다고 말해보세요. 아이들 둘 다 자랐고 힘도 있거든요."

"그렇지만 내가 어떻게 돈을 벌어요?"

"나도 모르지요. 직업을 구하세요. 디모인에는 일자리들이 많이 있지요. 그리고 여기서 멀지도 않습니다. 차 타고 다니는 게 즐거울 수도 있구요. 취업 알선기관에 가서 당신이 힘든 일을 많이 해왔다고 이야기하세요. 당신은 즉시 일자리를 구할 수 있을 거예요. 판매도 좋구요. 그렇지만 당신이 사람들을 만나고 좋은 옷을 입는 직업을요. 여기 왔다가는 길에 오늘 나가서 둘러보세요. 그리고 한군데 그치지 말구요. 제공된 직업이 마음에 들지 않으면 다른 일자리를 알아보세요. 원하지 않는 일자리에 정착하지 마십시오. 당신이 다음 주에 나를 보러 오셨으면 하는데요. 오시겠어요?"

"올께요. 여기에 관해 생각해보고 싶어요. 기분이 좀 낫군요."

"다음 주 같은 시간이 나한테는 좋은데요. 이번 주에 전화 한번 걸어서 어떻게 되어 가고 있는지 이야기해주세요. 좀 늦은 오후에 전화해주세요. 그 때는 대체로 내가 전화를 받거든요. 당신이 내게 말할 수 없다는 생각은 하지도 마세요. 나를 좀 귀찮게 굴어봐요. 당신은 실습이 필요합니다. 너무 전화를 많이 하지는 않으실 거구요. 그 점은 내가 염려하지 않고 있어요."

나는 그 여자의 갈등을 자신이 통제할 수 있는 영역 안에서 전환하도록 다루었다. 나가서 새 인생을 시작하는 것이다. 만약 그녀가 농장에 머물러서 일을 좀 하게 된다 하더라도 자신의 인생의 큰 부분에 통제력을 갖고 있다고 느끼게 될 것이었다. 일단 그녀가 들고 온 갈등으로부터 독립된 인생에 정착하게 되면 그녀는 이 경험을 전체적으로 볼 수 있게 되어 눈물 없이 이야기할 수 있게 될 것이었다. 내 마음속에 들어왔지만 그녀가 준비되지 않은 것 같아 내가 말하지 않았던 것은 그녀가 여행사와 연결되어 이태리로 가는 관광단을 인솔할 수도 있다는 것이다. 농부들은 겨울에 여행을 많이 하기 때문에 이런 상황이라면 그들하고 함께 지내는 것도 좋아할 수 있을 것이다. 인솔자가 되면 그녀가 통제할 수 있게 되는 것이다. 그녀가 이태리를 방문하고 그것을 좋아한다면 이 이야기를 할 수도 있을 것이다. 나는 적당한 한도내에서 내담자들에게 어떤 일들을 제안한다. 그리고 그것에 대해 아무 불안도 느끼고 있지 않다. 내담자들은 내 제안을 받아들이거나 거절하거나 언제나 자유롭다.

프란체스카와의 상담 상황을 살펴보자. 첫째, 나는 엄격하게 현존하는 문제에만 머물러 있었다. 나는 그녀를 남편과의 불행한 생활로 되돌아가게 하거나 잃어버린 로버트와의 환상적인 삶으로 되돌아가게 하거나 하지 않았다. 그녀의 유년시절로 돌아간다는 것은 아무 의미가 없다. 왜냐하면 그녀는 이태리를 떠났고 그녀가 부모와의 관계로부터도 떠났기 때문이다. 그렇지만 지금 그들을 필요로 할 때 그녀의 가족들을 만나는 것은 의미가 있다. 내 상담기법은 항상 현재를 중심으로일하는 것이다. 무엇인가 현재의 문제와 관련된 희망이 발견되지 않을까 하여 과거를 재방문 하는 것은 아무 도움도 되지 않는다고 나는 믿는다. 나는 과거의 비참함으로부터 무엇인가를 얻을 수 있다는 전통적인 정신의학적 사고에 동의하지 않는다. 과거에 초점을 맞추는 것은 비참함을 다시 방문하는 것이다. 비참함을 통과하는 여행은 대부분의 사람들에게 한 번으로 족한 것이다. 과거에 머물러 있으면 있을수록 항상 문제가 되는 현재의 불행한 인간관계에 직면하기를 점점 더 피하게 되는 것이다. 그렇지만 내가 과거로 되돌아 갈 때는 그녀가 삶에서 효율적인 통제를 하고 있었던 때로 돌아갔다. 과거의 비참함보다는 성공으로부터 더 배울 것이 있다.

둘째, 리처드 이야기는 할 만한 가치가 있었다. 그는 아직 현존하고 있다. 로버트에 관해서는 이야기할 가치가 별로 없다. 그는 가버린 것이다. 그가 다시 표면으로 떠오르거나 그녀가 그를 뒤따르기로 결심했다면, 그에 관해 이야기할만한 가치가 있는 것이다. 그녀의 인생이나 그녀가 하려고 하는 일에 관여되어 있지 않은 사람들에 관해 말하는 것은 의미가 없다. 남편이 오랫동안 해오던 식과 달라질 수 도 있다는 생각이 그녀의 마음속에 들어오지 않기 때문에 그녀가 달라질 수 있는 방법들에 관해 그녀와 이야기했다. 리처드는 그녀가 무기력해지는 선택을 한 것을 물론 알아챘을 것이고 그것에 관해 관심이 생겼거나 적어도 궁금해하고 있을 것이었다.

그녀가 의논한대로 자신이 '성스런' 농장에 쳐 박혀 있는 것에 싫증이 났다는 이야기를 하면 그의 주의를 끌 수 있을 것이다. 만일 그녀가 더 행복해 보인다면 더 주의를 끌 수 있을 것이다. 나는 리처드가 어떻게 나올지 예견할 수 없지만 그가 지지하는 태도로 나온다면 그와 함께 일을 풀어나갈 수 있게 될 것이다. 특히 그녀가 농장에서 벗어난 삶을 가질 수 있게 된다면 더욱 그렇다. 늙은 개도 새로운 재주를 배울 수 있지만 누군가가 그에게 그것을 가르쳐야만 한다. 그리고 만약 그녀가 행복해진다면 슬퍼하는 쪽보다 훨씬 더 좋은 입장에서 그를 도울 수 있게 되는 것이다. 나는 이혼을 성급히 종용하지는 않았지만, 그녀가 새로운 인생을 시작하는데는 내가 서두르고 있다는 것을 당신들은 알 수 있을 것이다.

다음 상담에서 그녀는 자신이 교사였으며 가르치는 일로 되돌아가야만 하는지 말했다. 우리는 그 문제와 왜 그녀가 그만 두었었는지에 관해 이야기했다. 가르치는 것을 논의하는데 문제가 된 것은 교사 일이 그녀가 별로 좋아하지 않았던 과거의 일부분이라는데 있었다.

우리는 그녀가 대학 교육을 받았고 학교에서 좋은 추천을 받을 수 있기 때문에 좋은 직업을 쉽사리 얻을 수 있으리라고 결론지었다. 원한다면 그녀는 언제라도 교직으로 되돌아 갈 수 있다는 것을 확신했다.

로버트를 만나기 이전에도 그녀는 리처드와 사는 삶을 수용하도록 자신에게 강요하면서 고통스러워하고 있었다. 그녀는 이 일을 우울해하지 않고는 할 수가 없었다. 나는 어떤 경우에도, 내담자의 인생에 리처드 같은 사람이 있을 경우, 내담자가 스스로 바뀌지 않는다면 상대방이 바뀌리라는 이야기를 함축하거나 약속하지 않는다. 나는 첫 번째 만남에서 우리가 바꿀 수 있는 사람은 자신뿐이라는 것을 확고히 하려고 노력했다. 그리고 사람들은 바뀔 수 있는 것이다. 상담실을 스스로 찾아 올 수 있는 사람들은 능력이 있는 사람들이다. 그들은 행복을 찾고있지 단순한 즐거움만 추구하고 있는 것은 아니다. 이들이 자기들이 살아온 것보다 무언가 더 많은 일을 해 낼 수 있는 것처럼 대해주는 것은 상담자의 몫이다.

상담하러 오는 사람들은 자신들이 절망적이라고 믿고 있고 상담자의 역할은 이 믿음을 영속시켜 주는 것이 아니다. 그들의 고통과 비참함은 자신의 절망과 대처하면서 다른 사람들에게 자신이 얼마나 안 좋은 상태인지를 알리기 위해 그들이 배워 온 방법들이다. 상담자들을 포함한 누구도 내담자가 고통스럽기로 한 선택을 가지고 통제하도록 허용해서는 안된다. 이것은 우리 상식으로 믿기는 어려운 일이지만 불행은 그들의 선택이다. 우리가 해야 하는 일은 그들에게 보다 나은 선택을 가르치는 것이다. 프란체스카가 상담실을 나설 때는 집에 그저 앉아서 우울해 하는 것보다는 훨씬 더 나은 선택들을 생각하고 떠났을 것이다. 그녀의 모든 힘은 우울해 하기에 집중적으로 투입되어 있었던 것이다. 그녀에게는 약물이 필요 없다. 그녀가 정신질환자이고 상담자에게 의존하라고 가르쳐서는 절대로 안된다. 그녀는 스스로를 돕기 위해 무엇을 해야할지 배우고 그것을 시작하면 된다. 다음 6달 동안 계속된 10번 정도의 만남을 통해 그녀는 자신의 길을 잘 찾아가게 배워야만 한다. 우리는 얼마나 자주 그녀가 와야하는지 결정하고 직장에서 일어나는 일들이나 그녀가 만나는 남자들 때문에 생기는 문제들을 다루기에 적절한 만큼 만남 사이의 시간을 안배해야 할 것이다.

몇 번 더 만난 후에 나는 그녀에게 선택이론을 가르치려고 한다. 아무도 그녀를 불행하게 만들 수 없다는 것, 그녀 자신만 그렇게 만들 수 있다는 것을 말하려고 한다. 만약 그녀가 변하면 이번에는 리처드가 그녀를 다시 농장에 묶어두기 위해 우울하기를 시작할 수 있다. 그렇게 된다면 그녀가 상담기간 중에 배운 선택이론을 그에게 가르쳐 줄 수 있는 것이다. 남편을 잘 대할 수는 있지만 그녀가 그나 다른 누구의 불행에도 책임이 있는 것은 아니라는 것을 말할 수 있다. 그녀는 그에게 나를 만나러 가라고 청할 수 도 있고 함께 나를 보러 올 수도 있다. 선택이론이 그에게 괜찮게 들릴 수 있는 여지는 많이 있고 그렇게 되면 두 사람 다 그 것을 활용할 수 있게 될 것이다.

상담하러 오는 모든 사람들이 적어도 한 가지 이상의 불만족스러운 인간관계를 가지고 있기 때문에 상담자들이 모든 내담자들과 좋은 관계를 맺는 것은 필수적인 것이다. 내담자들에게 상담자가 배려하고 있음을 알리고 내담자가 자발적으로 말하려고 하면 들어주고 진행되는 모든 일에 관해 생각하게 되면 상담자는 내담자들을 도울 수 있게 된다. 그들이 올 때는 모두 고독하고 친구를 필요로 했기에 곧 상담자들과 동행자가 된다. 상담이 진행되면 상담자는 내가 프란체스카를 가르쳤던 것처럼 그들이 자신의 인생에 책임이 있으며 다른 사람들이 바뀔지도 모르지만 그것을 언제나 기대해서는 안 된다고 가르친다.

내담자들에게실재하는 세상에서 어떤 사람들은 다른 사람들보다 좋은 관계를 유지하기 위해 더 애써야만 하며 인생이란 공평한 것이 아니라고 가르치는 일도 아주 중요한 일이다.

상담이 성공하면 기존의 관계를 향상시키거나 새로운 관계를 맺기 위해 노력하게 될 것이다. 행복해지려면, 우리 모두 다 몇 사람과 좋고 친밀한 관계를 유지하고 있어야만 한다. 우리 유전자가 일생동안 그렇게 하도록 요구하고 있다.

제7장

창의성
(Creativity)

　나는 흰 우주복을 입고 헬멧을 쓰고 곧 진수되려는 우주선을 타고 우주로 날아갈 준비가 되어 있었다. 그런데 나는 씬씨내티에 있었고 몇 시간 후 우주선이 발사될 데이톤 라이트 패터슨(Wright Patterson)공군 기지에 가야만 했다. 나는 그 우주선이 데이튼에서 쏘아 올려지는 것을 전혀 이상하게 생각하지 않았지만 나사(NASA)본부가 씬씨내티에서 데이톤으로 가는 내 교통편을 마련해 주지 않은 것은 이상하다고 생각했다. 어쨌든 나사본부는 데이톤에 가려면 대중교통수단을 이용하는 것이 제일 좋다고 알려주어서 시내 버스를 탔다. 사람들은 우주복을 입은 나를 응시했지만 아무런 언급도 하지 않았다. 나는 버스를 계속 바꿔 탔는데 데이톤에 가는 사람은 아무도 없는 것 같았다. 나는 점점 더 미칠 것 같이 되어서 이제 우주선을 놓치고 마는구나 하고 생각했다. 사람들에게 끊임없이 도움을 청했지만 그들은 어깨를 으쓱할 뿐 내 문제에 손톱만큼의 관심도 보이지 않았다.
　그것은 꿈이었다. 씬씨내티에 살고 있던 몇 년전 그런 꿈을 꾸었다. 그 꿈은 너무도 생생하고 끔찍해서 결코 잊을 수가 없었다. 우리들은 모두 다 꿈을 꾼다. 많은 사람들이 무언가 하려고 절망적으로 애를 쓰는데 결코 제대로 되지 않는 내용의 꿈을 꾼다. 꿈이 진행되는 동안은 그 일이 전혀 현실성이 없는데도 불구하고 아주 사실처럼 생생한 것이다. 다른 모든 행동과 마찬가지로 꿈도 전행동이다. 이들은 꿈꾸기라고 불러야 한다. 꿈은 머리 속에서만 일어나기 때문에 전행동의 생각 부분인 것이다. 꿈속에서 대체로 행동하고 있었지만 데이톤에 가려고 생각하고 있었으며 좌절의 고통을 느끼고 있었다. 신체반응은 물론 정상이었다.

내가 이 꿈을 언급하는 이유는 내 인생에 있어서 중요한 꿈이라서가 아니라 우리 모두가 얼마나 창의적인가에 대한 생생한 예를 보여주기 때문이다. 꿈에는 경계선이 없다. 논리도 거의 없고 현실이라고 부르기에 필요한 근거도 없다. 문자 그대로 무슨 일이든지 일어날 수 있는데 꿈을 꾸고 있는 동안은 이 모든 것들이 다 이치에 맞는 것이다. 그 꿈속에서 나는 시간 내에 데이톤에 도착하기만 하면 우주로 날아가리라는 것에 대해 추호도 의심하지 않았다. 꿈은 우리들이 자고 있는 동안 최대치의 휴식을 얻도록 돕는 것이라고 연구자들은 믿고 있다. 그러나 꿈이 나타내는 것은 타고난 창의성이며 그에 대한 모든 것을 이 장에서 다루려 한다.

창의성이 없는 삶은 거의 살 가치가 없다. 그러나 우리가 정신병을 치료하기 위해 종종 행하듯이 창의성을 말살하는 약물을 먹거나 파킨슨씨 병에 걸려서 창의력 있게 움직일 능력을 잃게 되지 않는 한 창의성을 잃어버리는 일은 결코 일어날 수가 없다. 우리 두뇌는 모든 전행동에 창의성을 부여하는 창의 체계를 지니고 있기 때문이다. 이 체계는 잠잘 때 꿈속에서도 작동을 하겠지만 우리들이 깨어 있을 때는 더 말할 수 없이 더 중요하다. 이것은 전행동 중에서 하나 또는 그 이상의 요인에 창의성을 더해 주기 때문이다.

운동선수, 무용수, 외과의사 등 극히 미세한 신경근육을 움직이는 사람들의 활동이 비교될 수 없도록 창조적인 것을 우리는 명백히 알 수 있다. 마이클 조던은 이제까지 생존했던 운동선수 중에 가장 창의적인 선수라고 볼 수 있다. 위대한 작가, 미술가, 음악가, 과학자들을 우리들과 다르게 만드는 것은 그들의 창의적인 생각이다. 아인슈타인, 셰익스피어, 모차르트, 그리고 반 고흐 같은 사람들의 예는 이 책 한 권을 다 채우고도 모자랄 것이다. 관객들을 매혹시키도록 창조하고 표현해 내는 느낌은 위대한 연기자들의 능력이다. 또한 새롭고 창의적인 신체반응으로 죽음의 선고를 받은 사람이 의학이 설명해 낼 수 없는 방법으로 회복되는 방법을 찾아낸 사례도있다.

이것들이 창의체계가 작용하는 현상의 예이다. 이 장에서 나는 창의체계가 고통스럽고 자기 파괴적인 전행동을 창조해 사용하는 경우 큰 해독을 끼치는 원인이 될 수도 있다는 것을 설명하려고 한다. 이 파괴적인 창의력은 좋은 관계를 원하는데 그 관계를 얻을 수 없을 때에 가장 자주 나타난다.

예를 들어, 우리가 외로울 때는 프란체스카가 로버트가 떠난 후 그랬던 것처럼 상처를 아물게 할 수 있는 아무런 효율적인 방법도 없는 것이다. 그렇지만 효율적인 행동을 할 수 없기 때문에 아무 것도 하지 않고 있다는 의미는 아니다. 이것이야말로 우리들의 창의체계가 전개되는 상황인 것이다. 이 체계는 절대로 문을 닫거나 포기하지 않는다. 이것은 고독이나 원하는 것에 대처하는 우리를 돕기 위해 이미 하고 있는 행동에 창의성을 포함시키던가 아니면 주어진 상황을 위해 보다 더 효율적인 완전히 새로운 행동을 창안해 내는 것이다.

많은 경우, 이 체계는 새로운 활동과 생각을 제공해 주는데 이것이 상황을 더 나쁘게 만들 수 있다고 믿으면 우리가 거절할 수도 있다. 이 체계가 제공하는 것을 거절하기는 어려운 일이고 흔히 우리는 자신을 돕기 위해 상담을 청하기도 한다. 그러나 우리들 대부분은 활동과 생각에 대해 충분히 자발적인 통제력을 지니고 있다. 특히 우리가 이것이 선택이라는 것을 믿을 수 있다면 더욱 그렇다. 여기서 언급하는 것은 폭력이나 자살 같은 매우 새로운 생각을 제안 받을 때를 말하는 것이다. 또한 우리가 정신증적이거나 미친 생각이라고 하는 정신분열증이나 양극성장애라고 부르는 것을 해보도록 제안 받을 때를 말하는 것이다. 아니면 우리가 외로울 때 자주 그렇게 하듯 강박적이고 충동적으로 되는 것을 말한다. 그리고 우리는 외상후스트레스장애(Post traumatic stress disorder)에서 처럼 큰 상처를 받을 상황에 노출될 때 이것을 고통스럽지만 창의력 있게 다루는 것이다. 하지만 거의 모든 경우에 우리의 친분 관계를 향상시킴으로써 진행동중 그런 생각과 활동을 거절할 수 있게 된다. 많은 사람들이 그렇게 한다. 이 장의 뒷부분에서 여기 관해 더 자세히 논의하려고 한다.

고독하거나 좌절을 느낄 때 창의체계는 새로운 느낌을 제공한다. 우울하기가 가장 흔하지만 불안해하기, 머리 아프기, 허리 아프기, 그리고 또 다른 고통스러운 느낌들이 있다. 느끼는 것에 관해 직접적인 통제를 할 수 없기 때문에 그 느낌을 거절할 수는 없다. 그러나 상담이나 다른 방법을 통해서 기존의 관계를 향상시키거나 아니면 더 만족스러운 새로운 관계를 찾아내려고 애쓴다. 이것이 4장에서 나왔던 내담자가 할 수 있었던 일이고 프란체스카가 6장에서 생각하기 시작했던 것이다.

한편 창의체계가 우리에게 새롭고, 파괴적인 신체반응을 제공할 때 우리는 그 제안을 물리칠 수가 없다. 그러나 따뜻한 관계를 향상시키는 것이 이 파괴적인 과정을 느려지게 하거나 멈추게 할 수 있다는 것을 모르는 한 우리들은 아주 크나큰 해독으로 고통스러워하게 된다. 가장 흔한 파괴적인 신체반응의 예는 류마티스성 관절염 같은 자체면역병이다. 이 과정이 매우 파괴적이고 수수께끼 같지만 나는 그래도 도움이 되는 선택을 할 수 있다고 믿고 있다. 이 과정을 설명하기 위해서 심인성 질환의 일반적 방향을 다루어 보겠다.

심인성 질환: 창의성의 어두운 측면
(Psychosomatic Disease: The Darker Side of Creativity)

이런 질환들이 언제 발생할지, 삶이 통제에서 얼마나 벗어나면 이런 질환이 발생하는지 예견할 길은 없다. 일례로 우리는 발병한 다음에야 류마티스성 관절염을 앓고 있는 것을 알게 된다. 그러나 내가 설명한 바가 정확하다면 창의성이 해로운 영향을 끼치는 첫 번째 징후가 나타날 때 혼자서나 상담자와 더불어 무언가 도움되는 일을 할 수 있을 것이다. 내가 제안하는 일이 해를 끼칠 경우란 전혀 없다는 점을 강조하고 싶다. 그리고 이 질병에 걸린 사람은 의학적 치료를 수용하고 의사의 충고를 따를 것을 권한다.

대부분의 의사들은 성인 류마티스성 관절염은 희생자의 면역 체계가 자신의 관절을 이물질이라도 되는 것처럼 공격함에 따라 발생한다고 믿는다. 다시 말해 자신의 창의체계가 해독이라고 인식하는 것으로부터 사람들을 구하기 위한 시도를 하는 것이다. 이 잘못된 창의성을 멈출 방법을 알아낸다면 이 병이나 자체면역질환이라고 부르는 다른 무서운 질병 때문에 고통받는 수백만의 사람들이 도움을 받을 수 있을 것이다. 이 공격이 아주 초기에 발견된다면 치료될 수도 있을 것이다.

노만 커즌스(Norman Cousins)[4]은 이런 공격을 중지시키는 데 성공한 사람이다. 그가 '질병의 실체(Anatomy of an Illness)'라는 책에서 자세히 묘사하고 있듯이 고통을 느끼고 허리가 뻣뻣해지기 시작하자 그는 급성 관절경직 척추염이거나 류마티스성 척추관절염이라는 진단을 받았다. 의사는 이 병이 진전되면 만곡이 되고 척추의 심한 통증 때문에 심한 장애를 겪게 될 것이라

---

4) Norman Cousins, An Anatomy of an Illness as Perceived by the Patient: Reflections on Healing and Regeneration(New York: W.W. Norton, 1979)

고 말했다. 이 질환은 많은 경우에서와 마찬가지로 고통과 염증은 점차적으로 멈추겠지만, 몸의 기형화는 영구적이 된다는 것이다.

의사는 그에게 의학적으로 할 수 있는 일은 더 이상 아무것도 없으며 이 질환의 중증인 시기에도 병원에 있을만한 뚜렷한 이유는 없다고 말했다. 그래서 그는 병원을 떠나 완전한 치유가 이루어지는 상태로 인도하게 될 자기만의 방식을 선택했다. 그가 했던 일은 면역체계에 직접적으로 관계가 있는 것은 아니지만 자기 삶을 위해 더 효율적인 통제를 취하는 것과 관계가 있었다.

병에 걸렸던 상황에 관해 커즌스는 그의 생활 중에 일어나는 중요한 사건에 대해 통제력을 잃고 있었다고 설명했다. 커즌스는 중요한 인물이었고 사람들은 그의 말을 경청하고 감사해하고는 했다. 그런데 세계를 구하려는 계획을 펴나가는데 필요한 외국 전문가들이 그를 무시했다. 그의 좋은세계 안에 있는 유명하고 권력을 가진 자신의 그림이 크게 흔들리는 좌절을 겪고, 그의 인생은 급속히 효율적인 통제를 잃게 되었다. 우리가 좌절할 때 늘 그런 것처럼 그의 창의적 체계가 관여된 것이다. 이 관여는 그의 전행동 중에서 생각하기와 활동하기 요인은 아니었지만 어쨌든 우리들의 신체반응의 중요 부분인 면역체계와 관련이 있었다. 면역체계는 그의 척추를 이물질이라도 되는 것처럼 공격하고 파괴시켰던 것이다.

신체반응에서 일어난 일에 대해 설명해 보자면 나는 면역체계가 박테리아나 바이러스, 독물 같은 외부의 침략자들로부터 몸을 보호하는 것을 근본 목적으로 하고 있다고 본다. 이 면역체계가 상심을 잘못 판독하여 그가 박테리아나 바이러스에 의해 침략 받고 있다고 결론을 내렸다는 것이다. 박테리아나 바이러스의 침범에 의해서 병이 났을 때는 우리가 공격받고 있다고 생각하는 것이 정확하다. 나는 종종 사람들이 이렇게 말하는 것을 듣는다. "지독한 감기와 싸우고 있다거나 독감과 씨름을 하고 있다." 사람들은 또 이렇게도 말한다.

"나는 결혼, 직장, 평판, 믿음, 삶의 방식을 지키기 위해 싸우고 있다."

이것이 생각하는 보통 방식이기 때문에 커즌스의 마음에 무슨 일이 일어났는지 추론해 보는 것은 어렵지 않다. '나는 내 아이디어로 이 무관심을 극복해야만 하겠다. 나는 이것을 내가 시도하려는 중요한 일에 대한 공격으로 본다.' 하는 생각이 일어났을 것이다. 면역 체계는 생각의 신체반응만 읽기 때문에 이런 저런 생각의 심리에 대해서 아무것도 모르는 것이다. 이것은 공격받고 있다고 느끼는 생각의 신체반응을 실제 박테리아의 공격에 대비하는 것과 유사한 신체반응으로 잘못 받아들이는 것이다. 면역체계가 이 생각에 깜짝 놀라서 있지도 않은 미생물을 추격하러 나서는 것은 분명히 가능한 일처럼 보인다.

면역체계는 미생물을 발견하지 못했지만 그 의무를 게을리 하고 싶지 않기 때문에 장기나 몸의 일부를 목표로 삼아 그것이 감염된 것처럼 공격하는 것이다. 내가 설명하고자 하는 바를 납득시킬 수 있는 실험결과는 딸기에 알레르기가 있는 사람이 딸기 무늬 벽지를 바른 방에 들어가기만 해도 두드러기가 나는 것으로 설명 할 수 있다. 이 두드러기의 원인은 활약이 지나친 면역체계인 것이다. 류마티스성 관절염의 병리는 그 관절이 박테리아에 의해 감염된 것과 거의 같은 것이다. 의학적으로는 이 수수께끼를 무균감염이라고 부른다.

이유는 알려지지 않았지만 성인들의 관절은 면역체계의 우선적인 목표가 된다. 류마티스성 관절염은 어떤 관절이 공격을 받든 간에 가장 흔한 자체면역 질병인 것이다. 표적이 되는 기관과 연관되는 여러 가지 면역질병은 피부–피부경화증, 콩팥–구형 신염, 혈관–혈관염, 낭창, 폐–성인 천식, 뇌를 둘러싼 표피–다형 경화증 등 여기서 이루 다 언급할 수도 없이 많은 일반적인 질환들이 있다.

그러나 1997년 4월 4일의 로스앤젤스 특집 기사는 의료 연구인들이 면역체계가 심장혈관의 내부를 공격하는 새롭고 광범위한 자체면역 질환을 발견

한 것 같다고 보도하고 있다.[5]

이 기사는 이렇게 시작한다. "심장과 동맥혈관 질병을 가진 환자 절반 가량이 자체면역체계가 동맥혈관에 미묘하고 예기치 못한 공격을 가하기 때문에 발병하는 것같다. 이 사실은 아스피린이 심장마비를 예방하는데 왜 그토록 좋은지를 또한 설명해 줄 수 있다." 이 기사의 말미에 뉴욕시의 마운트 시나이 메디칼 센터(Mount Sinai Medical Center)의 발렌트 후스터(Valent Fuster) 박사는 다음과 같은 의견을 제시했다. '이런 염증은 혈관에 부착된 아주 소량의 콜레스테롤 누적에 대한 반응일 수 있다.' 내가 이 연구와 후스터 박사의 언급으로부터 이끌어 낸 결론은 동맥혈관의 내부면에 붙어있는 나이 든 사람에게는 거의 정상이고 보편적인 콜레스테롤을 면역체가 이물질로 잘못 오해하고 있다는 것이다.

이것은 나를 포함한 몇몇 의사들이 오랫동안 추측해 왔던 것에 대한 강력한 증거이다. 전에 쓴 책, '당신의 삶은 누가 통제하는가'[6]의 창의성의 장에서 나는 다음과 같이 썼다.

심장혈관 체계가 몇 년간에 걸쳐 계속되는 긴장을 겪게 되면 혈관을 흐르는 혈액이 혈관 벽을 부식시켜 울퉁불퉁한 지점들을 만들기 시작한다. 이미 흐르고 있던 혈액이 이 지점에 갇혀서 혈관 측면에 응혈벽을 형성하기 시작한다. 면역체계는 그 자리에 정상적으로는 없어야 할 응혈을 "보고" 어떤 수단을 쓰든지 (아직까지 아무도 왜 그렇게 되는지 모른다) 극단적으로 창의력을 발휘

---

5) Paul Ridker, "Inflammation, Aspirin, and the Risk of Cardiovascular Disease in Apparently Normal Men," 염증, 아스피린, 그리고 명백히 정상인 사람의 동맥경화증의 위험 : New England Journal of Medicins(April 3, 1997)
6) William Glasser, Take Effective Control of Your Life(New York: Harper Collins, 1982), p. 112

하여 그 응혈이 이물질인 것처럼 공격을 가한다. 이렇게 되면 그 응혈에 염증이 생기고 피부상처에 앉는 딱지처럼 응혈을 확대시킨 염증은 언제나 실제 혈액 응혈보다 커진다. 시간이 흐르면 이 과정의 반복을 통해서 응혈이 혈액의 흐름을 막으면서 계속해서 더 커지게 된다.

후스터 박사가 묘사한 "콜레스테롤의 적은 분량" 이 내가 위의 글에서 언급한 "울퉁불퉁한 지점들"의 부분일 수 있다. 내가 묘사한 나머지 부분들은 혈관의 응혈요소의 확장을 포함한 염증의 과정으로 잘 알려져 있는 것이다. 심장질환이 있는 사람들은 정규적으로 혈관의 응혈 요소를 감소시키는 쿠마딘 같은 항응혈제를 쓰게 된다. 최근에는 항염제인 아스피린이 이 복용 법에 자주 포함되고 있다. 알 수 있겠지만 나는 내가 미친 짓이라고 말한 자기 파괴적인 창의성이 심장혈관질환에 미치는 영향에 관해 숙고해왔다.

의사가 자체면역질환이 있다고 이야기할 때에는 당신의 면역체계가 몸의 어느 부분을 공격하고 있는데서 그 병이 생긴 것이라고 말하려는 것이다. 커즌스는 자기 면역체계가 하고 있는 일에 대해 직접적으로는 아무것도 할 수가 없었다. 그 당시에는 이것이 무슨 일인지 조차도 알지 못했던 것이다. 그가 확실히 알고 있었던 것은, 자신은 불행하며 그에 대해 무엇인가 스스로 할 수 있다고 생각했다는 것이다.

그는 병원을 떠나 뉴욕 프라자 호텔에서 편하게 지내기로 했다. 명랑하고 상냥한 간호사를 고용하고 아주 좋은 음식을 먹고 친구 알란 휜트(Allan Funt)에게 텔레비전에서 방영하기에는 좀 무리가 있지만 너무나 재미있는 몰래 카메라(Candid Camera) 비디오 테이프들을 가져오라고 부탁했다. 커즌스는 이 비디오 테이프들을 보면서 웃고 또 웃었다. 좋은 음식과 상냥한 간호사와 좋은 친구들, 그리고 엄청난 웃음은 알지도 못하는 몇몇 외국인이 그의 말을 듣는 것을 거부했기 때문에 세상이 끝나지는 않는다는 것을 알아차리게 했다. 일어나 버린 일에 안달하는 것을 중단하면서 그의 삶은 효율적인 통제를 다시 하게 되었다. 그의 창의체계는 면역체계를 밀어붙이는 일을 중단하게 되었다. 그는 급속히 정상화되었고 질병은 재발하지 않았다.

커즌스는 비타민 C를 다량으로 섭취하면서 의사를 계속 만나러 다녔다. 그렇지만 비타민 C는 라이너스 파울링(Linus Pauling)이라는 유명한 물리학자의 충고를 따른 것이지 의사의 충고를 따른 것은 아니었다. 이것이 류마티스성 관절염에 효과적인 치료라는 것은 알려진 바가 없다. 그렇지만 커즌스는 비타민 C의 효력을 믿었고 웃는 것이 건강을 유지하기 위해 결코 작은 일이 아니라는 것에 초점을 맞추었다.

류마티스성 관절염이나 다른 파괴적인 창의성 때문에 고통받고 있는 사람들은 누구든지 더 효율적인 삶의 통제를 하도록 시도해 볼 수 있다. 커즌스가 한 일이 효과가 있기는 했지만 그의 투병방법은 결코 입증되지 못했고 그것만이 유일한 방법인 것도 아니다. 나는 당신의 면역체계가 정상적인 신체반응을 벗어나 몸의 어떤 부분에 해를 끼치고 있다는 것을 깨닫게 되면 그 질병의 원인일지도 모르는 손상된 인간관계를 향상시키는데 주력할 것을 제안하고자 한다.

단순해 보이는 일인데도 대부분의 심인성 질환에 걸린 사람들은 커즌스가 한 일을 해보거나 선택이론을 아는 상담자를 만나 상담받을 생각을 하지 않는다. 그렇게 하는 것이 더 쉽고 효율적일지도 모르는데 말이다. 환자들은 흔히 병의 증상에만 노력을 집중시키는 논리적 오류를 범하는데 증상에 대해서 자신이 할 수 있는 일은 별로 없는 것이다. 그 대신에 나는 효율적으로 통제하지 못하고 있는 인관관계에 시간을 투자할 것을 제안한다.

모든 관계가 다 효율적으로 되는 것은 어려운 일이다. 대체로 주변사람들과의 관계가 만족스러우면 모든 관계가 다 효율적이 아니더라도 큰 문제는 아니다. 그러나 병이 나게 되면 모든 관계를 한 번 검토해 보는 것도 좋은 생각일 것이다. 어떤 관계에서는 당신이 인정하기 어려운 상처가 아직도 남아 있을 수 있다. 이 관계들은 당신 혼자 검토해 볼 수도 있고 신뢰하는 친구나 가족들과 함께 검토해 볼 수도 있다. 의사가 시간이 있다면 의사와 함께 해볼 수도 있다. 제일 좋은 방법은 좋은 상담자의 협조를 받으며 검토해 보는 것이다.

  여기서 상담자가 할 수 있는 일을 설명하기 위해 정신과 의사로서 관여했던 매우 극적인 사건을 여러분과 나누고 싶다. 이 일은 내가 L.A.의 왜스워드 재향군인 행정 병원(Wadsworth Veterans Administration Hospital)에서 레지던트로 일하고 있을 때 일어났다. 10년이 넘게 불치의 천식으로 시달리던 40세 된 환자에게 아무 효험도 없는 각종 약이 다 처방되었다. 그의 폐는 면역 체계가 미세한 기관지를 공격한 것처럼 상처가 나고 막혀 있었다. 그는 거의 숨을 쉴 수가 없었고 말하기조차 어려웠다. 고통스러운 천식 발작 때문에 그는 한 주일에 한두 번씩 압착 호흡기에 의존해야만 했다. 레지던트가 내게 전화를 해서 그의 상태가 절망적이지만 돕고 싶다면 만날 수 있다고 말했다. 그에게 인간관계는 존재하지 않았다. 그는 형과 함께 세탁소를 경영하고 있었는데 그가 일을 할 수 없었기 때문에 두 사람의 관계는 그리 좋지 않았다. 병원에 입원한지는 6주일이 되었고, 병원 직원들은 그가 퇴원할 만큼 좋은 상태가 될 수 있는가에 대해 회의적이었다. 그는 간신히 말을 할 수 있었다. 나는 어렵기는 하지만 인내심을 갖고 그와 상담을 하기로 결심했다고 말했다.

  거의 매일 몇 주일간 그를 만나면서 우리는 차츰 친해졌다. 그는 내게 계속해서 이렇게 해도 소용없는 일이라고 말했다. 그에게는 좋은 의학적 치료가 필요하지 정신과 의사가 필요한 것은 아니라는 것이다. 그러나 나는 끈질겼다. 몇 번은 그가 만남 도중에 약한 천식발작을 일으켜 손짓으로 자기를 병동으로 되돌려 보내달라고 간청했다. 그러나 나는 그가 말할 수 없더라도 이것은 우리 두 사람의 시간이며 시간이 되기 전에 그를 돌려보내고 싶지는 않다고 말했다.

그가 조금 나아진 것 같아 나는 용기를 얻었다. 그러나 곧 아주 심한 발작을 일으켜 응급호흡처치반을 부르지 않을 수 없었다. 그들은 그에게 호흡기를 대고 병상으로 데리고 가야만 했다. 그가 나로부터 도망쳐서 그의 현재 생활을 말하기 싫어서 발작을 선택했다는 생각이 들었다. 그 다음에는 발작이 일어나 그가 호흡기에 의존하고 있는데도 불구하고 상담을 계속하기로 결심했고 그는 내 말에 손으로 대답하거나 고개를 끄덕이거나 했다. 그 다음의 발작은 여태까지 일어났던 것 중에서 최악이었다. 응급 호흡 처치 반은 응급치료를 계속했지만 그에게 충분한 공기를 공급하지 못하는 것처럼 보였고 그의 안색은 푸른색으로 변했다. 응급호흡 처치 반이나, 레지던트, 그리고 말할 것도 없이 그 환자는 내가 미쳤다고 생각했다. 나는 거기에 주의를 기울이지 않고 상담을 계속했고 그의 표정이 점점 더 절망적으로 되어 가는 것을 볼 수 있었다.

이렇게 한 20분 가량이 지나자, 그는 호흡기를 입과 코에서 잡아채어 벗겨내더니 나를 향해 소리를 질렀다. "세상에 맙소사, 나는 죽어가고 있어요. 빌어먹을, 나 좀 내버려두지 않을 거요?"

나는 말했다. "아니요. 당신을 혼자 놓아두지 않겠습니다. 당신은 상담이 필요하고 나는 포기하지 않을 겁니다. 이제는 괜찮아 보이시는데요. 계속합시다."

그리고 그는 괜찮아졌다. 그의 얼굴은 산소결핍으로 인해 흑청색이었는데 혈색이 조금 되돌아왔다. 격노를 표출한 다음, 이전의 어떤 때보다도 더 수월하게 숨을 쉬었다. 우리는 상담을 계속했고 그의 숨쉬기는 눈에 띄게 좋아졌다.

그 남자는 병원에서 체력을 회복하기 위해 두 주일 동안 더 머물러 있은 후에 퇴원했다. 그의 폐는 몹시 손상이 되었고 천천히 걸어 다녀야했지만 자신을 충분히 돌볼 만큼은 숨을 쉴 수 있게 되었다. 그는 외래환자로서 서너번 나를 만나러왔고 자신의 일을 할 수 있다고 생각한다고 말했다.

이 치료의 열쇠는 그가 나를 몰아내려고 한 것과 내가 그렇게 하도록 내버려두지 않았다는 데 있다. 내가 끈질 지게 포기하지 않을 때 그가 꿈꾸어 본 적도 없었던 어떤 일이 일어났던 것 같다. 그는 대단한 노력을 기울였지만 내가 자기를 거절하도록 만들지는 못했다. 그것이 그를 어떤 통제 상태로 되돌아오게 했다. 폐는 손상되었지만 그는 숨 쉬고 자신을 돌볼 수 있게 되었다. 좋은 상담에는 엄청난 힘이 있다. 이 극적인 사례를 지켜본 병원의 레지던트는 경악을 금치 못했으며 솔직히 말해 나도 놀랐다. 내가 여기서 배운 것은 결코 포기하지 않는 것이었고 지금도 나는 포기하지 않는다.

이제 상세하게 내가 설명하려는 바가 어떻게 선택이론에 정확하게 적용이 되는지 알 수 있도록 하려고 한다. 부언하지만 내 제안이 도움이 되지 않더라도 아무 해가 없다는 점을 아는 것이 중요하다. 비용은 무료이거나 조금 드는데 자신에게 혼자 적용을 해보는가, 몇 달 동안 상담을 받는가에 따라 달라진다. 특히 이 상담에 선택이론을 배우는 것이 포함되어 있다면 이 이론은 문제가 무엇이며 앞으로 이 문제에 더 잘 대처하기 위해 내담자가 할 수 있는 일이 무엇인가를 설명해 줄 것이다.

노만 커즌스, 천식에 걸린 제대 군인, 그리고 프란체스카가 그랬던 것처럼 인간관계에서 큰 좌절을 겪게 될 때, 우리들은 이 좌절을 감소시키기 위해 어떻게 하면 좋을지 모른다. 우리는 과거에 안도감을 주었던 행동들을 기억 속에서 찾아낸다. 거의 모든 경우에 우리는 아이 때부터 배워 온 익숙한 행동중에서 우울하기를 즉각적으로 찾아낸다. 나는 삶이 자기의 통제력으로부터 벗어났을 때 프란체스카가 그러했듯이 커즌스나 천식환자도 심하게 우울해하고 있었다고 확신한다. 그렇지만 우울하기는 효율적인 행동이 아니다. 우울하기는 상처를 주고 움직이지 못하게 한다. 그런데도 다음과 같은 세 가지 이유에서 우울하기는 우리가 알고있는 다른 어떤 것보다도 안도감을 경험하게 한다.

첫째로, 우울하기와 관절염을 포함한 모든 다른 증상들이 표출된 경우 상황을 악화시키는 분노를 억누른 것이다. 둘째로, 이 행동들은 도움을 청하는 강력한 외침이고 많은 경우에 좋은 상담이 효과적이다. 만약 우리가 자체 면역체계 질환을 앓게 된다면 상담을 하거나 상담을 추천하는 의사에게 가는 것이 도움이 될 것이다. 셋째로, 이 행동은 우리가 실패할까봐 두려워하는 일들로부터 우리를 보호해 주는 것이다. 새로운 관계나 새로운 직업을 찾는 것보다는 우울해 하거나 아픈 것이 쉽다. 특히 우리들 대부분이 경험해 본 것처럼 거절당한 경험이 있다면 더욱 그렇다.

우울하기가 우리에게 어떤 통제를 주기는 하지만 이것에 지불해야 하는 댓가는 만만치 않다. 곧 스스로 불행해지는 것이다. 우울해 할 때에도 불행감과 지속되는 좌절감이 더 나은 행동을 찾아보도록 만든다. 일어난 일을 포기한 것처럼 보일 때에도 실은 그렇지 않은 것이다. 불만족스러운 관계 같은 근본적인 좌절이 일어날 때 우리 유전자 속의 창의체계가 반드시 관여한다. 우리들의 창의체계는 효율적인 어떤 것을 고안해내지 못할지 모른다. 오히려 우울하기보다 더 육체적이나 정신적으로 해로운 것을 끌어낼지 모른다. 그러나 그것이 무엇이든 간에 그 목적은 문제 해결로 연결될 새로운 전행동을 찾으려고 하는 것이다.

어쨌든 자신의 삶에 대해 더 나은 효율성을 발견할 수 없거나 다양하고 그럴듯한 이유로 일생동안 우울하기를 선택하기 위해 불만족스러운 관계를 포기하지 않는 사람들을 흔히 볼 수 있다. 그들이 추가증상을 갖게 되는 것은 흔한 일이지만 관절염 같은 새로운 증상은 종종 그들의 삶을 충분히 통제해서 더 이상 우울하기를 선택할 필요가 없어지게 만든다.

관질염은 내가 상담했던 두 여자들에게 이런 작용을 했다. 관절염은 그들에게 대단한 것은 아니지만 실질적으로 무엇인가를 제공해 주었다. 그들은 결혼생활에 대해 무슨 일을 해볼 의지가 없었다. 결혼을 끝장내기를 원하지도 않았고 남편을 대하는 태도를 바꾸려고 하지도 않았다.

그러나 창의체계가 신체반응 이외에도 심리적인 활동하기, 생각하기, 느끼기 행동을 총체적으로 제공하는 경우도 간혹 있다. 정신과 의사들은 우울증을 포함한 이 전행동을 정신질환이라고 부른다. 이 전행동들은 대부분 신경증, 정신증, 혹은 두통이나 요통 같은 신체적 고통으로 나타나는데, 신체적으로는 그 원인이 규명되지 않고 있다.

이 증상의 원인이 심리적이라면 상담을 통해서도 그것을 선택한 이유를 잘 알 수 없지만 대체로 인간관계의 문제와 연관이 있다. 이 문제는 꼭 사랑에 관한 것이 아닐 수도 있다. 그저 좀 더 많은 배려를 원하거나 덜 지배받고 싶은 것일 수도 있다. 그러나 중요한 것은 바람직한 인간관계가 제대로 이루어지지 않는다는 점이다. 상담을 통해 불만족스러운 관계를 탐색해본다면 옳은 길로 가고 있는 것이다. 이것이 광기에 대처하는 보편적 방법이다.

그렇지만 정신질환이라고 불리는 이런 행동들이 나타났다고 해서 우리가 이 행동들을 수용해야만 한다는 의미는 아니다. 정신증에서 창의체계는 환각과 망상을 제공해주고, 심지어는 신체적인 창의성을 발휘하는 긴장병(catatonia)까지 제공해 준다. 이것들은 하도 강력하게 제공되기 때문에 수용하지 않기가 어렵다. 만약 우리 삶이 효율적인 통제에서 아주 멀리 벗어나 있다면 그것들을 거절하기는 더욱 어렵다. 그런데 우리는 분노를 억누르는데 종종 도움이 필요한 것이다. 그리고 이 증상들은 자신을 돌보거나, 새로운 추구하거나 필요한 관계를 유지하는 것을 회피하는데 이용될 수 있다. 좋은 상담자는 이런 심리적 창의성을 수용하지 않도록 내담자를 설득할 수 있다. 그러나 도움을 받지 않더라도 미친 짓을 받아들인 사람들이 다 미친 상태로 남아 있는 것은 아니다.

오늘날 자기 삶을 원활하게 살아가고 있는 사람들 중, 대단히 많은 사람들이 미친 짓을 해 본 경험이 있을 것이다. 많은 사람들이 지금은 포기했지만 우울하기, 공포스러워하기, 강박증 갖기, 충동적이기, 불안해하기, 공황발작 보이기, 신체적인 근거 없이 몸이 아프고 고통스러워 하기 들을 선택했었다. 어떤 사람들은 스스로 그 창의적인 제안을 거절하고, 다른 사람들은 상담을 받으러 간다. 상담을 받으면서 다시 그들의 삶에 효율적인 통제력을 충분히 되찾고 이런 행동들을 더 이상 선택하지 않게 된다. 마침내, 창의체계는 자살하려는 생각을 제공할 것이다. 그렇게 되면 문제는 제거되고 고통은 일단 사라지는 것이다. 자살을 결행하는 사람들은 마지막으로 창의적인 움직임을 취하는 것이다. 그러나 그들 중 많은 사람들이 상담을 받을 수 있었다면 이 마지막 단계를 피하게 되었을 것이다.

내가 정신과 레지던트가 된 첫 달에 다루었던 다음 사례를 보자. 이 사례는 미친 짓이 제공되고 수용되는 것이며, 환자가 특수한 상황에서 미친 짓이 소용없다는 것을 믿게 되면 미친 짓을 거부한다는 나의 주장을 잘 보여주고 있다. 1954년에 나는 로스엔젤러스 서부의 브렌트우드 재향군인 병원의 병동(Brentwood Veterans Hospital)의사로 일하고 있었다. 그곳의 환자들은 모두 정신분열증으로 진단되었는데, 한 남자는 자신의 망상행동에 스스로 공포를 느끼고 있었다. 아침마다 회진을 돌 때 내가 접근하기만 하면 그는 저주를 퍼붓고 바닥에 침을 뱉었다. 그는 매우 위협적이었으며 자기 등에 달라붙어 뼈에서 살을 발라내려는 상상 속의 원숭이를 떼어내 달라고 내게 계속해서 소리를 질러대었다. 그는 정말로 그 원숭이가 거기 있는 것처럼 행동하였으며 고통 때문에 울부짖고 그의 삶을 지옥 속으로 몰아넣고 있는 이 작은 짐승을 어떻게 하지도 못하는 무능한 의사인 내게 저주를 퍼부었다.

나는 이런 종류의 문제를 다루어 본 적이 없어서 그가 좀 무서웠다. 그는 2차 세계대전 참전군인이었고 그 증상들은 그가 제대하자마자 나타나기 시작했다고 했다. 나는 그에게 다가가기가 두려웠고 아무리 애를 써도 한 마디도 대화를 나눌 수가 없었다. 이런 상태가 3개월 가량 계속되었는데 어느 날 그는 위협하는 대신 공손하게(원숭이 이야기는 하지도 않았다) 회진이 끝난 후 내 사무실에서 그를 만나줄 수 있는지 물었다. 나는 불안했지만 수행 간호원이 함께 있으니까 괜찮다고 했다. 나는 이 완벽한 변화에 당황했지만 호기심도 있었다. 회진이 끝난 후 그에게 내 사무실로 오라고 손짓을 했다. 사무실은 그가 있는 병실에서 사십 피트쯤 떨어진 병동밖에 있었다. 그는 완벽하게 정상적인 태도로 자신이 병이 났다고 생각한다고 말했으며 자기 몸을 검진해 줄 수 있는 지 물었다. 그는 열이 있고 숨쉬기가 곤란하다고 말했다. 이마를 짚어보니까 뜨거웠다. 그리고 나서 폐의 소리를 들었는데 그 소리는 마치도 벽돌을 서로 비비는 것 같았다. 그는 엽성 폐렴(Lobar pneumococcal pneumonia)에 걸려 있었다. 나는 그가 일반병동에 가야만 한다고 말했다. 정신과 병동에서 그를 치료할 수는 없었다. 항생제 때문에 이 병은 아주 희귀해져서 전에는 이 병의 사례를 본적이 없었다.

우리는 곁에 있는 일반병동까지 함께 걸어갔고 걷는 동안 그에게서 정신증의 증상은 전혀 보이지 않았다. 그는 내가 친절하게 대해 준데 대해서 계속해서 고맙다고 말했다. 나는 그를 내과의사에게 소개했고 그는 예전에 본 적이 없는 증상에 대한 내 진단을 확인한 후 기꺼이 그를 치료하기로 했다. 그가 일반병동에 있는 이 주일동안 약속한대로 매일 그를 방문했고 그는 아무런 미친 증상도 보이지 않았다. 어려웠던 점은 의료 레지던트들에게 그 환자가 내가 본 중에 제일 심하게 미친 사람이며 정신병동에 있어야만 할 사람이라는 것을 납득시키는 점이었다. 나는 그들을 결코 납득시킬 수가 없었고 멀쩡한 사람을 병원에 가두어 놓고 있다는 은근한 놀림을 많이 받았다.

내가 그때 지금 알고 있는 것을 알았더라면, 그가 미친 짓을 멈추는 것을 선택할 능력이 있는 것을 보았을 때 그를 도울 수 있었으리라고 생각한다. 그러나 나는 어떻게 할 바를 몰랐고 다른 사람들도 마찬가지였다. 점차로 원숭이가 다시 나타났고 그의 모든 증상이 되돌아 왔지만 회진을 돌 때면 내게는 언제나 예의 바르게 대했다. 그는 계속해서 내게 일반 병동에서 얼마나 좋은 대우를 받았는가를 이야기했다. 아직도 내게 원숭이 이야기를 하기는 했지만 이제는 내가 무능하다고 책망하거나 그의 고통을 덜어주지 않는데 대해서 비난하거나 하지는 않았다. 나는 그하고 함께 일해보려고 했지만 어떻게 해야 할지 알 수가 없었다. 그러나 그가 좋은세계에 나를 집어넣었던 것으로 생각한다. 지금이라면 그 사실을 잘 활용해 그와 좀 더 집중적으로 일해 볼 수 있을 것이라는 생각이 든다.

나는 그가 다른 극심한 정신증적인 사람들이 그러하듯 창의체계에서 나온 대로 말하고 활동했다고 믿고 있다. 그렇지만 일반병동에서 보낸 수주일 동안 그는 자신의 창의체계를 꺼버리는 선택을 할 수 있었던 것이다. 내 추측으로는 그가 무슨 문제 때문에 정신증을 택했든 간에 그 문제보다는 생존이 더 우선적인 것이 아니었던가 싶다. 폐렴이 나은 후 그는 문제에 직면하려고 하지 않고 다시 미친 짓으로 돌아가기를 선택했다. 그렇지만 나하고는 비교적 정상적이 되는 것을 선택할 수 있었던 것이다. 그는 결코 전에 그가 미쳤던 것만큼 심한 상태가 되지는 않았다. 이 때는 정신과 약들이 있기 전이었다. 아마 이런 약들이 있었다면 그에게 도움을 주었을 것이다. 레지던트로 일하는 동안 그런 사람들을 어떻게 다루어야 하는 가를 배웠고 일년 후 내가 병원을 떠나기 전 마지막 4개월 동안 현실치료상담을 사용하기 시작해서 맡았던 36명의 환자들 중에 32명을 퇴원시킬 수 있었다. 그들 중 많은 사람들이 오랫동안 미쳐 있었는데 네 명을 제외한 모든 환자가 퇴원하기에 충분할 만큼 정상이 되기로 선택했던 것이다.

내 기법 중 하나는 환자들과 시간을 보내 친해진 다음 그들에게 묻는 것이다. "자, 나하고는 정상적인 체 해봅시다. 나는 당신의 미친 짓에 대해서는 아무 흥미가 없거든요." 나는 증상이 가장 심한 사람도 대부분 정상적인 일을 하며 하루를 보낸다는 데 근거를 두었다. 그들은 먹고, 자고, 담배 피우고, 텔레비전을 보고, 화장실에 가고, 병동 주변을 청소하고 정교한 작업을 요하는 기술 공예 같은 다양한 치료를 받으러 다녔다. 그들이 좋아하는 사람인 내게는 정상적으로 대해보라고 요청했을 때 일상생활에서 다양하게 보여주었던 그 정상성보다 더 많은 것을 그들에게 요청한 것은 아니었다. 내 경험으로는 좋은 병원에 있는 환자가 창의체계에 귀기울이기를 멈추게 하는 것은 그다지 어려운 일이 아니다. 어려운 점은 그들이 퇴원한 후 미친 짓을 그만두는데 필요한 더 나은 인간관계를 유지하는 방향으로 그들을 인도하는 일이다. 병원의 주요목적은 그들의 신체적 욕구들을 보살피고 필요한 좋은 관계를 제공하고 서로 가깝게 지내도록 해서 퇴원한 후 다른 사람들하고 잘 지내도록 준비시켜 주는 것이다.

이제 프란체스카에게 돌아가서 그녀의 가슴 아픈 좌절을 다루어보자. 그렇게 하면 창의체계가 우리 삶에 어떻게 파괴적으로 관여할 수가 있으며 우리가 그것에 대해 어떻게 대처할 수 있는가를 살펴볼 수 있을 것이다. 내가 프란체스카를 예로 드는 이유는 누군가 다른 사람하고 산다면 인생이 이보다 훨씬 더 나으리라고 생각해 본 적이 없는 기혼여성은 드물 것이기 때문이다. 그토록 많은 책과 연극, 그리고 영화에서 비극적으로 묘사되어온 것들이 바로 이 단순한 생각에 근거를 둔 활동인 것이다.

프란체스카의 경우 남편인 리처드가 연인으로서 그녀의 좋은세계에 들어 있지 않았고 농장에서의 삶도 오랫동안 그 세계에 들어있지 않았다. 그렇지만 그녀는 평정을 유지할 수 있었다. 그녀의 좋은세계 속에서 더 나은 그림이 압력을 가해 오지 않았기 때문이었다. 그녀를 지탱해 준 것은 잘 자라는 아이들이 그녀를 필요로 하는 그림과 자기 스스로를 사랑에 넘치지는 않지만 충실한 아내로 보는 그림이었다.

그녀는 남편과 농장에 관한 불만을 오랫동안 약하게 지속되어온 우울하기로 달래 왔다. 그녀가 우울하기로 선택한 것은 우리가 우울해하는 세 가지 이유 중의 첫 번째 이유를 만족시켜 주었다. 성나서 폭발해봤자 상태만 나빠질 뿐이었다. 다른 두 이유는 여기에 맞지 않는다. 그녀는 도움을 필요로 하지 않았고 자신의 삶을 그저 살아가는 것밖에 다른 어떤 일도 생각해 보지 않았다. 그녀가 선택한 우울의 정도는 삶을 충분히 통제할 만큼 높았기 때문에 창의체계가 신체적으로 관여할 필요는 없었다. 그녀는 건강했고, 미치지 않았고, 로버트가 오기 전에 다른 사람들이 정신질환이라고 이름 붙이거나 비정상이라고 부를만한 어떤 일도 선택하지 않았다.

로버트와 보낸 나흘은 그녀가 오랫동안 유지해왔던 취약한 평형을 깨트려버렸다. 그 후, 분노를 누르고 평정을 유지하기 위해 그녀는 더욱 더 심각하게 우울해져야만 했다. 그녀는 끔찍한 감정을 느꼈다. 농장에서 거의 아무 일도 할 수가 없었고 자신이 오랫동안 함께 살아온 남편과 전처럼 그럭저럭 지낼 자신감도 잃었다. 이제 그녀는 좋은세계에 로버트와 함께 지내는 그림을 지니고 있는데 이 그림은 오랫동안 지녀왔던 아이들을 돌보는 그림이나 충실한 아내의 그림과 대단한 부조화를 이루는 것이었다.

프란체스카는 갈등에 빠졌다. 이것은 고통 중에서도 가장 심각한 좌절인데 그 이유는 아무런 좋은 해결책이 없기 때문이었다. 리처드를 택하든, 로버트를 택하든, 어느 쪽에도 불행이 뒤따르는 것이다. 그녀는 아주 심하게 우울해 하려고 애를 써서 선택한다는 생각조차도 하지 않으려고 했다. 그녀는 로버트와의 삶이 불가능한 그림이라는 것을 깨달았다. 그녀는 이런 상황에서 가족을 떠날 수 없다고 말했고 실제로 떠나지 않았다.

그녀의 에너지는 우울해 하는데 쓰여 졌고 움직일 수 없는 상태에까지 이르렀다. 그녀는 자신의 느낌과 농장에서 일상생활을 영위하는데 느끼는 어려움에 대해 도움을 받고 싶었다. 첫 번째 만남에서 그녀는 오랫동안 선택해 왔던 개구리로서의 인생인 약한 우울증의 상태로 자신을 되돌려 준다면 만족할 수 있다고 말했다. 문제는 좋은세계가 우리가 집어넣은 그림의 불가능성을 인지하지 못하는 데 있다. 일단 이 세계에 그림을 넣으면 우리는 그것을 현실생활에서 가능한 한 빨리 성취하고 싶어 하는 것이다. 이 그림을 원하지 않는 유일한 방법은 이 그림을 좋은세계에서 빼어 내버리는 것이다.

그녀가 나를 만나러 왔을 때는 로버트를 대신할 그림을 발견할 생각도 하지 않고 있었고 또 그렇게 하기를 원하지도 않았다. 원하는 것은 그 남자였지 다른 어떤 사람도 물건도 아니었다. 그녀가 원하는 것은 불가능한 것이었고, 그녀는 그 불가능에 창의적으로 대처하고 있었다. 곧 그녀의 창의체계가 이렇게 말해버린 것이다. "프란체스카, 로버트 없이는 살아갈 수 없어요. 그 남자가 없으면 당신이 할 수 있는 것은 그저 움직이는 시늉뿐이고 실제적으로 당신은 죽은 거예요."이것은 창의적으로 들리지 않을 수도 있지만, 이런 말은 우리가 대개 말하기는 고사하고 생각조차 하지 않는 소리이다. 만약 당신이 생각하는 죽음이라는 뜻이 더 이상 아무런 일도 못하고 느낌도 갖지 못하는 거라면, 내가 만났을 때 그녀가 성취하려고 애쓰는 것이 바로 그것이었다.

상담장면에서 나는 그녀에게 다른 그림을 보여주었는데, 그 그림은 성이나 사랑에 관한 그림이 아니라 그녀가 원하는 것을 부분적으로 줄 수도 있는 그런 그림이었다. 농장에서 벗어나 성적인 삶이 아닌 사회적인 삶에서 그녀가 힘을 얻게 되고 주변 사람들이 그녀가 하는 좋은 일 때문에 그녀의 이야기를 경청하고 존경하는 그런 그림이었다. 나는 그녀가 그런 삶을 영위할 수 있고 즐길 수 있다면 서서히 로버트의 그림을 잊게 되거나 그 그림을 지닌 채 지금보다 더 낫게 살 수 있다고 믿는다. 무슨 일이 일어날 지는 시간이 말해 줄 것이다. 나와 그녀의 만남은 단지 몇 번뿐이었다.

월러의 책에서는 프란체스카가 상담하러 가지 않는다. 그녀는 삶을 우울하게 살아가기를 택하며 그 선택은 좋은 어머니와 아내로 살아가기에 충분할 만큼은 그녀의 분노를 억눌러 준다. 일기를 씀으로서 그녀는 자신의 삶을 받아들이는데 도움을 받는다. 그녀는 창의적인 환상에 도달할 수 있었던 것이다. 내가 죽은 후 아이들이 이 일기를 읽게 되면 나를 더 잘 이해할 수 있게 되고 집에 머물러 있어 준 것을 고맙게 여길 것이며 로버트를 포기하기가 얼마나 힘든 일이었을지 이해해 줄 것이다. 로버트가 그녀를 잊지 않았던 것도 도움이 되었을 것이다. 그는 죽기 전에 자기 소지품들과 그녀가 써서 다리에 꽂아 놓아 두 사람의 인연을 이어주었던 메모를 보내주었던 것이다. 이 모든 것들, 특히 그 모든 불행은 대단히 낭만적이고 그것이 월러의 의도였다. 나는 이 책이 마음에 들었다. 프란체스카에게 감명 받았고 그녀가 나누었던 사랑과 포기에 대해서도 감명 받았다.

또한 프란체스카가 자신의 삶을 통제하도록 도움을 주었던 것은 이웃 딜라니 부인과의 교분에서 얻은 깨달음이었다. 그녀는 프란체스카와 비슷한 상황에 있었지만 그것을 비밀에 부치지 못해 이해심이 부족한 이웃사람들에게 배척당했던 것이다. 두 여자는 서로 가까워져서 프란체스카가 죽을 때까지 친하게 지냈다.

소설 속의 프란체스카에게 무슨 일이 일어났는가 하는 것이 실제로 중요한 것은 아니다. 나는 그녀에게 일어날 수 있었던 일을 논의해보고 장기적으로 깊은 좌절을 느끼는 사람들의 창의체계가 인생에 어떻게 파괴적으로 관여하는가 하는 것에 관해 논의하고 싶었다. 내가 논의했던 자체면역 질병에 관해 간단히 설명해보자.

만약 로버트가 떠난 후 몇 달이 지나 프란체스카의 면역체계가 예민해지면 그녀는 손가락이 몹시 아프고 부어올라 붉게 변하고 움직이기 어려운 것을 알게 될 수도 있다. 남편까지도 그것을 알아채고 '의사에게 가야겠어.' 하고 말하게 될 것이다. 가정의는 단박 그녀가 관절염 초기 상태인 것을 알아차릴 것이다. 테스트를 하고 X-레이를 찍고서는 그녀의 침강농도가 높은 것을 발견하고 진단을 확정지을 것이다.

몇 번 테스트를 더 해본 후 의사는 그녀를 전문의에게 보내고, 전문의는 소염제를 처방할지 모르지만 이 처방은 증상을 완화시킬 뿐이지 치유하지는 못한다. 전문의는 아마도 그녀의 삶에 무언가 언짢은 일이 있었느냐고 물을지 모르지만 그녀가 로버트의 이야기를 할 것 같지는 않다. 무엇 때문에 위험부담을 안고 수용되지도 않을 이야기를 할 것인가? 로버트는 가버렸고 이제 그 이야기를 해서 무슨 도움이 될 것인가?

우리가 좌절을 겪을 때 전행동 중의 신체반응만 의연하게 동떨어져서 활동, 생각, 느낌 부분에게 '이거 봐. 창의적이 되어서 이 문제를 다루라구. 나는 내 버려두고 말이야'하고 말하는 것은 불가능하다. 그러므로 이 예에서는 그녀의 신체반응이 관여하게 된 것이다. 류마티스성 관절염에 시달리는 사람들을 상담해 본 경험에 의하면 대부분이 대단한 좌절을 느끼게 하는 인간관계 속에 놓여 있었다. 그리고 어떻게 해서든지 유지하려고 애쓰기는 하지만 드러나게 불만족스러운 결혼생활을 하고 있는 경우가 많다. 그들은 화를 내거나 우울해

할 수도 없는데 그렇게 하면 자신의 관계에 손상이 와서 아주 그 관계를 상실할 지도 모르게 되기 때문이다.

　이 좌절을 다루는 것은 쉬운 일이 아니다. 그래서 프란체스카가 관절염에 걸려 내게 왔다면 내가 관절염을 치료할 수 있다는 이야기가 아니다. 그녀가 만약 로버트에 대해 말하지 않는다면 가장 심한 좌절 뒤에 숨어있기 마련인 관계의 문제를 세세히 탐색해 볼 것이고, 그 관계를 잘 다루도록 그녀를 도우려고 했을 것이다. 만약 그녀가 상담에서 하기 시작했던 것처럼 좌절을 순조롭게 잘 해결할 수 있으면 관절염이 더 나빠지지 않을 뿐 아니라 어쩌면 더 나아지거나 병이 아주 사라져 버릴 수도 있는 기회를 잡게 되는 것이다. 만약 불행한 관계를 제거하거나 선택이론을 삶에 적용시켜 볼 수 있게 된다면 당신은 스스로를 도울 기회를 잡게 되는 것이다.

　프란체스카는 정신증에 걸릴 것 같지는 않다. 좋은 관계를 유지할 힘이 그녀에게 있고 자신과 가족을 돌볼 능력을 가지고 때문이다. 정신증이 되는 사람에게는 종종 가나스(ganas)가 결핍되어 있다. 그들의 프로파일은 무위도식자와 유사하다. 좋은 관계를 원하지만 그렇게 하기 위해 다른 사람을 충분히 배려할 힘이 없다. 그것이 정신증을 선택함으로서 불만족스러운 인생을 다루고 있는 사람들과 일했던 내가 압도적으로 경험한 것이었다.

　정신증에 걸린 사람들은 돌봄을 받기 원한다. 그들은 스스로를 돌볼 수 있다는 확신이 없다. 그들은 자주 상담을 받으며 현실세계의 요구에 서서히 접근해 볼 수 있는 좋은 시설에서 살게 되면 도움을 받을 수 있다. 그들 중 대부분은 안전하게 느낄 수 있는 장소와 말을 나눌 사람들을 필요로 한다. 그 곳이 꼭 병원일 필요는 없다.

　환각과 망상을 통제하는 향정신성 약물들은 창의체계를 심각하게 마비시켜 근육까지도 영향을 받게 된다. 곧 파킨슨씨 같은 병에서 보이는 걸음걸이와 유사한 증상 같은 것들이 약물을 복용하는 경우에 나타난다. 이 약물을 다량으로 복용하면 원활하게 움직이는 능력을 잃게 되고 얼굴에서는 표정이 사라지고 음성이 변질되어 음색이 사라진다. 이 약물들이 창의체계의 기능을 저하시킴으로서 미치게 만드는 창의력을 감소시킬지는 모르지만 궁극적으로 문제를 해결하지는 못한다. 나는 약물이 필요 없다는 말을 하는 것이 아니다. 그 증상에는 언제나 좌절된 관계가 관련되어 있다는 것을 이해하자는 것이다. 상담해본 경험에 의하면 힘이 좀 있거나 돌봄을 받을 수 있는 사람은 정신증을 선택하기를 그치고 훨씬 더 나은 삶을 영위할 수 있게 된다. 물론 어느 정도의 주거환경이 도움이 될 수도 있다.

양극성장애인 조울증과 무위도식자와의 관련은 앞에서 언급했듯이 미친 창의력의 변형에 있다. 이것은 무위도식자에게만 한정되는 것이 아니다. 어찌되었든 성공적인 사람들도 관계가 극도로 불만족스러울 때 오르락내리락 하는 행동을 선택하는 수가 있다. 더 나아가서 이 증상은 더 오래 올라가 있는 상태에 머무르거나 더 오래 내려가 있는 상태에 머물러 있어서 상식적으로 생각하는 것처럼 위아래를 같은 보조로 오르락내리락 하는 것은 아니다. 조울증은 종종 세 번째 이유로 작동된다. 고통 받는 사람이 오래된 인간관계가 제대로 되지 않고 있다는 현실을 직면하기를 피하려고 하는 것이다.

프란체스카는 우울해 하는 것 이외에 자신의 문제에 관해 많은 시도를 하지는 않았지만 적어도 그 문제에 직면하기는 했다. 양극성 장애자인 사람은 그렇게 할 능력도 없는 것처럼 보인다. 조증 상태에 있을 때 그들은 창의체계 바로 그 자체로 살고 있는 것이다. 그들의 창의성은 5분 동안 낮잠을 자는 동안 길고 복잡한 꿈을 꾸고 있는 것처럼 아주 빠르게 나타나는 것이다. 나는 언제나 그토록 짧은 시간에 꿈속에서 얼마나 많은 일이 이루어 질 수 있는지에 대해 놀란다.

양극성장애의 사람이 정상적인 주기에 있을 때 좋은 상담을 받으면 종종 도움이 될 수 있다. 때때로 그들은 매우 성공적인 삶을 살고 있기 때문에 상담자를 포함한 그 누구도 그가 인간관계에 문제를 지니고 있다는 것을 믿기 어렵다. 아마도 그들은 인간관계에 문제가 없을지도 모른다. 그렇지만 내 추측으로는 그들 중 대부분이 관계에 문제가 있을 것 같고 그들을 상담하는 사람들은 먼저 인간관계를 검토해야만 한다.

신경증이라고 보통 불리는 창의적인 전행동 집단이 또 있다. 이 행동들을 선택하는 사람들은 정신증에 걸린 사람들처럼 현실을 부정하지는 않지만 현실을 다루는데 어려움을 겪고 있다. 공포스러워하기(phobicking), 불안해하기(anxietizing), 공황발작하기(panicking), 강박적이기(obsessing), 충동적이기(compulsing), 외상 후 스트레스 갖기(posttraumatic stressing)들이 창의적인 신경증 선택의 예들이다. 예를 들어 프란체스카는 로버트에 관해 내게 아무 말도 하지 않거나 아니면 그에 관해 언급하기는 하지만 짧은 관계의 상실에 관해 많은 관심을 보이지 않았을 수 있다. 그녀의 불만은 혼자서 집을 떠나는 것을 두려워하는데 있을 수도 있다. 남편이 데려가지 않는다면 그녀는 외출할 수가 없다. 그는 아내를 집으로 데려가려고 대기실에서 기다리고 있을 수도 있다. 가끔 한 번씩 아들이나 딸, 아니면 이웃과 함께 나갈 수도 있지만 그녀는 남편하고 있을 때에만 정말 편안할 것이다.

내 추측은 공포스러워하기가 그녀를 보호해주고 있는 진정한 두려움은 집을 혼자 떠난다면 로버트를 찾아 나설까봐 겁이 나는 데 있다. 공포증의 선택은 그렇게 하는 것을 방지해 준다. 로버트를 원하지만 남편에게는 충실한 아내가 되고 싶은 한 그녀는 공포스러워 하기를 계속할 것이다. 이 창의적인 선택은 내가 원하는 것은 전혀 로버트가 아니라는 생각을 하도록 그녀를 도와주고 있는 것이다. '내 문제는 집을 떠나기를 두려워하고 있는 것'이다. 여기서 당신은 보통 정신질환이라고 부르는 것이 창의적으로 작동하고 있는 세 가지 이유를 볼 수 있다. 첫째, 그녀가 공포를 느끼는 한 그녀는 분노를 공포로 대치할 수 있고 이것은 좀 더 수용될 수 있는 것이다. 둘째로 도움을 청하러 갈 구실을 찾을 수 있는 것이다. 셋째로 그녀는 집에 있는 것을 안전하게 느끼기 때문에 로버트에게 가는 것은 불가능하게 된다.

세월이 흘러 로버트의 추억이 사라져갈 때 그 좌절이 사라지면 공포스러워하기의 증상도 더불어 사라지게 될 것이다. 상담은 매우 도움이 될 것이다. 이 경우에도 나는 대체로 내가 했던 것처럼 상담 할 것이다. 그렇지만 관절염에 걸렸을 경우에 그녀를 돕기 위해서 했던 것처럼 로버트와의 관계와 남편과의 불만족스러운 관계들을 탐색해 볼 것이다. 어쨌든 남편은 표면에 떠올라 있어서 발견하기 어렵지 않다. 집밖으로 나와 덜 외로운 삶을 살게 하려는 내 도움으로 그녀는 로버트가 떠났다는 사실을 수용해서 더 이상 공포증을 유지할 필요가 없게 되는 것이다. 프란체스카는 또한 공황상태에 들어가는 것을 선택할 수도 있었는데 공포스러워하기와 유사하지만 움직이지 못하게 만드는 증상이다. 공황발작을 두려워하는 한 그녀는 집이나 신뢰하는 사람들로부터 멀리 떨어져 있을 수가 없다. 그녀가 로버트에 대해 생각할 때 집에서도 공황불안을 일으킬 수 있지만 집안은 그런 불안을 일으키기에 안전한 장소일 것이다. 예를 들어 만약 프란체스카가 불안장애를 일으켜 지속적인 발작의 공포 속에 산다면 그녀를 만났을 때 고통스러운 관계가 관여되어 있음을 알게 되었을 것이다. 내가 관계를 탐색하자 그녀는 저항하기는 했지만 심하게 거부하지는 않는다. 어떤 부분은 즐거웠던 것이다. 그녀는 로버트에 관해 너무도 말하고 싶었고 나를 신뢰한다면 내 상담실은 그런 이야기를 하기에 안전한 장소일 것이다. 그녀는 내게 로버트의 이야기를 들려주었을 것이다.

그러나 프란체스카는 주장할 것이다. '그것은 끝났어요.' 그러나 나는 그것이 끝나지 않았다는 것을 알았을 것이다. 왜냐하면 공황발작 행동이 끝나지 않았음을 증명한 것이기 때문이다. 그에 대해 더 이상 생각하고 싶지 않다는 점에서는 그녀가 옳을 수도 있다. 그녀는 로버트에 대해 별로 많이 생각하지 않게 될 것이다. 오히려 그녀는 언제 다음 발작이 일어나게 될 지에 관해 생각하고 염려하게 될 것이다. 그 생각은 그녀를 지켜주고 많은 다른 사람들이 그녀에 대해 염려해줄 것이다. 이 모든 극적인 증상들은 외로운 사람이 관심을 끌며 애걸하지 않고 도움을 청할 수 있는 훌륭한 방법이다.

발작은 내가 탐색을 시작했을 때 상담실에서 일어날 수도 있고 나는 그것을 환영할 것이다. 나는 그녀에게 말할 것이다. "이거 잘 됐군요. 이제 정말 이 문제를 다루게 되었군요." 내담자가 그 자리에서 내 도움을 받아 공황을 다룰 수 있다면 시간이 많이 절약될 수 있을 것이다. 내가 할 일은 프란체스카가 더 이상 불행하게 느낄 것이 아니라 로버트가 없는 인생을 살아나가기 위해 무엇을 할 것인가 배우도록 돕는 일이다. 나는 아주 세밀하게 지난 번 마지막으로 공황발작이 있었을 때 무슨 일이 일어나고 있었는가 살펴볼 것이다.

그녀는 자기 나이쯤 되어 보이는 부부가 손을 잡고 거리를 걸어 내려가는 것을 볼 때 로버트와의 모든 일들이 다시 떠올라 공황을 선택하기로 했을 수도 있다. 아마 나는 그녀에게 로버트의 생각을 해보고 할 수 있다면 나하고 있을 때 공황을 선택해보라고 말할 수도 있다. 프란체스카는 아마 그렇게 할 수 없을지도 모르지만 이 언급은 그녀가 이제부터 공황을 일으키는 것을 어렵게 만들텐데 그 이유는 선택에 대해 좀 이해를 하게 되었기 때문이다.

당신이 생각하지 않으려고 하는 것을 생각하게 하는 기법을 역설적 상담이라고 하는데 매우 효과적일 수 있지만 이 기법을 적절하게 사용하려면 경험이 필요하다. 이 기법은 경험 없는 사람이 혼자서 시도해서는 안되는 기법이다. 선택이론은 더 나은 선택을 하는데 관한 것이다. 그런데 좋은 선택을 이해하려면 왜 우리가 나쁜 선택을 하는가 하는 이유를 알아야만 한다. 프란체스카가 로버트에게 열중하고 있는 것처럼 그 사람이 아니면 안되는 단 한 사람이 있기는 어렵고, 나흘동안 알았던 사람이 바로 그 사람이 될 수는 없다고 나는 믿는다. 상담하면서 나는 그녀에게 일하러 다니면서 사랑이 안된다면 소속의 욕구를 충족하는 방법을 찾아보도록 해보라고 제안했다.

프란체스카는 자기가 아파서 죽게 되거나 남편이 아파서 죽게 된다고 되풀이해서 말하면서 강박증에 걸리기를 선택할 수도 있다. 그녀는 또한 충동적으로 손을 씻고 또 씻으면서 먼지와 세균에 대해 엄청난 두려움을 품게 될 수도 있다. 강박이나 충동은 로버트가 그녀의 마음 표면에 떠오르는 것을 막아줄 수 있을 것이다. 충동적으로 손을 자주 씻는 사람들은 죄의식을 느끼는 경우가 많은데 프란체스카는 그것을 선택한데 대해 충분히 죄의식을 느끼고 있을 것이다. 상담은 공포증의 경우와 유사하게 진행될 것이다. 외상후스트레스 장애는 PTSD라고도 불리는데 사람들이 '나는 내가 통제할 수 없는 외부의 무엇인가에 의한 희생자이다' 라고 생각하는 게 일반적인 외부통제 세상에서 자주 진단되는 일이다. 고통스럽고 예기치 못한 부상, 사고, 무서운 사건에 노출되는 일이 일어난 후 거기 관여되었던 사람들이 너무 크게 상처를 받아서 감당할 수가 없기 때문에 상담을 필요로 하게 된다. 그 증상은 머리, 목, 허리의 고통이나, 걷지 못하게 되는 것 같은 신체적 증상일 수도 있고 두려움이나 불안이 너무 극심해서 일할 수 없게 되는 것처럼 심리적인 것일 수도 있다. 지진같은 어마어마한 재앙이 이런 조건의 전형적인 예이다. 나는 전문가의 도움이 없이는 이런 외상에 노출된 사람들이 그 후유증을 감당할 수 없다는 추정이 때때로 너무 빨리 내려지는 것이 아닌가 우려한다.

지금까지는 이 추정이 매우 광범위하게 퍼져 있어서 전체적인 외상증후 보호체계가 실재하게 되었다. 이 보호체계는 외상을 입은 사람들이 그 고통에 대해 도움과 보상을 필요로 한다고 납득시켜야할 이해관계가 있는 의사, 변호사, 치료자들로 구성되어 있다. 이 모든 것들은 아주 선의의 노력일 수 있고 희생자가 고통을 받는 것도 사실이다. 그러나 이 체계가 어떤 사람들에게는 고통을 영속화시키기를 선택하도록 만드는 점도 있다.

이 추정에 의한 PTSD 진단의 잘못된 점은 이 어마어마한 외상에 노출되었던 사람들이 함께 뭉쳐서 자기들끼리 그것에 대처해 나가기도 한다는 점이다. 그 사람들이 그렇게 하는 이유는 서로 좋은 관계를 유지하고 있고 복원시키고 싶은 삶에 대한 믿음과 무언가 가치 있는 일을 하고 있다는 믿음을 지니고 있기 때문이다. 외상 이후에 너무 큰 무능력 때문에 고통스러워해서 자기들의 삶을 지속해 나갈 수 없는 사람은 대체로 강력한 관계가 없거나 그들의 삶에 가치 있다고 생각되는 일을 하고 있지 않기 때문이다.

육체적으로는 부상을 입지 않았지만 외상 후에 무능력해지는 선택은 외부에서 통제 당하는 사람들에게 자신의 부적절성으로부터 도피할 기회를 주는 상식 때문에 매우 광범위하게 지지되고 있다. 보험의 해결이 자신들이 무능력해졌다는 것을 믿게 만든다. 나는 이 보상금이 심한 육체적 부상으로 고통받는 사람들의 몫을 빼앗는 것은 아닌지 염려가 된다. 이 딜레마에 대한 답은 모르겠지만 선택이론 사회에서는 이런 일이 덜 일어나리라고 생각한다. 일어났던 일에 대처할 힘이 우리에게 있다고 더 가르칠수록 모두 다 형편이 나아질 것이다.

내가 동정심이 결핍된 사람처럼 보이지 않아야 하는 점이 중요하다. 나는 사람들에게 그들이 고통이나 자기 파괴적인 증상을 선택하고 있다고는 결코 말하지 않는다. 나는 그들이 더 나은 선택을 하고 더 나은 관계를 가질 수 있도록 도와주고 선택이론을 얼마동안 가르친다. 거의 모든 경우 그들은 치료에 만족하고 삶을 좀 더 잘 통제할 방법을 찾게 되면 증상이나 외부통제에 대한 믿음을 기꺼이 포기한다. 그들에게 무슨 일이 일어났든지 간에 불행한 사람들을 무력하고 절망적이고 부적절한 것처럼 대우하는 것은 친절한 것이 아니다. 친절이라는 것은 진실에 대한 믿음을 지니고 있는 것이고 사람들이 진실을 잘 다루어 자기에게 도움이 되게 사용할 수 있다는 믿음을 지니게 하는 것이다. 참된 동정이란 사람들이 자기 자신을 돕도록 도와주는 것이다.

사람들에게 심리적인 문제가 선택한 것이라는 것을 고찰하게 도와주는 일은 자유를 깨닫게 하는 일이라는 것이 경험에 의거한 내 믿음이다. 그들의 영향밖에 있는 그 무엇인가가 갑자기 그들에게 닥쳐왔다는 공포의 미스터리가 제거된 것이다. 그들은 이제 다른 선택이 가능하고, 이 새롭고 효율적인 선택이, 해가 되지 않는 창의성으로 가득한 삶을 탐구하도록 그들을 자유롭게 한다는 것을 배우게 된다.

제2부

실제편
(The Practice)

제8장

사랑과 결혼
(Love and Marriage)

우리는 흔히 예기치 않은 순간에 사랑에 빠진다. 로버트도 프란체스카도 사랑에 빠지리라는 예상을 하지 않았지만 그들은 외로웠고 외로움은 그들을 취약하게 만들었다. 이런 상황에서는 좋은세계에 들어있는 사랑할만한 사람의 그림에 가장 가까운 사람과 마주치기만 하면 되는 것이다. 만약 그 사람도 같은 반응을 보인다면 우리는 갑자기 사랑에 빠지게 되는 것이다. 이 그림이 비록 환상이고 상대방의 반응이 없더라도 우리는 환상을 즐긴다. 나는 젊은 시절 오랫동안 잉그리드 버그만과 오드리 헵번과 환상의 사랑에 빠져 있었다.

환상의 사랑은 거의 문제가 되지 않는다. 제대로 되지 않는 것은 현실의 사랑이다. 처음에는 매우 근사한 느낌이 든다. 아주 가까워질 수 있는 사람을 발견했고 이것은 정말 흥분할 만한 일이다. 그 가까움은 부분적으로는 성적인 것이지만 성의 범위를 넘어서게 된다. 생긴 그대로의 나를 수용할 뿐만 아니라 내가 되고 싶어하는 사람까지도 수용하는 사람을 발견한 것이다. 내가 어떤 사람이 되고 싶어하든지 간에 상대방도 내가 그런 사람이 되기를 함께 원하는 것이다.

우리 인생에서 만나는 다른 사람들과 달리 심판하거나 변화시키려고 들지 않는 누군가와 함께 있는 것은 기분 좋은 일이다. 세상은 장미빛이 되는 것이다. 이 사람과 함께 있으면 편안해지고 무엇을 봐도 함께 웃게 되는 것이다. 조건 없이 우리를 배려하는 것처럼 보이는 어떤 사람에 관해 알게 되는 것은 즐거운 일이며 더 많이 알게 될수록 기분은 점점 더 좋아진다. 우리는 거절이나 조롱이나 비난이나 탓하기, 불평의 공포 없이 좋은세계를 나누어 가질 누군가를 발견해 낸 것이다.

사랑을 정의 내린다면 서로 희망과 두려움을 함께 나누려는 자발성과 열망일 것이다. 그렇게 할 수 있는 한, 당신이 사랑을 유지할 확률은 높다. 만약 초기에 자유롭게 이렇게 할 수 없다면 당신이 아주 강하게 사랑에 빠진 것같이 느낄지라도 당신의 사랑은 약한 것이다. 약한 사랑은 자유로운 나눔보다 호르몬에 그 근거를 두고 있어 오래 지속되지 않는다. 물론, 사랑에 빠진 대부분의 사람들이 자신의 좋은세계에 대해 알지 못하고 있지만 그들이 이것을 알거나 모르거나 간에 그 경험은 동일하다. 그렇지만 만약 당신이나 사랑하는 사람이 선택이론을 알고 좋은세계에 대해서 잘 안다면 이 지식을 사랑을 유지하는데 활용할 수 있을 것이다. 처음부터 좋은 세계를 아주 많이 나누며 서로 나누는 부분에 대해 절대로 비난하거나 불평하지 않는다는 협정을 만들 수 있다.

상대방을 환상 속에서 보지 않는 것은 불가능하기 때문에 환상을 나누어야 할 의무가 있는 것은 아니다. 이것을 나누려면 아마 상대방에게 많이 물어보아야 할 것이다. 그러나 만약 당신이 실제 존재하는 것을 나눌 수 없다면 사랑은 사라지기 시작한다. 프란체스카는 로버트같은 남자에 대한 환상을 내내 지니고 있었겠지만, 그가 나타날 때까지는 리처드에게도 기회가 있었던 것이다. 그녀가 로버트를 좋은세계에 받아들인 다음에 리처드의 기회는 사라져 버린 것이다. 그러나 사랑을 식어버리게 하는데 꼭 다른 누군가가 필요한 것은 아니다. 서로 오랫동안 사귀어서 두 사람 사이에 차이가 있는 것이 드러나게 되면 사랑을 유지시키기 위해 서로 노력해야만 하는 것이다. 그렇게 할 수 없다면 당신은 이제 더 이상 사랑하고 있는 것이 아니다. 선택이론을 모르면, 초기에 의견차이가 있을 때 그것이 좋은세계의 진정한 차이에 근거를 둔 것이라는 것을 이해하는 대신 외부통제심리로 되돌아가 상대방을 바꾸려 들게 될 것이다. 상대방을 강제로 바꾸려 드는 초기의 시도는 '신혼은 끝났다' 라는 유명한 말로 잘 표현되고 있다. 그렇지만 이 말은 외부통제 사회의 사실을 가리키고 있고 신혼 초처럼 결혼생활이 유지되리라고 기대하는 사람들은 거의 없다. 대부분의 사람들이 기대하는 최상의 것은 그저 더 나빠지지 않기나 바라는 것이다.

선택이론은 결혼이전에도 유효할 뿐만 아니라 극히 중요하다. 이 믿음을 증명해 보이기 위해 몇 달 전 티나와 나누었던 대화를 시작해보려고 한다. 그 이전에 우리는 선택이론에 관해 조금 이야기를 나누기는 했지만 그것은 그저 간단한 이야기일 뿐이었다. 이 이론은 그녀가 케빈과의 관계에 적용할 때까지 그녀의 머리에 떠오르지 않았다. 티나는 케빈이 청혼하기 바랐지만 그는 그러고 싶어하지 않았다. 성과 사랑을 결혼하지 않고도 얻을 수 있는 세상에서 그녀의 경험과 같은 일은 흔한 일이다.

티나는 우리가 나눈 이야기를 통해서 자기가 사용하고 있는 외부통제심리학은 소용이 없다는 것을 충분히 깨닫고 있었다. 그러나 소용없다는 것을 안다는 것이 그녀를 선택이론으로 돌아서게 하기가 쉽다는 의미는 아니었다. 자신의 삶에 선택이론을 활용하기 위해, 그녀는 자신이 통제할 수 있는 것은 자기자신 뿐이며 케빈의 선택을 통제할 수는 없다는 것을 인정해야만 했다.

티나는 28세였고 삶의 어느 측면에서 바라보아도 유능한 사람이었다. 그녀는 고등학교 연극반 교사였으며 학교에서 연출을 맡고 있지 않을 때는 저녁에 지역사회 극장에서 일했다. 케빈은 삼십세로 근처 중학교의 유망한 교감이었으며 신체적 건강에 관심이 많은 사람이었다. 그와 티나는 이년간 교제를 했다. 그들은 서로 잘 맞았으며 교육에 공통관심을 지니고 있었고 서로 사랑한다고 생각했다. 그녀는 기다리는 것은 상관하지 않았으나 가족을 갖고 싶었고 결혼할 수 있다는 확신이 필요했다. 그녀는 어떻게 결혼에 이를 수 있는지 내가 충고해주기 바랐다. 그녀는 내가 아주 구체적으로 어떻게 하라고 말해 줄 것을 기대하지는 않았지만 점점 더 좌절감에 빠졌다.

"선생님은 아시지 않아요. 케빈에 관해 이야기했으니까요. 우리는 일년 반 정도 사귀었고 사회적으로나 성적으로 서로 만족하고 있어요. 지난 번 선생님과 말씀을 나눈 후에 그 사람하고 욕구강도 프로파일까지 맞추어보았는데 아주 잘 맞았어요. 여행도 함께 했지만 결혼한 흉내를 내는 것은 싫기 때문에 함께 살지는 않아요. 내가 아파트를 포기한 다음에 우리가 잘 지낼 수 없다는 이야기를 듣고 싶지는 않거든요. 어떻게 이 시점을 뛰어 넘을 수 있을까요? 나는 우리가 결혼하려고 애써야하는가 하는 것마저 회의가 들기 시작했어요. 우리가 어떻게 될까 하는 끊임없는 근심이 나 자신에 대한 느낌에도 나쁜 영향을 끼쳐요. 이제는 내가 그를 확실히 사랑하고 있는 것인지 확신이 안 서는 시점에 이르렀어요."

"티나, 당신이 그를 사랑하지 않는다면 우리가 이런 이야기를 하고 있지도 않을 겁니다. 내가 할 수 있는 모든 말은 전에 다 이야기한 거예요. 당신이 통제할 수 있는 사람은 당신 자신뿐이에요. 알아요. 압니다. 내가 이 이야기를 몇 번이나 한 걸. 그렇지만 당신은 그가 당신을 사랑하게 만들거나 결혼하게 만들 수는 없어요. 당신은 그가 어떻게 하도록 만들 수는 없어요. 그렇게 한다면 상태는 더욱 나빠질 겁니다."

"그럼 그저 기다리라는 건가요? 그가 나를 좌지우지하도록 이요? 내가 원하는 건 상관도 없는 건가요?"

"물론 상관이 있지요. 그렇지만 지금 불행하게 느끼는 건 당신이 그를 결혼하자고 밀어붙여서 결혼한 다음 일이 잘 안 풀려서 비참한 것에 비교한다면 아무 것도 아니지요."

"그건 알아요. 그래서 동거도 하지 않고 있잖아요. 그럼 내게 말해주세요. 나는 지금 어디에 서 있는 거지요?"

나는 여기서 생각하기 위해 침묵했다. 어려운 질문이었다. 케빈인들 자기들이 어디에 서 있는지 알 리가 없었다. 지금 대답을 한다는 건 별 의미가 없었다. 그 대신 나는 그녀가 통제할 수 있는 부분에 초점을 맞추기로 했다. 그렇게 하는 것만이 지각 있는 태도였다.

"잠시 그 질문을 유보해두지요. 결혼이 당신에게 무슨 의미인지 말해줄 수 있을지 궁금하군요. 결혼에 대한 당신의 생각은 무엇입니까?"

"그건 함께 사는 거지요. 서로에게 언약을 하고 함께 즐겁게 지내구요. 가족과 집과 인생을 함께 하는 거지요."

"그처럼 완벽한 결혼의 그림에 대해 이견이 있는 사람은 없을 겁니다. 자, 이 질문은 일견 어리석게 들릴지 모르지만 그렇지 않습니다. 그 그림이 독신으로 지내는 것과 어떻게 다릅니까? 내 말은 지금처럼 케빈과 지내면서 독신으로 사는 것을 말하는 거지요."

"어떻게 다르냐구요? 너무나 다르지요. 나는 그를 갖지 못했어요. 나는 그를 원하는데 갖지 못했어요. 그는 친절하고 사랑이 많고 나를 사랑한다고 말했고 성적으로도 아주 좋아요. 그런데 바로 그가 행동하는 방식이 문제예요. 이건 대부분의 시간을 서로 손가락 끝만 대고 있는 것과도 같아요. 나는 그에 대해 확신을 가질 수가 없어요. 나는 결혼하고 싶어요. 우리가 결혼하면 그에 대해 확신을 느끼게 될 거라고 생각해요."

"그 사람은 당신에 대해 확신이 있나요?"

"나보다 그 사람이 더 확신을 갖고 있어요. 그 사람은 내가 결혼하고 싶어하는 걸 알고 있고 다른 남자와 사귀지 않는 것도 알고 있어요. 다른 남자들하고는 다르지요. 그 사람은 기다릴 수 있어요. 10년이라도, 아니 그 이상이라두요. 그렇지만 난 그럴 수 없어요. 선생님은 현실치료 상담자이시지요. 자기 현실은 나하고는 달라요. 그 사람은 기다려도 가족을 가질 수 있지요. 나는 육십이 되어서 젊은 여자와 결혼한 사람도 알고 있어요."

"당신이 맞아요. 현실은 우리 누구에게나 같지 않습니다. 그와 당신의 현실은 다릅니다. 그렇지만 당신은 자기 현실을 가지고 살아가야만 해요. 그 사람을 어떻게 할 수는 없습니다. 그리고 당신의 현실은 지금 이 시점에서 그에 관한 확신을 가지고 있지 못하다는 것입니다. 그게 바뀌지 않는다면 미래도 크게 달라질 게 없지요."

"그렇지만 그건 내가 선생님에게 드려온 말씀들이잖아요. 지금 무슨 말을 하시고 싶은 거지요?"

"그가 당신을 아내로 원한다는 확신, 말하자면 '그 사람과 나는 서로 정말 믿고 있어'라는 확신이 설 때까지 결혼은 생각도 안하는 게 좋다는 거지요. 미래를 예견할 수는 없지만 그렇게 되면 당신은 그와 함께 미래를 나눌 수 있게 되겠지요."

"그렇지만 그건 내가 지금 바로 말했던 건데요. 이런 게 나한테 무슨 도움이 되는지 모르겠네요."

"아닙니다. 이건 당신이 말한 것과 아주 똑같은 건 아니에요. 당신은 결혼한다면 그에 관해 좀 더 확신이 설 거라고 했지요. 그는 결혼을 원치 않구요. 결혼이 다소간 미래를 보증하기는 합니다. 그렇지만 어떤 것도 미래를 보증하지는 못합니다. 결혼은 물론이구요. 이혼한 사람들을 많이 아실 겁니다. 그 사람들은 보증된 미래를 못 가졌던 거지요. 그렇지만 티나, 들어봐요. 지금 케빈과 지내는 방식대로라면 현재도 그렇게 좋은 상태는 못됩니다. 지금 현재 그와 즐겁게 지내지도 못하지 않아요. 나는 그게 문제라고 봅니다. 현재가요. 미래가 아니라요."

"그렇지만 나는 할 수 있는 모든 일을 다 하고 있어요. 나는 그를 사랑해요. 그와 함께 다니지만 그와 동거하고 싶지는 않다고 말씀드렸지요. 더 이상 날더러 어떻게 하라구요?"

"내 생각에 당신은 미래에 관해 이야기하는 걸 그만 둘 수 있을 것 같아요. 미래가 있으리라는 것조차도 인용하지 말라는 것이지요. 미래에 관한 이 모든 이야기들이 당신의 현재를 망치고 있어요. 그와 전보다도 오히려 더 잘 지내는데 초점을 맞추어 보세요. 미래를 통제할 수는 없습니다. 그는 당신이 자기와 결혼하고 싶어하는 것을 알고 있어요. 계속해서 그걸 알려주려고 할 필요가 없습니다."

"알겠어요. 결혼이야기와 미래 이야기를 그만두고 아주 멋지게 지내보지요. 이 역할을 얼마동안 해야 하는 거지요?"

"역할이라니요? 그게 역할인가요?"

"물론이지요. 그건 역할이지요. 나는 결혼하고 싶고 그에게서 약속을 받아내고 싶어요. 나는 사랑하지만 미래는 상관하지 않는 그런 친구가 되고 싶지는 않아요. 그건 나한테 충분하지 않아요."

"그게 충분하지 않은 건 알겠습니다. 그렇지만 지금 현재 그곳이 당신이 서 있는 지점이에요. 그 상황을 바꾸기 위해 당신이 할 수 있는 일은 아무 것도 없습니다. 그가 어떻게 하도록 만들 수가 없어요. 할 수 있다고 하더라도 그가 원하지 않는데 결혼하자고 강요하고 싶은 건 아니겠지요. 그와 미래를 나누고 싶으면 지금 할 수 있는 일은 현재를 향상시키는 거지요. 미래에 대한 모든 긴장을 버리십시오. 그가 원하지 않는 일에 매달려서 그 일을 하게 만들려고 애쓰는 건 도움이 안됩니다. 내가 말한 것처럼 결혼한다 하더라도 미래를 예측

할 수는 없습니다. 당신이 할 수 있는 일은 지금 당신이 하고 있는 일 뿐이지요. 그게 당신이 케빈과 해 볼 수 있는 전부입니다. 그렇게 하고 싶으면 최선을 다해 보십시오. 당신은 그에게 미래에 대해 생각하라고 강요하고 있어서 두 사람 다 불편합니다. 만족할 만한 현재는 좋은 미래로 이어질 확률이 높습니다. 형편없는 현재는 형편없는 미래나 아무 미래도 없는 곳으로 이어지게 됩니다."

"그렇지만 견딜 수가 없어요. 선생님이 하시는 말이 일리가 있다는 건 알겠는데요. 나는 그가 지금 언약을 해주기를 바래요."

"티나. 당신은 내가 하는 말이 일리가 있다는 것을 모르고 있습니다. 당신은 외부통제 심리학에 얽매어 있습니다. 그 사람을 변화시키기 원하면서요. 만약 내 말이 일리가 있다는 것을 안다면 그토록 견딜 수 없지는 않을 겁니다. 선택이론을 믿는 사람은 좌절하지 않습니다. 그들은 지금 최선을 다 하고 있고 통제할 수 있는 건 자기자신 뿐이라는 걸 압니다. 생각하고 계시는군요. 그를 변하게 하기 위해서 내가 무엇을 할 수 있겠습니까? 당신은 불가능한 일에 자신을 내던지고 있습니다. 그러니까 견디기 힘들지요."

"내가 케빈을 사랑하고 그 사람도 나를 사랑하는 것 같이 행동하는데도 그가 하는 일에 관해 내가 아무 것도 할 수 없다고 말씀하시는 거예요? 그 사람은 자기 좋은 대로하고 나는 그걸 감내하라는 거예요?"

"아니, 천만에요. 당신이 할 수 있는 일은 많습니다. 우울하거나 화내기, 폭언하기, 절규하기, 위협하기, 다른 남자 만나기, 그를 차버리기, 아프기, 그리고 오필리어처럼 미치기도 있습니다. 몇 달 전에 사람들이 어떻게 자신의 삶을 망치는가에 대해 이야기할 때 다 말씀드린 거지요. 그리고 이 가운데 어느 하나라도 하고 싶다면 당신도 인생을 망칠 수 있지요. 그렇게 하고 싶습니까? 그렇지 않으면 좋은세계의 그림 속에 당신과 그가 서 있는 지점을 잘 바라보기 원하십니까? 좋은세계는 아시지요. 당신이 아는 것을 잘 활용할 기회가 왔습니다. 당신과 케빈에 관한 당신의 그림은 어떻습니까?"

"말씀드렸지 않아요. 난 행복하게 결혼한 우리를 봅니다. 집과 가족과 내가 일생동안 원했던 모든 것을 봅니다."

"그건 근사한 그림이군요. 그렇지만 그건 미래의 그림이구요. 다른 그림을 보여주세요. 지금, 오늘 당신과 케빈은 좋은 세계에서 어디에 있습니까? 잠깐만 결혼을 잊어버리고 당신의 현재 그림이 어디에 있는가를 이야기해주세요. 당신이 지금 그를 사랑하고 있다는 것을 말해주는 그림을요."

"서로 사랑하는 우리를 보지요. 좋은 시간을 갖고 함께 잘 지내구요. 웃고 말하고, 서로의 느낌을 나누구요. 전에 우리가 늘 하곤 했었던 일들이지요."

"전에 늘 하곤 했었다구요?"

"아니에요. 왜 그런 소리를 했는지 모르겠네요. 우린 지금도 그렇게 하고 있어요. 그건 바뀌지 않았어요."

"좋습니다. 그건 굉장한 그림입니다. 언제 그를 다시 만나지요?"

"이번 주말을 함께 보내려고 하고 있어요."

"즐거운 기대를 갖고 있습니까? 정말로요?"

"정직하게 말하자면 그렇기도 하고 아니기도 해요. 우리는 잘 지내기는 하는데요, 언제나 어떤 긴장이 둘 사이에 있어요. 그 사람이 어떤 이야기를 하거나 내가 어떤 이야기를 하거나 간에 그래요."

"미래에 관해서요?"

"말하자면요. 그게 그가 말하지 않는 부분인 것 같아요. 그러면 내가 미래에 대해 또 무슨 이야기를 하지요. 아시잖아요. 나는 불만족스러워져서 좀 시무룩해지고 그 사람도 그렇게 되구요. 그게 주말을 망치지는 않지만 그런 일이 안 일어났으면 하지요."

"그런 일이 일어날 필요는 없지요. 당신이 그렇게 말해야만 하는 건 아니거든요."

"물론 그런 일이 일어날 필요는 없지요. 그렇지만 날더러 어떻게 하라구요? 나는 계속 생각하고 있어요. 여기 우리가 있다, 그런데 우리는 어디에 있는 걸까? 나는 목까지 차 올라서 그렇게 되요. 맙소사, 나는 인간이예요. 선생님은 나더러 느끼는 걸 그만 두라는 것입니까?"

"나는 당신이 무엇을 하기를 원하는 것은 아닙니다. 나는 당신이 무엇을 하기를 선택하고 있는지 깨닫기를 바랍니다."

"알고 있었어요. 선생님이 선택 같은 소리를 또 하실 거라는 걸요. 그 사람은 어떻게 되구요?"

"당신이 하는 일만 통제할 수 있다는 걸 아시지요. 그 사람을 사랑한다고 하셨지요."

"그 사람을 진정 사랑해요. 그렇지만 우리는 방향이 없어요."

"알았습니다. 당신이 연극의 여배우라고 해보지요. 그 여자는 당신을 사랑하지만 결혼할 수는 없다고 말하는 남자를 사랑합니다. 얼마 전 그는 다른 여자와 결혼하겠다고 약속했지만 그 여자를 사랑하지는 않아요. 그런데 일이 아주 복잡합니다. 가족 사업이 그 여자 아버지 사업과 얽혀 있거든요. 이제 그가 물러서면 아버지가 사업을 망치게 되요. 자신의 미래뿐만 아니라 아버지, 형제, 그리고 많은 다른 사람들의 미래를 망치게 되지요. 그 사람의 아버지는 냉혹한 사람입니다. 그는 당신을 몰래 만나고 있지만 6개월 후면 사랑하지 않는 여자와 결혼해야 합니다. 그는 말하기를, '우리 서로 계속 만납시다. 당신 없이는 살 수 없어요. 사태가 바뀌지 않으면 우리 함께 죽읍시다.' 당신들은 약을 먹고 자살하고 마지막에 그녀의 아버지가 소식을 듣고 막이 내려갈 때 사람들은 그의 얼굴에 나타난 비탄에 잠긴 표정을 봅니다. 비극적이라 관객들은 눈물을 흘립니다. 갈채를 보내지요. 이 부분을 어떻게 생각하십니까?"

"멋져요. 그 연기를 해보고 싶어요."

"당신은 연극에서 사랑을 위해 미래를 포기하는 것에는 신경을 안 쓰면서 정말 삶에서는 왜 그렇게 신경을 씁니까?"

"그건 어리석기 때문이지요. 나는 죽고 싶지 않아요. 그 사람이 죽기를 원하지도 않구요. 그 사람이 나를 사랑한다면 그녀에게 작별 인사를 하고 기회를 잡아야지요. 그 사람이 가족들에게 자신의 행복과 미래를 빚진 건 아니지 않아요?"

"그렇다면 만약 현실에서 케빈이 '나는 당신과 결혼할 준비가 결코 안될지도 몰라요.'하고 말한다면 어떻게 하겠습니까?"

"나는 비참할 거예요. 울고 그리고 망연자실할 거예요."

"그런데?"

"선생님이 혹시 자살할까봐 염려하시는 거라면 그런 걱정은 안 하셔도 돼요."

"이번 주에 그와 헤어지면 안 될 일이라도 있나요? 정말 즐거운 주말을 보내고 그가 당신을 아파트에 내려 줄 때 작별인사를 하는 거지요."

"그렇게 아름다운 주말을 보냈다면 무엇 때문에 작별을 해요?"

"왜냐하면 당신은 그런 일이 더 안 일어날까 봐 겁내고 있기 때문이지요. 우리가 이야기를 시작한 이래 그 이야기만 했거든요."

"그렇지만 몰라요. 아직도 어떻게 잘 될지도 몰라요."

"맞아요. 정말 맞습니다. 당신은 미래를 예견할 수 없어요. 그렇지만 당신이 아름답고 사랑스러운 주말을 보낸 것과 긴장된 주말을 보내는 것 중에 어느 쪽이 미래에 함께 지낼 기회를 더 많아지게 해줄까요?"

"그렇지만 근사한 6개월을 보낸 후에 아무 미래도 없다는 결론에 도달하게 되면 어떻게 하지요?"

"그러면 그에게 말하십시오. 진실을 말하세요. '지금까지 너무 좋았지만 이제 나는 더 많이 원해요.'라구요. 그것은 사실일 겁니다. 그런데 여기 어려운 부분이 있습니다. 그가 어떤 종류의 언약을 하지 않는다면 그만 만나는 거지요. 그 사람은 당신이 그의 인생을 통제할 수 없는 것처럼 당신의 인생을 통제할 권리가 없습니다. 6개월 동안 지내보구요, 만약에 그게 당신의 한계 시한이라면요. 더 길게 하면 당신은 바구니 속에 갇힌 것 같이 느낄 거예요."

"그건 나한테 달렸군요. 그렇지요?"

"그건 언제나 그렇습니다. 그게 선택이론입니다. 그건 당신에게 달렸어요. 그 사람은 당신이 어떻게 느끼는지 알고 있습니다. 당신은 명백히 그에게 알렸지요. 그가 당신을 충분히 사랑하고 당신이 그에게 매달리는 걸 그만두고 예전보다 더 가까이 지내려고 노력한다면 잘 될지도 모릅니다. 당신이 더 시무룩해 하면 할수록, 당신이 강요하면 할수록 그 사람은 더 많이 망설이게 되지요. 나는 나를 통제하려 드는 여자하고 결혼하고 싶을지 의문스럽습니다. 그에게 당신이 스스로를 통제하고 있다는 것을 보여주십시오. 그는 당신이 무엇을 원하는지 알고 있습니다. 그 문제를 다룰 수 없다면 당신에게 맞는 사람이 아닙니다. 그 사람이 심약해서 당신이 결혼하도록 밀어붙인다면 어쨌든 그 결혼이 잘 되기 어렵습니다. 당신이 혼자 기르게 될 아이 하나나 둘 낳을 때까지만 유지될지 모르지요."

"선생님이 옳으신 건 알겠어요. 그렇지만 해낼 수 있을지 모르겠네요."

"더 이상 무얼 할 수 있겠습니까? 이건 인생에서 많이 경험해 본 것처럼 무엇인가를 원하는 만큼 얻지 못할지도 모르는 경우지요. 그렇지만 적어도 당신은 최선을 다 했다는 것을 알게 될 겁니다. 그 사람을 귀찮게 굴거나 강요하지는 않았지요. 당신은 시간을 주었습니다. 그 외에 당신이 무얼 더 할 수는 없습니다. 언제까지나 그의 근처를 맴돌면서 그가 결코 청하지 않을지도 모른다는 걸 알면서 괴롭히거나 기다리기를 원합니까? 그건 힘든 일이지요. 선택이론은 힘듭니다. 그렇지만 그저 귀찮게 굴고 기다리는 것보다 훨씬 더 나은 기회를 줍니다. 너무 오래 기다리고 아무 일도 일어나지 않으면 당신은 자신을 싫어하게 될 겁니다. 아무 일도 일어나지 않으면 내가 제안한대로 해보는 것이 좋은 기회가 될 겁니다. 이 일에는 뚜껑이 있습니다. 당신은 그것을 따야만 합니다."

우리들의 대화는 티나에게 자신이 어떤 통제를 할 수 있다는 것을 알도록 도와주었고 그녀는 계획을 세웠다. 그 계획은 안전하고 통제감이 있는 것이었다. 그것은 당신이 할 수 있는 일이고 그가 할 수 있는 일이 아니었다. 그녀는 나하고-결혼-해줘요 라는 메시지를 보내는 일을 중지했다. 그들은 3 개월 동안 너무나 잘 지냈다. 그녀는 그와 잘 지내는데만 신경을 기울이고 어떤 일도 그에게 강요하지 않았다. 그녀는 미래를 흘러가게 두고 긴장은 사라졌다. 그는 그녀와 함께 살면 어떨 것인가에 대해 알 기회를 갖게 되었다. 3개월 후 그들은 다음과 같은 대화를 나누었다.

"결혼에 관해 한 마디도 안하는 데 마음이 바뀌었습니까?"
"나는 결혼에 대해 더 이상 말하지 않기로 결심했어요. 괜찮지요?"
"이제 결혼에 더 이상 관심이 없어요?"
"케빈, 나는 거기 관해 이야기하지 않을 거예요. 당신이 기다리는 게 내가 청혼하는 거라면 나는 결코 그럴 생각이 없어요."
"내가 청혼하지 않으면요?"
"그럼 우리는 결코 결혼하지 못하는 거지요."
"그 동안 당신은 정말 근사했는데 이런 식으로 늘 그럴 것이라고 믿기는 어려운데……"

"이런 식으로 늘 갈 건 아니에요. 나는 지금 우리가 지내는 방식이 좋아요. 당신을 더 만나고 싶지 않게 되면 이야기할 게요."

"그게 언제쯤이요?"

"모르지요. 그렇지만 알게 되는대로 곧바로 당신에게 말할게요."

티나는 선택이론을 자신의 삶에 사용하는 것을 배우기 시작한 것이다. 케빈은 왜 그녀가 조르기를 그쳤는지 이상하게 여겼다. 그녀는 그에게 선택이론을 가르쳤다. 그는 대단히 흥미를 가졌다. 특히 그녀가 그가 원하지 않는 어떤 것도 강요할 의사가 없다는 데 흥미가 생겼다. 그녀는 감당할 만큼의 수준에서 조르거나 비난, 탓하기와 같은 불평 등을 거의 나타내지 않았다. 이것은 어려운 일이었고 그녀는 외부통제 심리학에서 회복되는 모든 사람들이 그렇듯이 되돌아갈 뻔하기도 했다.

그녀는 자기 자신만 통제할 수 있지만 그들의 미래가 선택이론에 의한 미래가 되기를 원했다. 그녀가 외부통제를 포기한 후 그들이 얼마나 행복해졌는가를 그에게 상기시켰다. 명백하게 지금 시점이 외부통제 심리학을 포기하기에 적절한 때였다. 불행한 결혼이 있은 후 아마도 이혼까지 이르기 전에 말이다. 케빈과 티나는 결혼했고 선택이론의 도움으로 그들의 관계는 튼튼하게 유지되고 있다.

그들은 지금 무엇인가 하기 전에 상대방이 자기에게서 멀어지도록 선택하게 하는 것이 아닌가 생각해 본다. 이것이 선택이론 결혼의 핵심이다. 사람들이 서로 멀어지는 단 두 가지 방법이 있다. 저항하거나 물러나기, 싸우거나 달아나는 것이다. 싸움이나 도망치는 것은 어떤 관계에서도 끝장의 시작이 된다. 문제가 생길 때마다 그들은 자신에게 묻는다. 만약 내가 지금 이 말을 하거나 이 일을 하면, 이것이 우리를 가까워지게 할 것인가, 멀어져서 끝장을 내는 쪽으로 가게 될 것인가. 그리고 그들은 다른 사람을 통제하려고 시도하는 조르기나 비난, 불평, 깔보기 등을 하지 않는다. 일생동안 외부통제 심리학을 사용해 온 사람들도 이처럼 너무도 흔한 행위가 어떤 관계라도 해친다는 것을 잘 깨닫고 있다. 가깝게 지내고 싶으면 그런 말들을 사용해서는 안되는 것이다.

티나와 케빈이 행한 일은 문제해결원을 형성한 것이었다. 그 원내에서, 5장에서 설명한 것처럼, 그들은 더 이상 상대방을 변화시키려고 하지 않았다. 그들이 선택하는 것은 그 일이 결혼에 어떤 영향을 미칠 것인가에 근거를 둔 것이었다. 그들은 모든 것에 관해 이야기했고 어떤 것이라도 결혼에 해가 될 수 있는 것은 하지 않았다. 결혼한 부부로서 그들은 배우자가 한 말이 상대방에게보다 결혼에 더 영향을 미칠 수 있다는 것을 알고 있다.

이것은 티나와 케빈이 의견 차이가 없다는 뜻이 아니다. 그들이 서로 멀어지는 쪽으로 사태가 고조되기 전에 의견 차이를 다룰 수 있는 도구를 가지고 있다는 뜻이다. 결혼을 위한 선택을 할 때 결혼 전이라면 그나 그녀를 위해 할 선택이 아니라는 것을 이해하고 있는 것이다. 그렇지만 그들은 이제 결혼을 했고, 이것은 현실이며 독신일 때와는 다르다. 그렇지만 그들은 결혼 밖의 외부 일에 대해 각자의 욕구를 이해하려고 애쓰고 있다. 결혼한 인생에는 성적, 사회적 측면에서 명백한 제한이 있지만 그러나 이 한계 내에서는 샴 쌍둥이처럼 꼭 붙어 다녀야만 하는 것은 아니다. 각자는 전과는 딴 판으로 서로 상대방이 하고 싶은 일을 하도록 격려하면서 상대방이 결혼으로부터 분리된 삶을 갖는 것을 제한하지 않는 것이다.

예를 들어 케빈은 열성적으로 조깅을 즐긴다. 매일, 비가 오나 맑거나 그는 달린다. 티나는 극장에 관심이 많다. 그녀는 지역사회 극장 일을 하기 위해 시간이 필요하다. 그들은 서로에게 그 시간들을 주기로 합의했고 일은 잘 풀려나갔다. 그는 달리고 그녀는 연극을 하고 둘 다 다른 사람이 수용하지 않을까봐 마음 졸이지 않았다. 인생의 성공이 좋은 관계에 의존하고 있기 때문에 그들은 결혼 이외의 인생에 선택이론을 적용하는 것을 배웠고, 이 이론은 여기서도 효율적이었다. 케빈은 학교규율에 선택이론을 사용하면서 더욱 성공적이 되었고 티나는 이것을 그녀의 연극 교실의 학생들에게 사용해서 더 성공적으로 되었다. 두 사람은 선택이론과 해결원을 조화시켜 살면서 서로 언제나 어떤 이야기라도 할 수 있었다. 그럴 수 있었던 것은 각자가 원하는 것보다 결혼에 우선권이 있다고 동의했기 때문이다.

많은 사람들이 이 장미빛 결혼의 그림에 대해 보낼 수 있는 '네, 그렇지만,'이 있으리라고 확신한다. 이 이야기가 너무 이상적이라 갈등이 없어지면 두 사람 다 지루해져서 사랑이 식어버릴 것이라고 생각할지도 모른다. 외부통제 결혼의 큰 기쁨이 싸우고 화해하고 하는 것이라면 선택이론 결혼에는 그 즐거움이 결여되어 있다. 선택이론이 아주 훌륭한 결혼을 보장해주는 것은 아니다. 이 이론은 아주 좋은 결혼에서 일어날 수 있는 문제들을 다루는 방법을 보장해 준다. 좋은 결혼이 불쾌해지는 것은 부부 중 한 사람이나 두 사람 다 외부통제 이론으로 전환하기 때문이다. 두 사람이 사이좋게 지내는 것이 너무 지루하기 때문이다.

우리는 창의성을 결코 잊어서는 안된다. 이것은 지루함에 대한 가장 좋은 해독제이다. 우리들 대부분은 창의적이기를 꺼려하는데, 그 이유는 무언가 새로운 것이 비난받게 될까 봐 두렵기 때문이다. 외부통제 관계에서는 한 사람이나 그 상대방이 언제나 잘못을 발견하려고 들게 된다. 선택이론으로 움직이는 부부는 결코 이러한 두려움이 없다. 그들은 자유를 누리며 상황이 지루하거나 따분하게 될 때 기꺼이 시스템에 협조하려 들게 된다. 그들은 함께 혹은 혼자서 새로운 일에 관해 이야기하기를 두려워하지 않기 때문이다. 해결원이 안전한 장소를 제공해 준다.

오랜 기간에 걸쳐 성을 만족스러운 것으로 만들기 위해서 부부는 서로 공포감 없이 소통 할 수 있는 자유를 지니고 있어야만 한다. 만약 그들이 말할 수 없다면 어떻게 지속적인 결혼에 따르는 보편적인 성 문제를 해결할 수 있겠는가? 이 성 문제의 해결책은 우리가 다음에 사랑을 나눌 때는 무언가 좀 다르게 해보자라는 변화를 사용하는 데에 있다. 좋은 결혼에서도 성은 다른 모든 반복되는 행위와 마찬가지로 쉽게 지루해지는 것이다. 부부가 서로 피곤할 때 사랑을 나누거나, 상대방이 원하는 것을 배려하지 않거나, 전희를 하지 않거나, 결혼생활에서 성은 어차피 근사한 것이 아니라는 생각을 가지거나 하면 성은 사라지기 시작한다. 우리 유전자는 모든 기회 중에서 가장 즐거운 것을 제공해 주고 있지만 많은 부부들이 이 기회의 이득을 취할 수 없거나 자발적으로 취하러 들지 않는다.

이런 일에 관심이 없는 이유 중 하나는 초기에 성관계가 신선할 당시에는 창의적이고자 하는 노력을 할 필요가 없기 때문이다. 그러나 시간이 흐르면 성을 근사한 것으로 만들기 위해 약간의 창의성을 가미할 필요가 생기게 된다. 그렇지 않으면 한 사람이나 혹은 두 사람 다 흥미를 잃게 되어서 서로 성관계를 좋은세계에서 지워버리게 된다. 이렇게 되면 그들은 종종 다른 사람의 환상을 품게 된다. 이 때 약간의 창의성만 지니고 있다면 아직도 서로 즐거운 파트너로 만족할 수 있는데도 말이다. 새로운 파트너와의 성적인 흥분의 아이디어는 남자와 여자 사이에 흔히 오가는 성적 농담의 동기가 된다. 그들은 성관계를 시작했던 초기의 흥분을 원하고 들뜬 농담들은 창의적인 것이다.

기억하라, 무엇이든 간에 다른 사람에게 가까이 다가가게 하는 창의성은 어떤 경우에도 기분 좋게 느껴진다. 좋은 결혼에서 당신은 창의성을 성에 접목시킬 수 있고 육체적인 즐거움을 배가시킬 수 있다. 선택이론을 따르는 창의적인 부부는 서로 성에 관한 관심을 유지하기 위해 다른 장소를 사용하는 것이나 성적인 보조물을 사용하는 것, 게임이나 비디오 테이프나 장난감 같은 것들을 사용하거나 말하는 것을 두려워하지 않는다. 더 큰 문제는 성이 그들의 마음속에 충분히 들어 있지 않거나 한 사람의 마음속에는 있지만 다른 사람의 마음속에는 없는 경우이다. 이 힘든 세상에서 성의 극치를 끌어내려면 서로 마음속에 성을 지니려는 노력을 해야 한다는 사실을 그들은 깨닫지 못하고 있는 것이다. 성에 관해 많이 생각하는 것은 미혼자거나 배우자 이외의 사람에 관한 것이거나 간에 제한을 둘 필요가 없다.

이 문제를 복잡하게 만드는 것은 결혼한 사람들 중 많은 사람들이 성적인 보조 기구가 필요 없다고 믿는 경우이다. 상대방이 진심으로 나를 사랑한다면, 우리는 그런 보조기구가 필요 없다고 믿는 것이다. 그들이 이해하지 못하는 것은 중요한 것은 보조기구 자체가 아니라는 점이다. 보조기구를 사용하거나 사용할 생각을 하기만 하더라도 양쪽 파트너의 마음속에 성이 들어서게 되는 것이다. 성이 마음속에 자리잡으면 보조기구는 덜 중요해지게 된다. 그것에 관해 생각만 해보는 것으로도 필요한 부분은 채워지게 되는 것이다.

근사한 성은 근사한 레스토랑에 가려고 계획을 세우는 것과 같다. 그렇게 하기 위해 예약을 하고 약속을 지켜야 한다. 일주일을 기다려야 한다면 흥미는 더 증가할 것이다. 마침내 식사하러 자리에 앉게 되었을 때 좋은 음식이 마음속에 들어있고 당신은 그것을 마음껏 즐길 기분이 되어 있는 것이다. 성에도 같은 일을 하라. 물론 자연스럽게 즐겨야 하지만 예약을 하는 것을 망설이지 말라. 시간과 장소를 예약하라. 훌륭한 식사를 천천히 하는 것처럼 여유 있게 시간을 가져라. 그러면 당신은 지금 가능하다고 생각하는 것보다 훨씬 더 오래 좋은세계에 남는 성을 즐길 수 있게 될 것이다. 오랫동안 외부통제 심리학을 사용해 왔고 서로에게 별로 만족스럽지 않은 배우자들도 자신들의 욕구강도를 살펴볼 수 있다면 도움이 될 것이다. 오래된 결혼에는 충분한 적합성이 있다. 욕구강도가 달라서 결혼이 불가능한 경우는 거의 없지만 그것을 검토해보면 어떤 어려움이 있을 수 있는지 선명하게 보여준다.

　어려움이 있을 때 두 사람 다 외부통제 심리학을 사용하기를 멈추고 원 안에 들어와 각자가 무엇을 주고 싶은지에 대해 말할 용의가 있다면 결혼생활을 침식시켜 소원해지는 것을 멈출 수 있을 것이다. 성이 사라지기 시작하면 서로 이야기하고 계획을 세울 필요가 있다는 경종이다. 두 사람은 그저 원안에 들어오는 것만으로도 기분이 좋기 때문에 오랫동안 미루어 왔던 곳으로 인도될 수 있다. 일단 시작이 된 후에는 더 많은 일을 해볼 수 있다. 그러나 일단 시작을 해야만 한다. 당신의 외부통제 결혼이 회복되기 어려운 상태에 놓여있는지 모르지만 속단은 금물이다. 부부가 얼마나 오래 원망을 품고 있었는지 몰라도 해결원은 그 힘을 발휘할 수 있을 것이다. 이 책에서 여러 번 말해온 것처럼 선택이론에는 하향 곡선이란 없다. 정말로 잃을 것은 아무것도 없는 것이다.

　다른 모든 인간관계에서와 마찬가지로 결혼생활에서 누군가가 앞장서서 외부통제를 사용하기를 그쳐야만 한다. 이것이 티나의 문제였고 그녀에게는 이것이 공정하지 않은 일로 보였던 것이다. 그 남자는 나를 불행하게 만드는데, 무엇 때문에 그 사람이 하려고 들지 않는데 내가 변화해야만 하는가? 이 생각이 나와 이야기하기 몇 달 전부터 그녀를 억눌렀다. 그러나 선택이론을 시도하는 사람이 파트너를 선택이론의 생각 쪽으로 움직이게 만들려고 한다면 함정이 있을 수 있다. 아주 선의의 동기일지라도 이것은 철저하게 외부통제 이론인 것이다. 그 외에도 우리는 상대방이 나를 어떻게 만들려고 하면 할수록 '나는 더욱 더 저항한다' 라는 쪽으로 곤두박질하게 되는 것이다. 통제는 통제를 낳는다. 압박에 저항하는 것은 외부통제 사회에서 특히 억눌린 자의 규범인 것이다.

학대하는 결혼(Abusive Marriages)

학대하는 결혼에서 남편은 가장 파괴적인 외부통제 실습을 하고 있다. 그는 아내를 소유하고 있다고 믿는다. 게다가 넓게 본다면 외부통제 사회의 체계가 이 믿음을 지지해주고 있다. 남편은 아내를 구타, 학대, 강간하거나 착취할 수 있다. 남자들이 현존하는 사회를 다스리고 있기 때문에 아내가 합법적으로 보호받게 되면 자신들이 힘을 잃게 될까봐 두려워하는 것이 그 주원인을 이룬다. 이 배우자에게 대한 잔인성의 수용은 변화되어야 할 필요가 있고 학대하는 남자를 포함한 모든 사람들을 가르치려면 선택이론이 그 방법이 될 수 있을 것이다.

아내는 소유물이 아니다. 누구도 다른 사람을 구타할 권리는 없고 구타당하는 사람은 법적인 보호를 필요로 한다. 어떤 사법권에서는 충분하지는 못하지만 이 보호를 하도록 강제하고 있다. 학대받은 여자의 증언은 더 이상 필요하지 않다. 멍든 것 자체가 그들을 위해 말할 수 있도록 허용되어야 한다. 우리가 할 수 있는 모든 것이 남자들을 처벌하는 것이라면 거의 도움이 되지 않을 것이다. 이것은 다시 말해 통제를 다루기 위해 통제를 사용하는 것이다. 아주 많은 남자들이 그 여자가 나를 처벌받게 했다는 핑계 하에 더 학대를 하기도 한다. 필요한 것은 법정이 명령하는 전환 프로그램으로 유사한 가정 폭력에 시달리는 부부들에게 선택이론과 현실치료상담을 배울 선택의 기회를 주는 것이다.

이런 전통적인 법정 처벌이나 이보다 더 나쁜 법정 유기로부터 떠나는 전환점은 오하이오 포스테리어(fostoria)의 첫걸음 프로그램에서 성공적으로 선도되고 있다[7]. 여기서는 선택이론이나 현실치료상담을 지역사회에 적용해서

---

[7] 이 첫걸음 프로그램(The First Step Program)은 Terri L. Mercer가 감독하고 있는데 Box 1103, Fostoria, Oh 44830; 전화 (419) 435-7300으로 연락할 수 있다. 이 곳의 모토는 가정폭력의 희생자를 위한 프로그램(A program for victims of domestic violence.)이다.
많은 통계를 인용한 자세한 보고서에서, 남편과 아내가 이 프로그램에 참석한 이후 17%만이 다시 폭력이 있었다고 보고하고 있는 것은 아주 의미심장하다. 이것은 첫걸음 프로그램 감독인 Terri Mercer가 1997년 3월에 보낸 편지에서 보고되고 있다.

경제적 능력과 관계없이 원하는 사람은 누구나 다 참석할 수 있다.

프로그램의 연구는 이 첫걸음에 참석했던 아내들 중에서 17%만 프로그램을 마친 후 남편의 위협이나 폭력이 있었다고 보고하고 있다는 것을 보여준다. 여기서 남자들 중 반이 향상된 자기 통제를 보고하고 있다.

구조화된 현실치료상담 결혼 상담
(Structured Reality Therapy Marriage Counseling)

결혼의 파괴는 외부통제 심리학이 이루어 내게 된 필연적인 결과이다. 일단 이 심리학이 결혼을 잠식해 들어올 때 극복할 수 있는 가장 큰 희망은 결혼을 현재 상태에서 해결원으로 바꿀 수 있게 부부가 상담을 받는 데 있다. 일단 결혼이 이 프로그램의 원 안으로 안전하게 들어오면 외부통제라는 암세포에 대해 면역성을 갖게 된다. 그러나 효율적이 되려면, 결혼 상담은 각 파트너의 개인적인 욕구보다는 관계의 필요성에 본질적으로 맞추어져야 한다.

대부분의 경우, 실패한 결혼의 파트너들은 그들 자신이 실패자인 것은 아니다. 우리들 모두 이혼한 친구나 친척들이 있지만 개인적으로 그들은 유능하다. 그 사람들 중 많은 사람들은 재혼에 성공할 만큼 유능하다. 그 이유는 지난번 결혼에서 저질렀던 실수를 피하기 위해 자기도 모르게 그들 대부분이 선택이론을 배웠기 때문이다. 그렇지만 이것은 우연한 과정이고 많은 사람들이 똑같은 통제와 소유권을 행사하고 다시 실패하는 것이다. 이 능력 있는 사람들이 결혼생활을 유지하고 있는 동안에 이제 내가 설명하려는 구조화된 결혼 상담을 받을 수 있다면 많은 사람들의 결혼이 구제될 수 있다고 생각한다.

선택이론에 근거를 둔 상담에서, 상담자는 적극적인 역할을 맡아 구체적인 질문을 하거나 차례로 응답하도록 각 파트너에게 요구한다. 그렇지 않으면 상담은 실패한다.

1. 정말 도움을 받기 원하기 때문에 여기 왔습니까? 아니면 이미 이혼하기로 결심하고, 도움을 받기 위해 노력했다고 말하기 위해 이곳에 온 것입니까?

2. 아주 간략하게 말해 이 결혼에 무엇이 잘못되었다고 믿고 있습니까?

3. 당신은 누구의 행동을 통제할 수 있습니까?

4. 이 결혼에 아직도 존재하는 좋은 점을 한 가지만 말해주십시오.

5. 결혼에 도움이 될 수 있다고 믿을 수 있는 것들 중에서 이 번 주에 당신이 해 볼 마음이 있는 일을 생각해 보고 말해 주십시오. 그것이 무엇이든 간에 당신 혼자서 할 수 있는 일이어야만 합니다. 어떤 경우에도 당신의 배우자가 무엇을 해야만 하거나 무엇을 하지 않아야만 한다는데 의존해서는 안됩니다.

6. 이번 주에 당신이 여기서 생각한 것 이외에 더 할 수 있겠다고 생각되는 일들을 생각해 보시겠습니까? 그리고 앞의 질문에서처럼 나는-내가-하는-일-만을-통제-할 수 있다는 조건을 따라서 해보시겠습니까?

질문 1에 양쪽 파트너가 똑같이 정말 도움을 원한다고 하면 상담이 잘 될 가능성이 있다. 만약 그들이 상담자에게 도움을 원한다는 확신을 줄 수 없다면 상담이 잘 될 가능성은 없다. 상담자는 양쪽 파트너가 다 같이 도움을 추구한다고 언질을 주지 않으면 상담해서는 안된다. 배우자 중 한 사람만 자신을 위한 도움을 원한다면 그것은 결혼 상담이 아니다.

질문 2의 목적은 한 쪽이나 두 사람 다 변함없이 상대방을 비난하는 상담 장면에서 그것이 외부통제이고 결혼에 언제나 파괴적이라는 것을 지적하도록 하기 위해서이다.

그런 상황은 전혀 본 적이 없지만 한 사람만 다른 사람을 비난하는 경우는 두 사람 다 서로 비난하는 것보다는 훨씬 더 쉬울 것이다. 이런 상황에서 상담자는 악의에 찬 공격과, 비판과 비난, 위협을 쏟아내는 판도라의 상자가 열리는 것을 막기 위해 상대방의 반응을 잘 살펴보아야만 한다. 판도라의 상자를 여는 것이 결혼 상담하러 온 대부분의 사람들이 기대하고 바라는 것이기 때문이다. 외부통제 심리학을 따르면 두 사람 다 자신이 옳다고 생각하며 상담자가 자신의 입장을 지지해주기를 기대하고 있기 때문이다. 만약 그들의 대답을 저지하지 않고 쏟아지도록 내버려둔다면 이들은 상담 노력을 다 파괴해 버릴 것이다.

질문 3의 목적은 (누구의 행동을 당신은 통제할 수 있습니까)본질적인 질문인 5와 6 (집에서 무언가 긍정적인 일을 하기)을 위한 기초작업이다. 이것은 어려운 질문이 아니다. 질문 2 (이 결혼에 무엇이 잘못되었는가)의 대답으로 격분을 쏟아 놓은 다음에 각자가 자기 행동밖에 통제할 수 없다는 것은 명확해질 수밖에 없다.

질문 4는(결혼에 관한 한 가지 좋은 이야기를 해달라)어렵다. 양쪽 다 외부통제 심리학에 들어가 있기 때문에 이 질문은 큰 놀라움을 불러일으키게 된다. 상담자는 여기서 참을성을 지니고 결혼생활을 나아지게 하려면 배우자가 무엇을 해야만 하는가를 말하는, 중요한 진술을 잘 받아넘겨야 한다. 결국 대부분의 부부는 아직도 상당히 좋은 점들이 남아있다는 결론에 도달한다. 그렇게 할 수 없다면 상담하러 오지도 않았을 것이다. 그들이 무언가 좋은 점에 대해 이야기하기 시작하면 분노와 탓하기는 이 만남에서 빠져나가게 되고 그 때부터 항해는 순조롭게 진행될 수 있다. 그들은 자신이 한 말에 대해 놀라게 되지만 이것은 긍정적인 놀라움이다.

질문 5는 질문 4를 그대로 연장한 것이지만 이 질문은 파트너에게 새롭게 생각해 보고 토대를 세울 여지를 주므로 매우 중요하다. 다시 말하지만 상담자는 참을성이 있어야만 하고 이들은 무언가 긍정적인 쪽으로 가게되면서 그렇게 된데 대해서 만족하게 된다. 그들은 이제 상담 장면을 떠나면서 나쁜 결혼 대신 무언가 구체적으로 초점을 맞추어 볼 것을 지닐 수 있게 된 것이다. 이것은 어느 정도 희망을 주게 되고 외부통제 심리학과 너무도 다르기 때문에 아주 강력한 힘을 지니게 된다.

질문 6은 다음 주에 그들이 덧붙여서 할 수 있는 일을 묻고 있는데 이것은 앞으로 전전해 나가는데 긍정적인 초점을 맞추어 주게 된다. 만약에 그렇게 한다면 좋은 일이다. 이들이 그저 질문 5만 해도 결혼은 많은 도움을 받을 수 있는 방향으로 가고 있는 것이다. 5와 6은 다음 주에 그들이 돌아 왔을 때 많은 이야기거리들을 제공해 주게 된다.

만약, 첫 만남이 끝나갈 때 부부가 대단히 우호적이 되고 일의 진행에 대한 흥미가 지니고 있었던 분노를 대체하게 되면 상담자가 해결원을 설명하고 그들이 바로 지금 그 원 안에 들어 있음을 지적할 때이다. 그리고 더 나아가 언제든지 그들이 결혼에 관해 이야기할 때 그 원 안에 들어 있지 않으면 그들의 이야기가 외부통제에 따라 파괴적이 되기 쉽다는 점을 지적할 때이다.

이제 실제로 어떻게 이 구조화된 결혼 상담을 하는지 보여주겠다. 에드와 카렌은 결혼상담을 하러 내게 왔다. 카렌이 전화를 해서 자신의 결혼생활이 아주 실망스럽고 에드도 오기로 동의했다고 전했다. 만나기 전에 나는 그들의 좋은세계에 들어있는 남편과 아내의 그림이 심하게 흔들리고 있는 것을 알았다. 그러나 그들이 서로를 좋은세계에 담고 있는 한 이 구조화된 접근이 도움을 줄 수 있는 확률은 꽤 높다. 만약 한 사람이나 두 사람 모두 상대방을 그 세계에서 몰아내었다면 이들의 결혼은 누구도 구제하기 어려울 것이다. 나는 두 사람 다 외부통제 심리학을 실습하고 있으며 결혼에 도움이 되려면 상대방이 바뀌어야 한다고 믿고 있다고 추측했다.

에드와 카렌은 사십대 초반에 초혼이었고 두 사람 다 직업이 있고 열 살과 열두 살 난 두 아이가 있었다. 돈 관리는 합리적이었고 근본적인 경제 문제는 없었다. 두 사람이 상담소에 와서 내 맞은 쪽에 앉아 말을 꺼내기 전에 내가 질문 1을 시작했다. 나는 이런 상황에 있는 모든 부부를 만날 때 준비된 도입부로 이 질문을 포함시키고 있다.

"두 분 다 결혼에 도움을 얻으려고 오신 것으로 알고 있습니다. 이 의미는 당신들 중 누구도 결혼이 수습하기 어려운 지경에 이르렀다고 결심했거나 정말로 이혼을 원하는 것은 아니라는 것인데요. 타당한 생각입니까?"

두 사람 다 내 말이 사실이라고 동의했다. 그래서 나는 준비된 그 다음 질문으로 넘어갔다. 나는 이 질문을 결혼에 문제가 생긴 것에 관해 상대방을 탓하는 것을 서로 확실히 듣도록 하기 위해서 사용한다. 이 대답을 몇 가지 문장으로 대답하도록 제한하는데 최선을 다하고 있다. 나는 연설문을 원하지 않는다. 그들 자신으로부터 짧은 예를 들고 이후에 그들이 어떻게 변했는가를 선명하게 볼 수 있게 되기를 원한다. 아니면 상담이 성공적이지 못했을 경우에 그들이 변하지 않았다는 것을 알게 되기 원하는 것이다.

"나는 두 분이 각각 이 질문에 관해 짧게 대답해 주기 바랍니다. 길게 말씀하실 건 없습니다. 길어지면 내가 제지해야만 하는데 나는 무례하게 보이고 싶지 않습니다. 한두 문장이면 충분합니다. 나는 두 사람이 각각 이 결혼이 무엇이 잘못되었는지를 내게 말해주기 바랍니다. 누가 먼저 말해야 하는가 하는 논쟁을 피하기 위해서 한 분에게 대답을 청하고 그 다음에 다른 분에게 묻겠습니다. 카렌, 당신이 전화했으니까 먼저 말씀해 보시지요."

"그이요. 그이가 문제예요. 이건 마치도 에벤저 스크루지와 결혼한 것 같아요. 남편은 내가 쓰는 한푼 한푼까지 다 간섭을 해요. 내가 일하지만 돈은 다 그 사람 것이지요. 선생님은 내가 어떻게 생활해 왔는지 모르실 거예요. 남편은 나를—"

내가 저지하기도 전에 에드가 끼어들었다. "아니, 내가 문제라고? 당신이 우리가 지닌 한푼까지 다 낭비하지 않았다면 그렇겠지. 박사님, 우리는 신용카드의 한도액 끝까지 다 사용하고 있습니다. 낭비하느라고 쓴 돈 때문에 이자까지 물고 있습니다."

"보세요. 박사님. 내가 하루 종일 어떤 일을 견디고 사는지요."

"그런데, 규칙을 꼭 지켜야만 합니다. 질문에 답만 하십시오. 논쟁하면 안되고 손가락질해도 안됩니다. 에드, 당신 생각엔 무엇이 잘못되어 있나요?"

"말씀드리지요, 박사님. 이렇게 말하기는 정말 싫지만 아내는 나를 더 이상 사랑하는 것 같지 않습니다. 아내가 하는 말은 다 불평뿐이에요. 나를 구두쇠라고 부르면서요. 이젠 어떻게 해야 그녀를 만족시킬 수 있을지 정말 모르겠어요."

내가 아무 말도 하기 전에 카렌이 끼어들었다. "오, 그건 옳은 말이에요. 이 사람은 이제 나를 만족시키려면 어떻게 해야 하는지를 모르고 있어요. 그에게 사랑에 관해 말한다는 건 역사적인 농담이 될 거예요. 이 사람은 강아지를 대하는 쪽이 나를 대하는 것보다 더 나을 거예요. 그 강아지는..."

이 시점에서 나는 그녀가 더 계속하기 전에 겨우 한 마디 할 수 있었다. "만약 두 분이 계속해서 싸우고 서로 비난한다면 도와 드릴 수가 없습니다. 제발 여기서는 집에서 하시던 대로 하지 말아주십시오. 그렇게 하면 집에서도 도움이 안되고 여기서도 도움이 되지 않습니다. 내 질문에 두분 다 아주 잘 대답하셨습니다. 이제 그림이 떠오르는군요. 지금이 당신의 결혼에서 아주 중요한 시점입니다. 부디 제 방향을 따라주셔서 당신들에게 도움을 줄 수 있도록 해 주십시오."

여기서 외부통제 심리학이 아주 만개해 있는 것을 볼 수 있다. 예기한 대로 그들은 짧게 말해달라는 내 요청을 귀담아 듣지 않고 끼어들어 서로를 탓하면서 내가 자기편을 들어주도록 애를 썼다. 그러나 나는 걱정하지 않았다. 내가 그들의 장황한 이야기에 관심을 나타내는 실수를 저지르지 않는다면 상황을 통제할 수 있었다. 또 사이 나쁜 것처럼 보이기는 했지만 처음 몇 분 동안에는 훨씬 더 나쁜 이야기를 들었던 것이다. 나는 그들이 서로 마음을 쓰고 있고 내가 도울 수 있다고 생각했다. 다음 질문은 어렵지 않았다. 그리고 이 질문이 그들을 옳은 방향으로 인도해주었다. 그들은 자신의 행동만 통제할 수 있다는 것을 수용하기 시작했다.

"말해주십시오. 당신은 누구의 행동을 통제할 수 있습니까?"

나는 이 질문을 자신이 아닌 상대방에게 초점을 맞추는 습관에서 벗어나도록 하기 위해 사용했다. 조금 시간이 지난 후 카렌이 말했다. 이들은 이미 그 안으로 들어와 있었기 때문에 누구 차례인가에 대해 걱정할 필요는 없었다. 공정하게 하기 위해 나는 에드에게 질문 4를 했지만 나는 또한 카렌에게서도 대답을 듣고 싶었다.

"내가 남편의 행동을 통제할 수 없는 것은 아주 명백합니다. 그렇지만 하나님도 아시겠지만 남편은 나를 통제하려고 듭니다."

나는 말했다. "남편은 통제에 성공했나요?"

"남편은 나를 비참하게 만들고 우리 결혼생활을 망치는 데는 성공했지요."

에드가 나섰다. "이거 봐요. 카렌. 내가 당신의 낭비를 통제할 수 있었다면 여기 오지도 않았을 거요."

나는 그 이야기를 끝내려고 다음과 같이 말했다. "알겠어요. 두분 다 상대방을 통제하려고 했지만 그렇게 할 수 없었던 것이 상당히 확실하군요. 같은 말 같지만 내게 말해보십시오. 당신이 통제할 수 있는 사람은 누구인가요?"

에드는 내가 말한 것을 확인했고 카렌은 만족한 듯 보였다. 그는 말했다. "선생님의 말씀은 우리가 자신밖에 통제 못한다는 것이지요. 그건 알고 있습니다. 함께 일하는 판매원에게 늘 그렇게 말하고 있습니다."

이것이 두 사람을 안정시킨 듯했다. 그들은 조용해져서 질문 4를 기다렸다. 이 질문은 지시적인 상담에서 매우 중요한 것이다. 만약 그들이 이 전적으로 예기치 못한 질문에 잘 대처할 수 있다면, 전체 분위기가 바뀌고 보다 더 안정될 것이었다.

"알았습니다. 에드. 이제 당신의 차례입니다. 내가 물으려고 하는 것은 제일 중요한 질문입니다. 시간을 들여 충분히 생각해 주십시오. 한 사람씩 지금 현재 결혼에 관한 좋은 점을 말씀해주십시오. 무언가 좋은 점이 있어야만 합니다. 그렇지 않으면 희망이 거의 없습니다. 좋은 점이 없다면 여기 오시지도 않으셨을 겁니다. 변호사를 만나러 가셨겠지요."

내가 예기한대로 질문 4는 그들을 잠시 궁지에 빠트렸다. 그들은 서로 바라보고 나서 나를 바라보았다. 이 질문이야말로 이 두 사람을 탓하기와 불평으로부터 끌어낼 잠재 가능성을 갖고 있었다. 만약 그들이 부정적인 쪽에 매달려있도록 내버려둔다면 조금이나마 지니고 있었던 긍정적인 면을 없애 버리는데 기여하게 될 것이었다. 내 경험에 의하면 부부가 한 번 긍정적으로 생각하기 시작하면 인식하고 있는 것보다 더 많이 좋은 점들이 있는 것을 발견하게 된다. 내가 에드에게 물있음에도 카렌이 곧바로 끼여들었다.

"이건 전혀 제가 예상했던 것이 아닌데요. 나는 여기에 우리 결혼의 잘못된 점이 무엇인가를 말씀드리러 왔습니다. 나는 선생님이 나를 말못하게 하리라고는 예상하지 못했어요. 이게 대체 무슨 종류의 상담이지요?"

"나는 이렇게 상담합니다. 좀 기다려주십시오. 자신을 편 들어달라고 시간과 돈을 낭비하지 마세요. 나는 누구의 잘못인가에 대해서는 관심이 없습니다. 백만 년이 지나도 두 사람은 결코 합의하지 못할 겁니다. 에드. 시간을 들여서 대답해 주십시오. 지금 결혼생활의 좋은 점은 무엇입니까?"

"어려운 질문이군요. 좋은 것이 무엇인지 생각해 낼 수가 없는데요."

"계속해서 생각해 보십시오. 무언가 좋은 점이 틀림없이 있을 겁니다."

이 부분에서 언제나 좀 통과하기 어려운 점이 있다. 그는 무언가 좋은 점을 한 가지 이상 알고 있지만 그것을 인정하는 것은 어쩐지 덤벙대는 것 같다고 생각하고 있는 것이다. 나는 참을성 있게 지지해주기로 마음먹었다. 그는 무언가 생각해 낼 것이었다. 그녀도 또한 생각하고 있었다. 나는 그녀가 남편이 무어라고 말할 지에 대해 지대한 관심을 갖고 있다는 것을 알 수 있었다.

"알겠습니다. 아내에게 이렇게 말할 수 있겠어요. 그녀는 충실합니다. 처형이 그녀에게 내가 바보라고 말하는 것을 들었는데 아내는 동의하지 않았습니다. 그건 아주 마음에 들었습니다. 나는 그저 처형에게 말하는 것처럼 내게도 가끔 그렇게 말해 주었으면 합니다."

카렌은 이 말이 마음에 들었지만 아직도 말을 가로채었다. "물론 나는 언니에게 당신을 지지하는 이야기를 했어요. 언니가 결혼한 얼간이에 비하면 당신은 상당히 괜찮거든요. 그렇지만 내가 그걸 말하기를 기대한다면 지금보다 훨씬 더 나아져야만 할 거예요."

"이봐요. 카렌. 에드는 자기 이야기를 했습니다. 이제 당신 차례입니다. 지금 결혼의 어떤 점이 좋은지 내게 말해주십시오. 당신이 무엇인가 말하는 것은 아주 중요합니다. 시간 여유를 가지시구요."

그녀는 마음속에 무엇인가 있었지만 말하기를 아주 꺼려한다는 것을 알 수 있었다. 마치도 그 말을 함으로써 그녀가 취약해지고 결혼에 무엇인가 좋은 점이 있다고 말하는 것이 잘못된 일이라도 되는 것으로 생각하는 것같았다. 그러나 그녀는 그 말을 하기를 원했다. 나는 그녀가 부드러워진 것을 볼 수 있었다. 이 질문은 그녀의 마음에 가 닿았다.

"보세요. 이건 마치 내가 두 사람의 남자와 결혼해서 살고 있는 것 같아요. 대부분의 시간에 그는 하이드씨 같아요. 내가 하는 모든 것을 비난하구요. 그리고 불평하면서"

나는 제지했다 "하이드씨 쪽 이야기는 알고 있어요. 지킬 박사에 대해 이야기해 주시겠습니까?"

"휴가 갈 때지요. 우리는 3주간 함께 지내는 계획을 해요. 그럴 때 그이는 아주 훌륭해요. 두 주일은 아이들하고 함께 하고 한 주일은 우리들끼리 만이지요. 그렇지만 그게 날 화나게 해요. 왜 좋은 것이 이것뿐이어야 하지요? 나는 일 년에 삼 주만 괜찮은 결혼에 안주하고 싶지 않아요. 하와이에서 휴가를 보낸지 8개월이나 지났어요."

에드가 끼여들었다. "맙소사, 카렌. 하와이가 좋았던 건 당신이 한 번도 입지 않은 빌어먹을 무무 드레스 말고는 아무것도 살 것이 없었기 때문이지. 당신이 충동적인 쇼핑을 걷어치운다면 우리는 아주 잘 지낼 수 있어요."

"당신이 휴가때 날 대하는 것처럼 늘 대해준다면 쇼핑을 그렇게 많이 하지는 않을 거예요."

여기까지는 아주 좋았다. 나쁘게 들리기는 했지만 두 사람의 결혼에 본질적인 어떤 것이 있음을 알 수 있었다. 아직도 서로 탓하고 있기는 하지만 이 마지막으로 나눈 이야기는 긍정적이었다. 나는 결혼에 무엇인가 좋은 점이 있다는 사실에 약간의 확신을 갖고 다독거렸다.

"봐요. 카렌. 무언가 좋은 점이 있지요. 나를 믿으십시오. 나는 결혼생활 중 일년에 하루도 좋은 날이 없는 사람들과 상담하고 있습니다. 충분한 건 아니지만 이것을 보면 당신과 에드는 잘 어울릴 수 있군요. 생각해내야 할 것은 어떻게 해야 그 좋은 점을 더 끌어낼 수 있는가 하는 것이지요. 아니, 아닙니다. 지금 당장 무슨 말씀을 하지는 말아주십시오. 다음 질문으로 넘어가지요. 이것은 또 다른 어려운 질문입니다. 그렇지만 당신이 집중한다면 무언가 생각해 낼 수 있을 겁니다."

나는 매우 지지적이었고 그들의 생각은 방향을 바꾸기 시작했다. 그들은 내가 무엇을 하고 있는지 알 수 있었다. 그것은 단번에 알 수 있는 것이었지만 그들의 마음을 사로잡으며 그것이 바로 그들이 원하는 것처럼 보였다. 나는 다음 질문에 대해 대단히 참을성을 지니기로 마음먹었다. 이 질문에 대답하는 것은 좀 시간이 걸릴지 모르지만 그들이 해낼 수 있는 것이라는 메시지를 보내면서 친절하게 지지해주었다.

"시간을 들여서 매우 신중하시길 바랍니다. 비난하는 말은 마시구요. 이번 주에 결혼을 돕기 위해 기꺼이 할 수 있는 일을 생각해 주십시오. 이것은 각자가 해야 하는 일입니다. 다른 사람이 하기를 바라는 것이 아니구요."

두 사람이 서로를 수줍어하면서 바라보는 동안 긴 침묵이 흘렀다. 나는 그들의 시선에서 작은 호감을 엿볼 수 있었고 이것은 매우 긍정적인 신호였다.

에드가 말했다. "한 주일 내내 돈에 대해서는 한마디도 안하기로 하지요. 하더라도 어차피 그녀가 돈을 쓰는 것을 막을 수도 없는 걸요."

좋은 말이 마지막에 그가 그녀에게 던진 빈정거림 때문에 조금 망쳐지기는 했다. 그렇지만 그녀는 별로 상관하지 않는 것 같았다. 그런 빈정거림을 염두에 둘 시점은 지난 것처럼 보였다.

그녀는 응답했다. "좋아요. 에드. 정말 좋아요. 그렇지만 누굴 놀리는 거예요? 청구서가 오기만 하면 난리가 날텐데요."

"나를 내리 깎으려고만 들지 말고 좀 기다려 봐요. 내가 듣고 싶은 건 당신이 무엇을 하려고 하는가 하는 것이요."

아주 긴 침묵이 흘렀다. 나는 카렌이 말하고 싶은 것이 있는데 그것을 입밖에 내어놓는 것을 매우 주저하고 있는 것을 알 수 있었다.

마침내, 조금 수줍은 어조로 그녀는 말했다. "나는 좀 더 애정 있게 대할 수 있어요."

그녀가 입밖에 내기 어려운 듯한 말을 하자 나는 에드가 만족해하는 것을 알 수 있었다.

나는 그녀가 "이제 그럴 때가 되었지." 같은 다소 의미 있는 말을 기대하고 있는 것을 알 수 있었다. 그러나 에드는 그저 말없이 기분이 좋은 것처럼 보였다. 나는 그들이 부부관계를 덜 가지게 된 게 언제냐고 묻지 않았지만 내 추측으로는 8개월 전에 하와이에 다녀온 후로 그랬던 것 같았다. 이제 나는 마지막 요청을 하려고 했다. 만약 그들이 그렇게 하겠다고 동의한다면 이어서 해결원의 이야기로 들어갈 수 있을 것이었다.

"그렇게 생각한다면 다음 주에 당신들 중 한 사람이나 두 사람 다 결혼을 향상시킬 수 있는 다른 일들을 찾아 볼 수 있을지 궁금한데요. 일종의 숙제 같은 것이지요. 다음 주에 와서 거기 관해 이야기를 해주실 수 있는지요. 이번 주 동안 할 수 있다고 여기서 말씀하신 것보다 무언가 더 하실 수 있다면 결혼에 큰 도움이 될 것입니다. 그렇게 하실 수 있다면 이 달에는 다음 주만 만나면 되겠는데요. 달리 원하지 않으시다면요. 그런데 몇 분 시간이 남아 있군요. 뭐 질문하거나 말씀하실 건 없으십니까?"

만약 결혼이 장기간에 길친 상담을 필요로 한다면 나는 그 결혼이 구제되기 어렵다고 본다. 결혼의 문제는 개인의 문제가 아니다. 내가 상담했던 대부분의 사람들은 에드와 카렌처럼 개인적으로는 유능했다. 그들이 알아낼 수 없었던 것은 어떻게 서로 잘 지내는가 하는 것이었다. 그렇지만 여기서 이 짧은 시간동안 에드와 카렌은 실제로 해결원 안으로 들어왔다. 나는 이것을 그들이 떠나기 전에 설명해주고 싶었다. 그들이 이 정보를 사용할 힘이 있다고 생각했고 다음 주에는 어차피 알게 될 것이었다.

에드가 말했다. "기분이 나은데요. 나는 싸울 준비를 하고 왔었는데 사실 정말로 싸우고 싶었던 건 아닌 것 같습니다. 당신 생각은 어때. 카렌?"

"이상하네요. 이건 정말 내가 기대했던 건 아니었어요. 무슨 일이 일어났는지 확실히는 모르겠는데 나도 기분이 나아졌어요."

무언가 일어난 것은 외부통제 심리학으로 뭉쳐져 있는 두 사람이 선택이론과 만난 것이었지만 그런 이야기를 그 때 하지는 않았다. 다음 주에 시작할 수 있을 것이었다. 그러나 그들이 받아들일 준비가 되어있고 본질적으로 해결원에 들어있다면 그것을 설명하는 좋은 기회가 되기는 할 것이었다. 만약 그 두 사람이 이번 주에 그것을 사용할 수 있다면 틀림없이 진척이 있을 것이었다. "카렌, 당신의 질문에 답하는 것을 다음 주로 미루고 싶은데요. 그런데 여기서 무엇이 일어났는가 하는 부분은 말씀드리지요. 보십시오. 내 손에 상상 속의 백묵이 들려있습니다. 내가 그것으로 무엇을 하는지 잘 보십시오. 나는 당신과 에드 주위에 원을 그립니다. 자 이제 당신은 그 해결원 안에 있습니다. 말해보세요, 무엇이 해결원이라고 생각하십니까? 이것은 두 사람이 어떻게 느끼는가 하는 것과 관계가 있고 지금 당신들은 싸우고 싶지 않습니다."

카렌이 말했다. "그게 그렇게 이상한 점이었어요. 에드가 말한 것처럼 더 이상 싸우고 싶은 느낌이 들지 않아요. 싸우고 싶은 느낌은 정말 오랫동안 느껴왔던 것이거든요. 그런데 이 상상 속의 백묵이 그려놓은 선은 그것과 무슨 관계가 있나요?"

에드가 곧바로 추측했다. "우린 싸우지 않고 있는 거야. 나는 싸우고 싶은 느낌이 없는데"

카렌이 남편의 말을 마무리했다. "우리가 무언가 해결하고 있네요. 그런가요?"

"그것도 일부분이지요. 그렇지만 그것보다 더 많은 부분이 있습니다. 이 원 안에서 결혼은 당신 개인이 원하는 것보다 우선권이 있습니다. 지금 현재 당신은 그 안에 있지요. 당신이 이곳에 올 때 그 원 안에 있었나요?"

카렌이 말했다. "이건 금성과 화성에 관해 쓴 그 사람 같아요. 이 곳에 올 때는 우리 두 사람이 같은 위성에 살고 있으리라고는 생각도 못했어요."

에드는 동의하면서 끄덕거렸다.

나는 말했다, "맞습니다. 당신 둘이 그 원 안에 들어 있는 한 싸우지 않을 뿐만 아니라 상대방이 자신을 깔볼까봐 걱정할 필요 없이 결혼에서 원하는 것을 안전하게 이야기할 수 있습니다. 그렇지만 물론 상대방을 기다리지 않고 결혼에 무언가 해보려는 것은 당신에게 달려 있습니다. 이 원안에서 하는 일은 여기서 당신이 시작한 일과 똑같습니다. 이 원 안에서는 해야만 하거나 하지 않으면 안되는 것은 없습니다. 당신이-그것을-한다 는 것은 없고 오직 내가-그것을-한다만 있습니다. 언제든지 결혼에 대해 이야기하고 싶을 때 이 원 안으로 들어오는 것이 좋습니다. 두 분께 이 상자 속의 백묵을 드리지요. 사용하십시오. 그리고 마지막 질문입니다. 당신은 누구의 행동을 통제할 수 있지요?"

에드와 카렌은 한 주일 후 돌아와서 이야기할 것이 아주 많았다. 모든 것이 더 나아졌다. 나는 돈만이 그들의 문제라는 환상은 갖고 있지 않았다. 단지 문제가 그 하나 뿐인가 하는 것도 확신하기 어렵다. 실패하는 관계에서는 모든 것이 문제가 되는 것이다. 해결원의 좋은 점은 이 원이 어떤 특정한 문제에만 좋은 것이 아니라 어떤 부부라도 언제나 사용할 수 있는 강력한 도구라는 점에 있다. 그렇지만 문제가 발생했을 때 함께 지내왔다는 이유로 원 안에 있는 것을 당연하게 받아들이지 말라. 백묵을 꺼내서 실제로 당신이 그 원을 사용하고 싶을 때마다 그리는 동작을 취하라. 원을 다 그리고 그 안에 들어설 때까지 아무 말도 하지 말라. 이것은 목적이 있고 초점이 있는 활동이다.

카렌과 에드가 원 안에 들어왔을 때 그들은 그 원이 그처럼 단순하면서도 무척이나 많은 일을 해주는 비밀장치라고 말했다. 이것을 시도했을 때 효과가 있어서 점점 더 많이 사용하게 되고 그것이 얼마나 효과적인가에 대해 놀라게 되었다. 그들은 내게 무엇이 진행되고 있는지 말해달라고 청했다. 이 요청이 선택이론을 설명하고 싶은 내가 말문을 여는 계기가 되었다. 나는 그들에게 1995년에 나온 '관계'를 다룬 책, '결혼의 기술'(Staying Together)을 선물했다. 이 책은 부부가 어떻게 그들의 관계에 선택이론을 활용할 수 있는지 설명해주고 있다.

작업 2. 관계에 대한 자기평가 점검

W.Glasser, 김인자 (2000, 2003)

관계를 해치는 행동		관계를 좋게 하는 행동	
비판하기 Criticizing	1 - 2 - 3 - 4 - 5	경청하기 Listening	1 - 2 - 3 - 4 - 5
비난하기 Blaming	1 - 2 - 3 - 4 - 5	존중하기 Respecting	1 - 2 - 3 - 4 - 5
불평하기 Complaining	1 - 2 - 3 - 4 - 5	수용하기 Adapting	1 - 2 - 3 - 4 - 5
잔소리하기 Nagging	1 - 2 - 3 - 4 - 5	믿어주기 Trusting	1 - 2 - 3 - 4 - 5
협박하기 Threatening	1 - 2 - 3 - 4 - 5	격려하기 Encouraging	1 - 2 - 3 - 4 - 5
벌하기 Punishing	1 - 2 - 3 - 4 - 5	지지하기 Supporting	1 - 2 - 3 - 4 - 5
매수/회유하기 Bribing	1 - 2 - 3 - 4 - 5	불일치 협상하기 Negotiating	1 - 2 - 3 - 4 - 5
계 : 높을수록 관계를 해침		계 : 높을수록 관계에 도움이 됨	
이름 :		일자 :	

제 9 장

신뢰와 당신의 가족
(Trust and Your Family)

만약 내가 태어나기 전에 어려서부터 배우고 경험할 모든 것을 미리 안 후에 부모를 선택할 기회가 주어진다면 나는 주저 없이 우리 아버지를 택할 것이다. 어떤 아들에게도 그보다 더 나은 아버지는 없었을 것이다. 나의 행복한 삶의 대부분은 50여년이 넘도록 나를 위한 아버지의 선택에 빚지고 있다. 세상을 떠난 지 오래되었지만 아버지의 그림은 아직도 내 마음속의 좋은세계에 자리잡고 있고 내 그림도 그의 좋은세계 안에 있었으리라고 느낀다. 두 사람의 오래된 관계를 돌이켜볼 때, 아버지와 함께 나누었던 것은 든든한 신뢰였다. 나는 아버지가 말하는 것과 의미하는 바가 다를 수도 있다는 생각을 해 본 적이 없다. 아버지로부터 개인적인 자유, 통제하지 않는 사랑의 선물을 받았다. 나는 대단히 운이 좋은 아이였다.

어머니는 매우 뛰어난 자질을 지니고 있기는 했지만 나는 어머니를 선택하지는 않을 것이다. 어머니가 나를 아이나 청년으로 잘 대하지 않았다는 뜻은 아니다. 어머니가 가족들을 대한 방식으로 다시 살고 싶지는 않다는 뜻이다. 성인이 된 후 어머니가 나를 대하는 태도가 해를 끼쳤거나 아이인 나를 잘 대해 준 방식이 내 성공에 기여하지 않았다는 뜻도 아니다. 그러나 내가 오랫동안 살아오면서 알게 된 것은 어머니 말고 다른 사람하고 라면 더 잘 지낼 수 있었으리라는 것이다. 내가 아주 어렸을 때부터 어머니의 행동은 예측을 불허했다. 나는 정말로 어머니를 신뢰하는 느낌을 가질 수 없었다. 그런 관점에서 볼 때 어머니는 아버지와 아주 달랐다.

좋은세계 안에 있는 다른 사람들의 그림들과는 달리 우리는 부모를 의식적으로 그 세계 안에 넣기로 선택하는 것은 아니다. 그들을 인식할 때쯤이면 우리는 이미 선택을 해 버린 것이다. 그들은 그 세계 속에 그저 들어가 있는 것이다. 많은 동물들은 새끼들이 자랄 동안 생존을 위해 유대를 짧은 기간동안 갖는다. 유전적으로 유대를 갖지는 않지만 우리가 부모를 좋은세계 안에 넣고 부모가 우리를 그들의 세계 속에 넣을 때 그 유대는 짧은 기간의 유대보다 강하다. 우리 대부분에게 이 유대관계는 일생 지속된다.

아이들이 자기를 길러준 부모를 좋은세계에서 빼어내는 것은 거의 불가능하다. 대부분의 경우 그들을 대체할 사람이 아무도 없기 때문이다. 같은 이유로 다른 많은 가족 구성원들이 처음부터 가까웠다면 우리들의 좋은 세계로부터 빼어내는 것은 어려운 일이다. 계모나 계부, 양부모의 경우도 마찬가지이다. 우리가 그들을 인식할 때쯤 혹독하게 대한다고 하더라도 우리는 이들을 나중에 만난 어떤 다른 사람보다도 더 오래 좋은세계에 넣어두려고 한다. 그리고 이것은 자녀들에게도 마찬가지다. 자녀가 어떤 행동을 선택하든지 간에 그들을 우리의 좋은세계에서 빼어 버리는 것은 거의 불가능하다. 이런 관점에서 자녀-부모 관계는 독특하다.

학대받고 심하게 유기 당한 아이들은 자신들의 좋은세계에 대해 아무것도 모른다. 특히 이 말이 얼마나 강렬한 말이며 그들의 부모나 부모대리인이 얼마나 단단히 그 속에 있는지 모른다. 그들은 좋은세계의 힘을 깨닫지 못하고 있기 때문에 학대하는 부모나 아이를 유기 하는 부모를 왜 포기할 수 없는 것인지 자신들도 의아하게 여길 것이다. 흔히 그들은 자신에게 너무도 중요한 사람들을 기쁘게 하려는 절망적인 시도로 학대를 받아들인다. 도저히 대체될 수 없다고 믿는 사람들과 헤어진다는 생각보다는 학대의 고통이 견디기 쉬운 것이다. 대체한다는 것은 이 사람들을 좋은세계에서 빼어버린다는 것을 의미한다.

이것이 바로 영화 '샤인'의 주인공인 젊은 데이빗 헬프갓의 문제이다. 헬프갓이나 아버지나 상대방을 자신의 좋은세계에서 빼어내지 못한 것이다. 이 영화는 아버지가 어떻게 그의 아들을 사랑했는지를 고통스럽게 묘사하고 있지만 헬프갓은 이 사랑을 조건부로 받아들일 수밖에 없었다. 이것을 얻기 위해 그는 아버지의 지배를 감수할 수밖에 없었다. 그가 천부적인 재능을 추구하려 피아니스트가 되기 위해 집을 떠나겠다고 이야기하자, 아버지는 잔인하게 그의 요청을 거절하면서 아들을 너무도 사랑하고 있기 때문에 그러는 것이라고 주장한다.

헬프갓이 마침내 아버지의 독재로부터 가까스로 떠났을 때도 그 이별은 단지 육체적인 것일 뿐이었다. 그는 아직도 아버지를 좋은세계로부터 빼어내지 못한 것이다. 그는 아버지를 필요로 하는 자신과 피아노를 추구할 자유를 필요로 하는 자신의 갈등 사이에서 견디기 어려운 고통을 겪는다.

마침내 고통스러운 갈등으로부터 도피하고 그토록 갈망하는 개인적 자유를 발견하기 위해 그는 자신의 인생을 창의체계쪽으로 선회하기로 선택한다. 이런 선택은 헬프갓처럼 이미 창의체계에 깊이 들어가 있는 재능 있는 사람에게 그리 드문 선택이 아니다.

나는 헬프갓이 정신질환자가 됨으로서 피아노 연주를 포기하는 것이 원하는 대로 음악가가 되지 않으면 사랑해 주지 않겠다는 아버지에 대한 마지막 저항으로 본다. 그렇지만 10년이라는 시간이 상처들을 치유하고 그는 피아노로 다시 돌아와 충분한 자유를 느낀다. 바로 그 후 아주 운 좋게도 아내를 만나고 그녀의 사랑으로 도달할 수 있었던 곳으로 되돌아온다.

비록 좋은 의도였겠지만, 헬프갓은 정신병원에 있는 동안 뇌를 파괴하는 전기 충격치료를 받았기 때문에 한 때 가졌던 창조적인 예술성을 다시는 얻지 못할지도 모른다. 그렇지만 우리는 뇌의 파괴를 둘러싸고 이루어지는 창의체계의 능력을 과소평가해서는 안된다. 그는 아직도 말하는 속도를 조절하지 못해 빠르게 말하고 있고 광기를 불러일으키는 창의체계로부터 보호받을 필요가 있지만 더 이상 정신질환자는 아니다. 그는 독선적인 평론가들이 기대하는 원래의 연주 수준에 미치지 못하기 때문에 정상이 못된다는 이유로 불공평하게 비난받고 있다. 그렇지만 그는 너무도 큰 역경에서 승리했고 청중들은 그가 그토록 먼길을 지나 되돌아 온 것을 보는 것을 즐겨한다.

이제 그는 행복한 결혼을 했고 영화의 마지막 장면에서 볼 수 있듯이 마침내 아버지를 좋은세계에서 거의 빼어내게 되었다. 아버지의 묘지를 방문했을 때 아내는 어떻게 느끼느냐고 묻는다. 헬프갓은 "아무 느낌도 없다."고 대답한다. 이 대답조차도 그가 아버지를 좋은세계에서 빼어버렸다는 것을 의미하는 것은 아니다. 이것은 아내의 사랑이 항상 그 자리에 있었던 아버지를 대체할 수 있게 되어 정상성을 찾게 되었다는 것을 의미할 수도 있다. 누군가의 사랑을 얻기 위해 어떤 조건을 충족시켜야 한다는 생각 없이 마침내 사랑의 욕구를 충족시킴으로서 치유의 가능성은 분명해진 것이다.

학대받거나 유기된 많은 아이들이 유사한 상황 속에 있다. 그들은 학대하고 유기하는 부모를 좋은세계에 고착시키고 있다. 어렸을 때 겪은 학대와 유기 때문에 그들은 너무 약하고 두려움에 떨면서 고통스러워하기만 한다. 점차 자라서 부모와의 약한 관계에서 떨어져 나오면 그들 중 많은 사람들이 인간관계에서 행복을 발견할 수 없을 정도로 매우 사람을 불신하게 된다. 그들은 이제 아무도, 심지어 그들의 부모까지도 좋은세계에 지니고 있지 않는 것이다.

그렇지만 그들은 기분이 좋기를 바라기 때문에(우리는 모두 다 기분이 좋기를 바란다) 아주 많은 이들이 폭력이나 약물처럼 손쉬운 것을 통해 즐거움을 추구하게 된다. 끊임없는 연구결과가 어린 시절에 학대받거나 유기 당한 아이들로 감옥이 가득 차 있음을 보여주고 있다.

어머니나 폭력배 외에 이런 아이들과 관계를 맺을 수 있는 사람은 교사뿐이다. 그렇지만 우리 학교를 잠식하고 있는 외부통제 체계는 이렇게 도움이 필요한 아이들에게서 그 기회마저 뺏어 버린다. 이런 아이들을 잘 돌보려고 하는 교사들은 학교를 지배하고 있는 외부통제체계 때문에 비난받고 조롱 받는다. '유용하거나 안 하거나 간에 우리가 하라고 하는 것을 배워라, 그렇지 않으면 우리는 너를 처벌할 것이다' 라는 현존하는 학교의 교육 메시지는 문제를 더욱 복잡하게 만드는데 이 문제는 어쨌든 학교만이 풀 수 있는 것이다. 다음 장에서 이 상황에 관해 좀 더 자세히 묘사하겠다.

아무런 행복도 없는 삶에 안주하려고 하지 않는 사람의 숫자는 어마어마하게 많다. 그들은 사람에 관해 포기하지 않으며 행복이 없이 쾌락만을 추구하는 삶으로 바꾸고 싶어하지 않는다.

무수히 많은 사람들이 사랑할 사람들을 찾고 있지만 그들의 상황이 처해있는 현실 때문에 가능하지 않다. 가난하고, 나이 들고, 교육받지 못하고, 매력이 없고, 직업이 없고, 집이 없고, 병들고, 범죄자이고 등등 그 상황의 목록은 길기만 하다.

비틀스는 마음에 사무치는 이런 질문에 대해 노래로 응답하고 있다. '이 모든 고독한 사람들은 대체 어디서 오는 것일까?' 그들은 이 파괴적인 심리학에 의해서 남편들, 아내들, 아이들, 교사들, 그리고 고용주들로부터 분리되어 있는 세계로부터 온다.

나는 선택이론을 가족들, 특히 자녀 양육에 적용함으로써 이런 관계들을 어떻게 방지할 수 있는가 하는 것을 설명하려고 한다. 일찍이 언급했던 것처럼, 인생의 좋은 관계를 위한 최선의 기회는 아직까지는 가족들과 더불어 있다. 만약 통제하려는 충동을 제거할 수 있다면, 우리 가족들은 지금보다 훨씬 강해질 것이다.

선택이론, 가족, 그리고 자녀 양육
(Choice Theory, Families, and Rearing Children)

아동학대, 거부, 유기들은 널리 만연되어 있지만 가족이 불행한 근본 이유가 이것들인 것은 아니다. 가족 안의 불행의 거의 대부분은 아이들이 하고 싶어 하지 않는 일을 하게 하려는 부모들의 선의의 노력의 결과다. 그리고 자유를 추구하려 하는 자녀들, 특히 성인 자녀들은 부모의 노력에 저항하는 것이다. 훨씬 뒤에는 늙은 부모가 원하지 않는 일을 성인 자녀가 하게 하려는 식으로 갈등이 재현된다. 말하자면 운전 안하기, 아이들과 함께 들어와 살기, 그들이 필요로 하는 도움을 받을 수 있는 장소로 이사하는 것 등이다.

다른 인간관계보다 결혼이나 가족관계에서 이 갈등이 더욱 비참한 것은 부모와 자녀가 서로의 좋은세계에 영원히 갇혀 있기 때문이다. 나이 든 부모를 어떻게 할 것인가 하는데 대해서는 좋은 대답이 없다. 이 문제에는 아마도 대답이 없을 것이다. 그러나 이 노인들이 아직 자신을 돌볼 수 있는 동안 부모와 자녀가 함께 잘 지낼수록 문제는 더 늦게 발생하게 된다.

나는 취학자녀를 둔 부모가 '우리가 부모로서의 책임을 포기해야만 합니까? 우리 아이들이 하고 싶은 대로 하도록 내버려두란 말입니까?' 하고 말하는 것을 들을 수 있다. 물론 아니다. 아이들을 다룰 때면 한계를 알아야만 하고 이 한계 내에서 할 수 있는 만큼만 해야 한다. 더 많이 하려고 할수록 성취하는 사람들의 수는 더욱 적어지게 된다. 특히 부모를 괴롭히는 것은 선택이론이 자신의 행동만 통제할 수 있다고 하면서 내 마음대로 자녀들이나 다른 사람들의 행동변화를 시킬 가능성은 극히 적다고 말하고 있기 때문이다. 약물을 사용하거나 학교에서 중퇴했거나 성적으로 방종한 아이들을 대하는 한계나, 부모가 알코올 중독자가 되거나 빈둥거리거나 계속해서 실직을 하거나 하는 것을 변화시키려는 한계나 다를 게 없다.

이 한계는 반복해서 말할 필요가 있다. 왜냐하면 특히 부모가 자녀의 행동에 만족하지 않을 때 할 수 있는 일이 극히 제한되어 있다는 것을 받아들이기가 매우 어렵기 때문이다. 그들은 자신의 행동만 통제할 수 있는 한계가 있다. 자녀들, 부모들, 친지들을 포함한 다른 사람들에게 그들이 줄 수 있는 것은 정보뿐이다. 이 정보는 위협, 매수, 구타, 감금일 수도 있는데 어쨌든 이것들도 정보이다. 통제가 안되는 아이에 대한 감금 같은 극단적인 도구들이 부족하기 때문에 외부통제 심리학이 이 문제에 제공해 줄 수 있는 것은 아무 것도 없다. 이 심리학이 우리가 현재 알고 있는 전부이기 때문에 이 모든 문제들의 해결이 불가능해 보이는 것은 당연하다.

자녀에 대한 통제를 어느 정도 가능하게 해주는 유일한 끈인 관계를 파괴시키는 통제를 하려는 것이 부모의 의도임을 인정하는 사람은 거의 없다. 선택이론의 자녀양육 원리는 다음과 같다. '자녀가 행복하고 성공적이고 당신과 친하게 성장하기를 바란다면 두 사람 사이의 거리를 멀어지게 한다고 믿어지는 어떤 행동도 선택하지 말라.'는 것이다. 이 의미가 자녀를 포함해서 가까워지고 싶은 사람을 비난, 위협, 불평, 멸시, 처벌, 매수하지 말라는 뜻이라면 다른 사람을 통제하려는 사람들이 이 원리를 받아들인다는 것은 불가능하다.

사실, 이 원리는 자녀의 영역을 넘어선다. 이 원리는 모든 관계에 적용이 되고 우리 삶에 선택이론을 받아들이는 핵심이 된다. '인간관계에서 거리를 멀어지게 할 것 같은 어떤 행동을 누구에게도 하지 말라.' 만족스럽지 못한 대로 이런 일을 덜하는 것이 아마도 최선일 것이다. 다시 말해서 실패한 관계가 지속되는 것을 예방하는 것인데 당신이 할 수 있는 어떤 일보다 더 나을 것이다. 자녀들이 성장하면서 한때 안 좋았던 관계도 흔히 좋아진다. 그러나 그 틈새가 너무 깊다면 자녀나 부모가 원하는 만큼 나아지지는 못한다.

내가 말하는 의미를 자세히 하기 위해 45세된 이혼녀의 상담장면을 보여주겠다. 내담자의 입장에 당신을 놓아보라. 그녀의 이름은 린다이고 그녀가 상담소에 와서 앉았을 때부터 시작이 된다.

"전화하셨을 때 어려움이 있다고 하셨지요. 무슨 일인지 좀 더 말씀해주시겠습니까?"

"네, 사실은 의사가 저를 보냈어요. 그 동안 너무 심한 긴장성 두통이 있었는데, 아시지 않아요, 목뒤로 치올라와서 이마 쪽으로 욱신욱신 쑤시는 거요. 내 생각엔 뇌암인 것 같아요."

"의사가 정밀 검진을 다 했을 텐데요. CAT 스캔이며 모든 검사를요."

"다 했어요. 신체적으로는 아무 이상이 없대요. 그래서 아마도 스트레스 때문에 고통스러운 것 같다고 선생님께 가보라고 추천을 해 주셨어요. 내가 의문을 품고 있는 건 이런 아픈 증상이 스트레스 때문에 일어난다고는 생각하지 않기 때문입니다."

"글쎄요. 우리가 무얼 하든 사태가 나빠질 것은 없습니다. 의사에게 다시 가시거나 우리가 논의하는 일이 도움이 되지 않는다면 다른 의사에게 가보시든지요."

나는 어떤 이유로건 의사가 나에게 보낸 사람들에게 항상 이렇게 말한다. 그러면 이 사람들은 내가 그들이 미쳤다고 생각하지 않는다는 재확신을 갖고 그들의 의사가 언제나 옳지 않을 수도 있다는 생각을 하게 된다. 나는 도움을 주려는 사람, 그리고 더 중요하게는 그들의 이야기를 들어주려는 사람으로 그들의 마음에 나를 떠올리게 하려고 노력한다. 오늘날 많은 의사들은 관리 체계의 요구에 휘말려 그렇게 할 시간이 없다.

나는 다음과 같이 말을 시작한다. "내가 보는 바로는 스트레스는 아주 단순하게 이해할 수 있습니다. 그것은 당신의 생활에서 무엇인가 원하는 대로 되지 않을 때 일어납니다. 내 경험에 의하면 가장 근접한 이유는 사람들과의 불만족스러운 관계에 있습니다. 특별히 당신이 바라는 대로 하지 않는 사람이 누구입니까?"

"글쎄요. 오랫동안 남편이 그랬었지요. 4년 전에 그 결혼은 끝나버렸어요. 함께 일하는 사람과는 아주 잘 지내구요. 5년동안 형편없는 상사 밑에서 지냈는데 그 사람은 정말 나를 못살게 굴었지요. 그렇지만 새로 온 상사는 아주 좋습니다. 스트레스성 두통이 생기려면 그때 생겼어야지요. 이제 상사도 사라졌고 남편도 없습니다. 그 후 괜찮았었는데 이 두통이 작년에 처음으로 시작되었어요."

"집에 자녀가 있습니까? 십대 자녀요."

"네. 사만다요. 지금 16살인데 이제 곧 17살이 됩니다. 힘든 아이지요."

"그 나이의 소녀라면 그럴 수 있지요. 대부분의 시간을 두 사람이 어떻게 지냅니까?"

"솔직히 말해 이제는 그 아이의 꼴도 보기 싫은 지경에 와 있어요. 내 평생을 두고 만나 보았던 사람들 중 그 누구보다도 내 비위에 맞지 않고 그 애는 입이 더러워요. 진절머리가 나요."

"그 아이 이야기를 해보는 게 좋겠는데요. 그 아이가 어떻게 지내는지 좀 더 자세히 이야기해 주시겠어요?"

"예, 그 애는 하라고 하는 일을 하는 법이 없어요. 그리고 불평이라도 할라

치면 눈을 부릅뜨고 침묵 시위를 하는 거지요. 노상 문을 잠궈 놓고는 들어앉아서 전화질을 하거나 음악을 크게 틀고 있어요. 맙소사, 든든한 문인데도요. 그 진동이 온 집안을 흔들어대요."

문제는 사만다였다. 그런데 사태를 더 나쁘게 만드는 것은 린다의 주장에도 불구하고 딸애가 린다의 좋은세계 안에 들어가 있고 린다는 딸의 좋은세계 속에 들어가 있는 것이었다. 린다는 남편이나 덜 떨어진 상사하고 지낼 때도 두통이 없었는데, 그들은 꺼내버릴 수가 있었기 때문에 문제가 없었다. 그러나 사만다와는 그렇게 운 좋게 되지 않았다. 그녀는 영원히 엄마의 좋은세계 안에 있을 것이었다. 린다는 딸에 대해 말하기를 망설였다. 나는 조금 더 알아보아야 했다.

"사만다가 문제인 것은 잘 알겠습니다. 딸과의 관계에 대해 좀 더 말씀하시고 싶으십니까?"

"네. 누군가에게 말해야만 하겠어요. 우리 문제를 해결해 주실 수 있으세요? 이건 절망적이구나 하는 데까지 와 있어요. 그 아이가 대학에 가려면 이 년밖에 안 남았는데요. 다행히 공부는 잘하고 있어요."

"내가 보기에는 이 상태로 일 년도 견디기 어려울 것 같은데요. 그러나 나는 당신을 확실히 도와드릴 수 있습니다. 그렇지만 좀 더 구체적으로 말씀해주셔야만 합니다. 사만다가 문을 걸어 잠그고 전화하는 것보다 더 심한 무슨 일이 있을 것 같습니다. 그런 전화하는 건 견딜 수 있을 것입니다. 무언가 다른 일이 있을 것입니다. 무언가 당신이 접하는 일 중에서 언제나 당신을 미칠 지경으로 만드는 무엇인가요."

"그래요. 나는 까다로운 사람입니다. 모든 것을 반듯하게 처리해야만 하는 은행에서 일하고 있습니다. 직장에서도 유능하고요. 봉급도 많이 받습니다. 나머지는 선생님이 추측하실 수 있으실텐데요."

"그럴 수도 있겠지만 당신이 말해주면 시간이 절약되지요."

"나는 퇴근해서 저녁을 하기 전에 부엌이 깨끗한 걸 좋아하거든요. 그 아이에게 내가 부탁한 건 집에 돌아오는 다섯 시 반전에 부엌을 치워놓으라는 것뿐이에요. 그게 전부예요. 그 일은 그렇게 많은 일이 아니라구요. 십 분이나 15분 정도면 되지요. 그게 그렇게 어려운 일인가요? 내가 저녁 준비하는 것은 괜찮아요. 테이블 차리는 것도 내가 해요. 제대로 해야 하기 때문이지요. 저녁 식사 후 그 애는 내가 설거지하는 걸 도와주지만 문제는 내가 귀가한 후의 더러운 부엌이에요. 아침에 먹은 접시 몇 개, 전날 밤과 방과후에 먹은 간식 나부랭이들이지요. 그 앤 집에 오자마자 무언가 먹기 시작해요. 저 혼자 다 어질러 놓지요. 내가 매일 집에 돌아와 문에 들어설 때마다 그 꼴을 보게 되는 거예요. 자연히 내 말이 거칠어졌군요. 그렇지만 나는 정말 미치겠어요."

"그렇게 많은 걸 요구한 것 같지는 않군요. 왜 그것 때문에 아이하고 그렇게 많은 말썽이 있는지 이해가 안 가는데요."

"글쎄, 그 애가 가끔 치우고는 했었는데 너무 지저분해서 내가 다시 해야만 했어요. 나는 되풀이 말하고는 했지요. '제대로 할 수 없으면 손도 대지 말아라.' 그러자 두 달쯤 전부터 이 아이가 손을 놓았어요. 내가 집에 들어서면 그 아이는 아무 말도 하지 않고 이건 당신 집이다. 내가 하는 게 마음에 들지 않으면 당신이 해야지 하는 표정이더라구요. 네. 그게 바로 내가 견디어 내야 하는 부분이에요. 그 끔찍한 태도요. 정말 지겨워요."

"말해 보세요. 당신이 직장에서 돌아와 부엌이 엉망진창일 때 어떻게 행동하고 말하세요? 여러 달 동안 그랬을 텐데요."

"문 앞에 도달하기도 전에 긴장이 되는 거예요."

"그리고 머리가 아프기 시작하세요?"

"바로 금방은 아니에요. 그렇지만 이제 곧 두통이 오리라는 것은 알지요. 내가 들어설 때 그 아이가 소파에 빈둥거리고 앉아 드라마나 보고 있을 생각을 하면 너무나 화가 나요. 그걸 다 녹화하고 있어요. 그런 걸 할 시간은 있으면서 날 도와 줄 시간은 없는 거지요. 내 딸이지만 너무 미워요."

집에 올 때 화내기는 두통을 예방한다. 그리고 그 화내기가 전혀 도움이 안 되는 것을 깨달았을 때 두통이 나타난다. 두통은 그녀가 화가 복받쳐서 격분과 폭력으로 들어가는 것을 막아준다. 두통은 또한 그녀가 우울해지는 것을 막아주는데 이것이 그녀 인생의 가장 좋은 부분인 직장에 부정적인 영향을 끼치는 것을 막아준다.

"딸이 어렸을 때는 그 아이하고 잘 지내셨습니까?"

"상당히 잘 지냈어요. 아이 아버지가 우리를 떠날 때 좀 말썽이 있었지요. 그 아이가 그 때 열두 살이었어요. 남편은 결코 딸을 훈육하지 않았어요. 귀여운 딸이 하는 일은 그 때나 지금이나 다 좋은 거지요. 내 생각에 그 사람은 내가 좌절을 느끼는 것을 보는 게 좋은 가봐요. 그렇지만 딸한테 점수를 줄 점이 있지요. 이혼 과정 동안 정말 나를 잘 지지해 주었어요. 한 번 그 아이가 아버지의 실상을 안 다음부터는 내 편을 들어주었고 그건 지금도 그래요."

"딸은 아버지를 자주 만나나요?"

"몇 주만에 한 번씩 그 애를 데리고 나가서 함께 외식을 하지요. 딸한테 또 좋은 점이 있다면 아버지 집에는 가지 않는 거지요. 딸은 아버지하고 같이 사는 여자를 미워해요."

"내 생각에 지금 일어나고 있는 일은 아버지하고는 관계가 없는 것 같습니다. 내가 궁금한 건 당신이 집에 돌아와 그 아이가 소파에 앉아 드라마를 보고 있을 때 어떻게 하시는가 하는 점입니다. 이것은 중요합니다. 정확하게 말씀해 주십시오."

"그 아이는 책임지는 법을 배워야만 해요. 나는 내가 무슨 소리를 하는지 알지요. 나는 대단히 책임감 있는 사람이기 때문에 성공했습니다. 그 애한테 책임감을 가르쳐야만 해요. 그게 어머니로서의 의무지요. 하나님도 아시겠지만 그 아이는 아버지한테서는 절대로 그걸 배울 수가 없어요."

"그래서요?"

"나는 그 애에게 소리지르지요. 외출을 금지시키고 용돈을 깎지요."

"접시 몇 개 때문에요?"

"아녜요. 접시 때문만은 아니예요. 내가 말씀드린 것처럼 그 아이의 되지 못한 태도가 문제지요. 세상이 그 애한테 무언가 빚지고 있다는 식이예요. 자기만 생각하지 나는 안중에도 없어요. 접시는 겉으로 드러난 증상일 뿐이에요. 어쨌든 그것도 끔찍한 증상이지요. 지난주에 최악의 일이 벌어졌어요. 그 아이가 입에 못 담을 소리를 하기에 따귀를 때렸지요. 그런데 무슨 일이 일어났는지 아시겠어요? 그 아이가 맞받아 쳐서 내 따귀를 때린 거예요. 그래요. 그 아이는 미안하다고 했고 우리는 울고 포옹했어요. 그렇지만 끔찍했어요. 그 후로 그 아이는 내게 말이라고는 하지 않아요. 그 아이가 포옹한 건, 마치도 나를 가엾이 여겼기 때문인 것 같아요. 믿을 수 있으세요? 그 날밤 나는 최악의 두통을 겪었어요."

이 이야기는 내가 의심하던 것을 확인해 주었다. 린다는 격분과 폭력에 다가가 있다. 그녀는 통제하는 외양을 지키기 위해 두통이 필요했다. 이것은 심각했지만 큰 희망도 있었다. 사만다는 어머니에게 가까워지기를 원하고 있는데 어머니가 이렇게 말한 것을 보면 명백하다. '마치 그 아이가 엄마를 가엾이 여기는 것 같았어요'. 그렇지만 사만다는 무엇을 할지 모르고 있다. 린다는 모든 일을 잘못하고 있고 자신은 모든 일을 잘하고 있다고 믿고 있다. 외부통제 심리학의 세 번째 믿음, 어머니로서 내 의무는 지금 하고 있는 일을 하는 것이라는 것이 그녀의 행동을 조정하고 있다. 그렇지만 때린 건 잘못이었고, 그녀도 그것이 잘못되었다는 것을 알고 있다. 나는 그것을 다루기로 했다.

"좀 때린 거 말인데요. 다시는 그런 일을 하고 싶지 않은 걸로 들리는 데요."

"네. 그건 무서운 일이었어요. 내가 통제력을 잃었어요. 나는 도움이 필요한 것 같아요. 좀 도와주실 수 있으세요?"

"내가 하는 이야기를 아주 진지하게 들으실 용의가 있으십니까? 당신이 하기에 매우 어려운 일을 해보라고 권유하려고 하는데요."

"무언데요?"

"당신이 집에 와서 하는 일이 아무 소용이 없다면 어떤 제안을 하고 싶은데요. 그 일을 그만두시지요. 그저 그만 두는 겁니다."

"그저 그만두라니요? 그 아이가 문제라니까요. 내가 아니구요."

"그 아이도 문제가 아니고 당신도 문제가 아닙니다. 문제는 두 사람의 관계입니다. 내가 말하려고 하는 바를 이해하시겠어요?"

"그렇지만 그 아이가 부엌을 치우기만 하면 우리는 좋은 관계를 가질 수 있어요. 그게 내가 부탁하는 전부 다예요."

그녀는 관계라는 개념에 어려움을 겪고 있었지만 나는 계속해서 말했다.

"네. 좋습니다. 만약 그 아이가 여기 와서 내가 당신들의 관계에 무엇이 문제냐고 물으면 그 아이는 무어라고 말할까요? 그 아이도 행복하지는 않을텐데요."

"그 아이는 내가 간섭을 그만해야 한다고 말하겠지요. 거의 매일 그렇게 말하니까요. 그렇지만 나는 그렇게 할 수 없어요. 나는 타인이 아니라 그 아이의 어머니예요."

"직장에서 일할 때 대단히 골칫거리인 단골 고객을 만난 적이 있습니까?"

"그게 나와 내 딸에게 무슨 상관이지요?"

"글세, 사만다는 대단히 골칫거리가 아닌가요?"

나는 상담할 때 자주 옳다는 것 자체가 힘이 없을 때는 큰 효과가 없다는 것을 보여주려고 시도한다. 린다는 딸에게 힘이 없는데 자신은 힘이 있다고 믿고 있었다. 그녀는 자신이 단골 고객에게 힘이 없다는 것을 알고 있었다. 아마 이 부분이 그녀가 이해할 수 있는 부분일 터였다.

"아주 골칫거리인 고객에게 어떻게 하십니까?"

"고객은 중요하지요."

"그가 딸보다 더 중요한가요?"

"하나님, 하나님, 내가 무슨 소리를 하고 있지요. 그 아이는 내가 가진 전부예요……"

린다는 울음을 터트렸다. 대부분의 사람들이 오랫동안 사용해온 심리학이 중요한 인간관계에 파괴적이었다는 것을 깨달을 때 어떤 종류의 정신적 충격을 느끼게 되는데 이 비교가 그녀에게 충격을 주었다. 이 눈물이 흐르는데 시간이 오래 걸린 것이다. 눈물은 두통보다 낫다. 우는 것은 그녀의 두통을 낫게 하는데 기여할 것이다.

"오늘 집에 들어갈 때 그녀가 딸이 아니라고 가정해 보세요. 그 아이가 친한 친구이고 부엌이 깨끗하다고 가정해 보세요. 어떻게 하실 것 같으세요?"

"내 글라스에 샤도니를 따르고 딸애와 앉아서 TV를 보겠어요. 그리고 사만다가 말하듯이 담담해지는 거지요."

"오늘 사만다와 그렇게 하실 수 있으세요?"

"안돼요. 그 애는……"

"왜 안되지요?"

"물론 할 수 있어요. 그렇지만 그 애는 내가 제 정신이 아니라고 생각할 거예요."

"그럼 어때서요? 그 아이는 오랫동안 당신이 제 정신이 아니기를 희망해 왔을 겁니다. 오늘은 그렇게 하기에 좋은 날이에요. 그 동안 당신이 마음먹었던 건 그 아이와의 관계에 별로 좋은 영향을 미친 것 같지 않은데요. 자, 린다, 내가 무슨 이야기를 하고 있는지 알지요. 당신의 일부는 몇 달 동안 이 사실을 알고 있었습니다. 그저 조용히 그 아이 곁에 앉으세요. 소리지르지 말고 비난하지 말고 불평하지 말고 그 아이와 함께 편안히 쉬세요."

"얼마나 이렇게 해야 하지요?"

"사흘 동안 해 보실 수 있습니까?"

"그리고 접시는 그대로 놓아두고요?"

"아니요, 아닙니다. 그냥 두실 필요가 없어요. 일어나서 당신이 늘 해오던 대로 하세요. 그렇지만 지금까지 거쳤던 과정을 거치지는 않게 될 겁니다. 집안은 조용해지고, 딸도 조용해지고, 당신도 조용해지구요."

"그 아이가 집을 떠날 때까지 이년 동안이나 그렇게 하라는 말씀이신가요?"

"아니요. 나는 그저 사흘간이라고 말씀 드렸는데요."

"그리고 나서는요?"

"나도 모르겠어요. 그 아이하고 조용히 함께 앉아서 나누는 이야기가 여태까지 나누어 온 이야기보다 낫지 않겠어요?"

"글쎄요, 그 아이에게 하루를 어떻게 보냈는지 물어볼 수 있겠네요. 좀 더 다정하게요."

"그 아이가 왜 소리 지르지 않느냐고 하면 뭐라고 하시겠어요? 뭐라고 하시고 싶으세요?"

"마지막 소리를 이미 다 질러버렸다고 하지요."

"그 아이가 묻지 않아도 그렇게 말씀하실 용의가 있습니까?"

"소리 지른 것이 아무 소용도 없고 영원히 소리 지르지 않을 거라고 말하고 싶어요. 그렇게 말할 수 있을지는 모르겠네요."

"사흘 동안이라면 어떻습니까?"

"그러지요. 사흘이라면 해낼 수 있을 것 같아요."

"아이하고 30분 쯤 지낸 다음에 일어서서 말하세요. '저녁 준비를 해야겠다.' 도움을 청하지 마십시오. 접시들을 씻고 저녁을 시작하세요."

"그렇지만 그건 공정하지 않아요. 나만 일하고 그 아이는 하나도 하지 않다니요. 그렇게 해서 내가 얻는 것이 뭐지요?"

"인생이 공정하다면 상담자가 필요 없습니다. 미안합니다. 그건 좋은 질문인데요. 거기서 당신이 얻는 것이 뭐냐고요? 이 질문을 이런 식으로 해보지요. 당신은 딸과의 관계에서 진정으로 무엇을 원하십니까?"

"몇 년전처럼 되고 싶어요. 우리 둘은 둘도 없는 친구였어요."

"보십시오. 당신은 아주 지적인 여성이고 어려운 직장 일을 잘해내고 있습니다. 당신이 진정 걱정하는 것은 접시가 아니라고 생각합니다. 접시는 기폭제가 되겠지만 당신은 접시보다 훨씬 더 중요한 무엇인가에 대해 염려하고 있습니다."

"그 아이는 내게 아무 말도 하지 않아요. 방에 틀어박혀서 남자친구하고만 말하면서······."

"그 아이가 남자친구가 있나요? 당신은 딸애가 그 남자친구와 무슨 일을 하고 무슨 생각을 하는지 염려하시는 것 아닙니까?"

"걱정하다가 병이 날 지경이에요."

"지금보다 그 애와 더 잘 지내실 수 있으면 덜 걱정이 되시겠습니까?"

"물론이에요. 그렇지만 걱정이 되긴 할 거예요."

"접시 이야기로 돌아가지요. 내일이나 다음 날 딸애가 일어나서 당신을 돕는다면 어떻게 하시겠습니까? 특히 당신이 사흘간 하시겠다고 한 대로 하신다면요 그 애가 그럴 수 있거든요."

"만약에 그 애가 그렇게 하지 않는다면요?"

제2부 실제편 (The Practice) 269

"그 사흘동안 딸하고 조용하게 소파에 앉아 TV를 보면서 아까 우리가 말한 대로 하시겠습니까? 그 애한테 이제 다시는 소리 지르지 않겠다고 말하신다고 하셨지요. 나는 당신이 소리 지르지 않으리라고 생각하는데요."

"그렇게 하면 달라지리라고 믿으신다면 그렇게 말하지요."

"만약 이 일이 당신과 어머니와의 사이에 일어난 일이라면 변화가 일어나리라고 생각하십니까? 당신은 어머니하고 지금 딸애가 당신에게 하는 것과 전혀 다르게 지냈습니까?"

"아니에요. 우리 어머니는 나만큼 속 썩일 딸을 낳을 거라고 하셨지요. 그렇지만 선생님 말씀이 맞아요. 그렇게 되면 내가 딸이라도 달라질 거예요."

"만약 딸이 당신을 도우러 일어나지 않는다면 나흘 째 되는 날까지 내버려 두었다가 말하세요. '사만다, 부엌일을 좀 도와주겠니 그럼 내가 저녁을 준비할께.' 만약 그 애가 오지 않으면 아무 말도 하지 마십시오. 한 주일 동안 아무 말도 하지 마십시오. 그렇지만 내 생각에는 당신이 부드럽게 말하면 딸이 오리라고 생각합니다. '내가 청하기 전에 알아서 했어야지.' 라던가 '이제 일할 시간이야.' 이렇게 말하지 않는다면요. 무슨 뜻인지 아실 겁니다. 은행에서 당신이 중요한 고객을 대하듯이 친절하게 말입니다. 아무 압력도 가하지 않구요."

"그게 관계로군요. 그렇지 않습니까?"

린다 같은 사람이 관계가 얼마나 중요한지를 깨닫는데는 시간이 좀 걸린다. 나는 그녀에게 이 것을 알려주기 위한 방법들을 생각해 내야 했다.

"그게 당신이 해야 할 전부입니다. 그렇지만 그건 의미 있는 일이지요. 딸애는 몹시 당신에게 가까워지고 싶어해요. 그 애한테 기회를 주세요. 그 애한테 시간을 좀 주세요."

"그 앤 나하고 가까워지고 싶은 것처럼 행동하지 않아요. 그 애가 그 동안 한 짓들을 보면 오히려 그 반대예요."

"그렇지만 당신이 달라지실 거 아닙니까? 아주 많이요. 딸애는 당장 오늘 그걸 알아차릴 거예요. 그렇게 될 겁니다."

"알겠어요. 내가 해 온 일들이 그렇게 도움이 안 되었군요. 그런 상태는 지나갔으면 해요. 이젠 무얼 말할까요?"

"이제 남자친구의 이야기로 되돌아가지요. 그에 관해 아는 것이 있습니까?"

"내가 아는 건 그 아이가 농구부원이라는 것과 좋은 집안 아이라는 것뿐이에요. 그렇지만 딸은 그 애를 절대 집에 데려오지 않아요."

"그리고 당신은 그 아이들이 성 관계가 있을까봐 염려하고 있으십니까?"

"네, 걱정이 돼서 죽을 지경이에요. 나는 얼굴이 파래질 때까지 설교를 했어요. 딸애는 나한테 뭐든지 다 이야기했었는데 지금은 말을 안해요."

"당신은 딸과 그 남자친구를 따라나가서 남자 친구가 볼 수 없게 딸의 귓가에 앉아서 그 애가 필요한 충고를 들려주시고 싶으세요? 내 말은 그 자리에 있기는 하되 안 보이게요. 그냥 딸만 당신의 목소리를 들을 수 있게만요."

"그게 대체 무슨 말씀이세요. 누구라도 그렇게 준비할 수는 없지요."

"아무도 그걸 준비해야만 하는 건 아닙니다. 벌써 준비되어 있는 걸요. 당신은 딸의 머리 속에 이미 들어가 있습니다. 마치 그 애가 당신의 머리에 들어가 있는 것처럼요. 단지 그 아이는 당신이 하는 말을 별로 듣지 않는다는 거지요. 그건 아실텐데요. 당신이 딸에게 가까워지면, 전에 그랬던 것처럼 당신의 말에 귀를 기울일 거예요."

"너무 늦어버린 게 아니면 좋겠군요."

"너무 늦었다고는 생각하지 않습니다. 자녀에게 가까워지는데 늦은 시간은 없습니다."

"가장 중요한 일을 놓치고 살아왔군요. 그렇지 않아요?"

"다음 주에 돌아와서 무슨 일이 일어났는지 봅시다. 나는 당신이 그 동안 실제로 해를 끼쳤다고는 생각하지 않아요. 딸이 그렇게 쉬운 아이도 아니었구요. 그렇지만 이 방법은 도움이 될 겁니다. 보세요. 이번 주 동안 여기 관해 생각해 보시기 바랍니다. 사만다 뿐이 아니라 당신의 인생에 관련된 모든 사람들에 관해서요. 상사, 어머니, 전남편, 당신과 관련 있는 모든 사람들이요. 누구의 행동을 당신은 통제할 수 있지요? 다음 주에 다시 이야기하지요. 이번 주에 이야기하고 싶으실 때는 전화하세요. 그러면 다시 이야기를 나누도록 하지요."

이 만남은 무리 없이 잘 진행되었다. 그 주에 린다는 전화하지 않았다. 사만다는 접시를 며칠동안 닦고는 하루는 닦지 않았다. 실험이었다. 린다는 미끼를 물지 않았다. 그녀는 아무 소리 없이 접시를 닦았다. 사만다는 다시 이틀을 더 접시를 닦고 린다는 접시에 대해서는 아무 말도 하지 않기로 계획했다. 린다와 나는 이야기를 나누었고 그녀에게 선택이론을 소개하느라고 시간을 좀 보냈다. 그녀는 사만다와 가까워질 수 있는 일이라면 뭐든지 하겠다고 했고 이미 이번 주에 벌써 얼마나 많이 가까워졌는지 알 수 있었다.

한달 후 린다는 내게 다음과 같은 이야기를 들려주었다. 사만다는 그녀에게 남자친구의 이야기를 들려주고 싶어 했다. 남자친구가 성관계를 갖자고 조르고 있고 거의 그렇게 될 상태에 놓여 있다고 사만다는 말했다. 린다는 두려운 반응을 보이지 않았다. 그녀는 침착하게 사만다에게 피임약이 필요하냐고 물었고 사만다는 아니라고 말했다. 사만다는 린다에게 남자친구가 콘돔을 가지고 다니고 있고 그것을 사용하겠다고 약속했다고 했다. 린다는 딸에게 아주 깊이 사랑하지 않는다면 지금 나이에 그런 일을 체험하는 것이 좋지 않은 경험이 될 수도 있다고 말했고 사만다는 그렇게 깊은 사랑에 빠진 건 아니라고 말했다. 그저 친구들이 남자친구들하고 많이 그런 관계를 갖고 있어서 호기심이 있을 뿐이라고 했다.

나는 린다에게 그것이 그녀가 할 수 있는 전부라고 말하고 그 상황을 그렇게 잘 다룬 것에 대해 찬사를 보냈다. 그녀가 이런 이야기를 함으로써 두 사람은 더 가까워졌다. 자신과 남자친구의 육체적인 욕구 때문에 갈등을 겪고 있는 딸에게 해 줄 수 있는 최선의 일이었다.

일찍 성관계를 갖는 것이 이 시대의 풍속이 되었다. 사만다가 어떻게 하든지 간에 그 아이와 어머니가 함께 이야기를 나눈 것과 린다가 설교하고 비난하고 통제하려고 드는 것을 멈춘 것은 보다 더 나은 일이었다.

선택이론을 적용하는 자녀 양육(Choice Theory Child Rearing)

나는 이 만남을 계기로, 선택이론을 사용해서 어떻게 자녀를 양육하는가 하는 것을 설명해보겠다. 돌이켜 보건대 나는 자녀를 키우는 경험을 통해 선택이론에 관해 많은 것을 배웠다. 내 전처인 나오미도 나도 아이들이 대학을 마칠 때까지 선택이론에 대해 알지 못했다. 우리는 아이들을 어떻게 할 것인가에 대해 대체로 동의했고 그들이 선택한 삶에 대해 서로 탓하고 비난하지 않았다. 우리들은 아이들을 기를 때 거의 처벌을 하지 않았고 다른 부모들이 보통 겪는 문제에 전혀 부딪치지 않았다. 그들은 반항적이지 않았으며 우리들은 모두 함께 잘 지냈다. 우리 아이들은 친구들이 많았고 그들은 우리 집에 잘 놀러 왔으며, 그 친구들 대부분이 현재 성공적이고 생산적인 성인 생활을 영위하고 있다. 자녀들에게 어떻게 선택이론을 적용하는가 하는 것에 대해 힌트를 얻고 싶으면 조부모들이 손자들을 어떻게 대하는지 살펴보면 짐작이 될 것이다. 우리들은 모두 다 그 일을 상당히 잘해낸다.

많은 사람들이 내가 하고자 하는 이야기에 동의하지 않으리라는 것을 잘 알고 있다. 결혼을 잘 하려면 상당히 많이 운에 좌우되는 것처럼 자녀들을 완벽하게 잘 기르거나 가족 구성원 모두와 잘 지내는 완전한 방법은 없다. 만일 당신이 내가 제안하는 것을 해봐도 소용이 없다면 내가 틀린 것일 지도 모른다. 그렇지만 어쩌면 당신이 스스로 인식하고 있는 것보다 훨씬 더 많이 외부통제 심리학에 젖어 있는 것일지도 모른다.

　선택이론은 문제를 해결하기보다 문제를 예방하는데 훨씬 더 효율적이다. 만일 당신이 오랜 기간을 두고 인간관계의 문제를 지니고 사는 사람이나 당신의 경우에, 거의 이런 문제들을 좋게 해결하지는 못하는 것을 보게 될 것이다. 대부분의 경우 해결 없이 문제들은 질질 끌려간다. 그런 사람들은 점차적으로 불행한 결혼을 유지하면서 그 관계에서 점점 기대를 줄여 나가게 되는 것이다. 나는 우리가 자녀들에 대해서도 마찬가지 일을 하고 있다고 생각한다. 우리는 실망했을 때 자녀들을 거부로 대처하지 않고 그들에게 덜 기대하고 그들은 우리에게 덜 기대하게 되는 것이다.

　대부분의 부모들의 가장 큰 관심사는 자녀의 장래이다. 그들이 행복하고 성공적인 인생을 영위할 수 있게 될까? 내게는 그와 마찬가지로 중요한 것이 우리가 서로 함께 시간을 보내는 것을 좋아하게 될까 하는 것이다. 그들이 행복하고 우리와 함께 시간을 보내는 것을 좋아한다면 부모로서 상당히 만족할 수 있다. 대부분의 아이들은 대단히 뛰어나게 탁월하지는 않다. 자녀들을 어떤 노력의 정상까지 밀어 올리고 싶어도 별로 할 수 있는 일이 없다는 것을 인식할 만큼은 우리가 선택이론을 잘 알고 있다. 돕고 지지해 줄 수는 있지만 궁극적으로 자녀가 어떻게 될 것인가 하는 것은 우리 통제력 내에 있는 것이 아니다.

　외부통제 심리학의 세 번째 믿음은, 우리가 자녀들에게 무엇이 옳은가를 알고 있다는 것인데 우리들 대부분은 옳다고 믿는 것을 아이들이 하도록 하기 위해 보상하고 처벌한다. 우리는 원하는 자리에 자녀들이 도달하게 하지도 못하면서 아이들과의 관계를 파괴할 때까지 계속해서 그렇게 한다. 심지어 자녀들이 성공해서 우리가 옳다고 믿는 곳에 도달했다고 하더라도 그들을 밀어붙이는 과정에서 우리들 대부분이 원하는 친근함은 파손되는 것이다. 어떤 사람들은 아이들이 내가 원하는 삶을 살 수 있게만 된다면 가까운 관계가 안 되어도 상관없다고 말한다. 나는 이 믿음을 결코 받아들이지 않는다. 성공을 서로 나누지 못하게 되는 것은 부모나 자녀에게 만족스러운 일이 아니다.

나는 선택이론으로 자녀 양육의 기본만 설명할 수 있는데 그것은 많이 사랑하기와 처벌하지 않기이다. 자녀가 궤도를 벗어났을 때 어떻게 해야만 하는가 하는 매일 매일의 처방을 갖고 있지는 않다. 그렇지만 마구 설치는 아이를 최소한의 큰소리로 자기 방이나 진정시키는 의자에 앉아 있게 하는 것은 대체로 효율적이고 관계를 해치지도 않는다. 아이를 보낼 때는 경고를 사용하라.

"기분이 가라앉거든 나오너라. 무슨 일이 일어났는지 너하고 이야기하고 다시 그 일이 일어나지 않도록 돕고 싶구나. 그렇지만 네가 말하고 싶지 않으면 그래도 좋아. 한동안 마음을 가라앉히도록 하자." 그리고 아이가 나오면 아이와 함께 뭔가 즐거운 일을 하고 그 일은 이제 다 끝났다고 말하고 딱딱한 느낌을 갖지 말자.

창의성은 좋은 관계의 핵심이다. 예기치 않은 일을 하라. 아기들에게 거짓으로 우는 척하면 하도 놀라운 일이라 아기들은 웃기 시작하거나 곁에 와서 위로하려고 든다. 그러면 나는 아기에게 너무나 고맙다고 말한다. 아기들은 자주 자기가 원하는 것이 무언지 자기가 무엇을 하고 있었는지 잊어버리는데 나는 그들에게 일깨워 주지 않는다. 그들이 울음을 터뜨리려고 하면 나는 약간의 선택이론을 가르치면서 말한다. "지금 울 수도 있고 좀 있다 울 수도 있단다. 어떻게 할래?" 그들은 칭얼거리거나 우는 것이 선택이며 우는 것이 그리 좋은 선택이 아니라는 점을 깨닫게 된다. 이것은 그들에게 무언가 생각해 볼 기회를 주게 된다. 그들은 원한다면 울지 않는 쪽을 선택할 수 있는 것이다.

선택이론 부모라면 아이들에게 직접 간략한 선택이론을 가르쳐 주는 것이 도움이 된다. 욕구와 좋은 세계를 먼저 설명하고 전행동을 나중에 설명한다. 다섯 살 난 아이들도 이것을 좋은학교에서 배우고 있고 이 가르침은 물론 가정에서도 행해질 수 있다. 이것을 가르치는 자료는 이 책의 부록에 기술되어 있다[8].

십대 아이들은 이 책의 어느 부분들을 읽을 수 있고 쉽게 배운다. 아이들은 당신이 지금 함께 하려고 하는것들이 그 책에서 나온 것들이라고 하면 특별히 흥미를 느낀다.

사랑에 관한 한, 어떤 구체적인 행동과 사랑을 연관시키지 말라. 아이들이 어떻게 하든 당신은 아이들을 사랑한다는 것을 명확히 하라. 그렇지만 만약 아이들이 완전히 무질서해지면 그들을 사랑하는 것이 쉽지는 않다. 당신이 아이들을 사랑하고 있다는 것을 잘 소통하는 방법은 언제든지 말하고 듣는데 열린 태도를 갖는 것이다. 이 열린 태도로 당신은 의견을 말할 권리가 있고 아이들이 하고 있거나 하려고 하는 일에 동의하지 않고 있음을 제약 없이 말할 수 있어야만 한다. 그렇지만 아이들이 하는 일에 대해 귀찮게 되풀이하지 말라. 당신이 동의하지 않을 때 두 번쯤 의사표시 하는 것으로 충분하다. 그런데 당신이 동의하지 않는 일을 아이들이 지지해주기를 바랄 때 상황은 훨씬 더 어

---

[8] 수년 전에 나는 약물남용 예방 프로그램을 개발하고 선택 프로그램이라고 이름지었다. 이 프로그램은 10세부터 15세까지의 아이들을 위한 것이었다. 이 프로그램에는 아이들이 보는 비디오나 만화들이 포함되어 있었고 나중에 이 아이들이 기입하는 워크북이 있었다. 여기에는 부모의 부분이 있었는데 아이들이 자기가 배운 선택이론을 부모에게 가르치는 것이었다. 그 당시에는 이 이론을 통제이론이라고 불렀는데 이 이름이 잘못된 인상을 주어서 나중에 바꾸었다. 그렇지만 그 자료는 정확하다. 당신이 할 일은 그 이름이 바뀌었다는 것을 아이들에게 설명하는 것뿐이다. 이것은 학교나 교회, 청소년 조직이 쓰기에 아주 좋은 자료이다. 이 자료는 십만 명이 넘는 아이들에게 사용되었고 성과가 아주 좋았다. 나는 이 자료들을 팔고 있다. 비디오 테이프 두 개, 작은 책자 두 권, 교사 안내서 등이다. 당신은 내가 보내는 것을 받아서 복사해서 당신이 원하는 어느 누구와도 나누어 볼 수 있다.
아내는 My Quality World Workbook라는 작은 책자를 갖고 있는데 여기서는 3학년 정도의 수준으로 읽을 수 있는 아이들에게 선택이론을 가르치고 있다. 또한 5학년 정도의 독해 능력이 있는 아이들을 가르치는 교사나 다른 사람들을 위해The Quality School Activity Set도 있다. 이 자료나 내 모든 책들은 William Glasser Institute를 통해 구할 수 있다. 이 기관에 대한 정보를 얻고 싶으면 부록을 보면 된다.

려워지게 된다.

예를 들어, 당신의 딸이 사랑에 빠진 남자를 따라 대학을 옮기기 원한다. 어떻게 하겠는가? 여기에는 좋은 답이 없다. 딸하고 아주 가까운 관계를 유지하고 있더라도 아마 별 차이가 없을 것이다. 할 수 있는 일은 당신이 하는 일이 딸아이로부터 멀어지게 하고 있는 것이 아닌가 하는 것을 판단하는 것이다. 두 사람의 명백한 의견차이가 가까워지는 것을 방해한다. 당신이 원하지 않는 것은 관계가 더 이상 멀어지는 것이다.

자신에게 물으라, 내가 이렇게 하거나 이 말을 하면 우리 두 사람의 사이가 가까워 질 것인가 멀어질 것인가? 각자가 어떻게 하든지 간에 지금 상태보다 서로 멀어지는 것을 원하지는 않는다고 딸에게 말하라. 왜 그런지를 설명하고 그녀의 도움을 구하라. 이것이 결혼에서 사용된 것과 같은 자녀–부모의 해결원이다. 자녀들이 배울 준비가 되어 있다고 느끼면 곧 그들에게 가르치라. 그리고 두 사람이 서로 잘 지내고 있을 때 이것을 가르쳐서 나중에 문제가 생겼을 때 사용할 수 있도록 하라.

자녀–부모 원의 안과 밖에서 대학을 바꾸려는 딸애와 할 수 있는 최상의 일은 당신의 카드를 테이블 위에 놓고 왜 동의하지 않는지를 말하고, 딸이 하려는 일을 지지하기 어렵다고 말하라. 당신은 딸이 상처받을까봐 두려워한다. 그렇지만 또 딸과의 관계는 다른 어떤 것보다 더 중요하기 때문에 좋은 관계를 유지하기 위해서 두 사람이 할 수 있는 일이 무엇인가를 찾아보자고 말하라. 이렇게 한다면 딸이 자신의 일생을 망칠 무언가를 할 기회는 훨씬 줄어들게 된다. 그렇지만 낭만적인 사랑에 빠지면 누구도 어떻게 하라고 말할 수 없다는 것을 명심하라. 선택이론은 강하게 말한다. 자녀와 가까워 질 수 있는 일을 하라. 인간관계는 언제나 '옳은 것'보다 우선권을 지닌다.

자녀를 대할 때 지시하며 호통치는 것보다는 조언하는 것이 더 좋다. 자녀의 장래에 너무 깊이 관여하지 말고 가까운 관계를 유지하는 것이 아마도 좋은 조언을 주는 것만큼 중요할 것이다. 조언을 줄 때는 되풀이하거나 잔소리하지 말라. 그 아이가 맨 처음에 그 이야기를 들었을 때 당신이 이미 무엇을 원하는지 알고 있는 것이 거의 틀림없다. 자녀가 전에 했던 일이 성공적이 아니었다면 과거를 들먹거리지 말라. 일어난 일은 이미 일어나 버린 것이다. 과거의 실패를 지워버리지 않으면 불화가 일어나게 된다. 그렇지만 과거의 성공을 언급하는 것은 아주 훌륭한 생각이다. 우리가 무엇을 잘했다고 하는 이야기는 아무리 들어도 싫증이 나지 않는다. 자녀가 아주 어릴 때, 대부분의 잘못은 수정될 수 있으며 또 약점을 지닌 채로도 잘 살아갈 수 있다는 생각을 확립할 수 있도록 하라. 너무 나빠서 수정이 전혀 불가능하거나 손대볼 수 없는 일은 거의 없다. 언제나 도와줄 준비가 되어 있지만 그 일을 대신 해주지는 않는다는 태도를 표명하라. 맏아들에게 내가 저질렀던 심각한 실수는 너무 빨리 개입해 들어가서 그 아이를 도와주려고 지나치게 많은 일을 해준 것이었다. 그들을 사랑하라, 그렇지만 방황하는 일이 장래에 큰 형벌을 가져오지 않는다면 젊었을 때 방황하게 하라.

선택이론 관계의 기본은 신뢰를 형성하는 것이다. 자녀가 부모를 신뢰할 수 있는 행동을 보여주는 것은 일찍 시작할수록 좋다. 신뢰를 형성한다는 것은 그들이 어떤 말을 하거나 행동을 하거나 간에 당신이 그들을 절대로 거부하지 않으리라는 것이다. 자녀가 십대가 되면 이렇게 하기가 훨씬 더 어려워지지만 그들을 결코 거부하지 않는 것이 가장 좋은 일이다. 이것은 당신이 동의하지 않는 일을 지지한다는 의미는 아니다. 거부하지 않는 것과 지지하지 않는 것 사이에는 커다란 차이가 있다. 자녀들이 부모와 사이가 좋다면 이 차이점과 당신의 입장을 쉽게 이해한다.

내가 설명한대로 부모는 자녀의 좋은세계 속에 들어가 있는데, 이 의미는 자녀가 부모를 신뢰하거나 신뢰하고 싶어한다는 의미이다. 자녀들은 신뢰하지 않는 부모를 좋은세계 속에 그대로 놓아두는데 그 이유는 부모를 대체할 사람을 찾지 못했기 때문이다. 그리고 부모가 그곳에 남아 있는 한 자녀는 그들을 신뢰하고 싶어한다. 자녀가 더 이상 부모를 신뢰하기를 원하지 않으면 이것은 마치 자녀의 좋은세계 속의 지역사회에서 부모가 아무 일도 하지 않는 구성원이 된 것과 마찬가지이다. 당신은 거기 있고, 당신이 함께 있는 것을 즐길지는 모르지만 그는 당신을 신뢰하지 않는 것이다. 이 신뢰를 다시 얻기 위해서는 시간을 내서 함께 이야기하고 들어주고 서로 가까워지는 쪽으로 가는 수밖에 없다.

당신을 신뢰하지 않는다고 생각하는 자녀를 대할 때 실수를 했으면 빨리 그것을 받아들이는 것이 좋다. 당신은 그가 완전하기를 기대하지도 않으며, 당신도 완전하지 않다. 실수를 인정하는 것은 신뢰를 구축하거나 재구축해줄 가능성이 있다. 자기 실수를 처음으로 인정하는 부모는 아이들 눈에 자기만 항상 옳고 자신들이 잘못했다는 것을 인정하지 못하는 부모보다 훨씬 신뢰성 있게 보인다. 자녀들은 부모를 신뢰할 필요가 있다. 그들이 부모를 신뢰할 수 없으면 마음 놓을 수 없는 상태에서 살게 된다.

선택이론 부모는 자녀들이 세 살 때부터 자신이 선택한 일에 대해 책임을 져야 한다는 것을 가르치기 시작한다. 그렇지만 책임을 진다는 말이 처벌을 뜻하는 것은 아니다. 아이들을 자기 방으로 보내는 것이 당신이 통제하기 위해 할 수 있는 최대치이다. 선택이론 양육에는 처벌이란 없다. 처벌은 외부통제 심리학의 핵심인 것이다. 처벌은 항상 부모와 자녀 사이의 거리를 더 멀어지게 한다. 거의 모든 자녀들이 처벌을 면하거나 저항하는데 시간과 노력을 기울인다. 그 시간과 노력은 인생을 넓히고 자신들이 욕구를 충족시키는데 사용할 수 있는 것들이다.

처벌받는 아이들은 자신의 인생을 협상하고 책임을 받아들이기보다는 책임을 회피하는데 전력을 기울인다. 아이들은 그들이 선택한 일에 따르는 자연적인 결과가 주는 고통을 받은 것으로 충분하다.

예를 들어, 아들이 지속적으로 저녁시간에 늦는다면 저녁을 먹을 수는 있지만 음식은 다 식어버리고 어떤 반찬은 없어질 것이다. 아이는 자기가 먹을 것을 만들어야 할 지도 모른다. 중요한 것은 그 아이가 너무 게을러서 음식을 마련하려고 하지 않는 경우라면 몰라도 굶주리게 해서는 안된다는 점이다. 처벌이 문제를 해결한다고 당신이 믿고 있더라도 굶게 하는 벌을 주지는 말라. 함께 이야기를 나누고 지도해주면 아이들이 자신의 문제를 해결할 수 있다는 것을 알게 될 것이다. 어떤 경우에 아이들이 당신의 해결책을 받아들이기도 하는데 당신이 처벌하기 때문이 아니라 당신을 신뢰하기 때문이다. 이와 같은 방법으로 당신은 너무도 중요한 관계를 해치지 않게 되는 것이다.

처벌 대신에 선택이론 부모는 끊임없이 메시지를 보낸다. 나는 네가 실수로부터 배우기를 바란다. 우리 둘 중 한 사람이 네가 한 일에 대해 불만족스럽다면 내가 할 일은 함께 앉아서 더 나은 방법을 찾아보도록 돕는 것이다. 언제나 더 나은 방법이 있는 것이다. 어쨌든 나는 네가 무슨 일을 하고 있는지 모를 정도로 어릴 경우에는 끼여들어서 너를 멈추겠지만, 내 초점은 너를 멈추는 데 있지 않다. 그것은 네가 후회할 일을 저지르기 전에 배울 수 있도록 하려는 것이다. 여기서 신뢰는 매우 중요하다. 자녀가 당신을 신뢰하면 당신의 말에 귀를 기울이게 될 것이다.

많은 부모들이 자녀의 취침 시간 때문에 애를 먹는데 네 살 때까지는 당신이 처벌하지 않고 할 수 있는 최선을 다하라. 그렇지만 자녀가 네 살이 넘어서 아직도 자러가고 싶어하지 않으면 이 상황을 개인의 자유에 대한 귀중한 교훈, 가르침을 줄 기회로 이용할 수 있다. 자녀가 일어나서 돌아다닌다면 당신이 그가 얼마큼 수면을 취해야 하는지 알 것으로 믿는다고 말하라. 이 말은 당신이 경직되지도 않고 독선적이지도 않으며 그 아이가 자신이나 다른 사람들에게 괴로움을 주지 않는 한, 부모는 기회를 줄 용의가 있다는 것을 그에게 전달하는 것이다.

자녀가 취침해야만 하는 시간이라고 느끼는 시간이 지난 후에는 지금 취침 시간이지만 꼭 그래야 할 필요는 없다고 말한다. 그 아이는 원하는 만큼 늦게까지 일어나 있을 수 있지만 당신이나 다른 누군가 깨어 있는 사람의 관심을 받을 수는 없는 것이다. 그는 혼자인 것이다. 아이는 놀거나 다른 사람이 텔레비전을 보지 않는 시간이라면 소리를 아주 작게 해서 볼 수도 있다.

만약 당신이 취침하게 되면 방문을 닫고 아이에게 당신이나 깨어 있는 다른 누구도 방해하지 말라고 이른다. 만약 그 아이가 누군가를 방해하면 큰 싸움이 일어나더라도 이 아이를 침대에 눕힌다. 그렇지만 아이가 더 이상은 무리인 것을 알기 때문에 싸우게 되는 일은 거의 없다. 아침에 학교에 가도록 아이를 깨울 것이고 피곤해도 가야만 한다고 아이에게 말해준다. 아이가 학교에서 곯아떨어져 깊이 잠들어버려도 걱정하지 말라. 대학 입학허가를 못 받을 지경에 이른 것은 아니다.

자녀가 십대가 되기 전이 바로 책임을 가르칠 좋은 시기인데 이 때는 정말 상처받기 쉬운 시기이다. 취침 시간 때문에 싸운다면, 누군가가 해를 입지 않는 한 언제든지 자유롭게 선택할 수 있다는 것을 자녀에게 가르치는 대신에 헛수고를 하고 있는 것이다. 그에게 선택할 자유를 주라. 자녀가 자러 간다면 누구도 해를 입지 않는다. 아이가 다음 날 재미있게 놀거나 공부하는 것을 너무 힘들어한다면 일찍 자야 한다는 것을 알게 될 것이다. 당신이나 그 아이는 적이 아니기 때문에 그에게 조언을 하면 들을 승산이 높다. 자녀의 유년기 내내 이런 기회를 포착하라. 대부분의 경우 자녀가 자신의 취침시간을 선택하도록 하면 일이 잘 풀린다. 이것은 그에게 안전한 상황에서 누구에게도 의존하지 않고 자신을 돌볼 기회를 줄 것이다.

취침시간을 자녀에게 맡겼으니까, 다른 것들은 어떻게 되어 가는지에 관해 아이와 이야기하라. 그가 스스로 하고 싶은 다른 일이 있는가를 묻고 그가 원하는 대로 따르겠다고 말하라. 당신이 싸우거나 논쟁하기를 아주 싫어하며, 두 사람이 서로 오랫동안 논쟁해오던 일들을 스스로 해결한 것을 고마워하고 있다고 말하라. 아이가 당신에게 일찍 자야겠다고 말하면, '그거 봐 내가 뭐랬니'라고는 결코 말하지 말라. 취침시간은 늦거나 이르거나 간에 그에게 달려 있다고 말하라.

이 접근방법은 관계를 바꾸어 준다. 많은 아이들이 자기들의 부모가 그렇다고 믿는 것처럼 당신은 내 방식이 아니면 안된다는 사람이 아닌 것이다. 자녀들은 당신이 규칙을 부과하는 이유가 규칙 자체를 위해서거나 다른 사람들이 어떤 방식으로 하기 때문이 아니라는 것을 알게 된다. 당신은 자녀의 부모이면서 또한 파트너이다. 당신은 아이가 다룰 수 있다고 믿는 만큼의 선택할 자유를 주기를 원한다. 그렇지만 아이가 준비되었다고 생각될 때까지 당신의 방법을 설득할 것이다. 그리고 당신은 언제가 이 때인가를 알기 위해 열어놓고 이야기를 나누어야 한다. 선택이론 양육에는 자동적이거나 생각 없는 '안돼'는 없다. 당신은 더 이상 싸우거나 논쟁하지 않게 된다. 그렇게 하는 것은 당신이 자녀와 관계 맺기 원하는 방법이 아니다.

여기 자녀가 아직 결정을 내릴 준비가 안되었다고 생각되는 예가 있다. 당신의 방법을 써야만 하는 때이다. 6살 난 딸이 학교에 가기를 거부하고 학교에 보내려고 하니까 히스테리를 부리는 경우이다. 당신은 선택이론 부모는 아니지만 그 아이를 양육하는데 지금까지 염려할 이유라고는 없었다. 딸아이는 사랑을 듬뿍 받았기 때문에 학교문제를 일으키는 것은 놀라운 일이었다. 아이는 학교에 조금 저항감을 보이기는 했지만 이렇게 크게 저항하는 것은 처음이었다. 당신이 교장과 의논을 하자 교장은 그저 아이를 학교에 보내주기만 하면 학교에서 알아서 처리하겠노라고만 했다. 교장은 이런 행동을 전에도 보았었고 아이가 전혀 타협의 여지가 없다고 생각하면 차분해지리라고 믿고 있다. 그렇지만 당신은 무언가 찜찜하다. 힘으로 강요한다는 생각은 당신에게 편안치 않다. 그러나 이제 당신은 선택이론 부모가 되는 것을 배웠으니까 학교에 가는 것은 선택이 아니라고 말한다. 학교에 가는 것은 딸아이를 포함한 모든 아이들이 다 하고 있는 일이다. 당신은 사랑과 배려로 이 말을 하지만 아이가 이것은 전혀 타협의 여지가 없는 상황이라는 것을 명백히 알도록 조심스럽게 해야만 한다. 당신은 좋은 부모이고 아이를 사랑하고 있으며 이 상황은 매우 어렵다. 딸의 히스테리는 진짜인 것처럼 보인다. 그렇지만 아이가 당신을 히스테리로 통제하도록 놓아두면 놓아둘수록 그 아이에게 학교 등교가 선택이 아니라는 것을 확신시키기는 점점 더 어려워진다.

    만약 당신이 선택이론 부모였다면 아이는 당신이 여러 상황에서 유연성을 보였음을 알 것이다. 어쨌든 당신은 그 아이와 잘 지내 온 것이다. 아이는 당신이 자기를 사랑하는 것을 알고 있다. 이런 비타협적인 상황에서 당신은 엄격하게 처신할 준비가 되어 있어야 한다. 아이가 울고불고 하는 것과 상관없이 학교에 데리고 가서 키스해주고 거기 남겨놓는 것이다. 당신이 그렇게 하리라는 것을 학교에 잘 알려놓으면 학교 교직원이 어떻게든 합리적인 방법으로 그녀를 다룰 수 있다. 그렇지만 아이가 원한다면 하루 온종일이라도 울게 내버려두어도 괜찮아야 한다. 일단 아이가 당신의 태도를 파악하면 그렇게 오래 울지는 않는다. 당신이 그 동안 구축해 온 신뢰가 제 역할을 할 것이다. 뭐가 잘못되었는지 당신은 영영 알지 못하게 되거나 아이가 당신에게 말하거나 할지 모르지만 어찌 되었든 이것이 이 문제를 해결하는 방법이다. 당신이 필요하다고 생각되면 위협이나 처벌 없이 엄격한 입장을 지키면서 가능한 만큼 유연성을 보이라.

　먹는 습관은 무엇이 옳은가를 알고 강요하기 위해 처벌하는 부모에게 또 다른 어려움이다. 지기 쉬운 이런 문제에서 당신은 손쉽게 유연성을 보일 수 있다. 영양실조가 아닌 딸이 아주 적은 음식만을 먹는다면 편한 대로 딸에게 그 음식을 주고 아무 말도 하지 말라. 만약 그것이 불편하면 당신이 다른 사람들을 위해 만든 음식을 주고 잊어버려라. 아이가 접시에서 저 먹고 싶은 것만 골라먹고 나머지 것들을 남겨도 내버려두어라. 깨끗한 접시 클럽은 외부통제 조직의 헌장이다. 아이가 자기 먹을 것을 스스로 준비한다면 내버려두라. 그것이 전부다. 논쟁하지 말고, 구슬리지 말고, 아첨하지 말라. 아이가 음식을 먹을 때 '거봐, 내가 뭐랬니'라거나, 먹지 않을 때 지독한 관심을 보이지 말라. 딸은 굶어죽지 않는다. 딸이 어렸을 때 음식에 관해 너무 까탈스럽게 굴면 나중에 거식증이란 문제와 부딪치게 될 수도 있다.

　선택이론은 이 책에서 주는 모든 것이 정보라고 말하고 있고 그것이 내가 해온 일이다. 내가 말한 이야기도 당신이 자신의 판단을 사용하는 것에 우선하는 것은 아니다. 당신이 강화할 가치가 있다고 믿는 것을 강화하지만 가능한 한 아주 조금만 그렇게 하라. 나머지 일은 알아서 굴러가게 두라. 아이들을 사소한 문제에서 보호하거나 별로 큰 상관없는 일에 당신의 방법을 따라오도록 하지 말라. 이렇게 하면 아이들은 경험이라는 세상의 가장 큰 스승을 통해 무엇이 현명하고 무엇이 어리석은지를 배우게 된다. 그들은 또한 당신이 경직되지 않고 지나치게 의견을 내세우는 사람이 아니며 친구들 부모가 시시콜콜 간섭하는 것과는 달리 웬만한 일은 내버려두는 사람이라는 것을 배우게 된다. 그렇지만 아이들은 어렸을 때부터 당신이 자녀를 돌볼 때 아무리 저항이 심해도 지켜야 되는 한계가 있음도 배우게 된다.

자녀들이 어렸을 때는 언제 자고, 무엇을 먹고, 무엇을 입는지 잘 다루어 왔다. 좀 지난 후에는 학교며, 건강이며, 안전에 관해 전처럼 타협할 수 없게 된다. 그러나 자녀들이 결정해서 선택하게 하는 십대 초기에는 그들과 원하는 것을 얻기 위해 타협해야만 하기 때문에 타협의 가치를 가르치라. 당신은 어렸을 때처럼 자녀들을 육체적으로 통제할 수 없게 된다. 당신은 그들을 외출 금지시킬 수 있지만 외출금지는 강화하기 어렵다. 당신이 너무 엄격하면 자녀들의 좋은세계에 있는 여러분의 입장이 취약해지게 된다. 이제 어느 때보다도 더 그들의 좋은세계에 강력하게 들어가 있어야 할 필요가 있다. 당신이 그들을 외출 금지시킬 수 없을 때 무수한 말썽이 끼어들 수 있는데 이런 일들은 등교 전이나 방과후에 일어난다.

아이들이 자기 일을 스스로 하게 되면 자녀들이 선택하는 일이 마음에 들건 안들건 간에 당신은 통제력을 갖지 못하게 된다. 약물, 성, 술, 범죄가 모두 다 손닿는데 있고 자녀들을 이런 파괴적인 그림으로부터 멀리하게 해주는 것은 그들의 좋은세계 중심부에 들어있는 여러분의 그림이다. 그 그림이 단지 거기에 있는 것만을 말하는 것은 아니다. 부모들은 대부분 거기에 있지만 당신이 얼마나 강력하게 존재하는가에 따라 아이들의 선택은 큰 영향을 받게 되는 것이다. 대부분 강요할 수도 있었던 시기에 당신이 자발적으로 타협해 주었던 사실이 떠오르면 당신이나 당신의 믿음이 자녀의 좋은세계 속에 살아있는 것이다. 타협하는 방법을 가능한 한 빨리 가르치기 시작하라.

당신의 아들이 9살인데 강아지를 원한다. 꼭 강아지를 원하는 건 아니지만 그의 나이에 맞는 요구라서 당신은 독단적으로 이 일을 다루고 싶지 않다. 아들이 6살 때 강아지를 원했는데 9살 때까지 기다리라고 했고, 아이는 기다렸다. 이것은 아들이 당신의 판단을 존중한 것이다. 그렇지만 이제 당신이 그의 판단을 존중한다는 것을 보이지 않는다면 존경심을 잃게 될 것이다. 9살이면 그는 타협하기에 충분할 만큼 나이가 들었다. 이제 아들이 강아지를 자진해서 돌보려고 하는 문제에 대해 타협할 수 있게 된 것이다. 이것을 시작하는 가장 좋은 방법은 모든 타협이 그런 것처럼 그와 강아지 이야기를 많이 나누고 그의 요청에 대해 열의를 보이는 것이다. 만약 그 요청이 합리적인 것이라면 헐뜯는 소리를 하지 말라. 당신이 정말 강아지가 집안에 있는 것을 원하지 않으면 선을 그어라. 처음에 엄격하게 이야기하는 것이 갈팡질팡하며 미루다가 나중에 더 힘들게 하는 것보다 낫다.

품종과 크기, 강아지로 할까, 집에서 길들여진 개로 할까, 긴 털인지 짧은 것으로 할 지와 기질이며 가격에 대해서도 토론하라. 아들에게 개에 대한 서적을 읽으라고 권하라. 이것은 또한 독서가 얼마나 유용한 것인가를 깨닫게 하는데도 좋은 방법이 된다. 당신이 큰 도시에 살고 있다면 광고를 아들과 함께 살펴보고 특히 무료로 얻을 수 있는 좋은 개에 대해 살펴 보라. 아들을 데리고 개를 보러 가라. 그것을 대단한 가족행사로 만들어라. 그것이 타협하고 가족끼리 가까워지는 길이 된다. 그렇게 하면서 개를 돌보는 것에 관해 아들이 해야할 일과 당신이 해야할 일을 이야기해 보라. 아들은 아홉 살밖에 되지 않아 많은 것을 기대해서는 안되지만 개를 산책시키고 먹이를 주는 것 등은 책임질 만한 과제이다.

도시에 살고 있으면 용변처리기가 왜 필요한 지와 그 사용법을 설명하라. 집안에 개를 들인 다음, 청소하기가 아이에게 처음에는 너무 힘이 들 것이나, 곧 익숙해질 것이다. 처음 기르는 개라면 이미 훈련되어 있는 개를 구하는 것도 좋은 생각이다. 그가 원하는 개를 주도록 하고 될 수 있으면 당신이 지금 원하는 개나 어린아이 때 원했던 개를 구하려고 하지 말라.

사춘기 아이들이 많은 사랑을 필요로 한다는 것을 기억하라. 이들도 말썽을 덜 부리는 어린아이들만큼 많은 사랑이 필요하다. 우리는 이 사실을 잊어버리고 그들을 성인으로 대하는 경향이 있는데 그들은 성인이 아닌 것이다. 사춘기 자녀들을 충분히 사랑해 주라. 그들에게 동의하지 않더라도 그들의 좋은세계 속에 강하게 들어가 있으려면 대단한 창의력이 필요하다. 말썽이 일어날 때까지 기다리지 말라. 사춘기 아이들과 말하고 웃고 함께 어떤 일을 함으로써 그것에 대비하라. 이것은 예금 통장과 같아서 나중에 자녀들이 큰 일에 동의하지 않게 될 때 인출할 수 있는 것이다.

남편과 아내가 해결원을 그리고 이 원을 부모-자녀 사이까지로 연장하면 가족 해결원까지로 확장시키는 것은 자연스럽다. 잘 지내는 가족을 보면 이 해결원이 살아 있는 것을 보게 될 것이다. 가족이 상호지지적인 단위로 뭉치면 무슨 일이 닥치든 잘 다룰 수 있게 된다. 외부통제 가족구성원은 문제가 생기면 서로를 탓하는 경향이 높다. 각자가 자기에게 무엇이 옳은지는 알고 있지만 가족에게 무엇이 옳은지는 거의 생각하지 않는 것이다. 상호신뢰는 해결원을 강하게 만든다. 당신과 아이들이 함께 있거나 떨어져 있거나 이 원 안에 있는 한 당신들은 행복해질 기회를 아주 많이 갖게 되는 것이다.

학대받은 아이나 학대받았던 성인을 대하기
(Dealing with Abused Children or Adult Who Were Abused As Children)

만약 지금 학대받는 아이가 있으면 그것을 멈추기 위해 할 수 있는 모든 일을 해야만 한다. 곧 아이들을 학대받는 상황에서 건져내야 한다는 뜻이다. 그렇지만 학대받는 것이 발견되었을 때는 이미 학대가 끝나 있는 경우도 많다. 어쨌든 아이는 일어났던 일에 대처하기 위해 도움을 필요로 한다. 심지어 더 흔한 일은 아동기의 학대가 결코 드러나지 않은 채 끝나지만 나중에 성인 문제의 잠재적 원인으로 남는 것이다. 구타당했을 때의 학대는 성적인 것은 아니지만 신체적인 것일 수 있다. 위협하는 욕설, 비난, 유기하며 비난을 퍼붓는 환경 속에서 양육되는 심리적인 것일 수도 있다. 아니면 대체로 신체적이지만 심리적이기도 한 성적인 학대일 수도 있다. 대부분은 이 세 가지의 복합이다.

학대받은 아이들은 대체로 자기들을 돌보아주는 한 사람이나 그 이상의 사람들로부터 학대를 당한다. 친부모, 계부모, 조부모, 아저씨, 사촌, 양부모, 심지어 이웃이나 아이들이 신뢰하는 누군가가 가장 빈번하게 이 상처에 책임이 있다. 전통적인 지혜는 학대받은 아이들, 특히 성적으로 학대받은 아이들이 그 일을 저지른 사람 앞에 정면 대처할 기회를 갖고 그 사실을 깨닫지 않으면 결코 자신에게 일어났던 일에 대처를 할 수 없게 된다는 것이다. 학대받은 사람은 일어났던 일에 대해 혼자는 대처할 힘이 없고 치유의 과정을 거쳐 정신분석의의 도움을 받을 필요가 있다고 사람들은 믿어 왔다. 목적이 있어서든지 아니든지 간에 내담자가 손상을 입었다고 믿는 치료자들은 그들이 무기력한 피해자였다고 가르치는 경향이 있다. 그리고 그들이 과거에 일어났던 일로 상담을 통해 되돌아가지 않으면 그들이 희생자로 남아있게 된다고 가르친다.

선택이론은 과거의 학대를 아주 다르게 바라본다. 여기서는 이 아이들이 이제 성인이 되었더라도 자신을 돕기 위해 선택이론을 사용할 수 있다고 가르친다. 그들은 자신이 그렇게 믿기로 선택하지 않는 한 더 이상 일어났던 일의 희생자가 아니다. 선택이론은 그들이 다시 체험하고 직면해야 한다는 현재의 생각은 효율적이 아닐 뿐만 아니라 해롭다고 설명한다. 어떤 상황에서도 사람들에게 그들이 희생자이고 자신을 도울 수 없다고 암시하는 것은 항상 해롭다. 끔찍하게 학대받은 수없이 많은 어린이나 어른들이 전통적인 치료와 선택이론의 지식이 없이 자기 스스로를 돕고 있다. 그들은 고통받았지만 영구히 파괴되어버린 것은 아니다.

아이나 성인이나 학대에 효율적으로 대처하지 못했던 사람들은 좋은 상담을 받을 필요가 있다. 특히 그들에게 무엇이 일어났고 앞으로 어떻게 그 경험에 대처할 것인가를 가르치기 위해 선택이론 설명이 포함되어야만 한다. 무엇보다도 중요한 것은, 그들이 학대 자체로부터 고통을 받는 것이 아니라 사람에 대한 신뢰를 잃었거나 신뢰하는 법을 한 번도 배운 적이 없다는 사실로부터 고통을 받는다는 사실을 깨닫는 것이다. 성적인 학대는 가장 다루기 어려운 행동 중의 하나인데 그 이유는 많은 경우 학대가 시작되었을 때 자신을 학대하는 사람을 신뢰하고 있었기 때문이다.

자녀 양육을 논의할 때 설명했던 것처럼 신뢰하기를 배우는 것은 세상에 대처할 때 욕구를 충족시키는 방법을 배우는 것으로 매우 중요한 것이다. 학대받은 아이들의 경험에 따르면 사람들을 신뢰하지 않는데는 일리가 있다. 그들이 좋은세계 속에 있는 사람에 의해 상처를 받았다면 도대체 어떻게 낯선 사람들을 믿을 수 있겠는가? 그들이 배워야만 하는 것은 대부분의 사람들은 학대자가 아니고 많은 사람들이 믿을 만한 존재라는 것이다. 그리고 그들이 배워야 할 필요가 있는 것은 신뢰할만한 사람과 그렇지 않은 사람을 분간해 내고 그렇지 못한 사람들을 피하는 방법이다. 기본적으로 그들은 사람들을 만날 때 조심스러워야 하고 신뢰하기 전에 그들을 좀 더 잘 알아야만 한다. 그들은 다시 상처받지 않고 다시 얻기 시작한 작은 신뢰를 잃지 않도록 각별히 조심할 필요가 있다.

학대가 끝나면 그들은 오랫동안, 태어날 때부터 맹인이었는데 갑자기 시력을 되찾은 사람과 같다. 그들은 이제 볼 수는 있지만 시력을 정상적으로 사용할 수가 없다. 그들은 문자 그대로 눈을 사용하는 방법을 배우거나 다시 배워야만 한다. 학대받은 아이들이나 성인은 사랑하고 믿을 수 있는 사람의 경험을 해야만 하고 그들을 신뢰하고 사랑하는 것을 배워야만 한다. 그렇지만 그렇게 하기 위해서는 그들이 희생자라거나 영구히 파괴되었다는 생각을 떨어버리는 것이 중요하다. 조심스러워야 하는 것은 일리가 있지만 자신이 희생자라고 계속해서 생각하는 것은 이치에 맞지 않는 생각이다.

현실치료상담으로 그들을 상담하고 동시에 선택이론을 가르치는 것은 학대받은 과거로 돌아가게 하는 것보다 훨씬 더 도움이 될 수 있다. 나쁜 경험으로 되돌아가는 것이 당신을 더 강하게 만들지 않는다. 만약 아주 오랫동안 굶주렸다면 당신은 음식이 필요하지 왜 음식물을 얻지 못했었는가에 대한 설명이 필요한 것은 아니다. 아주 심각한 상처도 치유될 수 있지만 이것은 사랑과 신뢰를 경험함으로써만 이루어지는데 여기에는 이 사랑을 유지하려는 그들 자신의 노력이 함께 필요하다.

선택이론은 모든 문제가 현재 문제라고 설명하는데 그 이유는 그 욕구가 지금 채워져야만 하기 때문이다. 당신이 거른 끼니를 미래의 음식으로 먹을 수 없는 것처럼 다시 먹을 수도 없는 것이다. 당신은 미래에 즐겁게 지낼 좋은 친구를 만드는 것처럼 음식을 미래를 위해 저장할 수 있다. 그렇지만 지금 친구하고 즐겁게 지내는 것이 미래에 친구하고 즐겁게 지내는 열쇠이다. 학대받은 사람은 불행한 과거 때문에 현재를 다루는 능력이 좀 떨어질 지 모르지만 그 힘이 아주 없는 것은 아니다. 과거의 학대나 유기, 거부 등은 문제가 아니다. 그의 현재 문제는 다른 사람들의 현재 문제와 다를 바 없다. 모든 현재의 문제는 관계의 문제이다. 우리는 모두 다 믿을 수 있는 누군가와 만족스러운 관계를 맺을 필요가 있다.

33세의 여자, 테리는 만족스러운 성 관계를 유지할 수 없기 때문에 나를 만나러 왔다. 그녀는 남자하고 가까워지기 시작하면 그 관계를 파괴하는 쪽으로 행동하기를 선택하는 것이다. 그녀가 실제로 무엇을 했는가하는 것은 중요하지 않다. 현실치료상담을 사용해서 어떻게 그 여자를 상담했는지 살펴보자. 나는 상담하면서 그녀가 방향성을 과거에서 현재로 바꾸고 신뢰를 배우도록 돕는데 초점을 맞추어 보겠다. 내가 한 방법은 현실치료상담을 다루는 유일한 방법은 아니지만 좋은 방법이다. 다른 현실치료상담 상담자들은 다르게 해 볼 수 있겠지만 우리들 모두 다 앞으로 나아가는 방향으로 갈 것이다.

"테리, 당신 이야기를 들려주세요. 여기 오는 사람들은 다 할 이야기가 있거든요. 당신 이야기를 정말 듣고 싶군요."

"이야기랄 것도 없어요. 나는 고독하고 비참해요. 글쎄요. 이렇게 말해서는 안되겠지요. 직장 일도 좋아하고 동료들하고도 잘 지내요. 그렇지만 사회생활은, 언제나 뒤틀리는군요. 동료 한사람이 선생님 이야기를 하더군요. 그 여자한테 엉망이 되어버리고 마는 사랑의 이야기를 많이 했더니 나를 도우려고 했어요. 그 여자가 선생님이 자기 사촌을 도와주었는데 그 후에 사촌을 만났더니 그렇게 변했더라구 했어요. 그 사촌이 내 동료에게 어떻게 선생님이 상담하시는지 좀 이야기했지만 나에게 말하려고 하지는 않았어요. 자기가 그걸 이해하고 있는 건지 확실치 않기 때문이지요. 어찌되었든 저는 도움이 필요합니다. 사회보험을 받는 게 있는데요. 그것 갖고 선생님을 올해 열 번은 만날 수 있어요. 만약 상담이 그것보다 더 오래 걸리면 비용을 댈 수 있을지 모르겠어요. 차하고 집세, 그리고 옷 몇 벌을 마련하면 남는 게 얼마 없거든요. 치과 진료비도 물고 있구요. 이게 내가 지불할 수 있는 전부라도 나를 도와주실 수 있으세요? 듣기에 치료는 오랜 시간이 걸린다고 하더군요. 나는 시작한 다음에 중간에 그만두고 싶지는 않아요. 이야기 드렸던 것처럼 내 문제는 남자들인 것 같아요. 시작은 괜찮은데 더 이상 진전이 안되는군요."

"얼마나 오래 걸리는가 하는 것은 당신에게 달려 있습니다. 당신이 지금 자신에 대해 알고 있는 것보다 더 많이 알 수 있도록 노력을 기울일 의사가 있으면 열 번의 만남 동안 대단한 진전이 있을 수 있습니다. 이건 치과에 가는 것하고는 다릅니다. 치과에서는 입을 벌리고 가만히 있으면 의사가 다 알아서 이를 고쳐주지요. 나는 당신의 사랑에 관한 것을 고쳐줄 수는 없지만 당신이 그것을 고치도록 도와줄 수는 있습니다. 우리 함께 해보지요. 이건 치과에 간 다음과 유사합니다. 어떻게 이를 더 잘 돌보는가 하는 것을 배웠을 때요. 차이가 있다면 지금 이 시간에 당신이 인생을 어떻게 잘 다루는가 하는 것을 바로 여기서부터 배운다는 점이지요. 이게 내 치료 기법의 모든 것입니다. 어떻게 당신 자신을 잘 돌보는가 하는 것을 배우는 거지요. 우리는 이야기를 나누고 나는 당신에게 질문을 하지요. 당신도 또한 지금 인생에서 무엇을 선택하고 있는가를 세심하게 살펴보면서 돕는 것입니다. 앞으로 선택이라는 말을 많이 사용하게 될텐데 그 이유는 무엇을 하든 우리는 선택하고 있고 당신이 인생을 행복하게 살고 싶다면 더 나은 선택을 하도록 배워야만 하기 때문입니다. 무슨 일인지 말씀해 보세요. 어디서부터 시작해도 좋습니다."

"남자 문젠데요. 나는 관계를 원해요. 남자들과 쉽게 만나요. 많은 남자들이 내게 별로 큰 의미가 없었기 때문에 한동안 잘 지내다가 그냥 헤어지고는 해요. 어쩌다가 그들 중 한 사람이 내게 큰 의미를 줄 때가 있어요. 그럴 때면 내가 엉망으로 만들어 버리고 마는 거예요. 지금 톰하고 사이에 일어나고 있는 일이 바로 그래요. 그는 내가 관심을 가지는 바로 그런 사람이에요. 우리는 서로에게 관심이 있다는 걸 알지요. 그런데 내가 그걸 망쳐버려요."

"좀 더 구체적으로 말씀해 주십시오. 무슨 일이 어떻게 진행되고 있는지 내가 알 필요가 있습니다. 모두 말씀해 주십시오. 아주 큰 도움이 됩니다. 어떻게 톰과의 관계를 망치지요?"

구체적으로 말하는 것은 매우 중요하다. 인생은 구체적인 것이다. '엉망을 만들었지요.' 같은 말은 치료에서 무가치한 말이다. 모든 세부 사항이 중요하다.

"우리는 잘 시작했어요. 톰과는 성관계도 시작부터 좋았어요. 그리고 내가 요구를 하기 시작했지요. 아주 사소한 일로 그를 비난하기 시작한 거예요. 같은 직장에서 일하는 여자가 옆집에 사는데 퇴근한 후 집까지 태워다 달라고 했다는군요. 출근할 때는 차편이 있는데 퇴근할 때는 차편이 없다는 거예요. 나는 화가 머리끝까지 나서 그 여자하고 같이 자고 싶어하는 거라고 비난을 퍼부었지요. 말도 안돼요. 그 여자는 거의 톰의 어머니뻘 되는 나이거든요. 그렇지만 내가 폭발했을 때는 심각했어요. 뭐라도 붙잡고 늘어졌을 거예요. 갑자기 나는 그 사람의 턱수염이 싫고 팔에 있는 문신이 싫고 전화 건다고 할 때 확실하지 않고 애매하게 말하는 게 싫었어요. 이런 건 뭐 얼마든지 있어요. 이 모든 것들이 그가 나를 사랑하지 않기 때문이라는 내 비난으로 끝나지요. 이러니 어떻게 날 사랑하겠어요? 만난지 얼마 안되었는데 어쨌든 내가 그를 비난하는 거예요. 그가 그저 나를 끼고 잘 수 있기 때문에 만나는 거라고 말했지요. 그렇게 노골적으로 나오다니 끔찍한 일이에요. 지난 번 밤에는 그 사람이 좀 화를 내더군요. '당신 말이 맞아, 당신하고 같이 잘 수 있기 때문에 당신을 만나는 거야.' 그러더라구요. 그 사람은 끼고 잔다는 식으로 나처럼 노골적으로 말하지는 않았어요. 그 사람은 말했어요. '물론 나는 당신하고 같이 자는 게 좋아. 내 생각에는 그게 서로 만나는 아주 좋은 이유 같은데, 더 좋은 이유를 생각해 낼 수 없는데.'"

"그래서요?"

"나는 폭발을 해버렸어요. 그저 같이 자는 건 원하지 않는다고 말했지요. 나는 뭔가 좀 더 원한다구요. 나는 비명을 지르기 시작하고 울고 그의 가슴을 때렸지요. 우리는 침대에 누워 있었고 두 사람이 관계를 갖기도 전이었어요. 이 가엾은 남자는 일어서서 옷을 입고는 떠나려고 했어요. 나는 일어나서 그 사람을 따라가 떠나지 말아 달라고 애원했어요. 그래서 그 남자는 가지 않았고 우리는 같이 잤는데 너무 좋았어요. 싸웠더니 그렇게 좋았던 거예요. 아침에는 기분이 좋았지만 이번에는 일찍 일하는 조여서 집을 먼저 나서면서 작별의 충격을 준 거예요. 만약 그 사람이 다시 침대에서 그렇게 일어나 버린다면 우리는 끝장이라고 말했지요. 그렇게 말할 필요는 없었거든요. 말하자마자 후회를 했어요. 나는 뭔가 잘못되었어요. 그에게 잘못이 있는 게 아니에요. 선생님을 만나러 온 건 이 남자가 내가 만난 사람들 중에서 제일 좋기 때문이에요. 직업이 있고 술도 마시지 않구요. 물론 이혼남이구요. 나른 사람들은 유부남들이었거든요. 그 사람들도 그런 식으로 대했지요. 나는 인생을 엉망으로 만드는데 왜 그러는지 모르겠어요."

여기에 무엇이 부족한 지는 명백했다. 그녀는 톰을 믿지 않고 있었고 모든 남자들을 다 믿지 않아 온 것이다. 나는 그 문제를 바로 끄집어내기로 했다. 변죽만 울리고 있는 것은 아무 소용이 없다. 나하고 이야기하면서 그녀는 편안해 보였다. 무슨 일이 그녀의 인생에 일어났던 것이다. 그녀는 결국 내게 이야기해 줄 수 있을 것이다.

"신뢰란 말을 당신은 어떤 의미로 이해하고 있습니까?"

"만약 선생님이 내가 남자들을 신뢰하지 않는다고 말씀하시는 거라면 맞아요. 나는 그들을 신뢰하지 않아요, 왜 신뢰해야만 하지요?"

"당신이 말한 것 때문이지요. 그 사람은 상당히 괜찮은 사람인데 당신은 그에게 가까이 가는 것을 두려워하고 있어요. 그게 보편적인 이유지요. 그리고 아마 그게 맞을 거예요."

"보세요. 그 사람은 이혼했어요. 아이가 둘이 있는데 양육비를 대고 있지요. 그 사람이 나 같은 보잘 것 없는 여자하고 다시 시작하려고 하겠어요? 그가 얻을 게 뭐가 있겠어요? 어찌 되었든 내가 왜 그를 신뢰해야 하나요? 내가 온갖 경험을 다했는데 이제 어느 누구를 왜 신뢰해야 하나요?"

이 때에 나는 그녀에게 무슨 일이 일어났는지 더 이상 물으려 하지 않을 것이다. 그녀가 나한테 이야기하기 전에는 말이다. 내가 그녀에게 무슨 일이 일어났었는지 물으면 그 일이 중요하게 된다. 이제 남자들에게 그녀가 가까워지는 것을 피하려는 수단으로 과거의 불신 경험에 의존하기를 멈추어야만 한다. 그녀는 거기 대해 생각하기를 멈추어야만 한다. 그녀는 내게 말할 지 말 지 생각하고 있었다. 나는 아무 말도 하지 않았다. 한참 침묵이 흐른 후에 그녀는 다음과 같이 말하는 듯한 시선으로 나를 보았다. '어떻게 된 거예요? 무슨 일이 일어났는지 왜 안물으시는 거지요?'

"나는 훌륭하게 양육되지는 않았어요. 내가 어떻게 아동기를 보냈는가를 선생님에게 말씀드린다면 열 번의 만남을 다 그 이야기로 채워도 모자랄 거예요. 나는 형편없는 아동기가 어떻게 사람을 엉망으로 만드는지 읽은 적이 있어요. 내 이야기 듣고 싶으세요? 듣고 싶으리라고 생각해요. 그게 중요한 거 아니예요? 내 아동기에 무슨 일이 일어났지요. 어머니는 미안하다고 하지만 그 때는 전혀 미안해하는 것으로 보이지 않았어요."

그렇다. 이제 나온 것이다. 나는 그녀에게 물을 수 있다. 그녀는 내게 말하고 싶어한다.

"누굽니까? 아버지입니까, 계부입니까, 아니면 어머니의 애인입니까?"

"아버지는 아니에요. 아버지는 내가 여섯 살 때 집을 나갔어요. 어머니의 애인들이었는데요– 세 사람이요. 내가 아홉 살 때부터 시작되었는데 집을 떠날 때까지 그랬어요. 나는 열 일곱 살이었지요. 나는 집을 떠났고 어머니는 내게 돈을 조금 주었어요. 죄책감을 느꼈던 것 같아요. 어머니는 모른 척하고 있었지만 무슨 일이 진행되고 있는지 알고 있었어요. 어머니는 애인을 잃을까 봐 두려워했던 것 같아요. 선생님이 내가 파괴되었다고 생각하신다면 우리 어머니를 만나 보셔야만 해요. 내가 집을 떠날 때 어머니는 내가 어디 사는지 알았고 우린 늘 연락하고 지냈지요. 한동안 여자친구하고 지냈었는데 힘들었지만 거기를 나왔어요. 이 직장은 시장에서 구했어요. 나는 머리가 좋거든요. 16살이 되자마자 나는 현금출납원이 되었어요. 그 일도 잘해요. 내 인생에 좋은 일 중에 한가지이지요. 이렇게 해서 남자들을 만났지요. 시장은 좋은 지역에 있어요. 이런 저런 남자들을 만나게 되었는데 지금 만나는 남자는 싸운드 스튜디오에서 일하고 있어요. 그 사람도 일을 잘하고 있지요."

그녀는 싱당히 자기를 보여주었다. 그녀는 남자를 신뢰하시 않을 모든 권리를 가지고 있지만 유전자는 아무런 기억도 없다. 유전자는 그녀가 성폭행을 당했던 것을 모른다. 그들은 사랑과 성을 원하고, 그리고 지금 바로 원한다. 그녀는 성관계를 가졌다. 그녀는 자기가 성관계를 즐겼다고 말하고 그것이 좋다고 말한다. 그렇지만 만약 선택이론이 정확하다면 나는 앞으로 나아가야만 한다. 만약 내가 학대 이야기로 다시 되돌아간다면 무슨 좋은 일이 있을 것인가? 그녀는 자기 인생이 있고 어머니와도 어떤 종류의 관계를 유지하고 있고 그것은 좋은 일이다. 아마 어머니가 그녀를 보호해야만 했겠지만 그렇게 하지 않은 것이다. 그 남자들은 그렇게 하지 않았어야 하겠지만 그렇게 한 것이다. 나는 그녀가 자신의 과거로 되돌아가리라고 기대하는 것을 알 수 있다. 남자들과의 말썽을 탓하고 무슨 일이 일어났는가 하는 것으로 말이다. 그러나 만약 그렇게 한다면 그녀는 어디에 있는 것인가? 그녀가 이미 일어난 일들을 다시 없애버릴 수 있는 것일까? 어머니를 탓하는 것이 무슨 도움이 될까? 그녀는 어머니가 무력하다고 보고 있고 아마 그것이 어머니를 바라보는 가장 좋은 방법일 것이다. 나는 그 방향으로 가지 않을 것이다. 그녀에게 일어났던 일은 한 번으로 족한 것이다. 다시 그곳으로 되돌아 갈 필요는 없는 것이다. 그녀에게 힘이 있는 것은 명백한 일이다. 나는 그녀가 자기의 힘을 잘 사용하도록 그녀를 돕기로 했다.

"좋습니다. 이제 잘 이해가 됩니다. 나는 학대받은 여자를 상담한 일이 있는데 어떤 경우는 그다지 심하지 않았고 어떤 경우는 당신보다 더 나빴었지요.

말해 주십시오. 시장에서 일하는 것이 좋은 점은 무엇입니까? 직장에 친구들이 있다면서요?"

"좋은 점은 봉급이 많구요. 선생님을 만나러 올 수 있었던 것처럼 가외 보험 혜택이 많습니다. 그곳의 사람들이 좋고요. 교대 조도 좋지요. 그곳은 24시간 열고 있거든요. 다른 교대 조로 바뀔 때 새로운 다른 사람들을 만나게 되지요. 톰은 아침 네 시에 만났어요. 그 때에 손님이 없어서 이야기할 시간이 있어요. 상사도 좋구요. 그 사람은 내가 말을 잘 하는 걸 알고 있고 그게 장사에 도움이 되어서 좋다고 생각해요. 바쁠 때면 나는 번개처럼 빠르게 일하면서 이야기도 할 수 있거든요. 모임도 좋고 거기서 고객들 중 다른 사람들을 만나게 되는 것도 좋구요. 이 직업을 가지게 된 건 참 운이 좋았어요."

"여기 들어올 때 불행하다고 말했는데 앉아서 이야기하는 걸 보니까 불행해 보이지는 않는데요."

"여기서 선생님하고 있으니까 불행하지는 않아요. 자신에 대해 이야기할 때 비참하지는 않지요. 그렇지만 지난번에 톰이 침대에서 일어나 가려고 했을 때는 비참했어요. 나는 이 남자를 좋아하는데 쫓아 내버리려고 하는 거예요. 그게 내가 불행한 이유예요. 나는 어제밤 모든 것을 참아냈어요. 지난 밤에 그 사람이 스튜디오에서 전화를 걸어 세 시간 쯤 늦을 거라고 이야기했는데 나는 아무 말도 하지 않았어요. 그런데 네 시간이나 늦었지요. 거의 자정이 되어서야 왔지만 아무 말도 하지 않았어요. 그 사람은 그걸 아주 마음에 들어했지요. 그가 들어왔을 때 겁먹은 표정을 하고 있는 걸 보았지요. 그렇지만 나는 노여움을 억눌렀지요. 그건 내가 어렸을 때 그 남자들에게 노여움을 억눌렀던 것과 같았어요. 우리는 함께 식사하고 잠자리를 가졌는데 그다지 좋지는 않았어요. 내가 남자에게 그렇게 하도록 진심으로 허락했을 때 관계가 더 좋아져야만 하는데요. 나는 생각했지요. 이렇게 다정할 때 내가 아주 못되게 굴 때보다 성관계가 더 좋지 않다는 것이지요. 왜 여기 왔는지 선생님은 아시겠지요?"

나는 이 기회를 활용해서 그녀가 기대하는 대답을 주려고 했지만 그녀의 인생이 망가지지 않았다는 것을 보이는 방법으로 대답을 하려고 했다. 그녀는 말을 잘 했고 그것은 좋은 일이었다. 그녀는 자기를 잘 표현했고 금방 마음을 열었다. 그녀는 행복을 원했다. 관계는 그녀에게 아주 중요한 것이었다. 그녀는 나와 함께 있는 것이 편안해 보였고 나도 그녀와 함께 있는 것이 편안했다. 일어났던 일에 대해 내가 어떻게 생각하고 있는가 하는 것은 그녀에게 대단히 중요한 일이라는 것을 느낄 수 있었다. 나는 그녀가 겪었던 일들이 그녀에게 영구적인 손상을 주었다고 생각하지 않는 그 누군가로 그녀의 마음에 떠올라야만 했다.

"당신은 아동기 때문에 여기 와있습니다. 당신은 남자들과 나쁜 경험이 있고 어머니는 당신을 보호하지 않았습니다. 당신은 그것이 바로 내가 알고자 하는 것이라고 생각하지요. 그것이 남자들을 믿지 못하게 하는 원인이라구요. 그렇습니다. 나도 알겠습니다. 그렇지만 그것이 그 원인은 아닙니다. 학대는 이제 끝났어요. 당신이 통속적인 잡지를 읽었다면 어렸을 때 성적으로 학대받았을 때 치료자가 당신을 치료하지 않는 한 영원히 엉망진창일 거라는 메시지를 받았을 것입니다. 지금은 모두들 그렇게 믿고 있지요. 당신은 자신이 영원히 엉망진창이 되었다고 생각합니까?"

"그래요. 남자들하고 관계가 엉망이 되는 걸 보면 그렇게 된 게 틀림없지요. 나는 그걸 해결하러 왔어요."

"이미 일어난 일에 대해 나는 아무 것도 할 수 없다고 말한다면요."

"그렇다면 다른 사람을 찾아보는 게 낫겠네요."

"당신은 일어났던 일로 되돌아가기 원하세요? 그런 절망적이고 노여움을 억누르는 느낌으로 다시 돌아가고 싶으십니까? 한 번 겪은 것으로 족하지 않습니까?"

"나는 그 일들을 말끔히 잊어야만 하는 건가요? 마치 그런 일은 결코 일어나지 않은 것처럼요?"

"그런 뜻은 아닙니다. 그런 일이 일어났던 건 당신이 알고 있습니다. 그렇게 하고 싶으면 언제까지라도 기억할 수 있지요. 당신이 그 일에 대해 무엇인가를 해야만 한다고 책에서 읽은 걸 잊어버리라고 청하고 있는 겁니다. 그건 끔찍한 일이었지만 이제는 지난 일입니다. 당신은 그런 일이 다시 일어나리라고 생각합니까? 만약 그런 일이 다시 일어난다고 내가 생각하고 있다면, 나도 당신 편에 서서 그것에 관해 계속해서 생각하라고 조언하겠습니다."

"그 일은 다시 일어나지 않을 거예요. 그렇지만 그 일은 일어났었고 나를 엉망으로 만들어 버렸어요."

"어떻게요? 어떻게 당신을 엉망으로 만들었는지 이야기 해주십시오."

"이 남자에게 내가 행동한 걸 보세요."

"그건 당신이 선택한 행동이지요. 당신이 왜 그런 방식으로 행동하기를 선택했다고 생각합니까?"

"내게 일어났던 일 때문이지요. 계속해서 말씀드렸지 않아요. 내가 말할 때 듣지 않으셨어요?"

"당신에게 일어났던 일이 당신을 엉망으로 만들지는 않습니다. 그것이 당신을 망친다고 생각하는 건 당신이 선택한 것입니다."

"그렇지만 그렇게 생각 안 할 수가 없는 걸요?"

"글쎄 잘 모르겠군요. 당신이 그렇게 생각하는 건 남자를 믿기가 두렵고 톰을 믿기가 두렵기 때문입니다. 그렇게 하니까 무슨 좋은 점이 있습니까? 톰이 다른 남자들하고 같습니까? 일어났던 일은 당신의 두뇌에 영구히 들러붙어 있는 것이 아닙니다. 당신이 거기 관해 생각하기로 선택한 거예요. 당신이 톰을 밀어 쫓아 버리면 무슨 좋은 일이 있습니까?"

"그런데 바로 그 거예요. 그게 내 머리에 들러붙어 있어요. 어떻게도 할 수 없어요. 선생님이 그걸 내몰아 주셔야지요."

이제 그녀는 그에 대해 이야기하고 있지만 거기 대해 계속해서 생각하는 것에 관해 내 도움을 얻지는 못하고 있다. 그녀는 그 일이 자신이 생각했던 것처럼 내게 중요한 일이 아닌 것을 알 수 있었다. 그것이 그녀를 약간 어리둥절하고 화나게 했다. 나는 그녀에게 톰에게 다르게 대해줌으로써 과거에 관해 생각하는 것을 멈출 수 있다고 확신시켜야만 했다. 다른 사람에게 그랬던 것처럼 톰에게도 그렇게 대한다면 그 일을 결코 그녀의 머리에서 몰아내지 못할 것이었다. 만약 그녀가 그 모든 학대와 그 남자들, 어머니에 관한 느낌으로 다시 되돌아간다면 그녀가 다루고 싶어하지 않는 무수한 일들이 되살아 날 것이다. 이건 전혀 그녀가 생각하고 있는 것이 아니다. 내보내 버리면 그것은 사라져 버릴 것이다. 사실은 그와 반대이다. 과거는 우리가 그것을 붙잡고 있지 않는 한 현재로 들어오지 못한다. 나중에 그녀가 선택이론을 읽으면 그녀에게 설명해 줄 것이다. 그러면 이해하게 될 것이다. 그러나 지금은 조심스럽기는 하지만 이 기회를 잡아 그 남자를 믿으라고 가르쳐야만 했다. 그렇게 할 수 있다면 그녀의 과거가 자기를 파괴시키지 않았다는 것을 알게 될 것이었다. 과거에 대해 생각하고 그 남자를 신뢰하지 않기로 선택한 것이 그녀의 어려움이었고 나는 그것을 멈추도록 도와 줄 수 있었다. 그 일을 내몰아 달라는 그녀의 마지막 요청에 대답하기로 했다.

"당신이 나를 도와주면 할 수 있어요. 언제 톰을 다시 만나지요?"

"내일 밤 영화 보러 갈 거예요. 그가 영화를 고르지요. 나는 그가 고른 영화가 좋아요."

"영화 본 다음에 어디로 가세요?"

"내 아파트요. 그래서 이렇게 돈이 없어요. 아주 괜찮은 아파트거든요."

"당신이 보통 때 하던 대로 선택한다면 영화 볼 때부터 잔소리를 하나요, 아니면 집에 돌아 올 때까지 기다리나요?" 점점 더 나는 '선택한다' 와 '선택'이라는 말을 삽입하고 있다. 이 말은 강력한 힘이 있는 말이라 과거에 무슨 일이 일어났든지 간에 오늘 나는 더 나은 선택을 할 수 있다는 것을 이해하는데 도움이 된다. 그녀를 학대한 남자들이 다시 그녀를 학대하려고 근처를 어슬렁거리고 있지는 않다. 그들은 그녀의 마음속에서만 기다리고 있다. 선택한다는 아이디어는 그녀가 그들을 마음속에서 몰아내도록 선택하는데 도움을 줄 수 있다.

"늦은 오후 쇼를 보러 가구요, 그리고는 우리 집에 와서 저녁을 함께 만들지요. 그가 요리사지만 내가 도와요. 저녁 후에 조금 잔소리를 시작하다가 같이 자기 직전에 열을 내는 거지요. 말씀 드린 것처럼 그 무드에서 불평이 나를 덮치는 거예요. 그는 내가 그렇게 해야 기분이 고조되는 걸 알고 내가 불평을 한 다음에 관계를 갖는 걸 이해하지요. 그렇지만 그 사람이 그걸 좋아한다고 생각되지는 않아요. 이건 괴상한 일이고 내가 그런 행동을 멈추지 않으면 그 사람을 잃을 거예요. 나 같이 다루기 힘든 사람은 한동안은 재미있겠지만 진지한 관계가 되기에 충분할 만큼 재미있지는 않을 거예요."

"불평하는 것이 성관계를 가질 무드에 이르게 한다고 이야기했는데요. 그런데 당신은 불평 자체를 좋아하십니까? 만약 당신이 그렇게 하지 않고 좋은 성 관계를 가질 수 있다면 그건 어떻겠어요?"

"모르겠어요. 좋은 성관계는 중요해요. 좋은 성관계를 갖는 것은 쉬운 일이 아니에요. 적어도 나한테는요."

"내가 물은 건 불평을 좋아하시냐는 것입니다. 그렇게 하면 성관계가 좋아진다면서요."

"물론 그걸 좋아하는 건 아니예요. 계속 그렇게 하면 그를 잃고 말 거예요."

"지난 밤 그렇게 하지 않았을 때는 성관계가 당신에게 그리 좋지 않았지요. 그 사람한테는 괜찮았나요?"

"그랬을 거예요. 나는 그가 그렇게 많이 알아 차렸으리라고는 생각지 않아요. 나는 착하게 굴기로 마음 먹었었거든요. 내 생각에는 여자들이 좋은 배우들인 것 같아요. 밤에 고객이 없을 때는 코스모폴리탄 잡지를 읽지요. 나는 모든 일을 알고 있고 효과가 있거든요."

"당신은 그가 바뀌기 원합니까?"

"무슨 뜻인가요?"

"당신이 그를 들볶을 때 그걸 좋아하도록이요. 그렇게 하는 게 성적인 만족을 가져다준다면 그렇게 하는 게 그에게는 상관이 없다고 말할 수 있을 만큼이요. 그 남자에게 원하는 건 성적인 만족뿐인가요?"

이 질문이 이 딜레마의 핵심을 건드렸다. 성은 그녀가 다룰 수 있었다. 그것은 쉬운 일이었지만 그녀는 더 많은 것을 원했다. 그녀는 그를 신뢰해서 이런 테스트와 게임이 없이 사랑할 수 있기를 바라고 있었다. 사랑이 그녀의 문제였고 나는 거기에 근접하게 다가갔다. 나는 아무 말도 하지 않고 그저 기다렸다.

"아마 그럴지도 모르지요. 나는 모르겠어요."

"아마라니요. 왜 당신이 모르지요?"

"왜냐하면 내가 그런 행동을 하는 게 나도 지겹기 때문이예요. 뭔가 잘못된 거예요. 그 사람은 그런 일을 겪을 이유가 없어요. 그 사람은 날 나쁘게 대한 적이 없거든요."

"왜 그가 그런 일을 겪으면 안되지요? 남자들은 당신을 하찮게 취급했잖아요? 그 사람은 그저 남자일 뿐이에요. 그게 당신에게 더 낫다면 그가 무엇을 견디거나 무슨 상관이에요?"

"왜냐하면 그 사람은 그저 남자가 아니기 때문이에요. 그 사람은 나를 하찮게 대한 적이 없어요. 그 사람은 내가 자기를 대하는 것보다 훨씬 낫게 나를 대해요."

"좋아요. 나는 치료자입니다. 나는 당신이 하고 싶은 이야기를 무엇이든지 듣습니다. 당신은 아직도 당신을 학대한 남자들의 이야기를 하고 싶습니까? 당신을 보호해야만 했던 어머니에 대해서요? 그 상황에 어떻게 대처했는가에 대해서요? 그렇다면 내가 그 이야기를 듣지요."

이제 그녀는 생각해야만 했다. 그녀는 방금 현재 이 남자가 좋은 남자라고 수긍했다. 이것은 진정한 출입허가였다. 이제 나는 그녀에게 그 모든 나쁜 남자들과 어머니에 관해 말할 기회를 주었다. 그들이 해버린 일들은 그녀가 결코 바꿀 수 없는 것이었다. 그녀가 했던 일도 결코 바꿀 수 없을 것이었다.

"그렇지만 무슨 일이 일어났었는지 선생님은 알아야만 하지 않습니까?"

"나는 무슨 일이 일어났는지 알고 있어요. 당신도 무슨 일이 일어났는지 알고 있구요. 말하는 게 당신에게 도움이 된다면 내가 듣겠습니다. 그렇지만 내가 알아야만 한다는 생각에서 이야기하려는 거라면 말하지 마십시오. 이미 충분히 말했습니다. 내가 더 들을 필요는 없습니다."

긴 침묵이 흘렀다. 내가 말한 것이 마음에 스며든 것이다.

"선생님을 다시 뵐 수 있을까요?"

"아홉 번이나 더 방문하실 수 있습니다."

"선생님은 내가 다 망가졌다고 생각하지 않는군요."

"그 일은 이제 지나갔어요. 당신이 계속해서 그 생각만 한다면 당신이 자신을 망가트리는 거지요. 당신은 좋은 남자를 만났어요. 조심은 해야 하지만 그에게 기회를 주세요. 당신은 15년 전으로 머리를 고정시켜 왔어요. 그 정도면 충분하지요."

"정말 나쁜 일들이 일어났었어요."

"그랬으리라고 믿습니다. 그렇지만 지금 당신이 내게 이야기하지 않은 아주 나쁜 일이 있습니까? 지금 이 남자하고 말입니다. 무언가 감추고 있는 일이 있으세요?"

"없어요."

"그가 당신을 떠나면 어떻게 하지요? 알고 있겠지만 그럴 수도 있지요."

"그런 일이 지금 당장 일어나지는 않을 거예요. 나중에 걱정하지요."

"기분이 좀 나아졌어요?"

"좀 이상하군요. 나아진 것 같긴 해요."

"다음 주에 뵙지요. 이 시간이 괜찮습니까? 언제라도 전화주십시오."

테리는 이상하게 느끼고 있는데 그 이유는 아홉 살 때부터 받은 학대와 그 영향에 관한 생각을 떨어버리고 있기 때문이다. 이제까지 남자들과 잘못 지내는 것이 학대자가 그녀에게 행한 일의 결과라고 확신하고 있었다. 이 첫 번째 만남에서 실제 학대는 이미 지나가 버린 것이라는 깨닫게 되도록 도왔다. 학대의 영향이 남아있는가 아닌가는 이 기억을 어떻게 다루기를 선택하는가 하는 그녀에게 달려있다. 이 새로운 각성이 그렇게 이상했던 것이다. 그녀는 재발하게 되겠지만 이 방향으로 계속해서 생각한다면 자신이 통제력을 지니지 못했던 인생에서 어떤 부분에는 효율적인 통제를 하기 시작하게 될 것이다. 모든 남자들을 잠재적 학대자로 취급하는 버릇을 그만 두는 것을 선택할 수 있는 것이다. 이 남자는 그녀를 떠날지는 모르지만 그녀를 학대할 것 같지는 않다. 아마 다른 남자를 발견해야 할지도 모르지만 다음 남자는 시작부터 좀 더 나은 대우를 받게 될지도 모르고 그렇게 되면 도움이 될 것이다. 그녀가 제공해 줄 것은 많다. 그녀가 조심스럽게 다시 신뢰하는 것을 배우게 되면 좋은 남자, 가령 톰 같은 사람은 그녀에게 정착하게 될 것이다.

앞으로의 만남에서 우리는 선택이론에 대해 이야기하게 될 것이고 어떻게 그 책을 사용하는가에 대해 이야기하게 될 것이다. 다음 아홉 번의 만남은 아동기부터 다루면서 그녀가 자신을 위해 이미 해온 일과 앞으로 할 수 있는 것을 다루게 될 것이다. 아마 그녀는 관리직으로 옮겨가게 될지도 모른다. 그녀는 슈퍼마켓 사업에 개입하게 될지도 모른다. 어떻게 어머니와 잘 지내는가 하는 것을 생각해 보는 것도 도움이 될 것이다. 어머니는 그녀의 좋은세계에서 옮겨진 적이 없고 이제 그녀는 어머니를 비난하기보다 가엾게 생각하고 있었다. 어머니는 우리 좋은세계에 제일 먼저 와서 제일 나중에 사라지는 것이다. 그녀가 내게 같은 문제를 갖고 왔는데 학대받은 것에 대한 회상이 없이 왔다고 해보자. 그렇다면 그녀에게 억압되어 있다고 생각되는 기억을 끌어내기 위한 시도를 할 것인가? 첫째, 나는 학대며 유기며 거부 같은 것이 세 살이나 네 살 이후에 발생했을 때 그 기억을 억압할 수 있다는 것을 믿지 않는다. 그녀의 학대는 아홉 살에 시작되었고 만약에 그녀가 안전하게 느낄 수 있는 상담 상황이라면 더욱 그렇다. 생존하려는 욕구가 이 위협적인 기억에 접근하기 쉽게 만들지 모른다. 이 일이 두 살 때 시작해서 세 살 때 끝났다면 잊혀질 수 있을지도 모른다. 이런 일이 일어났는지 모른다고 의심하더라도 나는 이 기억을 추적하지는 않을 것이다. 학대가 아니라 지금 일어나고 있는 일에 초점을 맞출 것이다. '지금'이 그녀가 풀어야할 숙제이기 때문이다. 지금 그녀가 사귀는 남자가 사랑할만한 가치가 있는 사람이라면 더욱 좋을 것이다. 그렇지만 내가 그녀에게 가르치려고 하는 일부분은 어떻게 좋은 남자와 빌붙는 남자를 구별하는가 하는 것이다.

성적인 어려움을 갖고 있는 내담자가 전에 학대받은 적이 없다면 그녀의 신뢰의 결핍은 지금이나 최근에 있었던 학대하는 남자에게서 받은 영향일 수 있다. 다시 말해, 나는 그녀의 현재 관계의 불만족스러운 부분에 초점을 맞추며 과거로 훑어 올라가려고 시도하지는 않을 것이다. 만약 그녀의 현재 관계가 학대받는 관계라면 그것은 논의되어야 한다. 그녀가 과거에 학대받았는데 그것을 내가 인정하지 않는다면 그 이야기를 끄집어낼 것인가 말 것인가 하는 것은 그녀에게 달렸다. 그녀가 이야기하면 나는 테리를 대한 것처럼 그녀를 대할 것이다. 그녀가 이야기하지 않으면 학대를 빼고 테리를 대한 것처럼 대할 것이다. 치료는 언제나 앞으로 전진해야 하는 것이지 뒤로 돌아가는 것이 아니다. 프로이드가 그렇게 했기 때문에 계속해서 그렇게 해야할 필요는 없다. 나는 아직도 그녀에게 신뢰에 관한 질문을 던질 것인데 그 이유는 무슨 일이 일어났거나 일어나지 않았거나 간에 그 곳이 그녀가 서 있는 지점이기 때문이다.

우리들에게 무슨 일이 일어났든지 간에 선택이론은 현재 어려움의 원인을 과거에 돌리지 않는다. 많은 내담자들이 과거에 머물러 있기를 원한다. 그들은 현재와 맞서기를 두려워하고 현재 불행의 원인을 과거의 누군가에게 돌리면서 도피하고 싶어하는 것이다. 치료자의 직업은 현재 문제를 탐색하는 것이지 안전한 과거로 들어가는 것이 아니다. 많은 여성 내담자들이 현재 애인이나 남편이 자기를 나쁘게 대하고 있다는 사실에 직면하기를 내켜하지 않는다. 그 남자나 자신의 과거만 바라보며 지금 무엇인가 해야만 하는 불유쾌한 현재를 다루고 싶어하지 않는 것이다.

현재 문제를 다루는 것이 헛되게 기억들을 복원하려고 시도하는 것보다 훨씬 더 쉽다. 어떤 사람이 현재 문제의 원인이 과거에 일어났던 일이라는 것에 초점을 맞추고 입증하려고 드는 전통치료자들에게 갈 때 내담자들은 흔히 치료자가 그렇게 하도록 기꺼이 도우려고 든다. 탓하는 것은 변화하기를 선택하는 것보다 훨씬 쉽다. 너무도 많은 내담자들이 현재의 불행으로부터 회복되는 비밀이 과거의 기억에 뿌리를 두고 있다는 확신이 있기 때문에 공공연하게 가짜 기억을 복원하거나 일어나지도 않았던 학대를 기억해 내는 것이다. 이 기억은 치료자를 기쁘게 하거나, 현재를 다루는 것을 피하려고 의도하거나, 두 가지 다 피하려는 의도로 내담자의 창의체계에서 창조된 것이다. 내담자도 다른 누구도 그것이 진실된 기억인지 알 도리가 없다. 내담자에게는 그 일이 일어났던 것처럼 보이는 것이다. 그것이 우리 창의체계가 움직이는 방법이다. 나는 꿈속에서 진짜 우주비행사였다.

거짓된 기억은 내담자에게 실제로 일어났던 일보다 더 사실 같은데 그 이유는 내담자의 창의체계가 새롭게 다가오며 자신이 지금 원하고 있는 것에 영향을 미치기 때문이다. 이런 이유로 그토록 많은 내담자들이 그 일이 일어났다고 믿고 그 기억이 틀렸다는 것이 입증되면 그렇게 고민하는 것이다. 이런 종류의 기억과 망상 사이에는 차이가 없다. 이것은 한 가지나 그 이상의 욕구를 충족시키기 위한 노력으로 창조되었기 때문에 내담자에게는 실제로 일어났던 일처럼 생생한 것이다.

이런 망상적 기억은 법정에서 항용 잘 벌어지는 것인데, 증인이 그들이 실제로 본 것과 달리 특수한 사례에 맞도록 지각을 창조해내는 것이다. 증인들은 소속의 욕구나 힘의 욕구를 충족시키려고 시도하고 있는 것이다. 우리들은 입증될 수 없는 어떤 기억에도 의존해서는 안되는데 그 이유는 그것이 실제인지 창조해낸 것인지 발견해 낼 방법이 없기 때문이다. 최면이나 약물 사용 하에 유도된 것도 똑같이 불완전할 수 있다. 최면이나 약물을 사용하면 이 과정을 사용하지 않은 경우에 기억하거나 잊어버리는 것보다 더 진실이 담기는 것은 아니다. 어떤 때는 약물과 최면이 사람들에게 일어나지 않았던 일을 기억하게 하도록 실제로 부추기는 경우도 있다. 이런 색다른 과정이 사용되면 이것들은 무엇인가 일어나야만 한다는 강력한 암시가 된다. 내담자가 이 암시에 자신을 내맡길 때, 창의체계가 자리를 차지하고 그가 거기 있어야만 한다고 믿는 것을 제공하는 것이다. 이것은 전혀 진실이 아니다. 그것은 또 다른 외부 통제 환상이다.

현실치료상담 치료자는 탐정이 아니다. 우리는 자신을 거짓으로부터 진실을 가려내는 입장에 두지 않는다. 현재에 이미 충분한 진짜 문제가 있음을 알고 그것을 찾는 것이다. 우리는 내담자가 효율적인 통제를 했던 과거를 제외하고는 과거에 대해 더 이상 알려고 하지 말고 대처해야만 한다. 이 힘이 있던 기억들은 대체로 진실과 가깝고 검토하기가 쉬우며 치료를 보다 효율적으로 만든다. 우리는 내담자들이 자기가 말하기로 선택한 것밖에는 사실을 모르기 때문에 그들을 도울 수 없다는 것을 믿지 않는다. 나는 테리가 열 번 방문할 수 있다는 사실을 좋은 치료에 장애로 보지 않는다. 그녀가 더 계속할 필요가 있으면, 그녀가 지불하는 방도를 찾도록 하겠다.

이 책을 읽는 것은 불만족스러운 가족 관계를 영위하고 있는 사람들에게 좋은 방향 제시가 될 것이다. 불행한 관계를 유지하고 있는 사람들 각자가 선택이론을 배울 수 있으면 관계에서 상대방을 비난하기를 그치고 해결원 안으로 들어오게 될 것이다. 그리고 자신의 요구를 관계의 욕구보다 하위에 두게 됨으로써 지금 지내는 것보다 훨씬 더 잘 지내게 될 것이다.

제10장

암기교육, 좋은교육, 그리고 좋은 학교
(Schooling, Education, and Quality School)

1990년 초에 나는 고등학교에서 열린 특별회의에서 기조연설을 하도록 초청 받았다. 이 회의의 주최자는 내가 선택이론을 학교에서 활용할 수 있는 방법을 설명하는 좋은 학교(The Quality School)와 좋은 선생님이 되는 비결(The Quality School Teacher)이라는 두 권의 책을 썼기 때문에 흥미를 가지고 있었다. 참석한 사람들은 어떤 관점으로 측정해도 미국에서 가장 뛰어난 고등학교로 판정된 40개 학교의 행정가, 교사, 학생들이었다.

청중들 가운데 각 학교에서 선발된 가장 우수한 학생들이 있다는 것을 알고 좀 불안해하기로 선택했다. 내가 가장 우수한 학교 학생들 중반도 넘는 학생들이 교실에서 적당히 지내고 있다는 말로 내 연설을 시작하려고 했기 때문이었다. 내가 걱정이 되었던 건 이 회의에 참석하도록 선발된 학생들이 학교 후원자일지도 모르는데, 자기 학교가 그저 그럭저럭 지내는 학생들로 채워져 있다는 말에 거부감을 느끼고 내 말에 주의를 기울이지 않을 수도 있다는 점이었다. 교사나 행정가들은 관심 밖이었다. 그들은 학교에 대해서 학생들만큼 모르거나 알고 싶어하지도 않았다.

연설하기 바로 전 날 학생들에게 내일 아침 연설하기 삼십분 전에 먼저 나를 만날 의사가 있느냐고 물었다. 나는 학교에 대해 언급하려고 하는데 학생들이 동의하지 않으면 그 말을 하지 않겠다고. 오십 명의 학생들이 거의 다 일찍 왔다. 그들에게 학교에서 얼마나 많은 학생들이 자기 능력보다 덜 공부하고 있느냐고 물었다. 우리들은 학생들의 노력에 대해서 토론했고 나는 그들이 제시하는 공부하는 학생들의 범주를 숫자로 알고 싶다고 말했다.

나는 대강 20%에서 45%의 학생들만 교실에서 열심히 공부하고 있다는 그들의 추산을 듣고 놀랐다. 45%라면 중학교 때 공부 안하는 학생들은 제외하고도 반도 안되는 학생들만 전력투구하고 있다는 이야기인 것이다. 우리들은 그 낮은 수치에 대해 이야기하고 내가 원하는 것을 학생들이 확실하게 이해하도록 하기 위해 물었다. "공부 못하는 아이들은 공부를 잘할 능력이 없는 거냐?" 그들은 아니라고 말했다. 그리고 덧붙이기를 가장 능력 있는 학생들이 공부를 거의 안하고 있는데 중학교 때 이미 흥미를 잃었기 때문이라는 것이다. 내가 반도 안되는 학생들이 공부를 열심히 하고 있다고 말했었지만 우수한 학교에서도 실제로는 25%정도의 학생들만 열심히 공부하고 있고 도시의 많은 학교에서는 5%도 안되는 학생들만 공부하고 있다는 데 학생들하고 거의 동의했다.

이 낮은 수치가 강압적인 보스형관리(boss management)때문이라고 주장했을 때 청중들 중 아무도 이의를 제기하지 않았다. 다음 장에서 직장에서의 민주관리와 보스형관리에 대해 이야기하려고 한다. 그렇지만 본질적으로 보스는 강요하고 처벌하기 때문에 실패한다. 지도자는 그렇지 않다. 학생들은 도움이 되니까 그를 따르고 교사가 가르치는 내용보다도 좋아하는 마음 때문에 더 공부하게 된다는 것이다. 우수한 교육이 우리 목표라면 보스형관리는 이 노력을 하는데 드는 비용을 배가시키는 것이다.

그렇지만 더욱 놀라웠던 것은 내가 미시간 알마에 있는 좋은학교에서 하루 종일 강의를 했을 때였다. 학교는 그날 휴교하고 학교 직원과 시 지도자들이 참석했다. 학생들은 오지 않았다. 보통 때처럼 오전 내내 강의를 했고 오후에는 고등학교 학생들을 인터뷰했다. 그 시의 권력구조를 고려할 때 가장 우수한 학생들을 만나게 되리라고 생각했었고 실제로 그러했다. 아침 내내 좋은학교에 대해 이야기했기 때문에 나는 물어보기로 했다. "좋은 것(Quality)이란 무엇이지?" 학생들은 서슴없이 대답하고 정의했다. 할 수 있는 한 최선을 다하는 것, 시간과 노력이 많이 드는 것, 우리가 돈을 쓸 때 원하는 것, 그리고 값비싼 것이라는 것이다. 그리고 나서 나는 그들이 예상하지 못했던 질문을 했다. "너희들은 학교에서 '좋은 것'을 위한 공부를 하고 있니?"

학생들은 뭐라고 말할 바를 몰라 침묵을 지켰다. 아마 이 학생들은 나서고 싶지 않은 것이라고 나는 생각했다. 20초 정도 침묵이 흐른 후 키 큰 젊은이 하나가 일어섰다. 이 인터뷰를 수백 번 했지만 학생이 말하려고 일어선 것은 처음이었다. 그는 말했다. "저는 여기서 유치원부터 학교에 다녔습니다. 그 동안 공부 잘하는 학생이었고 거의 A를 받고 B 한두 개, C는 받은 적이 없습니다. 부모님과 선생님들은 아주 만족하십니다. 그렇지만 이 점을 말씀드리고 싶습니다. 학교 공부를 할 때 한 번도 최선을 다 한 적은 없었다구요." 청중은 그들이 잘 아는 이 유능한 학생이 말하는 것을 듣고 대경실색을 했다. 인터뷰가 끝나자 많은 사람들이 그에게 달려가 말을 걸었다. 몇몇은 그에게 이의를 제기했지만 그는 자기 입장을 고수했다.

청중들하고 이야기가 끝나자 그에게 인터뷰 도중에 물었어야만 했던 것을 물었다. "교실에서 최선을 다하지 않는다면 너는 학교에서 어디에 있을 때 최선을 다 하니?" 즉시 그는 대답했다. "농구 팀이요. 거기서는 언제나 제가 최선을 다합니다." 그의 대답은 대부분의 학교에서 특별활동을 할 때 학생들이 두 가지 이유로 최선을 다 하게 된다는 내 믿음을 뒷받침하는 것이었다. 첫째, 학생들은 거의 언제나 그 활동을 이끄는 교사와 활동 자체를 좋은세계에 넣고 있다는 것이다. 이것이 학교에서의 최선의 작업에 대단히 중요한 범주다. 둘째로는 이 활동에는 암기교육이 없다는 것이다. 이 개념은 곧 설명하겠다.

그토록 낙담이 되었던 부분은 그 대답이 우리가 가르치는 방식에 엄청난 문제점이 있음을 정확하게 지적하고 있기 때문이었다. 강압적인 학교에서 많은 학생들이 공부를 하지 않는 것은 물론이고 공부 잘 하는 학생들까지도 최선을 다하지 않는 것이다. 나 자신은 공부를 못하는 학생들에게 관심이 있지만 우리들은 모든 학생들을 위해 좋은학교를 필요로 하고 있는 것이다. 이 젊은이 같은 미래의 지도자가 최선을 다하지 않기로 선택한다면 교육을 진보시킬 희망은 거의 없는 것이다.

암기교육(Schooling)

그렇게 많은 학생들이 공부를 하지 않고, 공부 잘하는 학생들까지도 최선을 다하지 않는 주요 이유는 우리 학교가 학교위원회, 정치가, 부모, 모든 외부통제 이론을 따르는 사람들의 지지를 단단히 받고 있기 때문이다. 그들은 학교에서 가르치는 것은 다 옳고 공부하지 않는 학생은 처벌해야 한다는 경직된 아이디어를 신봉하고 있다. 이렇게 해롭고 잘못된 믿음은 암기교육이라는 말로 아주 잘 표현된다. 암기교육은 두 가지 관습으로 정의되는데 이 두 가지 다 낮은 성적과 낙제로 강화된다.

첫째 관습은 학생이나 모든 사람들에게 학교에서나 현실생활에서나 가치 없는 일을 지식으로 받아들이고 암기하도록 강요하는 것이다. 둘째 관습은 현실세계에서 가치가 있을지 모르지만 모든 학생들에게 충분한 가치가 없는 지식을 습득하도록 강요하는 일이다. 배우도록 강요하는 것은 결코 성공하는 경우가 없다. 그래도 우리는 그것이 옳다고 생각하기 때문에 계속해서 같은 일을 되풀이한다.

암기교육은 우수한 학생들까지도 학교에 반발하게 만든다. 반발 때문에 낙제하거나 낮은 성적을 받게 되면 그들은 공부를 아예 집어치운다. 학교 교육 뿐만 아니라 교사까지도 좋은세계 밖으로 밀어내는 것이다. 공정하게 말해서 많은 교사들은 학교를 운영해온 강압적인 체계가 학생들을 밀어붙이게 한다고 믿고 있다. 그렇게 하지 않으면 자신들이 처벌받으리라고 믿는 것이다. 우리가 암기교육을 치워버리려면 지식의 습득을 교육이라고 정의해서는 안된다.

교육은 보편적 지식이라고 정의되는 지식을 습득하는 것이 아니다. 사전에서는 지식을 사실이거나 무엇을 알게 되는 깨달음이라고 정의하고 있다. 무엇을 알아야만 활용할 수가 있다. 그런데 텔레비전 퀴즈 쇼에 나가거나 파티 게임을 하는 것이 아니라면 그저 무언가 알기만 하는 것은 아무 짝에도 쓸모가 없다. 교육에 대한 가치는 배운 것을 사용하는데 있다. 이것이 바로 학교에서 초점을 맞추는데 실패한 부분이다.

학생들은 학교 이외의 장소에서는 전혀 사용할 일이 없는 정보를 기억하는 것을 거부하면 처벌받게 되는 것이다. 이 관습이 어리석은 이유는 학교에서 학생들에게 그저 시험을 위해서만 그 지식을 요구하는 점이다. 피너츠 만화에서 라이너스가 말하는 것을 들어보라. "A받는 학생과 F받는 학생의 차이점은 A받는 학생은 시험을 보고 5분 후에 잊어버리는데 F받는 학생은 시험을 보기 5분전에 잊어버린다는 데 있다."

교육은 노력할 가치가 있는 것인데 암기교육은 그렇지 않다. 교육은 향상될 가치가 있는 것인데 암기교육은 향상될 수가 없다. 당신이 무엇인가를 알면 아는 것이고 모르면 모르는 것이다. 알지도 모르지도 못할 수는 없는 것이다. 당신의 유능함을 증명할 수 있는 방법은 지식을 사용하는 데 있다. 우리는 치과의사가 어떤 것이 충치인지 밝혀낼 수 있기를 원한다. 그렇지만 충치를 적절하게 메우는 방법을 모르고 있다면 충치가 있는 자리를 찾아내지 못했던 편이 차라리 나을 것이다. 날짜나 이름, 장소들을 알기 때문에 무언가 가치 있는 것을 배우고 있다고 말할 때 우리는 학생들을 기만하고 있는 것이다. 현실세계는 암기교육에 보답해 주지 않는다. 필요하다면 어디서 이름이나 장소를 찾을 것인가 하는 지식은 습득할 가치가 있다. 가장 보편적인 암기교육이 진지한 탐구를 한다고 하면서 하찮은 일만 추구해 왔다면 이것은 실패일 것이다.

알마의 젊은이가 최선을 다하지 않았다고 말하는 원인은 암기교육인 것이다. 그는 일시적으로 습득되는 것만으로는 최선을 다 할 수가 없다. 그렇지만 농구 팀이나 다른 비학문적인 영역에서는 그렇게 많은 노력을 기울이는데 거기서는 배운 것을 사용할 뿐만 아니라 향상시키기 때문이다. 배우는 것의 진정한 기쁨은 향상시키는데 있다. 학생들이 "우리 선생님은 훌륭하세요,"라고 말할 때는 그 교사가 단순히 지식만 습득하도록 하는 것이 아니라 그것을 사용하고 향상시키도록 가르쳐주기 때문이다. 이것이 바로 가장 좋은교사가 가장 엄격한 교사인 이유이다. 그들은 학생들에게 생각하라고 요구한다. 암기교육을 받는 학생들은 생각하는 것을 새롭고 어려운 것으로 본다. 그렇지만 일단 이것이 유용하다고 생각한다면 교사를 존경하고 기꺼이 그 일을 하려고 하게 된다. 학교나 사회에서 사용되고 있지 않다면 무언가를 아는 것이 좋은 일이거나 모르는 것이 나쁜 일이거나 하는 것은 없다.

대부분의 사람들이 학교나 대학에서 외웠던 것들이 무용하다는데 동의한다. 그러나 유명한 교육자인 E. D. 허쉬(Hirsch)는 논박을 한다. 그는 아이들이 알아야만 하는 것에 대한 책의 시리즈를 내었다. 허쉬는 주장하기를 우리가 살고 있는 문화권에서 성공하기 원한다면 일정한 양의 지식을 알고 있는 것이 필수적이라는 것이다. 그가 지식을 이용하는 것에 관해 말하고 있다면 그에게 동의한다. 나는 허쉬처럼 배울 가치가 있는 일들을 정의하는 사람들에게 묻고 싶다. 우리가 사용하는 방법을 함께 가르치지 않는다면 어떻게 모든 학생들의 머리 속에 그 지식이 들어가게 할 수 있는가 하는 것이다.

우리는 광범위하게 다양한 문화 속에서 살고 있기 때문에 가진 자와 가지지 못한 자 사이의 거리는 확장되고 있다. 전문가가 꼭 알아야만 한다고 맹목적으로 밀어붙이는 것은 교육에 가치를 두지 않는 집에서 사는 학생들에게 거부당하게 될 것이다. 이 거부 때문에 낙제하면 그들은 공부와 학교를 좋은세계에서 빼어냄으로서 보복하게 될 것이다. 많은 학생들이 학교를 그만 두고 폭력, 범죄, 감옥, 약물, 사랑이 없는 성관계가 난무하는 삶 속으로 들어가게 될 것이다. 좋은학교에서는 지배당하는 대신 지도를 받고, 배운 것을 사용함으로써 많은 지식을 습득하고 보존하게 된다. 우리 사회에서 가진 자와 갖지 못한 자 사이의 넓고도 큰 손실의 폭을 좁히려면 좋은학교가 더 많이 있어야 한다.

이 기점에서 암기교육의 두 번째 절차로 인도하게 되는데, 여기서는 모든 것이 좀 더 복잡하다. 다른 회의장에서 몇몇 교사들이 능력은 있으나 공부를 안해서 고급 영어에 낙제한 능력 있는 16살난 여학생을 교사나 상담자가 어떻게 다룰지 역할연습을 해달라는 요청을 했다. 교사 한 사람이 그 여학생의 역할을 하겠다고 자원했다. 나는 상담자 역할을 맡았다.

"선생님이 너를 나한테 보내셨다. 선생님은 네게 문제가 있다고 생각하셔. 교실에서 무슨 일이 있었니?"

"영어에 낙제했어요. 노력했는데도 수업시간에 무엇을 하고 있는 건지 정말 모르겠어요. 나는 말썽은 부리지 않았어요. 그렇지만 이제 낙제해서 그 과목에 실패하면 졸업을 못하거든요. 졸업하고 싶지만 그렇게 될 수 있을 것 같지 않아요."

"선생님이 너를 도와주시려고 하지 않으셨니?"

"노력하셨지요. 화요일과 수요일에 오후 과외가 있는데 갈 수가 없어요. 방과후에 일하러 다니는데 돈이 필요하거든요. 나만 위한 게 아니구요. 어머니도 도와 드려야 해요. 내가 돕지 않으면 음식도 모자랄 거예요. 어린 동생들이 먹어야만 하거든요."

"머리가 좋아 보이는데 왜 낙제했지?"

"맥베스에요. 셰익스피어 때문이지요. 셰익스피어를 택해야만 하는데 난 그걸 이해 못하겠어요. 지긋지긋해요. 노력해 봤지만 모든 것이 뒤죽박죽이 되고 시험에 낙제해서 포기했어요. 내가 왜 셰익스피어를 알아야만 하지요? 내가 셰익스피어를 모른다고 어째서 졸업이 안되느냐구요?"

이것은 좋은 질문이다. 셰익스피어를 아는 일은 가치 있는 일이지만 머리도 좋고 열심히 노력하며 사는 소녀를 맥베스를 모른다고 낙제시킬만한 가치가 있는 것일까? 졸업한다고 하더라도 이 아이가 행복을 찾을 확률은 그리 많지 않다. 만약에 낙제하면 그녀가 인생에서 하고 싶은 일을 해 볼 기회는 더 줄어들게 될 것이다. 행복을 찾기 위해 그녀는 더 많은 훈련을 받아야만 할 것인데 졸업을 하지 못한다면 학교에 신물이 날 것이고 그렇게 되면 더욱 훈련을 받고 싶어하지 않을 것이다. 나는 이 여학생을 낙제시켜야 한다고 생각하지 않지만 예외가 만들어지지 않는 한 그렇게 될 것이었다. 내가 영어의 핵심이라고 믿는 것은 읽고 쓸 수 있고 자기가 읽고 쓴 것을 이해하는 능력이기 때문에 그녀에게 물었다. "선생님이 허락해주신다면 책을 읽고 거기 대해 리포트를 쓰고 그것에 대해서 시험을 볼 생각이 있니?"

"셰익스피어가 아니라면요. 그런데다가 책을 읽을 시간도 없어요. 다른 과목에 급제하려고 겨우 따라갈 시간만 있는 걸요. 어쨌든 선생님이 그렇게 하도록 해주시지도 않을 거예요. 그렇게 해주면 학생들이 다 그렇게 하려고 들걸요. 모두들 맥베스를 지긋지긋해하거든요."

여기서 문화를 강요할 때 일어나는 곤란한 점을 볼 수 있다. 이 문화권에서 성공하는데 도움이 될 지 모르는 무언가를 배우기를 거절하는 학생의 인생을 망치는 일에 가담해도 좋은 것일까?

"넌 무얼 좋아하는데?"

"동물들이요. 고양이도 있고 고양이에 관한 책도 있어요. 그건 읽지요."

"동물들에 관한 좋은 책을 읽을 의향이 있니? 그건 베스트 셀러인데 우리 집에 그 책이 있어. 그걸 네게 주면 읽고 거기 관해 영어시험을 보겠니? 나는 네가 그 시험에 통과될 수 있다고 생각해. 그 책이 마음에 들 거야."

"제목이 뭔데요?"

"제임스 해리어트(James Harriot)가 쓴 위대하고 작은 모든 생물들에 관한 것이야."

이 소녀가 셰익스피어를 싫어하는 학생들로 가득한 교실에서 맥베스를 이해하려는 노력을 하지 않으면 낙제시키겠다고 위협하는데 화를 낸다고 처벌해야만 할 것인가? 내 주장은 셰익스피어에 합격할 실력이 있다고 하더라도 해리어트를 읽고 거기 대해 말하게 하면 그녀나 우리 문화가 더 향상될 것이라는 것이다. 그녀에게 A를 주어야 한다고 말하는 것이 아니다. C를 주거나 아주 잘했으면 B를 주는 것이다. 그렇지만 낙제시키지는 말아야 한다. 그렇게 하는 것은 아무런 의미가 없다. 너무도 전형적인 교실에서 존재하는 조건 아래서 달리 제안할 방법을 알 길이 없다.

이 역할 연습 후 교사들은 의견이 갈리었다. 어떤 사람들은 나하고 동의하지만 행정가들이 안된다고 하기 때문에 그렇게 할 수 없다고 말했다. 그들은 그 여학생을 낙제시켜 졸업을 못하게 하는 것이 얼마나 해로운가 하는 것을 깨닫고 있었지만 속수무책이었다. 어쨌든 다른 교사들은 그 여학생이 한 가지 점에서는 맞는다고 말했다. 한 학생 때문에 예외를 만든다면 더 많은 학생들이 같은 예외를 원할 거라는 점이다. 낙제의 공포가 동기가 될 수는 있겠지만 많은 학생들이 셰익스피어를 좋아하도록 동기화 시키지는 못했다. 자기가 잘 읽고 쓸 수 있다는 것을 증명할 의향이 있는 이 여학생의(그리고 다른 많은 학생들) 편의를 보아주기 위해 체계를 바꾸어서는 안된다는 것은 전적으로 외부 통제 심리학이다.

그 여학생을 낙제시키기 원하는 교사들은 강압적인 체계를 보존하기 위해서 그 여학생을 희생시키는 것이 옳다고 말했다. 내가 염려하는 바는 이 옳다는 것이 지적인 측면에서 뒤떨어지는 사람들로 구성되는 큰 집단을 만들어 낸다는 점이다. 이들은 가진 자들을 증오하고 학교에서 배우기를 싫어한다. 이 증오가 첫 장에서 이야기한 인간의 진보선을 상승하지 못하게 하는데 기여하고 있는 것이다. 선택이론에서 말하는 옳은 것은 우리 문화에서 성공하기 위해 필요한 기술을 가르치는 것이다. 보편적인 교육은 학생들에게 출석만 강요하는 것보다 더 의미가 있어야만 한다. 이 의미는 모든 학생들이 학교와 교사와 공부와 동급생들을 좋은세계에 담아놓아야만 한다는 것이다.

1995년부터 1996년도 회기를 시작하기 위한 교내 교사 훈련 프로그램에서 교육구청이 12학년 교사들을 대상으로 하는 강연을 하도록 나를 초청했다. 오전 강의가 끝나자 11학년, 12학년 학생들을 인터뷰하였다. 내가 오전에 이야기한 부분 중에 어떤 포인트를 집어낼 수 있는 설명을 해 줄 수 있도록 학교에 대한 것들을 물었다. 질문 한가지는 학교에서 지정하지 않은 책을 자발적으로 혼자 읽은 적이 있느냐는 것이었다. 아무도 그런 적이 없다는 말을 듣고 나는 놀랐다. 그럴 생각이라도 해본 적이 있느냐고 묻자 세 명이 심각하게 의문을 품어 본 적이 있다고 말했다. 11학년 학생 하나는 단호하게 한 번도 그런 적이 없다고 말했다.

이 학생의 대답은 청중들 안에 있는 교사들을 충격 받고 당혹스럽게 만들었다. 학생들이 떠난 후에 토론은 계속되었다. 초등학교 교사 한 사람이 일어서서 비탄에 젖은 어조로 말했다. "저 학생은 내가 3학년 때 가르쳤는데요. 그 때는 아주 읽기를 좋아했는데요. 무슨 일이 일어난거지요?" 암기교육이 바로 그 무슨 일인 것이다. 교육의 중요한 목적은 모든 학생들에게 평생 배우는 것에 대한 사랑을 살려주는 것이지 죽이는 것이 아니다. 이 구역에서 사용되는 체계, 그리고 이 나라에 있는 거의 모든 체계가 학생들의 배우고자 하는 욕구를 죽이고 있는 것이다.

계산과 수학 : 최악의 암기교육
(Calculation versus Math: Schooling As Its Worst)

암기교육의 두 가지 관습이 비과학 분야나 쉬운 과목에서 유용한 것을 배우는 것을 막고 있는 것만큼 무서운 것은 수학에 대한 공포이다. 수학 때문에 수많은 학생들의 인생을 파괴하고 있다. 그 목적이란 학교가 그것을 고수할 권리를 유지한다는 것 외에 아무런 다른 이유가 없다.

수학을 공부하기는 했지만 생활에서 사용하지 않는 평범한 시민들에게 물어보라. 수학이란 무엇인가? 그들은 당신에게 암기교육에 맞는 대답을 할 것이다. 수학은 계산이다. 예를 들어보라고 하면 그들은 구구단을 말할 것이다.

초등학교 교사에게 같은 질문을 던진다면 거의 대부분이 같은 대답을 할 것이다. 중학교나 대학교 교사들에게 물어본다면 수학을 가르치는 사람을 제외하고는 기업가이거나 의사, 변호사, 판사들 거의 모두 다 동의할 것이다.

수학을 계산이라고 보는 것은 틀린 것이다. 수학은 계산이었던 적이 없고 앞으로도 그럴 것이다. 학교에서 배우는 계산은 더하고 빼고, 곱하고, 나누고 분수, 십진법, 퍼센트 등을 손으로 하는문자 그대로의 계산이다. 이것은 배워서 유용한 기술이다. 그렇지만 한 번 배운 후 지금 대부분의 학교에서 하고 있는 것처럼 되풀이해서 배우고 또 배우는 것은 유용하지 않다. 손으로 계산하는 것은 현실세계에서 어른들이 오십 년이 되도록 거의 하지 않는 일이다. 그런데 이것이 수백만의 아이들을 불행하게 만들고 수백만의 가르치는 시간, 그리고 수십 억에 이르는 금전을 낭비하게 하는 것이다. 이 돈은 읽고, 쓰고, 말하고, 듣고, 수학이나 과학 문제를 해결하는 것을 포함한 문제해결을 하는데 필요한 돈이다.

최근 연구는 4학년이 수학과 과학은 잘하지만 같은 과목을 8학년 때 시험을 보면 아주 많은 학생들의 능력이 줄어든다는 것을 발견해 내었다. 3장에서 나는 학생들의 능력이 줄어드는 이유가 이 과목들을 자신의 좋은세계에서 빼어 버리기 때문이라고 설명했다. 그렇지만 계산은 1학년부터 4학년까지는 괜찮은데 4학년부터 8학년까지는 그렇지 않은 것이다. 싱가폴의 같은 학년 학생들이 진짜 수학과 과학을 공부하느라고 바쁠 때 우리 학생들은 되풀이해서 손으로 푸는 계산을 하고 외우는 과학을 하고 있는 것이다. 옳게 하겠다고 암기교육의 교과목들 수준을 내리고는 왜 우리 학생들이 잘못하는지 궁금해하고 있는 것이다.

수학 책은 더 나아졌다. 6학년이 된 손녀딸의 교과서에는 유용한 수학도 많고 유용하지 않은 계산도 많다. 손녀딸은 3학년 때 그것을 푸는 법을 배웠다고 말했다. 이 책에서 저자는 진정한 수학과 계산을 분류해 놓지 않았다. 학생들이 할 수 있는 것과 해야만 하는 것 말이다.

현실세계에서 수학은 단지 한가지이다. 이야기로 된 문제를 푸는 것이다. 주위를 둘러보면 어디를 가도 인간이 만든 대부분의 것들이 제조되는 과정에서 이야기로 된 문제를 만들어 볼 수 있다. 좋은학교에서는 학생들이 수학을 유치원에서 배우고 학교를 떠날 때까지 배운다. 저학년에서는 과정을 익히고 숫자의 힘을 알기 위해 손으로 계산한다. 그렇지만 3학년에 올라가서 손으로 하는 계산이 익숙해 진 것을 증명할 수 있으면 계산기를 받게 된다.

현실세계에서 수학을 하는 사람들은 서술형 문제를 풀거나 식당 청구서를 체크하거나 우주선을 띄워 보내거나 간에 계산기나 컴퓨터를 이용한다. 수학은 문제를 계산이 필요한 시점까지 끌고 가는 것이고 그것은 오직 인간만이 할 수 있는 일이다. 계산기는 문제를 만들지 못한다. 그들의 유일한 유용성은 마지막 단계의 계산이다.

계산기는 싸고, 손쉽고, 정확하다. 당신의 인생이 23,682를 5,033으로 빨리 나누는 기술자에게 달려있다면 그가 손으로 계산하기를 원하는가, 계산기로 계산하기를 원하는가? 만약 당신의 인생이 계산이 필요한 서술형 문제를 푸는 같은 기술자에게 달려 있다면 그가 수학을 정말로 공부하는데 많은 시간을 쓰기를 원하는가, 아니면 손으로 긴 나눗셈을 하기를 원하는가? 기술자들은 계산기와 컴퓨터를 이용한다. 나는 화학기술 학위를 갖고 있다. 우리는 수학을 공부해서 서술형 문제를 무엇을 계산해야 할 지 아는 곳까지 끌고 가야 하는 것이다.

그렇지만 대부분의 학교에서는 계산이 저학년을 좌지우지한다. 계산은 필요하지만 가장 우선적이 되어서는 안된다. 서술형 문제가 즉각적으로 도입되어서 학생들이 수학과 계산의 관계를 알도록 해야만 한다. 어쨌든 4학년이 되면 서술형 문제가 우세해져서 학생들은 대수학이나 미적분학을 요구하는 더 어려운 문제를 풀 수 있게 지도되어야 한다. 그래서 더욱 높은 수학은 어려운 문제를 쉽게 풀기 위해 창안되었다는 것을 보여주어야만 한다.

어디서 기차가 만나게 될 것인가라든지 보트가 물살을 거슬러 상류로 올라가려면 얼마나 걸릴 것인가 하는 문제들을 다룰 준비가 되었을 때 그것을 쉽게 해줄 대수를 배우게 될 것이다. 그들이 대수를 배우지 못하면 아무리 계산을 잘한다 해도 이 문제들을 풀 수 없는 것이다. 그들이 대수를 풀 수 있다면 그 계산은 아주 쉬워서 대부분의 사람들이 암산으로 할 수 있는 것이다. 그렇지만 어려운 서술형 문제를 풀 수 없다고 해도 대수에 합격할 수 있다. 대수 연습을 많이 하고 계산 같은 서술형 문제를 푸는 것과는 아무런 관계도 없는 속임수를 쓰게 되면 합격할 수 있다.

서술형 문제의 기피는 고등 수학에서 지속되고 대학 수학에서도 그런 일이 일어난다. 암기교육은 줄어들지만 그 아주 작은 역할이 대학 수학에서 살아있게 되는 것이다. 그렇지만 당신이 현실세계에서 수학을 하게 된다면 암기식 수학이 아닌 서술형 문제들을 풀게 될 것이다. 슬픈 일은 우리들 대부분이 해보지도 않고 수학을 두려워하고 싫어하게 되는 것이다. 교육을 지지하는 집안 출신이라면 암기교육에서 요구하는 계산과 서술형문제가 아닌 고등 수학에 합격할 수는 있다.

암기교육 때문에 공부와 교사를 좋은세계에서 빼어 내버리고 학교를 마치지 못한 많은 학생들과 함께 일해 보았다. 그들이 해야만 하고, 하지 않으면 처벌받던 것은 수학이라고 했지만 사실은 계산이었던 것이다. 우리 감옥에서는 흑인과 스페인 계통의 재소자가 많은 비중을 차지하고 있다. 그들은 무용한 사실들을 외우지 않고 셰익스피어를 배우지 않고 모든 것들 중에서 가장 무가치한 기나긴 나눗셈을 하려들지 않은 것이다. 학교에서 낙제하면 감옥으로 가는 급행열차를 타게 되는 셈이다. 실패는 굉장한 폭력, 약물남용, 사랑이 없는 성관계로 이어지고 그들이 아이들의 아버지가 될 때 아동 유기와 학대로 이어지게 되는 것이다. 그들 자신이 암기교육의 침탈에 가장 취약하게 학대당하고 유기 당한 아이들인 것이다. 실제로 실무에 필요한 수학자가 모자란다고 치더라도 억지로 수학을 하도록 강요당하는 사람들 중에서 수학자가 나오리라고 기대하기는 어려운 일이다. 게다가 수학자가 되고 싶은 사람들이 전혀 모자라는 것도 아니다. 모든 학생들이 대수와 기하를 해야만 한다고 고집 하는 대신에 현실세계에서 부딪치는 비대수적인 이야기 문제들을 풀어보도록 가르치는데 초점을 맞추어야만 한다. 모든 학생들을 참을성 있게 낙제시키지 않는다면 이 산수를 배울 수 있다. 그런데 우리들 중 아주 적은 숫자만 산수를 할 수 있는데 그 이유는 너무 많은 계산과 고등수학이라는 수수께끼에 부딪쳐서 수학이 지겨워지게 된 데 있다.

우리가 손으로 계산하도록 강요하는 암기교육을 그치고 지금 우리들이 잘 모르지만 누구나 다 사용할 수 있는 산수를 진정으로 가르친다면 훨씬 더 많은 학생들이 진정한 수학을 더 공부하려는 흥미를 보이게 될 것이다. 지금 들이는 돈보다 덜 들이면서 지금 수학을 가르치는 교사들이 자발적으로 흥미를 가지고 배우려는 학생들을 작은 집단으로 가르치게 하는 것이다. 그러면 그들이 고등학교를 졸업할 때 대부분의 대학 수학을 끝낼 수 있을 것이다.

마지막으로 지금보다 더 많이, 더 잘 교육받은 수학자들이 나타날 것이다. 이것은 행복한 수업이 될 것이다. 정말 수학을 배우는데 흥미 있는 학생들에게는 강제로 배우러 와서 몸부림치는 학생들과 함께 배우는 것이 해가 될 것이다. 수학이 사고능력을 길러준다는 것은 맞을지 모르지만 그것을 배우고자 하는 학생에게만 그렇다. 강제로 그것을 배우는 학생들에게 수학은 생각하기를 가르치지 않는다. 어디에 사용되든 간에 강요로부터 얻을 수 있는 것은 저항뿐이다.

수학이 어떻게 암기교육에 의해서 파괴되어 왔는가 하는 것을 끝내기 전에 수학자가 아닌 일반 사람은 몇 명밖에 풀지 못하리라고 믿어지는 단순하고 비대수적인 문제를 내어보겠다. 차를 사야만 하는가, 임대해야만 하는가? 차를 임대하는 대부분의 사람들이 차를 산다면 한 달에 $100 정도까지 여유가 생길 것이다. 그렇지만 그들은 수학을 할 줄 몰라서 차 판매원(그들 중 대부분도 수학을 못한다)의 전리품이 되고 마는 것이다. 그들은 차를 임대하라고 들었는데 그 이유는 그렇게 해야 딜러가 돈을 더 번다는 것이다. 딜러는 돈을 더 벌고 임차인은 그 돈을 잃는다. 차 선전문을 읽어보면 차의 가격은 거의 공고되어 있지 않고, 빌리는 경우에 한 달 동안 드는 비용만 나와있다. 거기다 취득요금이라는 것을 감안하면 전적으로 수학을 모르는 사람만 그런 속임수에 넘어가게 되는 것이다.

현실세계의 다른 예로 학생들에게 유용한 수학은 3학년 때 그 학생이 식료품 가게의 쿠폰을 오려서 사용하는 것을 배우는 것이다. 그러면 가족이, 특히 대가족이 얼마나 절약할 수 있는지를 배울 수 있다. 교사들은 가게에 가서 쿠폰이 있는 전단을 구해서 어디서 이 전단을 구할 수 있는지 설명해주는 것이다. 아이들은 이 쿠폰으로 부모와 같이 가지고 가서 식품을 사고 돈을 낼 때 얼마나 절약이 되는지를 알아내게 된다. 부모들은 이 유용한 지식에 좋은 인상을 받고 절약한 부분의 일부를 아이들과 나누게 될지도 모른다.

수학과 그 외 과목의 문제 풀기
(Nonmath Problem Solving versus Math Problem Solving)

교육의 근본은 암기교육이 아니고 유용한 배움이다. 좋은 학교에서 가르치고, 실시하는 것처럼 말하고, 듣고, 읽고, 쓰는 기술을 문제 해결하는데 사용하는 것이다. 일단 이 기술을 배우게 되면 계속해서 실습을 해 일생동안 계속 향상시킬 수 있다. 졸업 후에 문제를 해결하기 위해 이 기술들을 사용하지 않는 날들은 별로 없을 것이다. 학교에서, 인생을 준비하기 위해 더 나은 어휘를 사용하도록 배우는 것이지, 사용하지도 않는 단어들의 의미를 암기해야 하는 것은 아니다.

문제해결은 수학과 과학처럼 역사와 문학의 기본이다. 누가, 언제, 어디서, 무엇을 했느냐가 역사나 문학에서 중요한 것이 아니다. 실제거나 허구거나 간에 그 주인공들이 문제를 해결하려고 했던 것과 그들이 성공했는지 여부가 중요한 것이다. 성공했다면 왜 그런가? 성공하지 못했다면 왜 그런가? 좋은학교에서는 학생들에게 처음부터 지식 이용의 핵심인 이런 질문들을 던진다.

이 문제들은 이즈음 실력테스트로 행해지는 것이고, 좋은학교 학생들은 이 측정에 좋은 결과를 보여준다.

미술은 암기교육의 황폐화 때문에 고통을 받지 않는다. 학생들은 미술가들이 무엇을 그리려고 시도했는가를 공부함으로써 미술품들을 감상하는 것을 즐긴다. 모나리자를 감상하는 것은 첫걸음일 뿐이다. 그 여자가 누구였고 레오나르도 다 빈치가 왜 그녀의 미소를 그렸는가에 대한 유용한 논의는 그녀의 불가사의한 미소를 평생 학생들의 기억 속에 가두어 두게 한다. 학생들은 음악이나 연극의 대사를 공연하기 위해 기꺼이 외운다. 미술이나 음악의 모든 기본은 직접 행하거나 남이 한 것을 감상하는 것이다. 교육에서 기억이 필요한 부분이 있지만 학생들이 강요당하고 무엇을 기억할 것인지 선택할 수 없어서는 안된다. 나는 8학년 때 링컨의 두 번째 취임식의 연설의 마지막 문단을 외웠는데 너무도 아름다워서 거의 육십 년이 지난 지금도 기억하고 있다. 그 때 선생님은 내가 외우고 싶은 곳이 어디인가를 물었던 것이다. 나는 선택권이 있었다. 시간이 충분히 주어졌고 외우는 것은 즐거웠다. 모든 단어를 다 외우고 있던 선생님은 외우기 힘들어하는 학생들을 거들어 주어 고비를 넘기게 했다. 낙제하거나 위협받은 학생은 아무도 없었다. 학생들은 선택한 구절을 외우기를 좋아했고 좋은 경험이 되었다. 좋은 교사와의 좋은 경험은 무엇이든지 잘 배우게 하는 열쇠가 되어준다.

지금 당장 당신의 2, 3학년 학생들이 새롭고 재미있기 때문에, 그리고 당신을 좋아하기 때문에 암기나 계산을 아주 좋아한다면 비판하기 어렵다. 그렇지만 이 초기의 지식이 점차로 닳아 없어지면 그들에게 계속하라고 강요하지 말라. 암기교육에서부터 진정한 교육으로 서둘러 변화시켜 인생의 진정한 배움의 길로 그들을 인도하라.

학교의 스테이시들(The Stacys of Our Schools)

빠르면 2학년 때부터 공부와 교사를 좋은세계에서 빼기 시작하는 학생들을 남녀공용의 이름인 스테이시라고 불러 보자. 피츠버그 회의에 참석했던 고등학교들은 학교에 스테이시들이 거의 없기 때문에 우수한 학교가 될 수 있었던 것이다. 공부를 많이 하지 않는 학생들이 꽤 있을지는 모른다. 그렇지만 이 학생들은 아직도 학교, 어떤 교사, 어떤 공부는 좋은세계에 지니고 있다. 그들은 학교가 더 나아지기를 바라기는 해도 교사와 부모로부터 충분한 지지를 받고 있어 강요에 반항하는 싸움을 계속하지 않는다. 강요가 없다면 열심히 공부하는 학생들의 수는 내가 만난 학생들이 보고했던 것보다 두 배나 세 배로 늘어날 것이다. 이 우수한 학교의 많은 학생들은 학교가 그들의 좋은세계에 들어 있기 때문에 나름대로 공부를 하고 대학에 들어간다. 대학에서 선택의 여지가 더 많고 암기교육이 없으면 아주 잘할 수도 있다.

스테이시들의 이야기는 다르다. 대체로 그들은 교육에 대해 집에서 뒷받침을 못 받고 원하는 만큼 사랑과 관심을 받지 못하는 경우가 많다. 그럭저럭 지낼 만 하더라도 이 뒷받침과 관심을 학교에서 받을 필요가 있다. 집에서 원하는 것을 받지 못하기 때문에 그들은 강요나 암기교육, 처벌에 대해 극단적으로 취약하다. 그들은 공부, 교사, 그리고 점차적으로 학교 자체를 좋은세계에서 빼어버린다. 대부분의 학생들과 마찬가지로 스테이시들도 처음에는 교사와 학교를 좋은세계 속에 넣고 학교 생활을 시작한다.

많은 학생들이 유치원과 일 학년 때 아주 잘한다. 좋은학교, 따뜻하고 배려하는 교사들, 욕구를 충족시켜주는 공부는 입학할 때보다 더 강하게 좋은세계 속으로 들어가게 된다. 교사가 참을성과 유연성이 있어서 읽기를 가르칠 때 흥미 있는 책을 많이 읽어주면 학생들은 읽고 쓰기를 잘 배운다. 교사가 개인적으로나 교실 모임에서 학생들에게 말하고 들으려는 노력을 보일 때 그들의 말하고 듣는 방식은 빨리 향상된다.

그렇지만 2학년이 되면 교사는 약간의 강요와 암기교육을 시작한다. 지식의 습득, 계산하기, 숙제하기, 성적 산출과 낙제의 위협들이 대체로 사랑과 즐거움에 차 있던 속으로 침입해 들어온다. 이 변화는 미세하지만 스테이시가 될 아이들은 이것을 간파하고 저항하기 시작한다. 스테이시가 되지 않을 아이들도 이 변화에 약간 저항한다. 교사들은 이 행동을 훈육문제로 보고 그들을 조금 괴롭히기 시작한다. 차이점은 스테이시가 되지 않을 아이들을 괴롭혔을 때는 그들이 조금 더 열심히 공부하기를 선택한다는 점이다. 스테이시들은 공부의 어떤 부분, 대체로 암기교육을 좋은세계에서 빼어 버린다. 이 변화가 일어날 때 두 집단은 분리가 되는데 이 분리는 그들이 중학생이 되었을 때 눈에 띄게 드러난다.

이 두 집단이 분리되기 전 까지 스테이시들은 다른 학생들과 큰 차이가 없다. 30년도 더 전에 소득이 낮은 로스앤젤레스의 한 부분인 와츠에서 일하고 있을 때, 유치원과 일 학년 때에는 잘하던 아이들이 학년이 올라갈수록 더 공부를 안했다. 그 때는 좀 혼동이 왔었는데 지금은 선택이론을 알기 때문에 더 이상 혼란스럽지 않다. 그들의 두뇌에 문제가 있는 것이 아니다. 그들이 자기를 파괴해가면서 저항하는 것은 강요하는 체계이다. 내가 언급했던 것처럼 초기에는 그 변화가 고르지 않고 알아채기 어렵다. 특히 교사가 좋은세계에 관해 모르고 그것이 얼마나 학생들에게 교사와 배우는 것을 넣기에 중요한 장소인지를 모르는 경우에는 더 알아채기 어렵다. 그런데 이 변화가 3학년과 4학년으로 올라가면 알아보기가 더 쉬워진다.

스테이시가 될 아이들은 주의집중을 덜하기 시작한다. 그들은 배우려고 노력하는 아이들과 사귀려고 애를 써보지만 주의를 끌지 못하면 분란을 일으킨다. 무슨 이유에서든 간에 그들은 다른 학생들보다 학교에서 더 많은 사랑과 참을성이 필요하다. 그렇지만 그들이 교사를 좌절시키고 학생들의 주의를 끌기 위해 산만하게 굴기 시작하면 교사와 학생들로부터 얻으려던 것을 얻는데 실패하게 된다. 그러면 그들은 주어진 과제를 하는 일에 더 많은 저항을 보이고 훈육문제라고 이름 붙게 되는 행동들을 많이 하게 된다.

　3학년, 4학년, 5학년이 가장 중요한 시기이다. 가능성 있는 스테이시가 공부와 교사, 그리고 좋은 학생을 좋은세계로부터 지속적으로 빼어내기 시작하면 본격적인 스테이시가 되는 것이다. 스테이시가 되는 과정은 이 이른 단계에 비교적 쉽게 뒤집힐 수 있다. 좋은교사들이 하라고-하는-일을-하지 않으면-처벌하라는 학교에서 즉각적으로 이 저항을 알아채고 처벌을 중지하는 것이다. 그들에게 좀 더 많은 주의를 기울이는 것이다. 예를 들어 아침에 다정하게 맞아주고, 머리를 쓰다듬어 주고, 할 수 있는 과제를 내어주고 잘 할 수 있도록 도와주고, 그리고 잘 했다고 칭찬해 주는 것이다. 이 모든 일들이 재난의 과정을 반복할 수 있게 한다.

　이 학생들은 사랑을 주는 참을성 많은 교사와 만족스러운 관계를 형성할 필요가 있다. 그러한 교사야말로 신뢰할만한 사랑의 유일한 공급원일 것이다. 좋은교사는 학생들이 원하는 것을 어떻게 주는지 알고 있고, 그렇게 시간이 많이 걸리는 일도 아니다. 결과적으로 이렇게 되면 시간이 절약된다. 학생들이 전력을 기울여 공부하게 되기 때문이다. 입학 후 삼년 동안은 한 교실에서 이십 명만 배우도록 최근 캘리포니아에서 자원자금을 마련해서 도와주고 있는 것은 올바른 방향을 향하고 있는 것이다. 이렇게 되면 교사는 다른 곳에서 주의를 받을 수 없는 학생들에게 주의를 기울일 수 있게 된다.

　좋은교사들은 아이들에게 책을 읽어주라고 청하는 메시지를 집으로 보낼 수도 있고 아이들과 함께 놀 수 있는 게임을 집으로 보내줄 수도 있다. 그들은 학교에서 아이들이 일으키는 문제가 부모 탓이라고 하지 않을 만큼 감각이 있다. 대부분의 부모들은 자기들의 문제만으로도 이미 한 짐인 것이다. 그들은 학교로부터 문제를 더 받아들이기를 원하지 않는다. 그렇지만 실제로 진행되고 있는 일을 깨달을 만큼 충분히 선택이론을 알고 있으면 교사들은 학생들이 스테이시가 되기를 선택하는 것을 더 많이 막을 수 있다.

그런데 많은 교사들이 무엇이 일어나고 있는지 알지 못하고 부모에게 전화를 걸거나 거의 명령에 가깝게 야단치는 메시지를 보내는 것이다. 그리고 학교에서 하는 아이들 행동에 대해 부모가 무엇인가 해야한다고 말하는 것이다. 그들은 강압하는 것 이외에 다른 것은 별로 할 줄 모르는 부모가 스테이시가 될 가능성이 있는 아이들을 처벌하기를 기대하는 것이다. 이제 이 고독한 아이는 절망적이 된다. 학교와 집에서 점점 더 사랑 받지 못하게 되면 그들은 자기 같은 스테이시들처럼 손닿는 사람에게 더 의존하게 된다. 그러나 이 잠재적 스테이시들은 초등학교 때는 아직 망설이는 단계에 있다.

급격한 전환이 오고 암기교육과 강요가 더 늘어나고 교사가 학생들에게 기울이는 주의는 더 줄어드는 중학교에서 큰 변화가 일어난다. 이 과정은 번복될 수 있기는 하지만 초등학교 때 발견되어 다루어지는 것보다 더 어렵게 된다. 학생이 본격적인 스테이시가 되어서 그런 대로 겨우 고등학교에 들어가게 되면, 이 선택이 전환될 가능성은 희박하다. 그렇지만 경우에 따라 일어날 수도 있다. 학생들이 학교에 오는 한 정말이지 너무 늦은 건 아니다. 학생들이 포기해 버리고 스테이시가 될 생각을 오래하면 할수록 일은 더 풀기 어렵게 되는 것이다.

중학교에서 스테이시들은 성적이 나쁘고, 자주 수업을 빼먹는다. 그들은 기초가 없으며 중학교에 들어올 때보다 고등학교에 갈 준비를 덜하게 된다.

공부와 교사는 이제 좋은세계에 더 이상 들어있지 않고 아직도 학교를 좋아하는 몇 안되는 친구들을 잃거나 포기하게 된다. 그들의 좋은세계에서 학교를 희미하게나마 지키게 해주는 건 바로 이 친구들이다.

이제 학교에 머물게 되면 스테이시들은 방해, 폭력, 성관계, 약물 등의 공동 관심사 때문에 서로 애착을 갖게 된다. 몇 년 동안 학교를 그런 대로 그만두지 않을 수 있는 이유는 관계를 맺을 교사가 있거나 미술이나 음악, 체육처럼 아직은 즐거운 과목이 있기 때문이다. 잘 지내지는 못하더라도 스테이시들은 거의 어머니를 포기하지 않는데 어머니는 제발 학교에 남아서 졸업해달라고 끊임없이 말하는 것이다. 그러나 대부분의 경우에 이들은 너무 벗어나 버려서 어머니들이 그들을 학교에 머물러 있게 하기에 충분하지는 못하다.

스테이시들은 그 숫자가 늘어나고 있다. 우리 사회에서 성공하기 위해서 교육은 점점 더 필요해지고 있는데 그들은 아무것도 가진 것이 없기 때문이다. 그들은 우리들의 현재 뭐든지 다 잘해야 하는 학교 체계에서는 성공하지 못한다. 학교가 향상된다고 하더라도 스테이시들은 하루종일 공부하는 학교에 거의 관심이 없다. 중학교에서 그들이 할 수 있는 무엇을 제공해 줄 필요가 있다. 현존하는 우수한 직업학교는 고등학교 상급반만 받아들이고 있는데, 대부분의 스테이시들에게는 너무 늦은 시간이다. 그들은 학교를 이미 좋은세계에서 빼어버린 것이다.

우리들은 또한 직업교육에 대한 전망을 확장하고 도제 프로그램을 중학교 수준으로 넓혀 확대해야 할 필요가 있다. 지금도 확실한 것은 스테이시들이 직업학교에 갔을 때 학업에도 종종 관심이 새로워지는 것이다. 비학문적인 교육의 범주를 넓히는 기회를 확대할 때 이것이 이류 교육이 아니라는 아이디어를 널리 선전해야만 한다. 학생들은 직업학교가 대학으로 가는 직접 통로는 아니지만 그들이 더 나아가고 싶어하면 기회는 열려 있다는 것을 알아야 한다. 이 모든 비용이 지금 우리가 스테이시들에게 들이는 것보다 훨씬 더 적게 드는 것이다. 그러나 학교 혼자 그렇게 하기에는 너무도 큰 어려움이 있다. 지역사회의 지원이 필요하다.

도시나 지방의 가난한 이웃에서 스테이시들은 학교 전체 인구의 큰 비중을 차지한다. 지금 이 나라에는 학교나 사회에서 이들의 숫자가 더 늘도록 부추기는 처벌 이외에는 어떻게 하면 좋을지 알고 있는 사람이 거의 없는 실정이다. 많은 스테이시들이 십대 말에 이르면 감옥에 간다. 그들의 범죄는 쾌락과 돈을 얻는 약물과 관련된 것이 대부분이다.

남자 스테이시들 중 아주 많은 숫자가 몰지각한 폭력에 관여한다. 그러나 그들이 보기에는 몰지각하지 않다. 이것은 그들이 추구하는 것이다. 그들을 사회가 강경히 처벌하라고 요구하는 대로 감옥에 넣게되면 그들은 짧은 생애에서 행복을 포기하고 얻을 수 있는 쾌락에만 탐닉하게 될 것이다. 이들은 위험하다. 우리들 대부분을 공포에 떨게 하는 폭력이 그들에게는 아무것도 아닌 것이다.

학교를 운영하는 현존 체계가 만들어낸 산물이 스테이시지만 그들은 자신을 문제로 보지 않는다. 변화되어야 할 부분은 체계이다. 거의 대부분의 학교에 가는 스테이시들은 선택이론 체계로 바꾼다면 기꺼이 배우러 들것이다. 그렇게 되면 암기교육에서 교육으로, 처벌에서 우정으로, 과거의 실패를 보충해야 하는 것에서 그렇지 않은 쪽으로 움직이게 될 것이다. 그들이 읽고, 쓰고, 지금 문제를 해결하는 법을 기꺼이 배우려고 한다면, 우리가 과거는 잊어버릴 것이다.

그들이 습득하지 못했던 지식을 습득하라는 요구를 유보해주면 희망이 생길 것이다. 일단 그들이 기술을 배운 후에 지식을 요청하는 일을 생각해 볼 수 있다. 스테이시가 되는 것을 막을 수 있는 모든 일을 무슨 일이 있어도 해야만 한다. 아무리 그 아이들이 학교에서 잘 못한다고 하더라도 그들이 학교에 나오는 한은 전환시켜 볼 수가 있다. 대부분의 경우에 아직 몇 년 동안은 손을 써 볼 수가 있는데, 그렇게 하려면 체계를 변화시켜야만 하는 것이다.

우리가 또한 지금 해볼 수 있는 필요한 일은 전국 각지에 모델로 좋은 초등학교를 만드는 것이다. 좋은교육을 중학교까지 확장시키는 것은 어려운 일이지만 학생들이 좋은초등학교에서 온다면 가능한 일이다. 좋은고등학교를 만드는 것은 지역사회가 좋은지역사회로 움직이게 되지 않는다면 손대기 어려운 일이다(좋은지역사회는 12장에서 언급하고 있다). 마침내 전 지역사회가 선택이론을 근거로 해서 움직이는 것이 고등학교만 움직이는 것보다 훨씬 더 용이할 것이다.

좋은학교는 리드형 관리를 하고, 학생들과 부모들에게 선택이론을 가르치는 교사와 교장으로 이루어질 것이다. 벌써 이 백 개가 넘는 학교가 함께 뭉쳐서 이 작업을 좋은학교 모임(Quality School Consortium)에서 하고 있다. 다른 관심 있는 학교들이 참여 못하는 것은 행정부와 지역사회의 지원의 결핍과 훈련에 필요한 얼마 안되는 자금 때문이다. 스테이시 한 사람을 감옥에 3년간 가두어 두는 비용이 50명의 교사를 훈련시키는 것보다 더 많을 것이다.

지역 장학관과 교사 연맹의 협조적인 지도력이 이 일을 시작하는데 필요하다. 회의주의자와 거부자들은 이 접근을 고려해보지 않는 수많은 학교에 있을 수 있을 것이다. 그러나 좋은학교에 이들이 들어설 자리는 없다. 모든 행정가와 교사가 가르치고 관리하기 위해 자격증이 필요하고 좋은학교의 모든 직원들은 좋은교육을 위한 특수자격증을 받을 수 있는 보충 훈련을 받아야 한다.

우리 경험으로 미루어 볼 때 학교가 이 자격증을 소지한 교사와 교장으로 이루어지지 않는 한 소수의 좋은학교 밖에 갖지 못할 것이다. 윌리엄 글라써 연구소는 자격증에 필요한 훈련을 하고 자격증을 부여한다. 이 과정은 이 특수

분야에 장래의 교사를 교육하려는 교육부서와 협조 하에 준비되었다(어떻게 훈련을 받는가 하는 것은 이 책의 부록에 첨부되어 있다).

우리는 약물이 없는 학교를 지향하고 있다. 그리고 더 강력하게 강요가 없고 실패가 없는 좋은 학교를 추진할 필요가 있다. 왜냐하면 젊은이들이 약물에 빠지는 것은 강요와 처벌에 기인하기 때문이다. 미시간 주 와이오밍의 헌팅튼 우드(Huntington Wood-s)초등학교에서는 교장과 교사들이 모두 이 책과 내가 쓴 다른 책들의 아이디어를 배우는 완전한 훈련을 받아왔다. 이 훈련에서 우리들이 배운 것들이 이제 연구소에서 제공하는 좋은학교 전문가 프로그램(Quality School Specialist Program)의 본질이 되고 있다.

학습장애자(The Learning Disabled)

이 글을 읽는 공립학교 교사들은 자기 반에 연예인 숭배자 스테이시들이 많이 있는 것을 즉시 알아챌 것이다. 부모들이 교육을 받고 자기 자녀가 학교에서 무엇을 하고 있는지 관여하게 되면 잠재성 스테이시들 중 많은 학생들이 학습불능자로 낙인찍히게 된다. 이 낙인은 학생들이 뇌에 이상이 있어서 배우는 것이 어렵다는 뜻을 강력하게 함축하고 있다. 그렇지만 그들중 많은 아이들에게 어려운 것은 비정상적인 두뇌가 아니라 과다한 암기교육이다. 우리 두뇌는 사용하지 않는 지식들을 저장하지 않게 되어 있다. 그리고 우리는 자동적으로 계산기와 경쟁할 만한 두뇌를 갖고 있는 것도 아니다. 이 학생들 중 많은 아이들이 읽기와 쓰기 같은 본질적인 공부와 함께 학교를 좋은세계에서 빼어 버린 것이다. 이렇게 되면 어떤 테스트를 해도 그들이 배운 것을 좋은세계에 넣지 않기로 작정한 것인지 배우라고 한 것을 배우지 못할 만큼 두뇌가 능력이 없는 것인지 아무도 알아낼 도리가 없다.

이 스테이시들은 흔히 암기교육을 받아들여 공부를 잘했고 자녀들에게 외우고 계산하라고 강요하는 것은 아무런 문제가 아니라고 믿는 부모와 살게 된다. 그들은 자녀의 나쁜 성적에 당황스러워하고 아이들에게 그런 문제가 있는 것은 누구의 잘못도 아니라는 설명을 해주는 진단을 따라가는 성향이 있다. 현재 부모와 교사가 수용하는 진단은 주의력 집중장애(Attention Deficit Disorder:ADD)거나 주의력결핍 과잉행동장애(Attention Deficit Hyperactive Disorder:ADHD)이다. 그 학생들이 실제로 하는 것을 보면 그들이 배우지 않는 것이거나 배울 수 없는 것이거나 아무런 차이가 없다. 그들은 같은 행동을 취한다. 출석하지 않거나 행동과다가 되거나 정서불안이라고 불리는 행동을 한다.

그들은 배우기를 원하고 있다고 주장하고 자주 자기들이 배울 수 없는 것에 대해 의아해한다. 좋은세계에 대해 아무것도 모르는 아이들은 읽기 같은 것을 그 세계에 넣지 않고 있는 것인지 읽기를 배우지 못하도록 두뇌에 문제가 있는 것인지 그 차이에 대해 말할 수가 없다. 그가 아는 것은 읽는데 문제가 있다는 것이 전부다. 그의 두뇌가 기능을 하지 않는 것인지 읽기를 그림책에서 빼어 버린 것인지 아는 방법은 그의 행동을 잘 관찰해 보는 것이다. 이 관찰은 소아과 의사들이 할 수 없다. 의사들은 시간이 없다. 이것은 학교와 부모의 협조를 얻어서 이루어져야만 한다. 그리고 그들이 관찰한 것을 의사에게 보고하는 것이다. 두뇌가 부적절해서 못 배운다는 진단을 하고 낙인을 찍는 것은 심각한 진단이다. 이것은 아동의 장래에 영향을 미치기 때문에 정확을 기해야만 한다. 여기 관찰해 볼 것들이 있다.

1. ADD아 ADHD로 낙인찍힌 아이들이 텔레비전을 보고 자기가 본 것을 이해하는가? 집중력을 요하는 닌텐도 같은 게임을 하는가? 컴퓨터를 사용할 수 있는가?

2. 이 아이가 어떤 선생님과 공부할 때 다른 선생님하고 공부할 때보다 좀 더 잘하는가?

3. 같은 정도의 읽기와 듣기가 필요한 과목에서 어떤 과목을 더 잘 하는가?

4. 학교에 잘 나오는 좋은 친구들이 있어서 그 아이도 그들과 놀기를 좋아하며, 그들도 그 아이와 놀기를 좋아하는가?

만약 처음 질문에 대해 모든 점에서 그렇지 않다는 답이 나오면 이 아동은 아마도 학습장애를 지녔을 것이다. 아이는 유능한 소아과 의사에게 진단을 받아야 하고 리타린 같은 현행 두뇌의 약들이 고려될 수 있다. 만약 두 번째, 세 번째 질문에 대해서도 답이 그렇지 않다라고 나오면 학습장애를 의심해야만 한다. 만약 어느 질문에라도 그렇다는 답이 나온다면 이 아이가 학습장애라고 보기는 어렵다. 두뇌는 어떤 특별한 상황에서는 흥미를 잃지 않는 것이다. 문제는 교사나 과목이 아이의 좋은세계에 들어가 있지 않은 것이다. 만약 아이가 학교에 잘 나오는 아이들하고 즐겁게 어울릴 수 있으면 나는 학습장애라고 의심하지 않을 것이다. 이 아이가 좋은 친구가 없다면 이 아이가 너무 고독해서 친구를 사귀는데 너무도 많은 관심을 기울이는 것이 아닌가 의심해 보겠다. 이 아이가 학습장애로 진단되고 낙인이 붙어 약을 복용하기 전에 그가 친구들을 사귀고 사회적 기술을 배우도록 진지한 시도가 지속적으로 이루어져야만 한다.

또한 학교에서 공부하지 않는 아이가 집에서 잘 지내지 못하기 때문에 너무 걱정거리가 많은 나머지 학교에서 배우는 것에 집중할 의향이 없는지도 모른다. 어떤 아이에게라도 낙인을 붙이기 전에 내가 전에 설명한 선택이론식 자녀양육에 주의를 기울여 주기 바란다. 만약 집에서 어린 학생에게 너무 많은 기대를 하고 처벌하고 거부하면 이 아이가 학교에서 공부하지 않거나 혼란을 일으킴으로써 저항하기를 선택하고 있는지도 모른다. 이 아이는 관계에 관한 도움이 필요하고 부모도 상담이 좀 필요할 것이다.

정신적으로 건강한 아이들은 보통 어떤 때는 집에서 다루기 어렵지만, 학교나 집이 아닌 곳에서는 괜찮게 행동할 수 있다. 이 아이가 이렇게 행동하는 이유는 집에서는 한계를 벗어나려고 해볼 정도로 사랑 받고 있고 안전하다고 느끼고 있지만 자기 행동이 수용되지 않는 다른 곳에서 그렇게 행동할 이유를 찾지 못하는 것이다. 그렇지만 마음에 둘 점은 처벌과 암기교육으로 가득한 학교를 받아들이지 못하는 아이가 두뇌에 문제가 있거나 집에서 관계에 문제가 반드시 있는 건 아니라는 점이다. 아마도 그 아이가 다른 아이들보다 더 민감하고 식별력이 있고 더 신념이 있을 수도 있다. 내 손자가 5학년 때, 엄마에게 자기가 학교에서 마지막으로 계산을 마쳤다고 말했다는 것이다. 그는 수업을 방해하지 않고 급우들이 계산할 때 그림을 그렸다. 아이 엄마는 교사에게 간섭하지 않겠다고 말했다. 손자는 서술형 산수 문제에서 좋은 점수를 받아서 교사는 그 문제에 신경 쓰지 않았다.

헌팅튼 우드에서는 잠재적 스테이시들이 정규과정을 배우고 있고 약을 먹으라는 추천을 받지도 않는다. 그들은 빨리 배우고, 어떤 학생은 뛰어난 학생이 되기도 한다. 명백한 문제는 그들의 두뇌가 아니다. 그들의 좋은세계에 전에 들어있지 않았던 것은 공부이다. 강요하는 학교에서 학습장애로 진단된 학생들을 도와주는 방법은 이들 중 많은 학생들을 특수교실에 배치해서 가르치는 것이다. 거기에는 강요도, 처벌도, 암기교육도 없는 것이다. 이 환경에서는 훈련된 특수교육 교사가 그들과 함께 공부하며 성공할 기회를 마련해 주는 것이다.

흥미 있는 사실은 결혼한 사람들 중 교사도 포함된 반 가까운 사람들이 이혼했다는 점이다. 그렇지 않은 사람도 많이 불행한 결혼생활을 하고 있다. 이 개인적인 불행의 이유도 스테이시들의 이유와 똑 같다. 외부통제 심리학인 것이다.[9)]

예를 들어 학교를 싫어하는 스테이시에게 왜 학교를 싫어하느냐고 물으면 그 대답은 이렇다. 선생님들이지요. 선생님들은 내게 관심이 없어요. 내 말을 듣지도 않구요. 내가 하고 싶지 않은 일만 시키구요. 내가 원하는 일에는 관심도 없어요. 아무 재미도 없어요.

불행한 결혼생활을 하는 여자에게 결혼생활에 무엇이 잘못되었느냐고 물어보면 대부분이 이렇게 대답한다. 남편이지요. 나를 사랑하지 않아요. 내 말을 듣지도 않구요. 내가 원하지 않는 일만 하라고 해요. 내가 뭘 원하는 지는 관심도 없구요. 아무 재미가 없어요. 교사들이 선택이론을 충분히 배워 자신의 인생에서 가까워지고 싶은 사람들에게 사용해 보고 그것이 얼마나 성공적인가를 알게 되면 자기 반에서 지금보다 더 많이 선택이론을 사용하게 될 것이다. 그렇게 되면 집이나 학교에서 훨씬 더 행복하게 될 것이다.

스왑 중학교(The Schwab Middle School)

스왑중학교는 씬씨내티 공립학교 체계 내에서 700명의 7학년과 8학년을 가르치는 말썽 많은 학교였다. 아내와 나는 1994년 가을에 그곳으로 갔다. 아내는 일년 내내 거기서 일했고, 나는 그 해에 그 학교에서 70일 가량을 상담으로 보냈다. 90%의 학생들이 흑인이었고 많은 학생들이 한 학년이나 그 이상

---

9) 학교실패와 결혼 실패를 비교한 내 글을 참조하라. 윌리엄 글라써, "학교에서의 성공과 실패를 바라보는 새로운 시각(A New Look at School Success and School Failure) Phi Delta Kappan(April 1997): pp 597–602

제2부 실제편 (The Practice) 337

낙제한 상태였고 외부통제가 완강하게 자리잡고 있었다. 일 예로 우리가 가기 전 해에는 1500명이 학생들이 10일 동안 정학을 당했다. 15,000시간에 달하는 수업시간인 것이다. 이 학교는 몇 개 안되는 구명정을 타려고 승무원과 승객들이 싸우고 있는 가라앉는 배와도 같았다. 그렇지만 우리는 곧 직원들이 고도의 기술이 있는 것을 발견했다 그들은 공포가 지배하는 체계에서 지는 싸움을 해왔었다. 이 체계는 씬씨내티 본부정책을 따르고 있었고 대부분의 학교구역도 마찬가지였다. 그들은 거의 희망을 포기하고 있었다.

공정하게 말해 중앙본부는 학교운영위원회의 압력을 받고 있었고 이 위원회는 신문과 지역사회를 두려워하며 운영되고 있었다. 스왑에서 우리가 다룬 것은 씬씨내티에서 전에도 지금도 그런 것처럼 두려움과 공포 때문에 의해 거의 기능을 하지 못하게 된 직원들이었다. 이 학생들이 전적으로 스테이시가 아니라는 것을 교사들에게 납득시키는데 9월부터 그 다음해 1월까지 걸렸다. 그들은 더 나은 체계에서 다르게 대접받으면 마음을 바꿀 수 있는 연예인들을 좋아하는 스테이시들이었다.

나는 교실에 들어갈 수 있도록 초대해 줄 것을 청했다. 교사들은 내가 비난하기 위해서가 아니라 오직 돕고 지지하기 위해서만 그렇게 하는 것이고 학생들에게 관심이 있는 것이라고 알게 되자 많이 초대를 해주었다. 나는 교사가 수업을 준비하는 동안에 미리 교실에 들어가서 무엇이 진행되었는지 그 후 함께 이야기를 나눌 수 있도록 했다. 나는 스왑 학교에서 학생들하고 싸우느라고 바빠 자신의 교육이나 교사 훈련을 하지 못하는 젊은 교사의 수업에 들어갔다.

스무 명 정도의 학생들이 출석했다. 벨이 울리자 교사가 문을 잠기었다. 학생들이 갇혀서 못나가게 하려는 것인지 밖에 있는 학생들을 못 들어오게 하려는 것인지는 관점에 따라 다를 것이었다. 수학시간이었다. 교사는 십 분 간 어떻게 서술형 문제를 푸는가 강의한 후 학생들에게 지도를 사용해서 집에서 학교까지 오는 지름길을 발견하라고 요청했다. 재치 있는 문제였고 교사도 잘 가르쳤다. 오직 어려운 점은 바로 스왑 학교의 어려움인데 내가 그 교실에서 경청하고 있는 유일한 사람이었다는 점이다. 학생들은 앉아서 떠들거나 주위를 걸어서 돌아다녔다. 네 명 정도의 학생들은 머리를 책상에 처박고 모자를 머리끝까지 올려 쓰고 있었다. 그들은 움직이지도 않았다. 아마 잠이 든 모양이었다.

교사는 문제 네 가지를 칠판에 썼다. 그는 강의를 끝내고 학생들보고 문제를 풀어보라고 말했다. 한 명도 문제를 쳐다보는 사람은 없었다. 그들은 계속해서 이야기를 하거나 자고 있었다. 그들은 모두 조용했다. 고함도 싸움도 없었다. 실제로 좋은 교실이었다. 어떤 교실은 아주 더 나빴고 기술이 있고 경험도 있는 교사들이 있는 교실은 훨씬 더 나았다. 그렇지만 좋은 교실에서도 학생들이 공부를 하기는 하지만 암기교육이기 때문에 배우라고 요구된 것을 조금 밖에 기억하고 있지 못했다. 아무것도 기억을 하지 못하기 때문에 매일 매일이 새로운 날이었다. 나도 또한 무엇을 해야할 지 아무 준비도 없었다. 그렇지만 교사가 나를 전문가로 보고 있기 때문에 내가 무엇인가를 하기를 기대하고 있었다. 그래서 시작하는 것이 좋겠다고 생각했다.

내 곁에 앉은 여학생은 교사에게도, 내게도 아무 관심을 기울이지 않았다. 그녀는 용수철 노트에 맹렬히 무엇인가를 쓰고 있었다. 그녀의 필적은 읽기 쉬웠다. 수학은 아니지만 그녀는 무언가 교육적인 것을 하고 있었다. 나는 그녀에게 부드럽게 물었다. "저 문제 풀을 거니?"

그녀는 놀라서 나를 보았다. 나를 보지 못했었거나, 말을 걸었다는데 놀란 것 같았다. 그녀는 아무 말도 하지 않고 다시 쓰기 시작했다. 예의 바르고 관심 있는 어조로 나는 혼자 말했다. "저 문제들을 풀을 거니?"

그러자 그녀는 내 존재를 깨닫고 말했다. "무슨 문제요?"

"칠판에 있는 저 문제 말이야."

"어디요?"

나는 가리켰다. "저기 말이야."

그녀는 칠판을 보고 나를 돌아보더니 말했다. "아, 저 문제들이요."

그녀는 다시 쓰기로 되돌아갔다.

잠시 후 나는 끈기 있게 물었다. "저거 풀을 거니?"

그녀는 나를 이상하고 무언가 바보 같은 질문을 하는 사람처럼 보더니 예의 바르게 말했다. "아니요."

바로 그 때 교사는 학생들을 감시하며 교실을 돌기 시작했는데 아무도 그에게 주의를 기울이지 않았다. 나는 자포자기했다. 그 교사도 내 평판을 익히 알고 있었으며, 나를 응시하고 있었기 때문이었다. 나는 아직도 글을 쓰고 있는 여학생에게 말했다. "한 문제만 풀어보면 어때?"

그녀는 흥미 있는 제안이기라도 한 것처럼 나를 응시했다. 내가 위협하거나 비난하는 것이 아닌 방법으로 제안하는 것이 명백히 마음에 든 것 같았다. 그리고 말했다. "그러지요."

그녀는 문제를 쉽게 풀고 쓰던 것으로 돌아갔다. 나는 용기를 더 내어서 말했다. "이거 봐. 쉽잖아. 나머지 것도 하지 그래. 그러면 오늘 일을 다 마치는 건데."

그녀는 잠시 생각하며 아무말도 하지 않고 있다가 다시 "그럴 게요."라고 말했다. 내가 좀 도와주고 그녀는 나머지 세 문제를 풀었다.

그리고 나는 말했다. "잘했다. 이제 쓰던 걸 쓰렴." 나는 문제가 적힌 그녀의 종이를 보고 이제 무엇을 할 것인지를 알게 되었다. 나는 교실에 있는 아이들을 한 명씩 개인적으로 가르쳤는데 그 결과가 좋았다. (그 해의 나머지 기간 학생들을 개인적으로 지도했는데 그 성과가 좋았다.)벨이 울리고 학생들은 떠났다. 나는 교사에게 내가 무엇을 했는지 보았느냐고 물었다. 그는 보았다고 했다. 그리고 나는 그에게 내가 개인지도한 다섯 학생들의 시험지를 주었다. 그에게 내가 아이들을 개인적으로 가르치고 있는 동안 무엇을 하고 있느냐고 물었는데 내가 보았던 그대로라고 말했다. 그는 교실을 돌아다니면서 학생들이 문제를 풀도록 자극한 것이다. 성공을 하나라도 거두었느냐고 하자 그는 "아니요"라고 대답했다. 내가 한 것처럼 개인지도를 하면 어떻겠느냐고 묻자 그럴 때마다 교사들이 늘 하는 대답을 들었다. "그렇지만 내가 학생 하나를 붙잡고 가르치면 나머지 학생들은 어떻게 해요?"

나는 늘 하던 대답을 했다. 비꼬지 않고 진실하게 말했다. "당신이 돌아다니는 동안 그들은 정확히 아무것도 안했지요. 당신이 다른 다섯 명을 개인지도 했으면 학생들 중 반이 과제를 할 수 있습니다." 조금이라도 개인지도를 해주는 것이 이 아이들 중의 많은 아이들과 일하는 열쇠다. 그들은 개인적인 주목을 필요로 한다. 우리가 그들의 주목을 끌기 위해 개인지도를 하면 그 공부가 괜찮게 여겨지는 한 혼자서 공부하기 시작한다. 암기교육이 쉽다면 스왑에서 때때로 효과가 있었을 것이다. 학생들은 할 수 있는 일을 한동안 하다가 너무 오래 계속되면 지루해져서 그만두는 것이다. 그들은 또한 수학 서술형 문제를 좋아했지만 시작하기 위해 도움이 좀 필요했다. 그들이 진정 원하는 것은 많은 개인적 관심과 약간의 대화와 교사가 그들이 거기 있는 것을 알아주고 배려해 주는 것이었다. 스왑의 대부분의 교사들은 감각 있게 가르칠 실력이 있었고 학생들이 개인적으로 공부하게 기꺼이 도와줄 수 있었다.

그렇지만 교사도 학생들만큼이나 개인적인 관심을 필요로 한다. 그들은, 가르치는 일이 얼마나 힘든지 알지도 못하거니와 자기가 가르쳤다면 어떻게도 하지 못할 사람들로부터 질책 받는 것이 얻을 수 있는 유일한 관심인 노동을 하고 있는 것이다. 학교에 들어간 바로 그날부터 아내와 나는 그들의 노고를 치하했다. 그들과 시간을 함께 보냈고, 함께 이야기를 나누고, 함께 먹고, 우리가 아는 모든 것을 가르치고, 그들의 이야기를 경청했다. 금세 그들이 자신이 하고 있던 것보다 더 많은 방법을 알고 있었지만 자유롭게 그렇게 하지 못했었다는 것이 드러났다. 그건 마치도 상황이 허락하는 대로 암기교육을 대부분 포기하고, 위협하고, 처벌하기를 그만 두는 데 그들의 기술을 사용하는 것이 잘못되었다고 여기는 것과도 같았다.

사무실에서 개인적으로 교사와 만나고, 소집단의 교사들을 만나는 일에 덧붙여서 아내는 방과 후 화요일, 수요일, 그리고 목요일 오후에 누구든지 찾아오는 사람을 만나기 시작했다. 처음에 모임에서 불평하기 위한 만남이었고 그녀는 그대로 경청했다. 그러나 점차로 그녀는 그들이 갖고 있지 않은 것 중에서 그들이 원하고 있는 것이 무엇인가를 묻기 시작했고, 그들은 그녀가 자신들의 말을 진지하게 듣고 있다는 메시지를 받게 되었다. 나는 이 모임에 많이 참석해서 그들이 원하는 것을 다 얻을 수 있다고 보증할 수는 없지만 그래도 우리에게 다 말해주어야만 한다고 말했다. 처음에 그들은 간접적으로 우리가 도울 수 있는 것에 대해 말하기 시작했다. 그들이 느끼기에 가장 최상이라고 생각하는 방법으로 가르쳐도 되는가? 그들은 자신들이 원하는 대로 가르치면 교육부 정책에 어긋나거나 지정된 교과과정에 위배될까봐 두려워하고 있는 것 같았다. 다시 두려움의 이야기가 나오는 것이다. 스왑은 두려움으로 가득 차 있었다.

그들에게 원하는 대로 가르칠 허가를 얻기 위해 무엇을 해주었으면 좋겠느냐고 묻자 교육부의 높은 사람이 나와서 원하는 대로 가르쳐도 좋다고 말해주기를 바란다고 했다. 교육부에서 스왑에로 나오고 싶은 사람들은 없었다. 마침내 나는 프록터와 갬블(Proctor Gamble)회사의 부사장에게 전화했다. 이 회사는 씬씨내티에서 큰 영향력을 지니고 있었는데 이들의 과제는 학교를 돕는 것이었다. 나는 교육부에서 누군가 학교를 방문해서 교사들에게 무엇을 가르치고 어떻게 가르칠 것인지에 대해 융통성을 지녀도 된다고 재확인시켜주는 것이 필요하다고 말했다.

상당히 중요한 사람이 와서 그들을 재확인시켜 주었다. 그렇지만 교사들은 그 사람의 말을 믿지 못했고 그 사람에게 문서상의 기록을 원한다고 말했다. 그 사람은 자기가 말한 것을 확인하는 편지를 보냈고 이것은 교사들에게 엄청난 후원이 되었다. 이 편지는 우리가 그저 말만 할 게 아니라는 확실한 입증이 되었다. 그러나 더 진전하기 전에 교사들은 오하이오 교육당국의 다른 편지를 원했다. 우리들은 그 편지도 또한 얻어내었다. 큰 일이 벌어지기 시작한 것이다.

그 다음에 우리가 한 일이 매우 중요하다. 많은 교사들이 너무 오랫동안 공부하지 않고 지내온 학생들이기 때문에 최선을 다해 공부하지는 않을 것이라고 믿고 있었다. 이 문제를 다루기 위해서 아내와 나는 수학 당국의 도움으로 주의 성취 테스트에 의하면 가장 못하는 과목이라는 수학에 이틀간의 개인지도 과정을 조직했다. 학생들을 열 명씩 한 집단으로 나누고 각 집단에 직원을 배치했다. 교실에 드나드는 모든 사람들을 포함시키면 직원 수는 이렇게 하기에 충분했다.

아내는 전화기에 매달려 전화를 걸고 또 이웃을 찾아 나서기도 했다. 교사들이 도와주어서 이틀 동안 자원해서 일할 수백 명의 사람들을 모았다. 수학 담당 장학관의 협조로 우리들이 개인지도할 특수 수학 책을 함께 모아서 초등학교 문제로 시작해서 9학년 서술형 문제까지 올라갔다. 스왑에는 엄청난 과제였는데 개인적인 관심과 감각 있는 과목이라면 학생들이 전력을 투구해 공부할 것이라는 것을 보여주려는 것이 그 의도였다.

열 명의 각 집단마다 직원 말고도 한두 사람의 돕는 사람이 있었다. 집단은 학교의 여러 장소로 다 흩어졌다. 학생들은 누구도 낙제하지 않을 것이라는 이야기를 들었다. 그들은 할 수 있는 만큼 해야 하고 도움이 필요하면 청하라고 했다. 도움을 청하면 즉각적으로 도움을 주었다. 놀랄만한 성공이었다. 하루 반만에 계산과 수학 양쪽 다 어마어마한 양을 다 아주 잘해낸 것이었다. 암기교육 방식에서 싸우는 시간과 장소도 아니었다. 책의 삼분의 일은 서술형 문제들로 채워져 있었고 학생들은 이것을 재미있게 풀었다.

마지막 반나절은 공부를 하기는 했지만 첫 날과 처음 반나절처럼 즐거워하지는 않았다. 그래서 그만 두어야 했지만 이것이 실험에 손상을 입힌 것은 아니었다. 학생들은 여유 있게 교사와 보조자들과 담소를 나누면서 즐겼다. 개인지도는 교사들에게 낙제를 안 시키고 도움을 많이 주고 사리에 맞는 상황이 되면 학생들이 기꺼이 공부하려 한다는 것을 입증했다. 우리가 알아내야 할 일은 어떻게 이와 유사한 접근이 매일 이루어 질 수 있을까 하는 점이었다. 그러나 기초작업은 무언가 큰 것을 이루기 위해 있는 법이었다.

아내는 낮시간과 방과후에 교사들을 한 사람씩 만나는 것을 계속했다. 더 많은 교사들이 찾아왔고 그녀는 계속해서 그들이 원하는 것에 대해 되풀이해서 물었다. 그들은 좀 더 작은 인원수의 반을 원했고 훼방 놓는 학생이 없었으면 좋겠다고 말했다. 훼방 놓는 학생들은 나이가 많은 학생들이었다. 그런 학생이 170명 있었는데 어떤 학생들은 7학년에 4년씩 머무르기도 했다. 교사들은 그 학생들이 없으면 정말 가르칠 수 있겠다고 했다. 이 학생들은 스왑의 진정한 스테이시인 것처럼 보였다. 그들은 배우기를 포기한 것이다. 그렇지만 이 학생들도 개인지도를 받을 때는 공부를 했다.

나이가 많은 학생들을 위한 프로그램이 스왑에 이미 있었는데 170명중에 75명만 등록을 했고 그중 40명만 출석하고 있었다. 나는 40명을 정규적으로 가르치고 있는 다섯 명의 교사에게 그들 중 나머지도 함께 받아줄 의향이 있느냐고 물었다. 그렇게 해준다면 학교를 변모시킬 수 있을 것이었다. 수당도 더 받지 않고 가르치는 분량이 네 배로 늘어나는 것이지만 그들은 자진해서 논의해 보겠다고 했다.

상당히 많은 논의가 있었다. 그들은 교사 두 사람이 더 필요하다고 말했다. 정규 과정 교사 두 사람이 자원했다. 장소가 필요했다. 나이가 많은 학생들을 가르치는 교실로 쓰였던 오래된 나무 작업장이 새 프로그램에 오는 학생들을 위해 필요한 환경을 만드는데 이상적이라고 나는 생각했다. 그들이 청한 것은 아니지만 프로그램에 대한 모든 통제권은 교사에게 주어졌다. 본부나 교장실로부터 아무런 간섭도 없었다. 본부에 이 요청을 하는데 아무 문제가 없었고 시작부터 프로그램에 협조적이었다. 프로그램을 교장에게 설명했을 때 그는 진심으로 동의했다.

오래된 작업장은 전체 청소, 카페트 깔기, 페인트 칠, 가구 마련 등을 할 필요가 있었다. 우리 좋은학교 프로그램을 위해 오하이오 주 투자중앙기금(Venture Capital Grant)에는 22,000불 정도가 남아 있었다. 중고 소파, 식당 세트, 컴퓨터 등이 설치되었다. 카페트를 깔고 칠도 했다. 이렇게 치장한 이유는 이 곳이 교실처럼 보여서는 효과가 없을 것이라고 믿었기 때문이었다. 이 학생들은 교실을 자기들의 좋은세계에 넣지 않고 있었다.

이제 우리는 정규과정을 가르치는 교사들에게 그들이 원하는 일이 일어났다고 말할 수 있었다. 교실에 학생 숫자가 줄어들게 된 것이다. 교사마다 학생이 다섯 명씩 줄었고 나이가 많은 학생들도 없었다. 처음에 그들은 기뻐하기도 했지만 걱정하기도 했다. 그러나 새로운 것에 대한 두려움은 순간적이었다. 새 프로그램을 가르치기로 자원한 일곱 명의 교사들이 연령이 초과된 학생들과 일일이 다 인터뷰를 했고 무슨 일이 일어나고 있는지 말해주었다. 학생들은 흥미가 생겼다. 그들은 졸업해서 고등학교에 가고 싶었지만 그럴 수 있다는 생각을 버린지 오래였다.

　우리들의 지지를 받아 교사들은 자유롭게 창의적일 수 있었다. 그들은 낮이나 밤이나 지역 교육청이 고등학교 입학에 필요하다고 정한 새 교과과정을 짜는데 시간을 보냈다. 그들이 학생들에게 접근한 방법은 과거의 모든 실패를 잊으라는 것이었다. 그저 우리들에게 고등학교에 가기 위한 기술과 지식이 있다는 것을 보여달라는 것이었다. 공짜로 차를 탈 수는 없었다.

　프로그램은 일월에 시작될 예정이었지만 실제로는 1995년 둘째 화요일에 시작되었다. 이것은 캠브릿지 프로그램이라고 불렸고 영국 대학의 유형을 본땄다. 큰방을 공동으로 사용했다. 인접해 있는 다섯 개의 교실들은 수학, 과학, 사회, 직업교육, 교정 언어기술에 쓰였다. 기본 언어기술은 함께 쓰는 방에서 이루어졌다.

　첫 번째 날은 혼란스러워 보였다. 170명의 학생들이 전부 나타났지만 아무도 정확히 어떻게 해야 하는지 모르고 있었다. 이 혼란 속에서 나는 방 중앙에 앉아서 몇 학생들에게 수학을 개인지도했다. 두 번째 날은 덜 힘들었다. 나는 영어 개인지도를 계속했다. 직원들은 낙담했지만 나는 힘이 났다. 내가 생각했던 것보다 훨씬 더 조직화가 되었던 것이다. 학생들은 시끄러웠지만 적대감은 없었다. 모두 다 즐거웠고 그 기분은 사라지지 않았다.

　세 번째 날에 신의 가호가 있었다. 눈이 와서 학교버스가 운행하지 못한 것이다. 전교에 80명만 나타났다. 정규과정 학생들 중에서 걸을 수 있는 거리에 사는 40명이 걸어왔다. 캠브리지 프로그램에 속한 학생들 중 40명이 걸어서 왔다. 그들은 다 원래 버스를 타고 다니는 학생들이었는데 어떻게 해서든지 걸어온 것이다. 이 40명이 일곱 명의 교사와 한 명의 보조교사를 독점한 것이다. 그들은 공부를 아주 많이 했고 좋아했다. 그 날 이후로 우리는 난관을 넘어섰다.

여기에는 전통적으로 정해진 수업시간이 없었다. 모두 개인 교수였고 모든 학생들은 어느 개인지도를 받으러 언제 갈 것인가를 선택할 수 있었다. 우리는 그들에게 공정하게 할 것을 당부했고 그들은 그렇게 했다. 얼마 가지 않아 그들은 자신들의 시간표를 만들었다. 그들이 학교에서 그 정도의 선택의 여지를 가져본 것은 처음이라 아주 감격스러워했다. 원하면 매일 시간표를 바꿀 수도 있었다. 그들이 하는 일은 고등학교에 입학하기 위해 요구되는 것을 할 수 있다는 것을 우리에게 보여주는 것이었다. 개인적인 시험을 보았는데 아무도 낙제하지 않았다. 교사들은 밤낮으로 일을 했고 학생들은 해낼 수 있다는 것을 보여줄 때까지 열심히 꾸준하게 공부하라는 말을 듣고 있었기 때문이었다. 한 학생이 과제를 끝내고 직원에게 보여주었다. 그것이 통과되면 다음 과정, 또 다음 과정 이렇게 넘어갈 수 있었다. 학생들은 일찍이 학교에서 해본 적이 없을 정도로 있는 힘을 다해 열심히 공부했다. 그들이 필요한 과목을 다 공부하면 그 과목은 끝난 것이었다.

이제 학생들은 자신들의 일을 하고 있었다. 무엇을 해야 할 지를 알았고 자기가 할 수 있다는 것을 알았다. 그렇게 하는 것은 그들의 선택이었다. 그렇게 하지 못하면 할 때까지 다음 해에 계속할 수 있다는 것을 그들은 알았다. 곧 이들이 모두 끝낼 수 있게 여름 프로그램이 필요하다는 것이 명백해졌다. 우리는 프로그램을 여름까지 연장하도록 허락을 받았고 많은 학생들이 요구사항을 다 마쳤다. 이 학생들을 정규과정에서 빼자 교실마다 조용해지고 질서가 생겼다. 고의적인 파괴 행위도 없었고 낙서도 하지 않았고 설치된 가구에 구멍 하나 나지 않았다.

700명이 다니는 학교에서 첫 학기동안 경비하느라고 바빴던 여섯 명의 경비원들은 점점 더 할 일이 없어졌다. 그렇지만 그들은 학생들하고 교제를 함으로써 커다란 기여를 했다. 학생들은 다른 무엇보다도 더 그들에게 관심이 있는 행복한 사람들과 교제할 필요가 있었다. 그들도 또한 약물이나 폭력이 없이 행복해질 수 있다는 아이디어를 얻을 수 있으려면 말이다.

여름 학교가 끝나갈 때에는 이 프로그램에 참석했던 170명중에 148명이 고등학교에 입학했다. 학기가 시작될 때 이들이 고등학교에 갈 수 있는 확률은 영점에 가까웠었다.

가능한 한 우리는 학교에 피해가 막심한 낙제를 피하려고 했다. 특히 집에서 학교에 대한 지지가 부족할 경우에 그랬다. 더 중요한 것은 직원들에게도 이것을 적용한 것이다. 나는 사람들이 우리가 한 것보다 더 많이 이루어 낸 것으로 생각하기를 바라는 것은 아니다. 우리가 한 것은 22,000달러와 전년도 회기에 남은 약간의 훈련비용을 합해서 이런 일이 일어날 수 있다는 것을 보이는 것이다. 아내의 봉급은 지역교육청에서 주었다. 아내가 윌리엄 글라써 본부 강사이기 때문에 그녀는 일년 내내 훈련을 계속해서 할 수 있었다. 우리와 일했던 직원들은 처음에는 사기가 꺾여 있었다. 그들이 해낼 수 있었던 것은 그들이 어떻게 대접받았는가에 달려 있었던 것이다. 우리들이 실천한 것은 선택이론에 의거한 리드형관리였다. 그들이 해왔던 것은 외부통제 심리학에 근거를 둔 보스형관리였던 것이다.

우리가 스왑에서 행했던 것은 헌팅튼 우드 학교에서 성취되어 왔다. 헌팅튼에서는 행복한 학교를 만들었다. 그 행복은 좋은 관계에 기반을 두고 있었고 모두들 서로를 자신의 좋은세계에 넣고 있었다. 교사들, 학생들, 행정가들, 부모들이 그 속에 있는 것이다. 이것이 어떤 성공적인 조직이나 관계의 열쇠이다. 결혼과 가족처럼 말이다. 스왑의 학생들에게 왜 그들이 일하고 잘 지내는지를 물으면 그들은 언제나 대답했다. 여긴 좋은학교예요. 선생님들이 우리를 배려해 주세요 이것은 말하기는 아주 쉽지만 이 강요가 많은 세상에서 매우 행하기 어려운 일이다.

학교 규율(School Discipline)

우리가 스왑에 도착했을 때 학교는 제 기능을 하지 못하고 있었다. 질서를 지키는 학생들은 거의 없었고 배우고 있는 학생들은 더 적었다. 교실 사이의 복도는 소리 지르고 비명을 지르고 서로 밀어붙이는 학생들로 가득차 있었다. 43분마다 벨이 울리면 아무도 자리를 찾을 수 없는 록 음악회 같은 정경이 벌어졌다. 교사들이 생각해 낼 수 있는 일은 훈육뿐이었다. 그리고 그것은 교실 밖으로 내쫓는 것과 정학이었다. 우리가 한 일은 교사들에게 훈육은 본질적인 문제가 아니라는 점을 보여주는 것이었다. 문제는 감각 있는 교육이었다. 암기교육처럼 실패가 없고 많은 배려와 참을성, 그리고 많이 뒤져 있더라도 시작해 볼 기회를 갖는 것이 중요했다. 그 해 말에 훨씬 더 많은 교육이 아직도 필요했다. 그렇지만 무질서는 이제 더 이상 문제가 아니었다. 우리는 처벌하는 보스 체계에서 만족할 수 있는 선택이론 체계로 강력한 출발을 했던 것이다.

오랫동안 전국 각지에 있는 학교들이 강요된 체계에서 질서를 찾는 것을 약속해주는 훈련 프로그램들을 구입했다. 이런 프로그램들은 오히려 문제를 발생시키는 밑거름이 되었다. 1970년대에 나는 현실치료상담에 근거를 둔 십 단계 프로그램을 만들었다. 유감스럽게도 이것이 아직도 사용되고 있다. 그러나 내가 선택이론을 이해하기 시작하자, 하고 싶지 않은 일을 강요받았을 때 반발이나 저항이 일어나는 것은 자연스럽고 센스도 있는 선택이라는 것을 깨닫게 되었다. 훈육 프로그램들은 비록 부드러운 강요를 한다고 해도 정말 문제인 잠재적 스테이시들에게는 소용이 없다. 그 프로그램들은 교사와 공부를 자신들의 좋은세계에 넣은 학생들에게만 효과가 있다. 그런데 물론, 이들 학생들에게는 이 프로그램들이 필요가 없는 것이다. 그들은 약간의 관심, 약간의 참을성, 그리고 아주 많은 유용한 교육이 필요한 것이다.

학교 행정가들은 그들이 학생이었을 때 이것들이 효과가 있었다고 생각하기 때문에 이 프로그램들을 신뢰한다. 그리고 아마 이것은 사실일 것이다. 이 사람들은 지금도 그렇겠지만 교사와 공부를 자신들의 좋은세계에 넣고 있고 규율을 어긴 적이 없기 때문이다. 부모 교사 연합 모임이나 학교회의에 참석하는 부모들에게도 마찬가지 유추가 될 수 있다. 그들이 오는 것은 좋은 일이지만 거기 있어야만 하는 사람들은 아닌 것이다. 그들의 자녀들은 부모들처럼 학교에서 잘 하고 있는 것이다.

지금 유행하고 있는 프로그램들은 내 십단계 프로그램 이외에 적극적인 훈육(순수하지만 약간 강요적인)과 원상회복 프로그램이 있다. 그 프로그램은 내 아이디어를 따르라고 주장하고 있다. 그렇지만 이것은 체계를 변화시키는 것이 아니라 학생들에게 초점을 맞추고 있다. 이것은 '좋은학교'와 '좋은 선생님이 되는 비결'에서 내가 명백하게 연구하고 있는 좋은학교 개념을 따르지 않고 있다. 학생을 변화시키는데 초점을 맞추고 있는 어떤 프로그램도 선택이론 프로그램은 아니다. 우리가 스왑에서 시작하고 헌팅튼 학교에 도입한 것은 체계의 완전한 변화이다. 선택이론 체계에서도 훈육 사례가 있지만 거의 문제가 되지 않는다. 각 사건은 개별적으로 다루어진다. 훈육하려는 프로그램식 접근은 효과가 없다. 강요와 처벌 속에는 아무런 행복도 없다.

헌팅튼 우드(Huntington Woods) 초등학교

미시간 주 와이오밍에 있는 이 작은 초등학교는 선택이론에 완전히 그 기본을 두고 있다. 그리고 교사, 학생, 교장, 부모들이 서로를 좋은세계에 넣고 있다. 이 학교는 헌신적이고 카리스마적인 영향력이 있는 교장 케이 멘틀리(Kaye Mentley)에 의해 시작되었다. 내가 좋은 학교에 대해 쓴 두 권의 책에서 묘사되고 있는 것은 모두 이 학교에서 이루어지고 있다. 학교 프로그램의 성공에 매우 필수적인 교실 모임도 이루어지고 있는데 이들은 내 실패 없는 학교에서 잘 묘사되고 있다. 그렇지만 모든 직원이 언제나 창의적이기 때문에 내가 그 책들을 쓸 때 상상했던 것보다 성과가 훨씬 탁월하다. 이 학교는 내가 손자를 보내고 싶은 학교이고 당신의 자녀나 손자들도 보내고 싶은 학교일 것이다. 내가 이것을 묘사하고, 그곳을 방문하라고 강조하기는 하지만 이 학교가 그대로 복사되어서는 안된다. 스왑에서와 마찬가지로 이해되어야 할 것은 학교이다. 일단 당신이 이해하면 좋은 학교를 창안할 수 있지만 직원, 학생들, 지역사회의 요구와 잘 맞추어야 할 것이다.

케이 멘틀리는 '좋은학교'를 읽고 즉시 꿈을 지니게 되었다. 나는 그런 학교를 원한다. 그녀는 와이오밍에 있는 훌륭한 초등학교의 교장이었고 그 학교에 그녀의 꿈을 구체화시키기 시작했다. 그렇지만 어려운 일이었다; 직원들 중 어떤 사람은 선택이론을 배우려고 했지만 어떤 사람들은 아니었다. 아브라함 링컨이 했음직한 말이지만 분열된 학교는 절대로 좋은 학교가 될 수 없는 것이다. 헌팅튼 우드 학교도 분리되어서 시작했더라면 그 모든 것을 이룰 수는 없었을 것이었다. 나누어진 교사들과 오랫동안 위협받고 처벌받던 학생들과 학교를 시작하는 일은 스왑에서처럼 일을 훨씬 더 힘들게 만들었다. 어쨌든 스왑 학교는 다른 쉬운 학교에 비해 이점이 있었다. 교사들은 만족하지 못하고 있어서 대부분의 교사가 간절하게 변화를 원했던 것이다.

그들이 이룩한 것에 대한부모들의 강한 지지와 더불어 헌팅튼 우드학교는 교실이 있다면 중학교와 고등학교까지 확산될 수 있을 것이다. 초등학교에서 확장하는 것은 중학교에 좋은 학교를 창안하는 것이다. 스왑 학교에서처럼 그토록 많은 흥미 잃은 학생들과 시작하는 것은 훨씬 더 어려운 일이다. 씬씨내티에서 할 수 있는 괜찮은 일이 있다면 스왑을 중학교의 모델로 삼고 스왑에서 행해진 일에 초점을 맞추어 12학년 과정을 창안해 내는 것이다. 교육에 관심이 없는 집안에서 온학생들에게 강요와 처벌을 하느라고 얼마나 많은 돈을 쏟아 붓든지 간에 그것은 낭비일 뿐이다. 게다가 사태를 나쁘게 만들 승산이 더 많은 것이다.

와이오밍의 장학관은 케이가 직면한 문제를 보고 학교를 좋은학교로 이끌 케이의 능력을 믿었다. 그는 낡고 아무도 사용하지 않는 초등학교 건물을 그녀에게 제공했다. 그녀는 다니던 학교에서 자기가 원하는 교사와, 그녀의 아이디어를 믿고 자진해서 훈련을 받으려는 새 교사들을 채용할 수 있었다. 지금 현재 그 학교의 전 직원은 훈련을 받았고 대부분 본부의 훈련 프로그램을 마치고 선택이론 아이디어를 사용하는 자격증을 얻었다. 이것이 헌팅튼 우드 초등학교를 이 나라에서 가장 우수한학교 중의 하나로 만든 헌신적인 일이었다.

헌팅튼 우드 학교에서 볼 수 있는 것은 행복이다. 학생들의 얼굴에는 기쁨이 있고 교사들은 자신들이 하는 일에 명백히 만족하고 있다. 학교는 특별활동 시간에 벌통처럼 붐빈다. 교실 안이나 밖에서 학생들은 배우느라고 바쁘다. 암기교육은 없다. 아이들은 스스로 배우거나 다양한 집단 상황 속에서 배운다. 교실은 다 두 배이고 학생들 오십 명에 교사가 두 명이다. 각 교실은 두 연령 집단의 학생들로 이루어져 있다. 유치원과 일 학년 이 학년이 아래 집단이고, 3, 4, 5학년이 위 집단이다. 아이들이 위 단계로 올라갈 때쯤이면 많은 아이들이 이미 위 단계 수준의 공부를 하고 있다.

여기에는 실패가 없다. 학교에서 내가 네 앞이거나 뒤라는 인식은 없다. 그리고 연령이라든가 다른 측정에 따르는 여러 가지 이유로 학생들을 교실 내에서 분리시키는 일도 없다. 교사들은 가르치는 일을 서로 나누어 맡고 두 배의 교실에 두 사람이 있기 때문에 필요에 따라 한 사람은 가르치고 다른 사람은 개인지도를 하기도 한다. 아이들은 서로 돕고 상급반 학생들은 하급반 학생들에게 개인지도나 도움을 주기 위해 학생들을 보낸다. 경쟁은 자기 자신과 하는 것이지 다른 사람들과 하는 것이 아니다. 수업을 시작하고 마치는 종소리도 없고 공식적인 쉬는 시간도 없다. 교사들은 아이들이 원하면 언제라도 놀거나 공부하기 위해 아이들을 데리고 밖으로 나갈 수 있다.

교사들과 학생들은 한 방에서 함께 먹는다. 이 때가 여유 있게 긴장을 풀고 교제를 하는 시간이다. 중요한 점은 서로 언제나 잘 어울리고 친구가 되어주는 것을 즐기는 것이다. 교사는 전문인으로 대우받는다. 그들이 교실에서 무엇이 진행될 것인가를 결정한다. 교장의 일은 그들이 그렇게 할 수 있는지를 보는 것이다. 교사의 요청에 응하기 위해 교장은 언제나 대기상태인 것이다. 필요하다면 오십 명을 모두 대신 맡아 줄 수도 있는 것이다.

모든 아이들은 선택이론을 배운다. 학교에서 일 년을 보내고 나면 그들 대부분은 선택이론에 대해 아주 잘 알게 된다. 그들은 자신이 좋은 학교에 있고 왜 그런지를 알고 있는 것이다. 학교 곳곳에 싸인이 있다. "우리는 문제가 있을 때는 언제나 관련된 사람들과 이야기를 나누고, 그 누구도 위협하거나 상처 주는 일없이 문제를 해결한다." 문제는 해결되기 때문에 거기에는 진행 중인 문제도 없고 문제아도 없다. 모든 교사와 교장은 상담훈련을 받았고 때때로 훈육 문제가 생기면 그 즉시 해결을 한다. 처벌도 없고 타임아웃도 없다.

훈육 프로그램은 전혀 필요 없다. 경직된 프로그램을 따라가지 않고 개인적으로 문제를 대하는 것이 진행되는 관습인 것이다. 모든 교사들이 상담하는 훈련을 받기는 했지만 아무 문제가 없는 주요 이유는 좋은학교 프로그램이 문제를 방지하는 데 있다. 교사와 학생들과의 좋은 관계가 규범인 좋은학교에서 어려운 문제란 없다.

학습 장애에 대해 구조화된 초점은 없다. 직원들은 아이들의 학습속도가 다르다는 것을 이해하고 교수안은 이 정상적인 차이를 배려해서 조정되는 것이다. 어떤 학생들은 어떤 종류의 학습장애로 고통받는 것으로 진단 받지만, 아직까지는 프로그램에 의해서 쉽게 다룰 수 있었다. 극히 소수의 아이들이 행동이나 학업 문제 때문에 약을 복용하지만 이는 부모의 요청에 따른 것으로, 학교는 결코 이런 것을 요구하지 않는다.

이 학교의 독특한 분위기를 전해주기 위해 케이 멘틀리에게 받은 많은 편지들 중 하나를 소개한다.

어떻게 지내십니까? 우리는 정말 모두들 멋지게 지내고 있어요. 3주전에 5학년 학생이 새로 들어왔습니다. 우리 학생들의 가족들에게 들어온 양아들입니다. 그에게 말을 걸자 그는 학교며 선생이며, 아무튼 학교에 관련된 모든 것이 다 싫다고 말했어요. 나는 말했지요. 좋아. 그리고 우릴 미워해도 돼. 그리고 나는 네가 여기 와서 기뻐. 선생님이 그 애 얼굴이 삼주 전과 얼마나 달라졌는지 볼 수 있었으면 합니다. 그는 잘 웃고 자기 선생님을 사랑하고 자기 공부를 하고 있습니다. 그리고 지난주에는 방문객에게 이 학교를 사랑한다고 말했습니다. 또 두 주일 전에는 새로 이 학년 학생이 왔지요. 그 아이는 이 학교가 옛날 학교보다 너무 좋은데 그 이유는 학생들이 서로에게 잘 대해주고 선생님들이 고함지르지 않기 때문이라는 것입니다. 이전의 학교에 다닐 때 보다 더 많이 배우고 있다고 말했어요.

케이는 우리 경제체계를 신봉하고 있는 사람이라 방문객들은 대기자 명단에 올라야 하고 그 특권을 위해 50불을 지불한다. 그녀는 이 돈으로 모든 훈련비를 지불하고 가격을 올릴수록 더 많은 사람들이 오고 싶어한다. 학생들은 방문객들에게 모든 프로그램들을 보여준다. 이것은 교육의 일부이다. 학교를 청소하고 수건과 화장실 휴지를 바꾸는 것들도 교육의 일부이다. 학생들은 학교에 있는 모든 물품의 비용을 알고 학교를 움직이게 하기 위해 얼마나 많은 일이 필요한지 안다. 그들은 비품이나 시간, 돈을 아낀다. 그들은 자신들에게 요청되는 일의 가치를 알고 있기 때문이다. 학생들이 하는 일에 대해 학교에서는 비용을 지불하지만 그 돈들은 책상을 빌리고 비품들을 사는데 사용된다. 좋은학교에서 공짜는 없다. 이 프로그램에서 보건대 학교는 인생의 거울이다.

좋은학교에서의 능력, 혹은 TLC, 그리고 시험
(Competency, or TLC, and Testing in a Quality School)

좋은학교에서는 점수를 얻기 위해 모든 학생들이 실력이 있어야 한다. 전통적인 학교의 점수 체계로 보자면 B에 해당하는 점수이다. B보다 낮은 성적은 없다. 상황은 다시 현실세계의 거울이고 거기서는 능력이 성공의 최소 조건인 것이다. 그 외에도 요구되지는 않는다 하더라도 모두 다 질 높은 작업을 하고 다른 학교에서 A이거나 그보다 나은 것에 대응하는 점수를 받도록 격려를 받는다. 이 수준의 능력이 헌팅튼 우드 초등학교에서는 달성된다. 처벌하는 학교의 가장 나쁜 점은 낮은 점수를 처벌뿐만 아니라 무능한 공부에 대한 평가로 내린다는 것이다. 어디서나 작업이 완료되면 높은 질을 원할 때 그보다 낮은 것을 받아들이지 못할 것이다. 좋은 학교에서는 그 레벨을 TLC 라고 부른다, 이것은 "완전히 배우는 능력"(total learning competency)이다. 이 TLC는 또한 운 좋은 우연으로 부드럽고 사랑이 담긴 배려(tender loving care)의 약자이기도 하다.

어쨌든 학생들은 자신과 교사가 '좋은 것'에 도달했다고 인정할 때까지 공부를 향상시키도록 권유받는다. '좋은 것'을 위해 공부에서 성취되는 한 가지 방법은 시험이지만 학생들의 진전된 공부의 질의 향상을 다 측정할 수 있는 것은 아니다. 내 말의 이해를 돕기 위해 우리가 운전면허를 받을 때 보는 필기시험을 향상시킨다면 길에 대한 지식을 더 많이 늘릴 수 있다는 점을 설명해 보겠다.

　최근에 나는 운전면허증을 캘리포니아에서 갱신했다. 나는 책자를 구해 공부했지만 시험을 치를 때에는 많은 질문에 대답하는 게 어려워서 추측을 해야만 했다. 나는 겨우 합격했다. 서른 다섯 개의 문제 중에서 여섯 개를 틀려 겨우 합격선에 걸린 것이다. 그들은 내 시험지를 보관해서 내가 틀린 것을 배울 기회를 주지 않았다. 그리고 나는 시험의 목적을 다 성취하지 못한 것 같은 느낌이 들었다. 아마도 도로에 관한 중요한 규칙 중에 내가 모르는 것이 있을 것이다. 그것을 배우려고 다시 생각할 때는 지금부터 4년 후일 것이다. 이것은 우리가 학교에서 보는 다른 시험들처럼 잘 배울 수 있는 경험이라고는 할 수 없다.

　면허 받은 모든 운전자는 모두 이 시험에 합격해야 하지만 많은 사람들이 나처럼 틀린 문제의 답을 모르고 있고 아마 결코 모르게 될 것이다. 그리고 그 시험은 시험 준비를 하라고 준 책자에 나온 것들의 반도 다루지 못했다. 따라서 운전자들이 알아야만 하는 것의 사분의 삼은 대부분의 운전자들이 모른다고 말해도 좋을 것 같다. 이것은 배우지 못하는 암기교육 시험의 완전한 예이다. 나는 캘리포니아에서 이 책자에 있는 모든 문제를 다 시험에 내어서 더 긴 시험을 보아야 한다고 생각한다. 그렇게 되면 한 60문제 정도가 될텐데 합격하려면 모든 질문에 정확히 대답해야만 할 것이다.

　현행 체계 하에서는 이 요구를 하는 것이 불가능할 것인데 너무 적은 숫자만 합격할 것이기 때문이다. 학교에서도 변화해야 할 것은 체계이다. 이 변화는 책을 펴놓고 시험을 보는 것처럼 아주 간단한 것이다. 합격 못하는데 아무 변명도 있을 수 없는 것이다. 사람들은 그저 앉아서 계속해서 모든 질문에 맞게 대답할 때까지 책자를 공부하는 것이다. 내가 제안하는 것이 타당하다면 두 가지 일이 이루어 질 수 있다. 하나는 신청자에게 떨어질 수 있는 옛날 방식을 선택하거나 아니면 떨어지지 않는 새로운 방식을 선택하게 하는 것이다. 내 추측으로는 대부분의 응시자들이 책을 참조할 수 있는 긴 시험방식을 선택할 것이다. 둘째는 6개월 후 짧은 시험을 본 집단과 긴 시험을 두 집단에서 무작위로 추출해 구두 시험을 보게 해서 어느 쪽 집단이 더 많이 알고 있는가 검사하는 것이다. 나는 긴 시험을 본사람이 더 많이 알고 있으리라고 확신하고 있다.

이런 종류의 시험이 좋은학교에서 사용되는 것이다. 아이들은 언제나 지식을 사용하는 시험을 보는 것이다. 좋은학교에는 암기교육은 없다. 따라서 암기식 시험은 없고 모두 다 책을 열고 시험을 보는 것이다. 이 시험은 학생들에게 단순히 기억하는 것보다 더 많은 것을 요구하게 된다. 이것은 학생들에게 생각하기를 요청하는 것이다. 어쨌든 모든 시험은 짧게 자주 본다. 수학, 과학, 역사, 영문학의 질문은 한 가지이지만 대답할 때 능력을 보여야만 하는 것이다. 실력 있는 대답이 아니면 점수가 안 나오는 것이다.

능력을 보이기 위한 이 대답은 대체로 필기식인데 그것 이외에도 교사나 학생의 요구에 따라 학생들이 교사나 보조교사에게 왜 그런 방식으로 대답했는지 구두로 설명할 기회를 주는 것이다. 그렇게 함으로써 학생들은 시험이 진행되는 동안 말하고 듣고 생각할 기회를 갖게 되는 것이다. 그리고 교사는 학생들을 개인적으로 만나 그들이 대답한 것을 알고 있는지 점검해 보게 되는 것이다. 말하고 듣는 기술은 우리가 배운 모든 것의 소득이다. 현행 학교는 이 중요한 기술을 가르치는데 거의 아무 일도 하지 않고 있는 것이다.

예를 들어 역사 질문은 이렇게 할 수 있다. "왜 조지 워싱턴은 독립 전쟁에 이긴 후에 왕이 되라는 제안을 뿌리쳤는가? 그리고 그의 결정이 우리 나라에 어떤 도움을 주었다고 생각하는가?"

과학 질문은 다음과 같을 수 있다. "왜 과학자들은 지구 온난화 현상을 염려하는가?" 수학 시험은 이렇다. "아버지가 집에 페인트칠을 하고 있다. 아버지가 나더러 애벌칠을 하기에 충분한 페인트를 사오라고 하신다. 페인트를 얼마나 사야만 할 지 알아 보라." 영문학의 질문은 이렇다. "이 이야기의 사람들은 각각 무슨 문제들을 가지고 있는가. 당신 같으면 이 문제들을 어떻게 풀겠는가?" 각 질문에 대해 학생들은 능력을 보여주는 답을 쓰기 위해 문제를 풀어야만 한다.

그 일을 잘해 내면 그 학생은 끝난 것이다. 만약 그 답안의 실력이 충분하지 못하면 학생에게 말한다. "우리 두 사람 다 자격 있는 대답이라고 생각될 때까지 계속해서 공부하자." 교사는 실력 있는 학생에게도 '좋은 것'의 관점에서 더 향상시켜 보기를 요청할 수 있다. 그 학생들은 혼자 그렇게 해볼 수 있고 이것이 바로 좋은 학생들이 대체로 공부하는 방법이다. 그렇지만 어느 학생도 '좋은 것'을 위해 강요받지는 않는다.

'좋은 것'을 보장받지 못하는 확실한 방법은 강요를 사용하는 것이다. 헌팅튼 우드 같은 좋은학교에서는 강요된 경쟁이 없고 자기들의 개인적 최선을 다하려는 큰 동기가 있다. 학생들은 자기들이 한 것을 다른 학생들과 비교해 볼 수 있지만 다른 학생이 한 것은 누구의 성적에도 영향을 미치지 않는다. 교사는 학생들의 공부를 검토하기만 하는 것이 아니라 학생들이 더 잘 이해할 수 있도록 사려 깊은 피드백을 주는 것이다. 이 욕구를 충족시키는 지적 상호작용은 강력한 배움의 분위기를 창출한다. 학생들은 헌팅튼 우드에서 생각하고 말하고, 듣고 문제를 푼다.

현재 암기교육을 하는 학교에서는 학생들이 진급하고 잘 하기 위해 외우긴 하지만 암기에는 실력도 없고 좋은 것도 없다. 시험이 끝나면 보통은 학생이 잘했든지 겨우 급제했든지 아니면 실패했든지 모든 것은 다 끝나버리는 것이다. 학생들은 '좋은 것'의 개념을 거의 배우지 못하는데 이것은 피드백에 근거를 둔 끊임없는 향상인 것이다. 그들은 미시간의 알마에서 젊은이가 했듯이 대충 넘어갈 정도로만 공부하는 것이다. 그것은 A학점을 받기에 적당한 공부이지만 그는 이것이 최선과는 너무 거리가 있는 것을 알고 있고 농구팀에서는 최선을 다하고 있는 것이다. 좋은학교에서 학생들은 스스로와 경쟁한다. 이들은 지는 법이 없고 서로 돕는다. 누군가를 돕는 일이 그들의 성적에 영향을 미치지 않기 때문이다. 이것은 현실세계가 작용하는 법과 비슷하다. 근로자가 유능하고 협조적이고 '좋은 것'을 향해 나아가지 않으면 기업은 생존할 수 없는 것이다. 현재 우리들의 학교는 C나 D를 받는 학생들로 가득 차 있다. 협조는 진귀한 일이고 '좋은 것'은 언제 소멸할 지 모르는 위태로운 아이디어이다. 학생들에게 우리가 빚지고 있는 것은 더 많다.

사람들은 묻는다. "만약 학생들이 능력 있는 일을 결코 하지 못하면 어떻게 하지요?" 대답은 이런 학생들은 결코 학점을 얻지 못한다는 것이다. 그들은 도움을 받고 격려 받고 집에서 시험을 치를 수 있다. 그렇지만 학점을 얻으려면 얼마나 오래 걸리든 간에 제대로 공부를 해야만 한다. 이렇게 유치원에서부터 시작한다면 아무 문제가 없다. 학생들은 공부를 잘하는 것을 좋아하고 주어진 시간 내에 쉽게 해낸다. 스왑 학교에서는 뒤늦게 시작했음에도 불구하고 대부분의 학생들이 따라잡아서 고등학교에 갈 수 있도록 공부를 잘해냈다. 거부했던 학생들은 한 해 더 시도하도록 머무르게 되었다. 그렇지만 170명 중 148명의 고등학교 진학은 지난 몇 년간 보낸 숫자보다 더 많았고 아마 그 동안 학교에서 보낸 숫자보다도 많았을 것이다. 한 번의 시험으로 떨어뜨려 버리는 오래된 관행은 학생들로 하여금 학교를 포기해 버리게 만든다. 생각해 보라. 당신이 학생이라면 공부를 더 잘하게 암기교육이 아니라 충분히 시간을 주는 것이 좋은가, 아니면 성적이 나쁘면 빨리 낙제시켜서 향상할 기회를 주지 않는 것이 좋은가? 학생들과 여러분은 전혀 다르지 않다.

다른 질문은 "우리 반에는 30명이 있어요. 어떻게 일일이 다 돌보지요?" 실제로는 학생들이 모두 공부하고 있기 때문에 대체로 시간을 낼 수 있다. 돌아다니다가 개개인이 공부할 때 조금씩 도와주면 된다. 당신은 누가 당신을 필요로 하고 누가 그렇지 않은가를 신속히 알아낼 수 있을 것이다. 당신이 고군분투해야 할 훈육 문제는 없다. 스왑 학교에서는 학생들이 고등학교에 들어가기 위해 필요한 공부를 하느라 전력투구를 하자 훈육 문제가 사라졌다.

좋은 학교에서는 우수한 학생들이 교사의 보조자로 일할 수 있고 학생들 역시 그것을 아주 좋아한다. 대학에서 조교가 통용된다면 공립학교에서는 왜 안 되겠는가? 조교들은 '좋은 것'을 위한 작업을 하고 교사와 함께 학생들이 하고 있는 것을 검토한다. 학생들은 그저 시험만 보는 것보다 이렇게 함으로써 더 많은 것을 배울 수도 있다. 교사가 할 일들 중 하나는 조교들이 곤경에 빠졌을 때 도와주는 것이다. 이 '좋은 것'의 체계에서는 실패가 없고 모두가 최선을 다 해야 하는데 학점을 얻으려고 학생들이 매우 동기화 되어 있기 때문에 교사들은 가르치는 일에 자유로울 수 있다. 어디서나 교사가 단속할 필요가 없다.

다른 질문은 "문제는 이들이 모두 다 잘한다는 데에 있다. 어떻게 서열을 매기는가?" 대답은 서열을 매기지 않는다는 것이다. 암기교육에 의거한 서열은 가짜이다. 교장들이 대학에다 입학하기에 필요한 조건을 묻는다면 좋은학교에서 조교의 기록을 가진 학생들은 가장 우수한 대학에서도 받아들이는 학생이라는 것을 당신에게 확신시켜 줄 수 있다. 지금 서열이 높게 매겨진 암기와 계산을 잘하는 학생들을 대학과 현실세상까지 뒤쫓아가 본다면 생각하고 지식을 활용해왔던 학생들을 따라가지 못한다. 현실세계가 학교와 같다고 생각하는 사람들은 현실세계를 모르는 사람이다. 지식을 협동하면서 사용하는 것이 현실 세계의 유일한 보수이다. 좋은학교는 학생들에게 일을 잘하면 지불을 많이 하는 현실세계를 위해 준비시킨다. 당신은 잘한 일에는 봉급을 더 받고 잘 못한 일에는 경고장을 받는다.

암기교육을 하는 학교에서는 학생들에게 지불하지 않지만 공부를 못해도 내버려두고 잘하라고 고집하지 않는다. 학생들을 내쫓기는 하지만 성적 때문에 그렇게 하지는 않는다. 좋은학교에서는 학생이 어떤 과정을 충분히 잘해내지 않으면 성적표에 아무 것도 기재하지 않는다. 이것이 현실세계가 하는 일이다. 예를 들어 은행은 돈이 없는 당신의 구좌에 기재하지 않는다. 졸업하기에 충분하지 않을 만큼 공부를 안하는 학생도 있겠지만 현행 체계 하에서 보다 더 많은 학생들을 졸업시키고 있고 졸업한 학생들은 실력이 있다. 현재 C와 D를 받는 무능한 학생들을 생산해내지만 그들 중의 많은 학생들이 어쨌건 성적이 나왔으니까 자기들이 유능하다고 생각한다. 무능한데 성적을 주는 것은 가짜이고 학생은 속은 것이다. '좋은 것'을 위한 일을 하게 하는 체계는 스왑에서 시작했던 것처럼 학생들이 정확히 자기가 서 있는 시점을 알게 하는 것이다. 그들은 자기 운명의 주인이 되는 것이고 그들이 공부를 열심히 하지 않기를 선택하면 자기밖에 탓할 사람이 없다. 속임수를 쓸 도리가 없는 것이다.

마지막 질문은 "우리가 만약 실력이 처지는 학생들이 실력이 생길 때까지 진도를 늦춘다면 어떻게 모든 것들을 다 다룰 수 있겠는가?"이다. 이 질문에 내가 되묻는 것은, "당신이 더 많은 것을 가르치면 모든 학생들이 당신을 따라옵니까?"하는 것이다. 당신이 빨리 나갈수록 더 많은 학생들을 뒤에 남겨놓게 되는 것이다. 당신이 얼마나 많이 얼마나 빨리 가르치는가 하는 것이 문제가 아니다. 진정한 잣대는 얼마나 많은 학생들이 배웠는가 하는 것이다. 당신은 느리고 유능한 의사에게 수술 받고 싶은가 아니면 빠르고 무능한 의사에게 수술 받고 싶은가? 지금 학교가 가르치는 식으로는 학생들이 아무것도 이루지 못한다. 무슨 일이 일어나고 있는지도 모르고 심지어는 어디로 향해야 하는지도 모른다. 많은 학생들이 목적에 도달하지 못하고 C나 D를 받는 많은 학생들이 자기가 거기 도달했다고 생각하는데 이들은 목적이 무엇인지도 잘 모른다.

좋은학교의 필수적인 조건은 쓰는 것이고 이것은 배우는데 시간이 걸린다. 매해 한 해동안 교사들은 쓰기를 향상시키기 위해 일한다. 구두 테스트도 있긴 하지만 대부분의 시험이 필답식이기 때문에, 학생들은 아이디어를 명료하게 나타내는데 필요한 쓰기와 문법을 꾸준히 배운다. 이것은 항상 실제 맥락의 교습이고 언제나 유용하다. 연말에는 모든 학생들이 높은 수준의 작문이나 그 해 초보다 향상된 작문 솜씨를 보여준다.

그들이 보기에 적절하다고 생각되는 향상된 부분을 보여줄 수 있다. 어떤 학생들은 잘 쓴다는 것을 보여주기 위해 향상 시험을 이용한다. 다른 학생들은 쓰기 연구과제로 이를테면 책 쓰기 같은 일을 한다. 다른 학생들은 학교 신문 같은 교과과목 이외의 일에 쓰기를 활용한다. 한 해 동안 언제라도 그들은 교사에게 그들이 잘 쓴다고 믿으면 검토해 보아 달라고 말할 수 있다. 자기가 쓴 것을 평가하고, 교사에게 가고, 교사가 자기와 동의하는가를 묻는 것은 학생들에게 달려 있다.

좋은학교의 모든 학생들은 자신이 선택한 특별 연구과제를 하게 되는데 이것은 지정된 교육안에 근거를 둔 것일 수도 있고 그렇지 않을 수도 있다. 학생들이 시작하기 전에 그것이 유용한 것이라고 정당화 할 수 있으면 아무 것이라도 가능하다. 과학 연구과정, 노래, 비디오, 지역사회 봉사 연구과정, 학생들이 '좋은 것'이라고 인지하는 것은 무엇이라도 좋다. 학생들은 한 달에 한 번씩 비공식적인 진전 보고서를 낸다. 이렇게 하면 마지막 순간까지 마루어 두지 않게 된다. 학생들이 경쟁하기를 원하지 않는 한, 가장 잘한 연구과제에 상을 주지는 않는다. 자기가 한 것을 학교나 다른 사람에게 보여주는 가장 좋은 방법을 생각해 내는 것은 학생들에게 달려 있다. 학생들은 이 기회를 그들의 창의성을 사용하는 기회로 아주 좋아하고 이 프로젝트를 하는 것은 그들이 할 수 있는 어떤 다른 일보다도 '좋은 것'의 개념을 그들의 마음속에 불어넣는다.

그 프로젝트는 그들의 것이다. 우리가 무엇인가를 소유하면 우리는 가장 좋은 노력을 거기에 쏟아 붓게 되는 것이다.

능력이나 등급시험 (Competency or Proficiency Testing)

나는 국가능력 시험이 불공정하고 부정확하다고 생각하곤 했다. 그러나 이제는 시간을 많이 주고 암기나 계산에 초점을 맞추지 않는다면 더 이상 그렇지는 않다고 생각한다. 많은 학생들이 시험을 잘 못 보는 데는 적어도 두 가지 이유가 있다. 첫째, 그들은 문항을 잘 읽지 않는다. 둘째, 그들은 이런 종류의 시험을 보는데 충분한 경험이 없다.

문항을 잘 읽으려면 지금 대부분이 하고 있는 것보다 더 잘 읽어야만 하고 그렇게 하기 위해 도움을 주는 방법은 쓰기에 더 많은 경험을 하는 것이다. 쓰기는 잘 읽기에 더 없이 좋은 준비이다. 그래서 좋은학교에서는 거의 객관식 문제가 없다. 쓰기, 문제 풀기, 설명하기 등은 이 시험을 준비하기에 가장 좋은 것이다. 그렇지만 학생들이 잘 하지 못하는 주요 이유는 배우는 것이 전파될 수 있다는 신화 때문이다. 조금은 그럴지 모르지만 대부분의 학생들에게는 교육자들이 생각하는 것만큼 전파가 되지 않는다.

당신이 농구장에서 잘 하고 싶으면 야구나 축구를 하지 않는다. 당신은 농구를 하는 것이다. 당신이 학생들에게 객관식 시험에서 잘하기를 원한다면 그들은 이런 식의 시험을 실습할 필요가 있다. 대부분의 교실에서 교사들이 구성한 시험문제가 국가시험에 적절하게 준비시켜 주리라고 추정할 수 없다. 시험을 실습하는 것은 가능하고 이것은 활용되어야만 한다. 당신이 학생들에게 하루에 한 문제만 풀고, 어려우면 어떻게 답하는지 가르쳐 준다고 하면 아무도 불평하지 않을 것이다. 가을에 시작해서 크리스마스가 되면 각 학생들은 75개에 달하는 모든 질문에 정확하게 답할 수 있게 되고 왜 그 대답이 정확한

지를 이해하게 될 것이다.

  이 시험에 학생들을 준비시키는 데는 웬만큼 시간이 걸린다. 그렇지만 이 시간들은 유용한 것이다. 나는 교사가 4학년의 반을 이 노력에 기울여야 한다고 생각한다. 왜냐하면 학교는 이 시험에 나타난 4학년의 성취도에 아주 크게 의존하고 있기 때문이다. 4학년은 이 시험 준비를 하는데 시간을 보내면서 많은 것을 배우게 되고 진정으로 왜 그 답이 옳은가를 배우게 된다. 시간이 낭비되었다고 생각지 말라. 이들 시험은 전문가에 의해 고안되었다. 그들이 묻는 것은 알 가치가 있으며 이 과정을 사용하는 것은 결과가 있다. 이것은 속이는 것이 아니다. 시험은 당신이 원하는 어떤 방법으로든지 사용할 수 있는 것이다. 그 자료를 아는 것 이외에도 실습을 함으로써만 배울 수 있는 시험을 보는 기술이 있다. 예를 들어 질문을 읽기 전에 대답을 먼저 읽으면 본질적으로 점수를 올릴 수 있다는 연구결과가 있다. 교사들은 이 연구를 교실에서 게임으로 검토해 볼 수 있다. 무엇을 하든지 간에 학생들에게 정말 시험을 주어서는 안된다. 그건 불공정하다.

  헌팅튼 우드 초등학교는 미시간 주 시험에서 좋은 성적을 얻고 있다. 85%나 그보다 높다. 위에서 내가 조언한 바를 따르지 않고도 그렇다. 이것은 교사의 가르치는 능력에 기인한다. 그러나 아직도 나는 대부분의 학교에서 약간의 실습을 할 수 있다고 생각한다. 만약 학교에서 능력과 '좋은 것'을 가르치지 않는다면 많은 실습을 하라고 권하고 싶다. 실제로 SAT나 ACT를 치르기 위한 모든 것들을 살펴보라. 그리고 학습지 회사가 이것들을 만드는데 드는 비용을 보라. 준비는 결말이 있어야만 한다. 안 그러면 이들 회사들은 사업을 더 이상 하지 못할 것이다.

  좋은학교에 대한 내 제안은 나의 이상이다. 실제 실습에서 좋은학교가 되려는 어떤 학교들은 내 제안을 독창성 없이 따르지는 않을 것이다. 좋은학교에 관여되어 있는 사람들은 창의적인 사고를 하는 선구자여야 한다. 헌팅튼 우드 초등학교 교사들은 자신이 하는 일을 알고 있다. 그들은 자기 아이디어들을 많이 보태고 있으며 나에게만 의존하고 있는 것보다 훨씬 더 많이 앞으로 나아가고 있다. 그러나 그들이 하고 있는 모든 것들의 뒤에는 선택이론이 깔려있다. 좋은관계가 그 핵심이다. 그것 이외에 학교는 자신의 경험과 창의성에 의해서만 그 한계를 짓게 될 것이다.

좋은학교의 기준 (The Criteria for a Quality School)

좋은학교가 되기 위해 최소한 여섯 가지의 기준이 있다.

1. 사고가 일어난 것이 아닌 모든 훈육 문제는 이년 내에 제거해야 한다. 첫 해에 아주 많이 제거해야만 한다.

2. 학교가 좋은학교가 되었을 때에는 국가 시험의 성취 점수가 과거에 성취되었던 것보다 향상되어야만 한다.

3. TLC의 의미는 능력이 못 미치는 점수거나 지금 B인 점수는 제거되어야 한다는 것이다. 학생들은 성적을 얻거나 시험과목에 통과하기 위해 교사에게 자신의 능력을 증명해 보이거나 교사의 보조를 해야만 한다. 모든 암기교육은 제거되고 유용한 교육에 의해 대체 될 것이다.

4. 모든 학생들은 매년 어떤 '좋은 것'을 위한 작업을 해야만 한다. 즉 이렇게 공부하는 것은 진정 경쟁 이상의 것이다. 모든 과목은 A나 더 높은 점수를 받아야만 한다. 이는 열심히 하는 학생들에게 그들이 더 높이 올라갈

수 있다는 것을 보여줄 기회를 줄 것이다.

5. 모든 직원과 학생들은 선택이론을 배워서 그것을 자신의 삶이나 학교 공부에 적용시켜야만 한다. 부모들도 선택이론에 익숙해지기 위해 공부 집단에 참여할 것이 권장된다. 이들 집단은 교사에 의해 시작되지만 일단 시작한 후에는 부모 자원 봉사자들이 집단을 물려받도록 요청 받는다.

6. 첫 해가 다 가기 전에 이 학교가 기쁨이 넘치는 학교라는 것이 분명해지게 된다.

제 11 장

직장에서의 선택이론
(Choice Theory in the Workplace)

 1942년에 열 여섯 살이었던 내 전처는 큰 페인트 공장의 사무실에서 시간제로 근무를 하고 있었다. 그 때 팔십 노인이었던 공장주는 그녀를 사무실로 불러들여 자기가 어떻게 공장을 지혜롭게 운영해 나갔었는가 하는 이야기를 들려주기를 즐겨 했다. 그가 좋아하는 이야기는 대 공황이 정점으로 치달았던 1932년에 시작된다. 그 때 그의 사무실 직원은 한 사십 명쯤 되었는데 그와 오랫동안 같이 일해 왔던 매니저에 의해 관리되고 있었다. 어느 날 그는 매니저를 불러서 보통 일을 시작하는 여덟 시 반 대신 여덟 시에 일을 시작하면 나머지 반시간 급여는 지급해 주겠다고 말했다. 그렇지만 그 반시간에 대해 월급을 받고 있다는 것을 아무에게도 말해서는 안된다고 했다.

 1932년에 직장은 대단히 부족했다. 어디라도 일자리가 있다면 즉시 열 사람이나 모여들 지경이었다. 그들은 토요일 오전에도 정규적으로 일했다. 매주 엿새 동안 사십 명의 고용인들이 출근하면 매니저가 벌써부터 와서 열심히 일하고 있는 것을 볼 수 있었다. 그러자 몇 사람이 더 일찍 출근하고 다른 몇 사람이 그 뒤를 이었다. 그들은 매니저에게 뭐라고 말하기를 두려워했고 물론 매니저는 아무 말도 하지 않았다. 그들은 직장을 잃을까 봐 두려워서 조금씩 더 일찍 나오기 시작했고 몇 달 내에 모두 다 여덟 시까지 출근해서 곧바로 일하게 되었다. 아내에게 이 이야기를 할 때 이 노인은 크게 웃으면서 허벅지를 두드렸다. "반시간 동안 공짜로 일을 했단 말이야. 하루에 이십 시간이고, 사십 명이 합하면 일주일에 6일이 되는 일을 9년동안이나 했지." 그리고 전쟁이 터지고 직장은 흔해지고 사기극은 끝났다.

보스형관리(Boss Management)

이 노인 같은 보스의 힘은 좋은 시대가 와서 다소 줄어들었다. 그렇지만 직장에서의 외부 통제심리학을 지적하는 내 견지로 본다면 아직도 보스 관리가 많은 곳에서 규범이 되고 있다. 학교행정가들이 교사들을 지배하며 교육에 헤아릴 수 없는 해독을 끼치고 있기는 하지만 개인적인 보스들이 보내는 메시지에 비하면 그 근처에도 다가가지 못한다. '나는 두려워 해 마땅한 사람이다'라는 메시지이다. 그러나 만약 매니저가 성취하려고 하는 것이 수준 높은 '좋은 것'을 위한 작업이라면 두려움은 이 작업을 달성하기에 가장 나쁜 방법이다. 세상을 '좋은 것'으로 인도하려는 지도자, 에드워드 데밍(Edward Deming)의 핵심적인 아이디어는 두려움을 몰아내는 것이다.

우리들 대부분에게 직업이란 인생을 정의해주는 부분이다. 당신은 무슨 일을 합니까? 이 질문은 누군가를 처음 만났을 때 자주 던지는 질문이다. 당신이 하고 있는 일이 별로 없다면 이 질문은 고통스러운 질문이 될 수 있다. 직업 자체보다도 고용주나 함께 일하는 사람 때문에 겪는 불행이 작업의 질을 낮추는 중요한 이유이다.

시험 삼아, 이 장을 쓰기 시작하면서 이러한 불행의 예를 찾으려고 신문을 들여다보았는데 거기 이런 기사가 있었다. 자신이 조롱거리와 웃음거리가 되었다고 생각한 한 남자가 동료 두 사람을 살해하고 다른 세 사람에게 부상을 입혔다. 이틀 후에는 중간 관리자들이 근무 시간외 일을 일주일에 40시간까지 하도록 요청 받았는데 그렇게 하지 않으면 해고당할 것이라는 기사가 전면 기사로 크게 눈에 띄었다. 그 페인트 공장의 노인은 내가 생각했던 것처럼 한물 간 것이 아니었다. 감독자나 다른 동료들에게 좋은 대접을 받는 것은 우리 모두의 좋은세계에 들어 있다. 어떤 단계에서든지 간에 근로자가 불만족스러우면 그 결과로 낮은 질의 작업이 나타나는 것이다.

지배적인 맨 윗자리의 관리자가 전체 조직을 위한 규범을 설정해 놓는다고는 해도 오늘날의 관리 풍토에서는 노골적인 지배가 제일 높은 단계에서 내려오지는 않는다. 그렇지만 지배받는 것이 대부분의 근로자들의 마음에 각인 되어 있기 때문에 최고 관리자가 명백하게 리드형관리의 스텝을 떼어놓지 않는 한 전체 조직에 이것이 스며들게 된다. 설혹 리드형적인 단계에 시작하려는 경우라고 하더라도 이 사실이 보스형관리 이외에는 아무 것도 모르는 중간 관리자의 마음속에 확실하게 자리 잡는 데는 수년이 걸린다. 중간 관리자가 보스형관리를 오래 해 왔으면 해 왔을수록 위에서 무슨 일이 일어나든지 간에 더 많이 지배하러 들게 된다. 실제 상황에서는 낮은 단계 관리자가 보스 노릇을 가장 많이 하며 리드형 체계로 조직을 바꾸려고 할 때 가장 변화시키기 어려운 사람이다. 관리자 한 사람에 근로자 두 사람인 작은 회사에서는 선배 근로자가 다른 근로자에게 보스 노릇을 하기도 한다.

보스형관리의 구체적인 해로움은 대부분의 관리자와 근로자가 보스 노릇을 하려고 드는 사람을 자기들의 좋은세계에 넣기 어려워진다는 점이다. 이런 지배가 더 진전되면 마치 개들이 서로 잡아먹는 이전 투구의 양상을 빚어내게 되고 신뢰는 항상 져서 먹히는 개의 입장이 되는 것이다. 낮은 품질과 높은 비용이 이 모든 불필요한 불신과 두려움 때문에 우리가 지불하는 비용이다. 만약 우리가 보스형관리의 약탈로부터 근로자의 세상을 자유롭게 해줄 기회를 조금이라도 준다면 최고위직에 있는 사람들은 그 효과를 인지하게 될 것이다.

이렇게 되면 선택이론에 근거를 둔 리드형관리로 대치하려는 적극적 스텝을 밟게 될 것이다. 그렇게 하려면 투쟁할 준비를 해야만 할 것이다. 하위관리직의 보스들은 지배하기를 아주 좋아하고 근로자는 고전적인 게임을 할 핑계가 생기기 때문이다. 곧 할 수 있는 만큼만 대충대충 조금만 일하고 작업의 성과가 낮은 것은 보스의 탓으로 돌리면 되는 것이다.

보스형관리는 복잡한 것이 아니다. 이것은 핵심만 뽑아 본다면 다음과 같은 네 가지 요소를 포함하고 있다.

1. 모든 단계에서 보스는 얼마나 일을 잘 해야 하는가에 대한 과업과 표준을 설정해 놓는다. 이 과정에서 근로자에게 의논하는 법이 거의 없다. 보스는 타협하지 않는다. 근로자는 보스가 정의 내린 대로 그들의 일을 조정해야만 한다. 그렇지 않으면 이 권력에 대항할 노조나 협정된 보호가 없는 경우에 그 결과로 경우에 따라 직업을 잃을 수도 있는 고통을 받게 된다. 보스는 오랫동안 완강하게 간섭은 받지 않고 휘두르기만 하려고 싸우고 있다. 어찌 되었든 그가 보스 노릇을 더 하면 할수록 작업의 질은 떨어지게 된다.

2. 보스는 어떻게 작업이 이루어져야만 하는가에 대해 자신이 보여주기 보다 더 많이 시키는 경향이 있다. 그 일이 어떻게 하면 더 잘 이루어질 수 있는가에 대해 근로자의 의견을 묻는 경우가 거의 없다.

3. 보스나 보스가 지정한 사람이 작업을 검사한다. 근로자는 이 평가에 관여되어 있지 않기 때문에 대부분이 대충 일을 하고 검사관들은 낮은 수준의 품목을 통과시켜야만 하는 압력에 끊임없이 시달리게 된다. 이것은

극단적으로 '좋은 것'을 파괴시키는 조합이다. 그 뿐만 아니라 보스가 몰 아치는 분위기 아래서는 자기들이 해야만 하는 것보다 더 일하는 근로자가 동료 근로자들에 의해 배척되게 된다. 일 자체가 한 번도 근로자의 좋은세계에 들어가 있지 않기 때문에 '좋은 것'을 위한 작업을 한다는 개념은 그들의 마음속에 거의 떠오르지 않는다. 그들은 현재 보스형관리 시스템인 작업장에서 '좋은 것'에 관한 슬로건을 보고 비웃는다.

4. '좋은 것'을 위해 절충하는 다양한 방법으로 거의 언제나 이렇게 하고 있는 셈인데 근로자가 보스에게 저항하면 보스는 근로자들이 자기가 원하는 대로 움직이게 하려고 위협과 처벌을 사용하게 된다. 이렇게 함으로써 보스는 작업장내 꼭대기서부터 맨 밑바닥까지 관리자와 근로자가 혐오관계에 들어가게 하고 규칙을 두려워하게 만든다. 보스는 이 혐오관계야말로 일이 잘 되어 가는 방법이라고 생각한다. 근로자와 협동한다는 것을 멸망으로 이끄는 아이디어로 보는 것이다.

지금처럼 고용률이 높은 시대에, 사람들을 어떻게 관리해야 하는가를 너무 큰 이슈로 다루고 있는 것처럼 보일 수도 있다. 직업들은 도처에 있고 국가는 부강하다. 이 번영을 이끈 요인들은 낮은 인플레와 안정된 물가, 근로자들의 낮은 임금 인상 요구 등과 더 낮은 가격으로 생산을 더 활성화시킨 기술 등에 있을 것이다. 경쟁이 또한 물가와 임금을 안정시키고 있고 연방준비위원회가 인플레이션의 압력이 낮아지도록 금리를 조정하고 있다. 세금을 낮추라는 강력한 민중의 요구가 없고 목전에 전쟁이 닥쳐오지 않는다면 이 두 가지가 다 금리율을 억제하고 인플레이션을막는 경향이 있다. 이 모든 것들은 결핍 속에서 완만하지만 지속적으로 디플레이션의 감축이 있는 것과 밀접한 관련이 있다.

어떻게 그런 일을 성취했는지 아무도 확신하지 못하고 있는 것 같은데 우리가 해낸 일은 번영을 위해서 필요한 요인들의 균형을 잘 잡았다는 점일 것이다. 그렇지만 이 균형은 섬세하고 미묘하다. 이것은 인류 역사상에서 결코 오래 억눌린 적이 없었던 무엇인가를 억누르는데 달려 있다. 이것은 사업과 정치의 특유한 질병 같은 것으로 세상에 알려진 현대사회의 번영을 파괴시키는 것이다. 그것은 인간의 탐욕이다.

자기 자신만 생각하면서 번영이 얼마나 부서지기 쉬운 것인가를 알아보려고도 하지 않는 탐욕스러운 사람들이 많이 있다. 어떤 사람들은 낮은 세금을 요구하는가 하면 다른 사람들은 높은 임금을 요구한다. 어떤 사람은 국방비가 증액되어야 한다고 하고 어떤 사람들은 삭감되어야 한다고 한다. 민중 시위대들은 정부 규모를 줄이라고 부르짖는가 하면 다른 사람들은 안전을 유지하기 위한 최소한의 기본선이 있다고 응수한다. 어떤 단일 집단이 그들이 원하는 것만큼 다 얻게 되면 아슬아슬하게 균형을 이루고 있던 균형이 파괴될 수 있는 것이다. 역사는 스스로 되풀이되는 것이다. 주식시장은 멈칫하게 될 것이고 번영은 위협받게 되는 것이다.

연방 준비 위원회는 금리율을 조정할 수는 있지만 우리 유전자 속에 새겨진 탐욕을 조정할 수는 없다. 외부통제 심리학의 세 번째 잘못된 믿음인, 내가 다른 사람들보다 훨씬 더 많이 갖는 것이 옳다는 신념의 변형에다가 힘의 유전적 욕구가 보태진 탐욕스러운 사람들은 좋은세계에 다른 사람들 보다 더 많이 가질 자격이 있는 사람으로 자신의 그림을 집어넣는 것이다. 역사적으로 권력을 쥔 사람들의 좋은세계에 있는 번영의 그림은 흔들려 본 적이 없는 것이다.

이 그림들이 그 추악한 머리를 너무 꼿꼿이 세우게 되면 낮은 인플레와 높은 고용이 삐걱거리는 소리를 내며 멈추게 될 것이다. 그렇게 되면 우리들은 번영의 요인들을 되돌려 균형을 잡기 위해 고통스러운 과정을 되풀이해야만 할 것이다. 지난번에는 그렇게 하는 데 거의 이십 년이 걸렸고 전쟁까지 치렀다. 주식시장은 1919년과 비슷하거나 더 많은 힘을 지니고 굴러가고 있다.

자신을 위해 너무 많은 것을 챙기는 사람들은 탐욕을 옹호하기 위해 나는 그럴 자격이 있다고 주장하며 자기 회사가 그토록 경쟁력이 있는 것은 자신의 기술 때문이라고 주장한다. 자기들의 경영 기술이 없으면 고용인들이 직업 안정도가 훨씬 떨어지게 될 것이라는 이야기이다. 나는 이 주장에 흠을 잡을 수는 없다. 빌 게이츠가 창안해 낸 그 많은 직장과 부를 보라. 누가 감히 게이츠가 이루어 놓은 일에 대해 수십 억대의 부를 스스로 챙길 자격이 없다고 하겠는가? 유감스럽게도 탐욕의 근본 원인은 자격이 있는가 하는 것과는 별반 관련이 없다. 이것들은 탐욕스럽고 성공적인 사람들의 강렬한 힘의 욕구의 산물인 것이다. 이런 사람들은 우리 모두가 그런 것처럼 욕구가 클수록 그 욕구를 충족시키는 기분이 너무 좋기 때문에 다른 사람들이야 고통을 받든 말든 자신의 느낌에 밀려가게 되는 것이다.

합리적인 범위에서 세금을 부과하는 것은 아주 탐욕스럽지 않은 대부분의 미국인들의 탐욕에 제동을 거는 방법일 것이다. 미국이 세계에서 가장 납세율이 높은데 이것은 미국 사람들이 탐욕스러운 사람들이 아니라는 입증이 될 것이다. 그렇지만 역사상으로 탐욕스러운 사람들은 세금을 기피하는데 아주 창의적이어서 세금을 메기는 것이 응당 그래야만 하는 것처럼 균형을 잡는 요인이 되지는 못해 왔다. 자유 투표에 의하지 않은 정치 체계는 성과를 거두지 못했다. 누가 다스릴지 결정할 능력이 없이 탐욕을 제한할 방법은 없기 때문이다.

미국의 체계가 비난받기도 하지만 미국인들은 부유함과 힘에 대해 가장 덜 탐욕스러운 사람들 중의 하나일지 모른다. 유럽은 제2차 대전 이후에 마샬 플랜을 요청하지 않았다. 조지 마샬 장군은 전혀 탐욕스럽지 않은 사람이었고 그 제안을 하자 모든 미국 사람들이 그를 지지했다. 이 일이 내가 대답해 보려는 질문으로 나를 이끈다. 현재보다 더 오래 번영을 누리는 것을 막는 탐욕스러운 사람들이 앞으로도 항상 존재할 것인가? 하는 질문이다. 만약 모든 성공하고 부유한 사람들이 높은 힘의 욕구와 낮은 사랑과 소속의 욕구를 지니고 있다면 그 대답은 '그렇다'이다. 이런 욕구 강도를 지닌 사람들은 얼마나 많이 소유하고 있든지 간에 항상 더 많이 원하는 욕구를 결코 절제하지 못한다. 우리가 현재 누리는 번영은 대부분의 성공적인 사람들이 강렬한 힘의 욕구와 함께 사랑과 소속의 강한 욕구를 지니고 있기 때문이었다. 그들은 함께 사업을 하는 사람들이나 고용인들과 좋은 관계를 유지함으로 성공의 기반을 닦은 것이다.

어떤 성공적인 사람들이 탐욕스러워질 때는 그들의 사랑과 소속의 욕구가 외부통제 사회에서 표현되기 어렵기 때문일 수도 있다. 선택이론 사회에서는 사랑과 소속의 욕구가 그들의 탐욕을 중화시킬 만큼 충분히 강할 수 있다. 이들은 친구가 아닌 사람들을 믿지 않고 특히 자기보다 불운한 사람들을 신뢰하지 않는 성향이 있다. 다른 사람들을 책임지는 자리에 있는 사람들 대부분이 거의 다 평균적인 사랑과 소속의 욕구를 지니고 있거나 평균보다 높은 사랑의 욕구를 지니고 있다. 이 사람들이 선택이론을 배우려는 노력을 기울이고 사생활에서 이 이론을 성공적으로 사용할 수 있게 된다면 자기들이 관리하는 사람들과도 좀더 친밀한 관계를 맺으려는 시도를 할 수 있을 것이다.

일단 당신이 선택이론을 따라 외부통제 심리학을 포기하면 고용인들과 더 잘 지내게 된다면 얼마나 상황이 많이 나아질 것인가에 대해 생각하지 않고 지내는 것이 거의 불가능해지는 것이다. 이 관계가 만족스러워지면 기분이 좋아지고 더 좋은 관계를 원하게 될 것이다. 당신의 유전자가 그렇게 되어 있기 때문이다. 스쿠루지가 탐욕스러워지기를 포기했다면 세상에는 좀 더 희망이 있을 텐데 유령과 정령보다 무엇인가가 더 필요한 것이다. 현존하는 심리학과 더불어 있는 탐욕 속에서는 결코 진보가 있을 수 없는 것이다.

직장에서 지배하는 대신에 리드형 지도를 한다면 우리가 누릴 수 있는 번영은 훨씬 더 커 질 것이다. 사우스 웨스트 비행사가 성공한 이유는 다른 욕심 많은 관리자들과 달리 탐욕스럽지 않고 정리해고를 하지 않는 윗사람을 위해서 고용인들이 열심히 일했기 때문이다. 나는 사람들이 지배하는 보스를 위해서는 일하지 않는다고 말할 만큼 순진하지는 않다. 많은 사람들이 근면하기 때문에 어떤 대접을 받더라도 묵묵히 일한다. 그들은 보스에게 일손 뿐 만이 아니라 두뇌도 빌려주는 것이다. 그렇지만 그들은 자신의 마음만은 민주적인 지도자에게 주는 것이다. 그런 일이 일어날 때 우리가 경험하는 느낌은 보스가 결코 알지 못하는 그 무엇이다.

리드형관리(Lead Management)

리드형관리와 보스형관리의 관계는 선택이론과 외부통제 심리학의 관계와 같다. 리드형관리는 사람들을 관리하는 곳에서는 어디서나 효율적이기 때문에 학교에서보다 실시하기가 훨씬 더 쉽다. 학교에 다니는 것은 직장과 다르기 때문이다. 작업장에서 요청 받는 일을 하는 것이 아마 즐겁지 않을지도 모르지만 요청 받는 이 모든 일들은 실제 세계에서 어떤 가치를 지닌다. 또한, 당신은 봉급을 받으며 대부분의 직업에서 해고당할 수도 있기는 하지만, 학교에서처럼 말이 안되는 일을하지 않으면 낙제하는 것 같은 관점에서 실패하지는 않는다. 일을 학교에서보다 더 어렵게 만드는 것은 학교와 달리 거의 모든 작업이 함께 일하는 사람들에게 달려 있다는 점이다. 당신이 설혹 작업에 최선을 다하기를 원한다고 하더라도 의존하고 있는 다른 근로자가 자기 몫을 다하지 않으면 좌절감을 느끼게 될 것이다. 그렇지만 다른 사람들이 자기 몫을 다하고 좋은 관리자와 함께 열심히 일할 수 있다면 이 경험은 인생의 가장 만족스러운 경험이 될 것이다.

보스 관리가 그토록 파괴적인 이유는 이것이 각 개인에게 초점을 맞추고 서로 반목하게 만들기 때문이다. 리드형관리를 그토록 성공적으로 만드는 것은 이것이 협조적인 체계에 초점을 맞추고 당신이 사람을 잘 대하고 원하는 것이 무엇인가를 설명하면 좋은 작업을 하리라는 믿음에 초점을 맞추고 있기 때문이다. 다음 리드형관리자의 4가지 구성요소에서 지속적으로 우리는 당신을 배려한다는 메시지가 이 노력의 중심인 것을 보게 될 것이다. 리드형관리는 배려에 드는 비용은 없지만 보상은 엄청나다는 것을 알고 있다. 리드형관리자는 스스로에게 핵심적인 선택이론 질문을 묻는다. 내가 이렇게 하면 같이 일하는 사람과 가까워질 것인가, 멀어질 것인가? 이 질문의 답이 대체로 명백한 것이지만 '멀어지게 한다'이면 그들은 하지 않는다.

리드형관리자는 또한 선택이론을 알고 명백한 방법으로 그것을 사용한다. 그러나 사용할 때 근로자들에게 선택이론을 가르쳐서 이 이론이 그들이 배우고 활용할 수 있는 것임을 이해하도록 가르치면 대단히 효율적이다. 이렇게 하는 좋은 방법은 근로자와 그 배우자를 회사가 후원하는 세미나에서 가르치는 것이다. 이 방식으로 그들은 모두 다 이것이 무슨 다른 속셈이 있는 것이 아니고 그들이 일자리에서 성공적이기를 바랄 뿐만 아니라 동료들과의 관계와 자녀들과의 관계도 성공으로 이끌고자 하는 순수한 시도라는 것을 알게 된다. 리드형관리자가 지닌 '좋은 것'의 핵심은 관리자, 동료들, 작업, 고객들, 그리고 사기업에서는 주식투자자들까지 근로자의 좋은세계에 넣는 것이다. 즉 모든 관여된 사람들이 가까워져서 가깝게 지내게 되는 것이다. 이 책에서 논의되는 모든 분야에서 그렇듯 좋은 관계는 작업장의 핵심이다. 리드형관리자의 네 가지 구성 요소는 보스형관리와 달리 다음과 같다.

1. 리드형관리자는 회사를 성공적으로 만드는 일의 '좋은 것'과 비용에 관해 지속적으로 근로자들과 정직한 토론을 갖는다. 그들은 듣기만 할 뿐 아니라 끊임없이 '좋은 것'과 낮은 비용을 진전시키기 위해 제안할 수 있도록 근로자들을 북돋운다.

2. 리드형관리자나 그에 의해 지정된 사람은 작업의 모델을 보여 관리자가 원하는 것이 정확히 무엇인가를 알게 한다. 리드형관리자가 그렇게 함으로써 근로자들은 그 일이 어떻게 더 잘 이루어질 수 있는가에 대한 정보를 받는다. 이렇게 함으로써 관리자는 자기 일에 대한 근로자의 통제를 향상시킨다.

3. 근로자는 높은 질의 작업이 무엇이며 어떻게 그것을 가장 낮은 비용으로 생산할 수 있는가에 대한 이해를 지니고 자신의 작업을 검열하는 책임이 있다. 리드형관리자는 '좋은 것'이 비용에 우선한다는 것을 선명하게 해야 한다. 실제로 근로자가 이러한 보장을 받게 되면 질은 높아지고 비용은 내려간다. 높은 질은 보스형관리로는 성취되지 못하는 근로자와 관리자 사이의 신뢰에 의존한다.

4. 리드형관리자가 '좋은 것'의 핵심을 기회 있을 때마다 근로자에게 가르치는 것이 지속적인 향상이다. 암기식 교육과 달리 어느 직업에서든 모든 것이 더 향상되거나 더 경제적으로 이루어질 수 있다. 관리자는 자신의 일이 근로자에게 도구, 훈련, 일할 정다운 장소들을 제공함으로써 향상을 조장하는 것임을 선명하게 한다. 향상되어진 '좋은 것' 때문에 회사가 더 많은 이윤을 올리면 리드형관리자는 그들의 노력으로 그 일을 가능하게 한 근로자들과 어떤 부분을 나누는 보상 체계를 구성한다.

작업장에서 리드형관리를 해야 하는 가장 강력한 논증은 이것이 보다 생산적인 '좋은 것'을 위한 작업으로 인도하기 때문에 돈이 절약된다는 점이다. 이 돈은 보스형관리 회사가 모름지기 지불해야만 하는 돈이다. 경쟁회사간의 노동과 원료의 실제 비용에는 차이가 없다. 포드와 제네럴 모터스는 비슷한 임금을 지불하고 강철과 타이어를 같은 가격에 사들인다. 노동과 원료의 실제 비용 이외의 다른 비용은 보스형관리 작업장보다 리드형관리 작업장이 훨씬 저렴하다. 이들 비용 중의 많은 부분이 가시적이다. 보스형관리는 근로자들의 보상 주장과 더 많은 절도, 결근, 병가의 남용, 지각, 조합과의 어려움, 폭력 그 외의 성적이거나 다른 문제들을 불러일으킨다. 그렇지만 보스형관리에 항용 있는 장애 같은 비가시적인 부분에서 더 많은 비용이 든다.

장애요인(Obstruction)

회사 내의 일이든지 외부의 일이든지 간에 사람들과 대하는 일에 유감스럽게 고객들까지 포함해서 나타나는 장애는 거대하지만 눈에 보이지 않는다. 근로자들을 더 지배하면 할수록, 혹은 대체로 지배당하지는 않더라도 지배당하는 일에 너무 익숙해 있으면 모든 요청을 지배로 받아들이게 될 수 있다. 그리고 그들이 지닌 극히 작은 힘도 장애로 사용하는 것을 즐기게 된다. 어느 하루도 다음과 같은 말을 하는 것이 인생의 사명인 듯 보이는 사람과 부딪히지 않고 지나칠 수 없게 된다. 미안합니다. 이건 못하겠는데요. 이건 회사 정책에 어긋납니다. 나는 권한이 없는데요. 기다리셔야만 하겠습니다. 그리고 종종 단순한 '안됩니다'이다.

자신은 안전한 채로 회사가 지쳐서 멈추어 있는 동안 즐기는 것이 장애의 목적이다. 많은 현대적인 보스형관리 회사에서 근로자들은 그들이 솔선해서 결정을 내리라는 소리를 듣는다. 그렇지만 아무도 선택이론을 모르기 때문에 왜 그렇게 말하는지 모른다. 보스형관리 작업에서 어느 서열에 있든지 간에 근로자가 기계가 원활하게 돌아가게 하려는 노력으로 솔선을 했다가 무슨 일이 잘못되면 처벌을 받게 된다. 이런 일이 한 번만 일어나도 아무것도 하지 않거나 모른다고 말하는 것이 더 안전하다는 말이 작업장에 쫙 돌게 된다. 보스형관리자에게 알아보게 하라. 회사가 하려는 일에 손상이 가는 일이더라도 그가 맡은 임무는 근로자를 손상의 방향으로 이끄는 일이 된다. 몇 년 전 공항 카운터 여자와 다음과 같은 대화를 나누었다.

"여기 천마일 비행 보너스 증서들이 있는데요. 몇 장이나 필요하지요?"

"세 장 필요합니다. 좋습니다. 여기 세 장 있는데요."

"야, 세 장이요. 거리가 얼마나 됩니까?"

"이천 마일이 약간 넘는데요."

"잔여분을 보너스 증서로 주실 수 있습니까? 적어도 오백마일 분은 돌려주실 수 있겠지요? 오백마일 당 한 장씩도 팔고 계시니까요."

"아니요. 오백마일 보너스 증서를 사세요. 그러면 그걸 보너스로 모으는데 쓰실 수 있습니다. 그게 우리가 해 드릴 수 있는 최선입니다."

"그게 공정한 일입니까?"

"이건 회사 정책입니다. 내가 할 수 있는 일은 아무 것도 없는데요."

"다른 승객들도 불평합니까? 아니면 내가 좀 별난 건가요?"

"다들 늘 불평하지요."

"회사에서는 직원들로부터 정보를 얻는 모임을 가질텐데요. 그런 모임이 있습니까? 요즈음 큰 회사에서는 대개 그렇게 하던데요."

"물론이지요. 모임이 있습니다."

"그렇게 불평하는 사람들이 많다면 이 문제를 제기해 보시겠습니까? 정책 결정자들에게 좀 피드백이 필요할 것 같은데요. 안 그렇습니까?"

"정책 결정자들에게는 관심이 없어요. 절대로 이런 문제를 꺼내지는 않을 거예요. 승산이 없어요. 질문하기보다는 입을 꼭 다물고 있는 게 낫지요."

"왜요?"

"무슨 소리를 하면 팀에 협조자가 아니라 말썽꾼으로 낙인이 찍히거든요. 늘 휴직을 시킨답니다. 그러면 내가 다음 차례가 되는 거지요. 미안합니다. 그럴 만한 가치가 없어요."

이 여자의 태도는 관리하는 방법을 향상시키려고 시도하는 회사에 좋은 예가 되어 줄 수 있는 보스형관리 사용의 예이다. 이 여자는 윗자리에 있는 사람이 그녀가 회사 정책을 비난하고 있다고 파악할 가능성이 있다면 모임에서 입을 열지 않을 것이다. 이 회사는 그녀에게서 두 손으로 일하는 것 이외에는 아무 것도 얻어낼 수 없는 것이다. 그녀의 두뇌는 회의에 머물러 있지 않고 회사를 경쟁력 있게 만들기 위해 그토록 필요한 그녀의 마음은 결단코 회사의 것이 되지 않을 것이다.

그렇지만 안됩니다 라고 말하는 습관은 보스형관리 회사 내에서는 타당한 범위를 훨씬 넘어선다. 근로자들은 체크 당할 가능성이 없으면 그들이 해야 할 업무에도 '안됩니다'라고 자주 말하는 것이다. 그들을 체크할 방도가 달리 없는 경우가 많기 때문에 고객들은 매우 좌절을 느낄 수 있게 된다.

고객들을 대할 때 많은 호텔 고용인들이 안됩니다 라고 말하기를 좋아한다. 이것은 언제나 안전한 것이라 많이 사용하는 말이다. 내가 이제 묘사하는 광경은 해마다 호텔에서 여러 번 일어났던 일이다. 지금 겨우 6월인데 이런 일이 금년에 벌써 세 번 일어났다. 이 장애의 비용은 꽤 될 것임에 틀림없다. 고객과 이런 일이 일어난다면 이런 장애의 희생물이 되는 고객들과 마찬가지로 동료들과도 이런 일이 일어나고 있음이 틀림없다는 사실을 염두에 두라.

나는 동료인 체스터 카라스 박사와 함께 세미나를 주관한 적이 있고 우리들은 뉴욕의 거대한 호텔로 걸어 들어갔다. 카라스의 사무실에서는 준비물 세 상자를 호텔로 보냈고 나는 투숙할 때 그 물건들을 받고 싶었다. 마지막 순간까지 기다릴 것도 없었다. 어떤 문제가 일어날 지 그 동안 충분히 배워 왔기 때문이다. 호텔의 대회의장에서 한 여자가 그 물건들이 접대실에 있다고 했다. 프런트에 전화만 하면 내 방에 짐을 가져다 줄 것이었다. 나는 내가 전화 거는 몇 분동안 문제가 있을 경우에 대비해서 그녀에게 함께 머물러 있어 달라고 부탁했다.

"여보세요. 닥터 글라쎄인데요. 카라스 협상 세미나라고 쓰인 상자 세 개를 호텔로 보냈는데요. 우리 방에 좀 갖다 주셨으면 좋겠습니다."

"물론이지요. 박사님. 무어라고 쓰여 있는지 한 번 다시 말씀해 주시겠습니까? 그리고 큰 것입니까? 작은 것입니까?"

"높이가 한 십인치 됩니다. 폭은 일 피트쯤 되구요. 길이는 팔 인치 정도입니다. 거기 인쇄되어 있는데요. 카라스 협상 세미나입니다."

이 남자는 3분 정도 수화기에서 사라졌다. 삼분 후 그가 전화에 나타나서 경쾌하게 말했다. "죄송합니다 박사님, 아직 안 왔는데요. 오는 대로 연락을 올리겠습니다."

숱한 경험에 의거하여 나는 말했다. "좋습니다. 지금 한 번 보셨지요. 이번에 한 번만 더 보아주셨으면 좋겠는데요. 이번에는 온 방안을 샅샅이 보아주셨으면 합니다. 내가 원하는 걸 이해하고 있다고 확신할 수 있게 무엇을 찾고 계신지 말씀해 주시겠습니까?"

"물론입니다. 박사님, 카라스 뭔가라고 쓴 세미나의 일종이라고 쓰여 있는 상자 세 개지요. 맞습니까?"

"예. 카, 라, 스입니다. 다시 한 번 보아주십시오. 로스앤젤레스에서 한 주나 전에 부쳤거든요."

이번에는 5분동안 사라졌다가 와서 아직도 경쾌하게 아이의 비위를 맞추듯이 말했다. "죄송합니다. 박사님. 여기에 역시 없습니다."

나는 말했다. "나는 아직도 그 상자가 방에 있다고 생각되는데요. 한 번만 더 보아주시겠습니까? 정말 그게 어디 있는지 꼭 알아야겠습니다."

나하고 함께 있던 여자는 내가 미친 사람이라도 되는 것처럼 바라보았다. 그 남자는 두 번이나 찾아보았는데 이 남자는 무엇을 원하는 것일까? 이번에는 이십 초밖에 걸리지 않았다. 그가 다시 전화에 돌아왔을 때 음성은 아직도 경쾌했지만 사과하는 기색은 없었다. 그저 다시 한 번 찾아본 것이 다행이었다는 메시지가 목소리에 담겨 있었다. "예, 박사님, 여기 있는데요. 그놈의 물건이 내 책상 밑에 있지 뭡니까. 어디로 보내드릴까요?"

나는 그 젊은 여자에게 이 사건을 염두에 두고 고객들에게 끈기를 지니라고 말해 주라고 말했다. 그녀는 탄복했지만 어떻게 미리 그럴 줄 알고 있었느냐든가 미리 무엇인가 알고 있었느냐고 물어볼만큼 경탄한 것 같지는 않았다. 그녀가 접대실에서 고객의 상자를 받는 것에 별로 관심이 없고 이 상황을 개선하기 위해 무엇인가를 하려고 들지 않을 것이라는 것을 나는 알 수 있었다. 이 남자와 이 여자는 자기들의 직업의 한 조각도 좋은세계에 넣고 있지 않았다. 이 호텔이 경영되는 식으로는 그들이 결코 그렇게 되지 않을 것이다.

이 사건은, 온 세상에서 매일매일 수도 없이 일어날 것인데 보스형관리가 이루어지는 작업장의 전형적인 사건이다. 아무도 그 남자하고 앉아서 그가 할 일이 무엇인지 설명해주고 그가 잘 이해하고 더 잘할 수 있도록 지지해 주면서 그와 함께 일을 하지 않은 것이다. 내가 그와 말을 나누었을 때는 이런 중재가 이미 너무 늦은 것이 아닌가 싶다. 그는 중재를 비난으로 받아들일 것이고 그가 하고 있던 일보다도 덜 일할지도 모른다. 이 부적절함을 다루는 그의 기분 좋은 태도로 미루어 보아 그는 심각하게 보스형관리를 당한 것 같지는 않았다. 관리 소홀이라는 말이 더 정확한 표현일 것 같은데 그의 관리자는 이 변화를 가져오는데 상당히 호의적일지도 모른다. 리드형관리가 작업장에서 제대로 이루어지려면 아주 많은 노력이 필요하다. 전체적으로 새로운 심리학과 기술을 도입하는 것은 커다란 발걸음이다. 그렇지만 그 발걸음이 시작되면 이 호텔은 지금 버는 것보다 훨씬 더 많은 돈을 벌게 될 것이다.

근로자의 보상(Worker's Compensation)

대부분의 눈에 띄는 문제들은 리드형관리에 의해 본질적으로 감소될 수 있다. 그러나 근무 도중 일어난 사고에 따르는 고통과 약함, 명백한 심리적인 불평을 어떻게 다루는가 하는 문제는 더 복잡하다. 관리자와 근로자가 더 좋은 관계를 맺고 있을수록 불평도 덜 드러나고 덜 지속되지만 좋은 관계가 모든 부상을 막지는 못한다. 사고가 일어나면 그 불평이 실제적인 육체의 부상인지 부상 당한데 대한 억누른 분노의 표현인지 구분하는 것이 항상 문제이다. 그리고 근로자가 제공되는 것보다 더 많은 도움이나 보상을 원할 때 어떻게 하는가 하는 문제도 있다. 아니면 근로자가 이 불평을 자신이 싫어하거나 두려워하는 직장으로 돌아가기를 피하는 방편으로 쓰는 경우에도 그렇다.

이 불만을 다루는 현행 방법은 적대적이다. 보험회사는 이런 부상에 대한 불만을 더 이상 치료하지 않으면서 가라앉히려고 노력하거나 너무 과도하다고 여겨지면 맞싸운다. 근로자는 더 나은 치료나 보상을 받아 내려고 한다. 이 상황들을 다루는 일에 내치료적 직업 초기의 9년간을 보냈는데, 이런 적대적인 방법은 전에나 지금이나 부상당한 근로자를 아직도 만족시켜 주지 못하고 있다. 근로자의 의사, 변호사, 정신과 의사들은 보험회사와 맞서 싸운다. 내 경험으로 볼 때, 근로자의 이익은 흔히 그의 옹호자나 반대자의 것이 되고 만다.

내가 보험회사에서 일할 때에는 근로자의 이익을 염두에 두고 있었다. 나는 회사측에 내게 부상당한 근로자와 정직하게 말을 나눌 수 있게 해주면 비용이 덜 들게 될 것이라고 말했다. 만약 결론이 나면 나를 지원해 달라고 했다. 몇 사람은 나에게 부탁을 했고 나는 많은 근로자들과 현실치료상담을 사용해 가면서 즉각적인 보상보다도 장기적으로 볼 때 자신에게 무엇이 최선인가를 보도록 설득을 해볼 수 있었다. 그리고 보험회사가 나와 동의하든지 안 하든지 간에 나는 언제나 정직했고 많은 사람들을 도울 수 있었다.

근무 중에 허리를 다친 한 남자는 병원에 한동안 입원했었는데 아직도 고통스러워했고 복직할 수가 없었다. 그는 교육수준이 낮고 무슨 일이 진행되고 있는지 파악 못해 곤혹스러워 했다. 그는 자기가 휩쓸려 들어가 있는 당사자 체계에 대해 특히 혼란스러워 했다. 나는 그를 복직하게 해달라는 보험회사의 전화를 받았다. 나는 실제 타결을 한 번도 타협해 본적이 없지만 그가 타결할 것을 생각하도록 해도 좋다는 허락도 또한 받았다.

그를 처음 만난 것은 수차례 입원해 있던 병원 중 한 군데에서였다. 나는 한 주에 한 번씩 6주일 간 그와 만났다. 그는 45세로 이혼한 후 혼자 살고 있었다. 그는 건축회사의 인부로 일했었고 무거운 콘크리트 구조물을 들다가 허리를 다쳤다. 그는 일년 전에 부상을 당한 이래 임시보상금에 의존해 살아가고 있었다. 허리 수술을 할만한 X-레이나 신체적 징표는 없었다.

"존, 나는 글라써 박사입니다. 이곳의 정신과 의사인데 보험회사에서 당신을 만나 보라고 요청했습니다. 당신 쪽 이야기를 좀 듣고 싶은데요."

나는 보험회사를 위해 일한다는 사실을 숨기려고 애쓰지 않았고 그가 어떻게 느끼는 가도 또한 묻지 않았다. 그는 지금 심한 고통에 시달리고 있는 것 같지는 않았다. 그는 우리 사무실에서 병원에 있는 자기 방까지 걸을 수 있었다. 그리고 나는 얼마나 아프냐는 흔한 질문을 함으로써 다친 이야기를 듣고 싶다는 암시를 주지 않았다. 나는 또한 그의 이야기를 듣고 싶다고 말했다. 내가 맡았던 대부분의 경우에 변호사는 이들을 즉시 초점을 아픈데 맞추는 의사에게 보내서 환자가 일할 수 없다는 것을 강조하고는 했다. 그는 말했다. "다른 정신과 의사시군요. 왜 저를 보셔야 하지요? 나는 허리를 다쳤지 돌은게 아니에요."

"나는 부상당하고 또 아주 불행해진 사람들을 만납니다. 고통은 대체로 불행의 일부분이거든요. 그렇지만 나는 전부 다 이야기를 듣고 싶습니다. 어디서 다쳤는가 하는 것만이 아니라 이 모든 일에 대해 어떻게 생각하고 계시는지 알고 싶습니다. 그리고 당신이 원하는 바를 듣고 싶구요."

"내 돈을 빼돌릴 작정이신가요?"

"그건 내 소관이 아닙니다. 나는 내가 당신을 도울 수 있는지 알고 싶습니다. 당신의 이야기를 들려주시면 도울 수 있을지 모릅니다."

그는 내가 자기 돈을 어떻게 하려는 것이 아니라는 말을 듣고 안심했다. 그는 또한 내가 모든 이야기를 다 듣고 싶어하기 때문에 안심했다. 그의 교육수준으로 볼 때 근로자의 부상에 대한 내 제안은 좀 특이했다. 나는 그가 누군가에게 모든 이야기를 다 하고 싶으리라고 확신했다. 그의 이야기는 간단했다. 그가 콘크리트 구조물을 들어올리려고 허리를 굽혔는데 들어올리는 순간 '뚝'하는 소리가 나더니 고통이 시작되었다는 것이다. 그 날이 그가 일한 마지막 날이었다. 작은 아파트와 낡은 차가 있지만 돈도 없고 가족도 없었다. 그는 자기 일을 그다지 좋아하지는 않았지만 일하러 가고 싶어했다.

"허리가 아프지 않으면 일하러 돌아가시고 싶습니까?"

"그 일은 말구요. 그건 너무 힘들었습니다. 그런 일을 하기엔 너무 나이가 많습니다."

"좋습니다. 그 일은 말구요. 어떤 직업이 좋겠습니까?"

"일할 수가 없어요. 허리 때문에요. 너무 아픕니다."

"나는 지금 당신이 할 수 없는 것을 이야기하고 있는 것이 아닙니다. 당신이 무엇을 하고 싶은가를 이야기하고 있습니다. 다시 일하고 싶기는 하십니까?"

"물론 일하고 싶지요. 나는 농장에서 자랐습니다. 나는 아이 때부터 일했습니다. 공부는 잘 못했지만 일은 늘 잘했습니다."

"그렇게 보입니다. 일 잘하는 사람처럼요."

그것은 사실이었다. 그는 방금 늘 일해 왔고 잘했다고 말했다. 부상당한 근로자들이 내게 유사한 이야기들을 했다. 지속적인 허리통증이 그를 당혹스럽게 했지만 그는 좋은세계에 일하는 자신의 모습을 담아 놓고 있었다. 나는 긍정적인 과거로 되돌아가 그가 열심히 일했고 자신을 자랑스럽게 여겼으며 좋은 일을 많이 했다고 확신했던 때가 언제인가 물었다. 나는 직장에 그와 잘 지내지 못하는 사람이 있었고 그 사람이 이 부상과 무언가 연관이 있지 않을까 하는 생각을 했다. 이런 경우에 흔한 일이었다.

"나는 노동자입니다. 그 뿐입니다. 앉아 있기만 하는 게 괴로워요. 변호사는 말하기를 정말 조심하고 휴식을 많이 취하라는데요. 내가 하고 있는 일이라고는 휴식을 취하는 일 뿐입니다."

"부상당한 이번 직장에서 말인데요. 고용주에 관해 말해 주시겠습니까? 어떤 사람이었지요?"

"괜찮았어요. 내게 별로 말을 많이 안 했지요. 언제나 할 일이 있었고 나는 그 일을 했습니다. 어떤 때는 도움이 필요할 때가 있었어요. 구조물 중에 어떤 것들은 정말 무겁거든요. 도움을 청하면 그는 어디 보자고 말만 하고 그저 그 뿐이었습니다. 웃기는 일은 내가 다친 날 들었던 구조물은 그다지 무겁지도 않았어요. 그냥 뚝 해 버린 거지요."

또 다른 흔한 이야기였다. 보스가 많이 돕지 않았다. 힘들고 고독한 일을 하는 한 쌍의 손만 있다. 그 뚝 소리는 허리를 다친 사람들이 많이 이야기하는 것이었다. 이것은 육체적이라기보다 좀 더 심리적인 징표로 보였다.

"다친 사람이 또 있나요?"

"내가 다치기 몇 주 전에는 비계가 무너져서 한 사람 다쳤지요. 중상은 아니었지만 어쨌든 다쳤어요. 그 사람도 돌아오지 않고 있습니다. 나 같은 경우지요. 나도 못 돌아가고 있으니까요."

모든 상황이 맞추어 볼 수 있다. 고독하고, 도움 받을 데도 없고, 보스의 관심도 받지 못하던 한 남자가 다쳤다. 그는 부상과 보상에 대해 알고 있었는데 많은 것은 아니지만 이 모든 것들이 가중될 것이다. 아마 그는 전혀 일하지 못할 정도로 다친 것은 아닐지 모르지만, 그가 다른 일을 찾을 수 있다고 생각하지 않기 때문에 부상이라는 것이 필요했다. 그가 일해 왔고 지금도 일하기를 원하는 자기 모습을 좋은세계 안에 그림으로 지닐 수 있도록 도와주기에 충분했다. 그리고 또한 그는 힘들고 고독한 일을 하는데 지쳐 있었다. 다른 직업을 찾을 수 있다고 생각하지 않는 한 이것이 그의 마지막 직장이 될 것이었다. 나는 더 이상 그 노동 일에 대해 말하지 않을 것이다. 그를 위한 것이 아무 것도 없다. 어디에도 그를 위한 일이 없을 지 모른다.

병원에 머무르는데는 하루 오백 달러가 들었다. 내게 말하는 것 빼고는 더 이상 입원해 있을 필요가 없었기 때문에 나는 그를 외래 환자로 만나기로 했다. 그는 운전해서 왔고 나는 보험회사에 교통비로 이십오 달러를 주도록 주선했다. 그는 거기서 남긴 잔돈을 유용하게 쓸 수 있을 것이었다. 매주 그는 하고 싶어하는 일에 대해 점점 더 말하기 시작했고 허리통증에 대해 덜 호소했다. 그는 나를 만나는 것을 좋아했지만 오래 만날 수는 없었다. 그의 사례가 계류 중인 한 그를 도울 수가 없었다. 그가 타협을 위해 돈을 쓰게 되는 것이 더 좋겠지만 보험 회사는 그런 식으로 상황을 보지 않았다. 나는 그가 어떤 종류의 타협을 위한 준비가 되었다는 느낌을 받았지만 그의 사례는 청문회에서 다루어지기로 했고, 일정도 잡혀 있었다. 우리는 좋은 관계였고 그는 내가 청문회에서 증언하겠다고 하자 기뻐했다. 나는 그에게 그가 가벼운 종류의 일은 할 수 있다고 추천하려고 하는데 무슨 일을 할 수 있는지는 알 수 없다고 밀했다. 나는 그에게 그렇게 말해도 괜찮겠느냐고 물었다.

그는 말했다. "괜찮습니다. 하셔야 할 일을 하셔야지요."

"다른 의사는 당신이 일할 수 없다고 말하려고 합니다. 그가 옳을지도 모릅니다. 우리들 아무도 모르지요. 당신은 우리가 모르는 것을 압니다. 우리 의사들 중 누군가에 의해 도움을 받을 수 있었다면 우리가 말하게 되지는 않았겠지요."

그는 화난 것 같지 않았다. 그는 혼란스러워 했고 이 모든 일에 지쳐 있었다. 내가 한 일이 그에게 좋은 일이라고 믿기는 했지만 그가 이 모든 일에서 벗어날 수 있다면 심리적으로나 신체적으로 형편이 더 나을 것 같다는 생각을 했다. 나는 보험회사에게 그가 한동안 병원을 떠나 살 수 있도록 충분한 돈을 지불하라고 권했다. 병원은 비용이 많이 들고 그에게 도움이 되지 못했다. 그렇지만 돈이 떨어질 때마다 그의 상태는 더 나빠져 재입원을 했다.

두 주일 후에 나는 청문회에 나갔다. 존이 청문회단에 섰을 때 그의 변호사가 그에게 어떻게 지내고 있는가 물었다. 그는 허리가 아직도 아프다고 말했다. 그러자 변호사는 그가 좀더 의료적인 치료를 필요로 한다고 생각하느냐고 물었다. 존의 대답이 법정을 소란 속으로 몰아넣었다. 그는 나를 가리키며 말했다. "나는 더 이상 의사가 필요 없습니다. 그들은 도와 줄 수가 없어요. 저 의사, 글라써 박사님만 저를 배려해주시는 분입니다. 그 분은 만나도 더 이상 도움을 줄 수 없다고 하시지만 내가 의사를 만난다면 저 분만이 내가 만나고자 하는 분입니다."

청문회 관리가 조용하라고 하며 의자에서 내려서라고 말했다. 존은 나를 가리키며 자기가 했던 말을 다시 한 번 반복하고 내려섰다. 그의 변호사는 그에게 조용히 하라고 말하면서 내가 무슨 끔찍한 일이라도 저지른 것처럼 나를 바라보았다. 보험회사 변호사가 타협하도록 손을 써야 했고 두 사람의 변호사가 그 과정을 밟았다. 보험변호사는 내가 증언할 필요가 없다고 말했다. 존은 일어서서 고맙다고 말하며 내 손을 흔들었다. 그는 나만이 그를 생각해주는 단 한 사람이라고 말했다.

나는 기분이 썩 좋지는 않았다. 내가 그의 사례를 망쳐 놓은 것은 아닌지 염려되었다. 그렇지만 보험변호사는 내가 한 일이 타협에 영향을 주지는 않을 것이라고 말했다. 나는 변호사들에게 그들이 하고 있는 일보다 좀 더 잘 해 달라는 배려의 말을 했다. 내 배려는 가짜가 아니었다. 나는 보험 회사를 보호하고 있는 것은 아니었다. 이 남자들은 부상당한 사람을 배려하지 않는 외부통제 절대적인 시스템의 희생자였다. 절대적일수록 환자에게는 더 나빠졌다. 이런 사람들을 내가 더 빨리 만날수록 좋다는 말 이외에는 달리 건의할 것이 없다. 이 남자는 부상을 당했고 내가 그를 만날 때에는 고통스러워하기로 선택을 하고 있었다. 그 고통이 심리적이라고 해서 덜 아픈 것은 아니었다.

존의 보스는 잔인한 사람이 아니었다. 그는 자기가 고용한 사람들과 늘 하던 대로 일했을 뿐이다. 그는 이 고독한 남자에게 매주 잠깐 관심을 기울여 주는 것이 얼마나 중요한지 몰랐던 것이다. 존의 좋은세계에 만족할 수 있는 것으로 유일하게 들어가 있는 그림이 이 직업이었다. 그렇지만 그는 그 고된 작업에 힘겹게 매달려 있고 만족해하기 위해서는 좀 관심이 필요했다. 일하는 사람에게 이 정도의 적은 관심을 기울일 수 있도록 관리자들이 선택이론을 배우는 것은 그렇게 힘든 일일까? 하루에 몇 분 정도의 관심은 돈이 드는 일이 아니다.

존이 부상당했을 때 그의 보스는 여러 가지 청구서와 안전기술자를 대하는 일에 많은 시간을 소비했다. 결국에는 존의 고통을 예방하거나 줄이게 할 수 있는 일이분의 시간을 쓰는 것보다 더 많은 시간을 들여야만 하게 된 것이다. 그와 또다른 누군가의 고통을 줄이는데 도움이 안되는 싸움을 통해 이득을 보면서 사는 사람들이다. 부상자 편에 선 사람들을 제외한 모든 사람들은 강렬한 탐욕을 가진 것으로 보였다. 존은 탐욕스럽지 않았다. 그는 일터에서나 부상당한 후에나 그보다는 나은 대접을 받을 가치가 있는 사람이었다. 이 모든 과정은 원래 설계된 바와는 왜곡된 방향으로 가고 있었다. 그렇지만 외부통제가 작업장의 심리학인 한 그것을 가질 수밖에 없다.

연례 수행보고에서 문제해결원 토론으로
(From Annual Performance Reviews To Solving Circle Discussions)

데밍은 다음과 같이 말한 것으로 알려져있다. 인간은 절대로 다른 사람을 평가해서는 안된다. 나는 이 믿음에 전적으로 동의한다. 그는 권력이 있는 사람이 공식적으로 아랫사람을 평가해서는 안된다는 것을 의미하고 있다. 명백히 아무도 우리가 사적으로 평가하는 것을 그만두게 할 수는 없다. 우리는 하루 종일 이 평가를 하고 있는 것이다. 우리가 그렇게 하지 않으면 훨씬 낫겠지만 그것이 내가 여기서 설명하려고 하는 바가 아니다.

관리자가 아랫사람들에게 연례적인 평을 할 때 아무리 리드형관리를 하려고 애쓸지라도 보스형관리자의 역할 속으로 들어가게 된다. 이 연례적이고 필수적인 일은 사기업이나 공기업을 망라해서 그 회사의 규모에 관계없이 관리자가 일년 내내 이루어 놓으려고 애썼던 많은 일들을 허사로 만들 수 있다. 모든 근로자들은 이 평가를 싫어하고 대부분의 관리자들도 그렇다. 오직 생각 없는 보스만 평가를 좋아한다. 이 평가는 그들에게 그토록 중요한 권력의 느낌을 준다. 특히 그들은 나는 너를 도우려고 하는 거야, 라는 구실 아래 진정한 동기를 위장할 수 있기 때문에 좋아한다.

　근로자들은 이 구실을 싫어하는데 그 이유는 관리자들이 자신이 하는 일이 무엇인지도 모를 뿐 아니라 좋거나 나쁘거나 간에 근로자들의 실제 수행과는 전혀 관계없는 몇 가지 점수를 매기려고 들기 때문이다. 심지어 관리자가 좋은 소리를 한다고 하더라도 근로자들은 관리자들이 똑같이 나쁜 소리를 할 수 있다는 것을 알고 있다. 관리자들은 어느 쪽으로든지 간에 정확한 정보가 없는 것이다. 근로자들이 하려 드는 일은 회사에 어떤 영향을 미치든 간에 자신을 가능한 한 보호하려고 드는 것이다. 이런 절차는 작업장내에 불신의 기운을 지속적으로 불러일으키게 한다. 만약 근로자가 많은 사람들이 그렇듯이 평가가 부적절하다고 믿게 되면 관리자와 분리되게 되고 다시는 서로 믿지 않게 되는 것이다. 회사들은 아무 짝에도 쓸모 없는 헛된 일을 하느라고 많은 돈을 소비하고 있는 것이다. 평가는 전적으로 비효율적인 여러 일들 중의 하나이다.

　그 대신에 회사를 위해 요구되는 것은 각 고용인이 관리자와 함께 회사를 발전시키기 위해 무슨 일을 할 수 있는지 서로 이야기 해볼 기회를 연례적으로 마련하는 것이다. 작업평가 대신에 이 연례 토론은 회사의 문제해결원이라고 불려 질 수 있다. 이것은 결혼과 가족의 문제해결원과 같은 것이다.

　리드형관리가 이루어지는 회사에서는 관리자가 고용인을 불러 말한다. "여기서 업무를 향상시키기 위해서 무엇을 할 수 있다고 생각하는지 말해 주면 좋겠습니다. 굉장한 결론에 도달하는 것이 중요한 일이 아닙니다. 이 시간에는 우리 두 사람이 동일한 입장에서 당신이 원하는 것을 이야기하고 나는 어떻게 도울 수 있을지를 이야기하는 것입니다. 다른 사람들이 어떻게 하는가 하는 것을 이야기하는 시간이 아닙니다. 그 문제는 우리가 월례 모임에서 함께 이야기해 볼 수 있을 것입니다." 명백히 이런 종류의 모임이 정규적이 되면 이렇게 긴 서두는 필요 없어질 것이다.

다음은 내 비행거리 문제를 회사 사람에게 말하지 않겠다던 항공사 여직원과의 가상의 대화이다. 이 대화는 회사가 리드형관리의 방향으로 움직이고 있어서 내가 그 여자하고 말을 나누었을 때보다 두려움의 수준이 훨씬 낮아져 있다는 가정 하에 쓴 것이다. 그 여자를 낸시, 관리자를 스잔이라고 불러 보자. 리드형관리 회사에서는 근로자와 관리자가 서로 이름을 부르는 것을 원칙으로 한다.

"낸시, 우리가 그 원 안으로 들어갈 시간이예요. 무슨 생각이 있으세요?"

"이 말을 드려 볼까 하는데요. 일이 되어 가는 걸로 봐서 말할 수 있을 것 같네요."

"그게 우리가 시도하는 목표지요. 모든 일을 망쳐버리는 두려움을 버리세요. 마음속에 무슨 생각을 하고 있는지 정말 듣고 싶어요."

"좋아요. 스잔. 이겁니다. 고객들이 불평을 하고 정규 규칙에 어긋나는 무엇인가를 청했을 때에 관해 말하고 싶어요. 고객들이 진절머리 나게 듣기 싫어하는데도 이건 회사의 정책이라고 되풀이해서 말하는 게 바보처럼 느껴져요. 이건 발 빠른 비지니스입니다. 비행기는 몇 분내에 출발하는데 고객들은 불만이 있어요. 내가 할 일은 알고 있어요. 내 일을 잘 알고 있는 건 아시지요. 카운터에서 11년 동안이나 근무해왔거든요. 나는 완벽하지는 못했을 것이고 작은 실수들을 하기도 하겠지요. 그렇지만 지금은 고객들이 불평을 하면서 카운터를 떠나기 때문에 하루 종일 실수를 하고 있는 것 같아요. 나중에 그것이 고쳐진다고 하더라도 고객들은 고친 후에 좋은 것보다 전에 불만족스러웠던 걸 더 오래 기억하게 될 겁니다."

"예를 들어봐요."

"예. 비행거리 보너스에 관한 건데요. 우리들이 천 마일 보너스를 주고 있지요. 그리고 고객은 천백 마일을 여행합니다. 이렇게 하는데 두 개의 보너스가 필요합니다. 고객은 천백 마일을 여행하기 위해 이천마일 보너스를 사용합니다. 나는 그 사람에게 '우리는 백마일 환불은 없습니다. 그렇지만 거스름으로 오백마일 보너스를 돌려 드릴 수는 있습니다.'라고 말하고 싶습니다. 스잔, 우리는 그래도 사백마일을 남기지 않아요. 나는 그 결정을 내릴 수 있기를 바랍니다. 누구에게나 그렇게 하자는 것이 아니라 어떤 때 그렇게 해야 할 때가 있는데 할 수 없는 거예요. 그리고 내 기분은 엉망이 되는 거예요."

"그건 나보다 윗사람이 정할 일인데요. 내가 그 허가를 내 줄 수는 없어요."

"보세요, 바로 그거예요. 당신은 나와 같은 입장인 거예요. 그렇지만 당신은 무언가 할 수 있지요. 당신이 존(스잔의 관리자)과 원안에 있게 될 때 내가 청한 일을 말씀해 주실래요? 이것뿐만이 아니라 많은 일들을요. 그렇게 해준다면 그런 일들의 목록을 적어서 드릴께요. 그렇지만 우선 형세를 살펴보고 싶어요. 나를 붕 뜨게 하지 말아 주세요. 무슨 일이 일어났는지 말해 주면 이 문제해결원이 효과가 있는지 내가 알 수 있겠지요. 그리고 존에게 누가 이 요청을 했는지 말하지 않겠다면 그것도 좋습니다."

요청이 높이 올라갈수록 그것을 요청하는데 더 두려움이 따르게 된다. 그렇지만 낸시가 정말 요청하는 것은 어떤 반응이다. 실제로 일이 이루어지는지, 윗자리에 있는 사람들은 아무도 문제해결원을 진지하게 생각하고 있지 않아서 이 이야기들이 그저 관리자 상담역의 백일몽이 아닌지에 대한 반응 말이다.

스잔은 말한다. "중요한 이야기군요. 그렇지만 우리가 당신이 결정할 힘을 더 준다면 어디까지 그걸 사용할 지 우리가 어떻게 알 수 있지요?"

"거기 대해 생각해 봤어요. 당신이 한 눈에 볼 수 있도록 비망록을 만들지요. 그리고 내가 전에 할 수 없었던 결정을 내릴 때마다 적어 두는 거지요. 내가 바쁘지 않을 때나 집에 있을 때 그것을 할께요. 이런 일이 자주 있으리라고는 생각하지 않지만... 내가 할 수 없다는 게 어린 학생이 선생님한테 화장실에 갈 때도 물어야 하는 것 같은 점이거든요. 그게 말씀드리고자 하는 부분이에요. 이해하시겠어요? 오 년동안이나 쭉 생각해 왔던 일이예요. 말하고 나니까 기분이 좋은데요."

"말해줘서 기뻐요. 존에게 말할게요."

"스잔, 같은 입장에서요. 나는 이 직장이 필요해요. 지금 말한 게 선을 넘은 건가요? 이제 내가 문제거리로 수첩에 오르는 건가요?"

"낸시, 당신에게 이 대화를 확인하는 편지를 드릴게요. 지금 당신이 말한 게 바로 우리가 고용인들에게 원하는 것이거든요. 이건 당신과 나 사이의 일이예요. 괜찮겠어요?"

"괜찮다 마다요. 왜 이 일을 당신과 나 사이의 일로만 하자는 건지 의아한데요."

"낸시, 이런 일들은 시간이 걸리거든요. 이게 내가 할 수 있는 최선이예요. 내가 이 편지를 드릴 때는 나 또한 당신을 신뢰해서지요. 아시겠지요?"

"정말 험한 세상이예요. 안 그래요? 우리들 전부가 다 한 편이었으면 하고 생각하시잖아요. 그런데 그렇게 안되거든요. 우리가 걱정해야 하는 게 경쟁회사뿐이라면 일하기가 훨씬 더 수월할텐데요. 그렇지 않습니까?"

"정말 그렇지요?"

나는 언제나 세상에 있는 두려움의 양에 대해 놀랍게 생각한다. 외부통제는 포조(Pogo)가 명백히 말했던 것을 확인시켜준다. "우리가 적을 만났는데 그게 바로 우리더라니까!"

제3부

적용편
(The Application)

제12장

좋은 지역사회
(The Quality Community)

우리들은 낯선 사람에게서 친절과 보호를 받아 본 경험이 있다. 지역사회가 홍수, 토네이도, 허리케인, 지진이나 폭발로 강타를 당하면 전국에 있는 사람들이 그들을 돕기 위해 모여든다. 동굴에 갇히거나 산에서 조난 당한 사람의 뉴스는 어디서든지 사람들의 관심을 불러일으킨다. 우리가 낯선 사람들을 도울 때는 그 짧은 기간 도움을 받아들이라는 것 이외에 아무 것도 요구하지 않는다. 우리 좋은세계에 있는 단 하나의 그림은 그들을 돕는 것이다. 낯선 사람에게는 아무런 기대도 하지 않기 때문에 이런 원조를 하는 경우에 외부통제는 거의 작동하지 않는다. 그렇지만 아내, 남편, 자녀, 부모, 학생이나 고용인에게 기대를 거는 것은 우리 모두가 하는 일이고 외부통제는 우리가 기대를 현실화하려는 방법이다.

이 책은 선택이론을 배워 사람들과 더 잘 지낼 수 있도록 각 개인에게 초점을 맞추고 있다. 많은 개인들이 이 선택을 하기를 바라는 것이 내 희망이지만 그들은 외부통제를 사용하는 수많은 사람들과 맞닥뜨려야만 한다. 배우자나, 부모나 교장이나 상사가 선택이론을 사용하지 않더라도 당신이 선택이론을 사용하면 유익하겠지만 그 사람들도 선택이론을 사용한다면 이루 말할 수 없는 도움이 될 것이다.

이 책 곳곳에서 나는 외부통제 사회에서 선택이론의 사회로 움직인다면 얼마나 좋을까 하는 이야기를 시사했다. 나는 좋은 지역사회의 아이디어를 전체 지역사회가 선택이론으로 바꾸기로 약속하는—이런 지역사회에서는 사람들이 당신이 원하지 않는 일을 하도록 강요할까봐 신경을 쓰지 않아도 되고 또 이 곳에서는 당신 주위에 있는 사람들이 무슨 일을 하기 전에 심사숙고 한다—것을 상상해 왔다. 이렇게 되면 지역사회 내에서 다른 사람들과 가까워지게 될 것인가, 멀어지게 될 것인가? 이런 지역사회에서는 우리가 다른 사람들을 대할 때 선택이론을 쓰려고 하면 다른 사람들도 그렇게 하리라고 간주할 수 있다.

이런 점이 내게 전체 지역사회가 선택이론을 배우도록 설득해보고자 하는 용기를 주었다. 영향력 있는 사람들을 포함한 지역사회의 많은 사람들에게 이 아이디어가 가치 있고 배울 만하다는 것을 보여줄 수 있다면 지역사회가 막대한 돈과 시간을 어떻게 사용할 것인가 하는 데 많은 시간을 들일 필요가 없게 될 것이다. 이 일들은 저절로 해결될 것이다. 그리고 일단 이 지역사회가 시작되면 사람들마다 이 이야기를 전파하게 될 확률이 높다. 그런데 어떻게 전 지역사회에 이 아이디어의 가치를 보여주고 개인적인 삶을 바꿀 수 있는 책을 읽도록 설득할 수 있을까?

나는 아버지가 석탄난로만 있을 때 얼마나 석탄을 삽질하는 것을 싫어했는지 생생하게 기억하고 있다. 그런데 1932년 가을에 잘 차려입은 두 사람의 남자가 사흘 밤 내리 우리 집을 방문해서 아버지에게 이야기했다. 나는 이야기를 들었고(아버지는 무슨 일을 할 때 내가 곁에 있는 것을 좋아하셨다), 그들이 무슨 이야기를 하는지 잘 이해하지는 못했다. 그렇지만 그 남자들은 나한테 많은 칭찬을 해주었고 나는 그들이 관심을 기울여 주는 것이 좋았.

이 남자들은 가스 회사에서 일하고 있었고, 우리 난로에 가스 버너를 설치하도록 아버지를 설득하고 있었다. 버너는 무료이고 아버지가 해야할 일은 가스를 사는 것뿐이었다. 아버지는 동의했고 그들은 온도조절기를 벽에 부착했다. 이웃들은 대단히 회의적이었다. "그 사람들 손에 들어갔군. 당신 난로는 부서질 거요. 이제 얼어죽게 되겠구먼. 또 작동이 된다고 하더라도 가스 값을 내려면 있는 돈을 탈탈 털어야 할 거외다." 그 이야기가 어떻게 끝났는지 알 수 있을 것이다. 아버지가 옳았다. 진보에 대항해서 싸운 사람이 이긴 적은 없다. 이 책이 선택이론이 진보하고 있는 중이라고 설득할 수 있다면 기회가 있을 것이다. 사람들이 선택이론을 받아들이게 하고 싶다면 내가 할 일은 좋은 옷을 잘 차려입고 지역사회의 사람들과 앉아서 선택이론에 근거를 둔 좋은 지역사회의 유익함을 설명하는 것이다. 또한 어떻게 이것이 자녀들에게 도움이 되는 것인 가도 보여주는 것을 기억해야만 한다. 가스회사 사람들은 내가 거기 있는 것을 잊지 않고 있었던 것이다.

1997년 겨울에 나는 뉴욕에서 좋은학교의 아이디어를 발표하도록 스케쥴이 잡혀 있었다. 나는 우리 부부가 그 전날 밤에 불행한 결혼에 적용할 수 있는 선택이론을 전 지역사회에 무료로 강연할 수 있는지 물었다. 그리고 내게 연락한 사람에게 이 결혼에 관한 강연이 성공적일 경우에 지역사회에 선택이론을 가르칠 수 있는 아이디어를 제공해도 좋겠느냐고 물었다. 그 방은 6백 명이 넘는 사람들로 꽉 차 있었다. 나는 가스 회사 사람들을 잘 기억하고 있었기 때문에 만전을 기했다. 나는 제일 좋은 옷을 입고 제일 좋은 넥타이를 매었.

시작부터 결혼에서 선택이론을 사용하는 것을 설명했고 행복하고 일생동안 지속되는 결혼이 위태로운 시점에 이르렀다는 사실을 예를 들어가며 설명했다. 그런데 곧 이 수많은 사람들이 강의보다 더 많은 것을 원하는 것을 알고 내가 말한 것에 관해 실연을 보여주기로 했다. 학교의 장학관인 빈스 코플라 (Vince Coppola)가 남편 역을 맡고 아내인 칼린이 성나고 심술난 아내 역을 맡았다. 나는 상담자 역할을 하면서 결혼 문제를 상담할 때 사용하는 구조화된 현실치료상담을 보여주었다. 빈스와 아내의 연기는 아카데미 수상 감이었다. 청중들은 배꼽을 쥐고 웃었다. 내가 의미하고자 하는 바를 일일이 말할 필요도 없었다. 이 짧은 실연에서 그 의미는 전달되었고 청중은 선택이론을 배울 가치를 알게 되었다.

그들의 관심을 끌고 있는 동안에 나는 이 지역사회의 모든 사람들에게 새로운 개념을 선구자적으로 가르칠 가능성을 제안했다. 그러면 그들은 개인적인 삶의 여러 분야에 이것을 사용할 수 있을 것이었다. 나는 청중들이 와글와글 떠들고 금방 떠나지 않는 것을 보면서 그들이 흥미를 느끼고 있다는 것을 알 수 있었다. 사람들은 우리 부부에게 다가와서 말을 걸었다. 나는 경찰 책임자와 이야기를 나누었고 그는 부하직원들이 가장 다루기 두려워하는 상황인 가정폭력을 줄일 수 있으리라는 것을 깨닫게 되었다.

다음 날 점심시간에 삼십 명 가까운 지역사회 리더들이 우리 부부를 만나 이 아이디어를 더 진행시켜 보기를 원했다. 그들은 약속된 시간과 돈, 미처 이해하지 못한 부분에 관해 관심을 보였다. 내가 좀 더 자세하게 이 이론을 설명하자 그들은 흥미 있어 보였지만 신중해졌다. 그들은 내게 다시 만나러 오겠다고 말했다.

나는 그들의 관심에 대해 심사숙고해 보았다. 나는 이 지도자들이 드러내 보이지는 못했지만 두려워하는 것을 알고 있었다. 회의적인 이웃들이 그들이 바보 노릇을 하고 있다는 것을 지적하는데 너무 큰 기쁨을 느낄 것이라는 것 말이다. 그렇지만 이 상황의 이해관계는 우리 아버지가 가스로 바꾸기로 결정한 것보다 훨씬 크다. 그들이 이렇게 하기로 동의한다면 이웃 사람들을 바보로 만들지도 모른다. 나는 아버지가 동의했던 것보다 더 많은 것을 요청하고 있었던 것이다. 가스 기구를 한 집에만 달자는 것이 아니라 온 집에 다 달자고 한 것이다.

이 관심을 다루려는 시도로 나는 다음과 같은 편지를 우리 담당이었던 마죠리 반 블리트(Marjorie Van Vleet)에게 썼다. 점심 모임 후에 결성된 작은 사적인 위원회에 관한 이야기를 나누기 위해서였다.

an Invitation to the City of Corning, New York
from William and Carleen Glasser

여러분의 코닝 시에 최근 초대받은 후 선택이론에 근거한 첫 번째 지역사회가 되기 위해 다음과 같은 생각들을 글로 말씀드리려고 합니다.

나는 코닝 시가 윌리엄 글라써 본부와 계약을 맺고 전 도시가 이 아이디어를 배우고 훈련받는데 얼마나 드는가 하는 문제를 제안했습니다. 그 이래 나는 여러분이 이 결정을 하기 위해 더 많은 본격적 정보가 필요하다고 생각했습니다.

당신이 계약서에 싸인하기 전에 아내와 나는 3월 12일에 우리와 만났던 집단보다 좀 더 큰 집단에 집중적으로 주말 강연을 해서 뒷마무리를 하고 싶습니다. 우리는 그것을 1월말 쯤 하고 싶은데 그 이유는 그 때쯤이면 내 새 책「선택이론, 자유를 위한 새로운 심리학」이 가능하기 때문입니다. 이 책은 선택이론만 설명하고 있는 것이 아니라 아주 자세하게 어떻게 전체 지역사회가 이 이론을 실행할 수 있는지 설명하고 있습니다.

이 이틀동안, 우리는 강연하고 실연을 보이고 소집단으로 나뉘어서 그들이 들은 강연에 대해서 이야기를 나눌 기회를 가지려고 합니다. 그러면 당신이 읽고 들은 것을 토대로 해서 결정할 수 있는 자료를 얻게 될 것입니다. 그 때쯤이면 이 문제에 관해 충분히 숙고한 후이기 때문에 얼마나 비용이 들지를 자세히 말씀드릴 수 있습니다.

우리가 지금 필요로 하는 것은 1월 말 주말에 대한 약속입니다. 그 집단은 당신이 원하는 만큼 커져도 좋지만 오는 사람들은 반드시 이 책을 읽고 와야 합니다. 이 프로그램의 힘이 모든 관계, 특히 가족관계에서 입증되었기 때문에 이 강연에 가족들이 참여하도록 기회를 주려고 합니다. 우리는 또한 대중의 지지를 원합니다. 우리가 제공하는 프로그램은 엘리트주의로 보이거나 '우리는 당신에게 무엇이 좋은지 알고 있다'식의 프로그램으로 보여서는 효과가 없을 것입니다.

또한 이 프로그램이 우리 부부나, 윌리엄 글라써 본부의 투자 사업으로 보여서는 안된다는 점이 매우 중요합니다. 우리 진심은 이 아이디어에 있습니다. 곧 지역사회 접근이 인간의 진보를 평면에서 위로 끌어올릴 수 있는 유일한 방법이라는 것입니다.

세상은 말이나 책보다 더 많은 것을 필요로 합니다. 그 방법을 보여줄 모델 지역사회가 필요합니다. 코닝이 그 모델이 되어주기를 희망합니다. 우리는 당신이 성공할 수 있도록 모든 노력을 기울일 것입니다.

코닝의 사람들은 신중하고 열성적이 되었다. 그들은 이 지역사회의 대표, 백명으로 구성된 사람들을 모아서 이 책을 읽으려고 하고 있다. 이 책은 1998년 1월이면 그들 손에 들어가게 될 것이다. 그러면 이 백명에다 내 책을 읽은 다른 사람들이 모여서 1월말에 이틀동안 우리 부부를 만나게 될 것이다. 이 모임에서 우리는 거기서부터 어디로 갈 것인지를 결정하게 될 것이다. 그들이 이 선구자적인 약속을 기꺼이 하려고 하기 때문에 이 연구과제에 관한 한 여행 경비 외에 일체 부담을 지우지 않을 생각이다. 지역사회의 사람들이 자기 집에 우리를 묵게 해주겠다고 하기 때문에 숙박비도 들지 않을 것이다.

내게는 이것이 굉장한 배움의 기회가 될 수 있을 것이다. 씬씨내티의 스왑(Schwab)중학교에서 내가 배우고 가르친 칠십일 동안 나는 돈을 받지 않았다. 내가 그 시간들을 스왑 학교에서 보내지 않았다면 이 책에 교육에 관해 쓴 것 중에서 대부분을 배우지 못했었을 것이다. 내가 스왑에서 한 것처럼 나는 코닝에서 돈이나 공식적인 계약을 원하는 것은 전혀 아니다. 그렇지만 스왑에서 우리가 일했던 것이 효과가 있었고 코닝이 더 큰 연구과제이기는 하지만 적어도 처음에는 더 쉬울지도 모른다. 이 장의 나머지 부분에서 나는 좋은 지역사회의 비젼과 우리가 1998년 일월에 만날 때까지 코닝에서 이루어지리라고 믿고 있는 것을 기술하고 있다.

비젼의 역사(The History of The Vision)

내가 그것을 인식하지 못하고 있었지만 선택이론에 근거를 둔 좋은 지역사회의 비젼은 1960년대초에 시작되었다. 그 때는 내가 이제는 선택이론이 된 무엇인가에 대해 생각하기 시작했을 때였다. 1956년부터 1967년까지 나는 여학생들을 위한 벤튜라 학교의 정신과 의사였다. 그 학교는 캘리포니아 청소년 기관(California Youth Authority)이 운영하는 교정기관이었다. 새 학교가 1962년에 지어졌고 400명의 비행 소녀들을 수용할 수 있었다. 내가 여기 묘사하는 것은 이 새 학교에서 일어난 일이다.

이제야 나는 우리가 좋은 지역사회를 창조했었다는 것을 깨달을 수 있다. 우리들은 자신의 전세계가 높은 울타리와 가시철망에 둘러싸인 소녀들의 어머니, 아버지, 상담자, 교사들이었다. 알지 못한 채로 우리들은 선택이론을 실습하고 있었던 것이다. 우리가 한 모든 일은 이 이론의 핵심적인 아이디어에 의해 실시되었다. 우리가 하고 있는 일이 우리와 소녀들을 가까워지게 하는가, 멀어지게 하는가?

이 소녀들은 외부통제 심리학의 경험이 아주 많고 이곳에 들어 올 때는 어느 누구보다도 우리와 아주 멀리 있었다. 그들은 다양한 범죄에 가담했었고 모두 다라고 해도 과언이 아닐 정도로 성적인 학대를 당했고 거의 대부분이 약물을 남용했었다. 이 소녀들은 거리를 자유롭게 질주하는데 익숙해 있어서 감금된다는 아이디어에 증오를 품고 있었다. 열달 쯤 후 그들이 학교를 떠날 때는 그들이 집에 가는 차에 타게 하기 위해 속박쟈켓(straitjacket-s)을 입혀야만 했다. 그들은 오랫동안에 걸쳐 보호받는다고 느끼게 해준 처음 장소인 이곳을 떠나고 싶어하지 않았다.

많은 소녀들이 말썽을 부리지 않았다. 보호관찰의 성공비율은 매우 높았다. 만약 그들이 관계향상이 주된 관심사인 좋은 지역사회로 떠날 수 있었다면 성공 비율은 더 높았을 것이다. 그렇지만 그들이 그런 지역사회에서 성장해서 좋은 학교를 다닐 수 있었다면, 대부분이 벤츄라 학교로 보내지지도 않았을 것이다. 이제 다음에 내가 묘사하는 것이 좋은 지역사회의 핵심이다. 이것은 글로 나타난 선택이론을 기꺼이 배우려고 하는 지역사회의 모든 측면이 어떻게 나타날 수 있는지를 보여주게 될 것이다. 만약 당신이 우리가 한 일이 효율적이고 개인적으로 당신의 삶에서 시도해 볼만한 점을 내포하고 있다는데 동의한다면 이제 앞으로 나아갈 준비가 되어 있는 것이다.

벤츄라에서는 여학생들이 독방을 쓰고 각자 자기 열쇠를 가지고 다닌다. 그렇지만 보안 때문에 밤에는 문을 잠가 놓는다. 아침에는 모든 문이 다 열리고 사감이 양쪽 복도를 오가면서 오십 명의 여학생이 하루를 시작할 수 있도록 도와준다. 만약 당신이 사춘기 소녀가 집안에 있다면 사감이 하는 일이 얼마나 힘든 지 잘 알 것이다. 여학생들은 사감을 엄마라고 부르고 자신들의 어머니처럼 생각했다. 이 오두막 집은 그들의 집인 것이다. 때로 말썽도 있었지만 오래 지속되지는 않았다. 그 이유는 우리가 한 일 때문인데 그것이 무엇인가는 다음 사건에서 잘 묘사되고 있다.

덩치가 크고 완강하게 보이는 소녀 트레이시는 증오심을 지니고 있고 위협적이었다. 그날 하루 전에 이 집에 들어왔다. 직원들과 소녀들이 자기들이 할 일을 한 다음에 그녀가 잠자리에 들 무렵에는 자기가 그곳에 있다는 사실을 조금 더 받아들일 수 있게 된 것 같았다. 그런데 다음 날 아침 방을 정리하는 대신에 트레이시는 침대도 정돈하지 않고 그대로 앉아 기다리고 있었다. 아침 먹으러 그녀가 오지 않자 사감이 그녀에게 가서 물었다. "뭐 도움이 필요하니?"

사감은 즉각적으로 트레이시로부터 쏟아지는 저주와 위협의 말을 들었다. 그녀는 사감이 나타났을 때 이미 그렇게 하려고 계획하고 있었다. 사감은 트레이시를 안심시키려고 하면서 침대를 정리하라고 예의바르게 요청하고 아침 먹으러 오라고 일렀다. 그리고 아침 먹은 다음에 좀 더 이야기하자고 말했다. 그녀는 또한 트레이시에게 아직도 기분이 언짢으면 그날 학교에 갈 필요가 없다고 말했다.

"이건 내 침대가 아니야. 이 빌어먹을 침대를 정리하고 싶으면 당신이나 하라구," 트레이시는 소리질렀다. "내가 이 방을 개판으로 만들어 놓지 않은 거나 고맙게 알라구. 나는 여기 오겠다고 청한 적이 없어. 나한테 상관하지 마. 날 내버려두란 말이야. 언제든지 나가고 싶을 때 나갈테니까." "여기 소녀들은 다 침대를 정리해. 나는 너한테 하나도 다른 일을 요청하고 있는 게 아니야. 자, 그냥 침대를 정돈하구 아침 먹으러 가자. 다른 아이들이 네게 대해서 알고 싶어 해. 그들은 네가 여기서 행복하기를 바래."

사감이 위협과 저주에는 전혀 관심을 기울이지 않고 적대감을 친절함으로 대하는 것을 주목해 보라. 그녀는 성난 신참자를 다룬 풍부한 경험이 있었다.

"그래요, 그럼 아침 먹으러 가지요. 그렇지만 침대는 정돈 안 할 거예요."

이것은 아주 중요한 요점이다. 규칙에 의하면 모든 사람은 다 자기 침대를 정돈하게 되어 있었다. 그래서 트레이시가 침대를 정돈하는 것은 중요한 일이었다. 그러나 그 과정에서 또한 중요한 것은 이미 소외된 소녀를 더 이상 우리들과 분리시키지 않는 일이었다. 사감은 무엇을 해야할지 알고 있었다. 여기서 잠깐동안 그녀가 이 상황을 어떻게 다루는지 알아보자. 어떻게 침대도 정돈하게 하고 트레이시에게도 가까워 질 수 있는지 말이다. 당신이 선택이론을 알고 있다면 이것은 거의 언제나 알아낼 수 있는 일이다. 만약 지역사회의 모든 사람이 선택이론을 안다면 모든 사람들이 이런 상황을 집에서나, 학교에서나, 지역사회에서나 대부분의 사람들이 지금 행하고 있는 것보다는 훨씬 낫게 다룰 수 있을 것이다. 조만간 지역사회는 변모될 수 있을 것이다.

만약 당신이 아직도 외부통제를 믿고 있어서 선택이론으로 바꾸려면 이 책을 한 번만 읽어 가지고는 안될 사람이라면 철두철미하게 그렇게 해서는 안된다고 외칠 것이다. 나 같으면 그렇게 하지 않는다. 그 아이가 제 멋대로 하면 이 집은 무너지고 말 것이다. 무슨 대가를 치르더라도 그 아이에게 누가 여기서 책임자인가를 보여주고 규칙을 따르게 할 것이다.

사감은 다음과 같이 했다. 이것은 순수한 선택이론이었고 트레이시가 적대감에서 벗어나 이 곳에서의 새 인생을 받아들이도록 돕는 목적을 달성했다. 만약 트레이시가 학교에서 더 말썽을 부렸더라면 다음과 비슷한말이 되풀이 되었을 것이다.

"내가 너한테 관심이 있는 아이들 중 한 사람을 이리 내려오라고 해서 침대 정돈하는 것을 도와주면 어떻겠니?"

"그 아이가 그렇게 하겠다고 하면 나는 좋아요. 내가 강제로 침대를 정돈하게 하지 않는다면요. 나는 누구를 위해서도 침대를 정돈하지 않아요."

트레이시의 적대감은 이미 내려앉았다. 트레이시는 더 이상 저주하는 말을 퍼붓지 않았는데 그 이유는 사감이 그녀의 언어나 위협에 대해 아무 관심도 보이지 않았기 때문이었다.

사감이 제안한 것은 도움이 전부였지만 침대 만드는 일을 포기하지도 않았다. 그녀는 또한 "내가 책임자니까 얼른 침대를 정돈하는 게 좋을걸."하고 말하지도 않았다. 그렇게 했으면 더 말썽이 커졌을 것이고 트레이시는 전에 그랬던 것보다 더 많이 사람들로부터 멀어지게 되었을 것이다. 사감이 떠나자 한 소녀가 방으로 내려왔다.

그 소녀는 말했다. "이름이 트레이시로구나. 내 이름은 질이야. 네가 불행해 한다고 들었어. 내가 좀 도울 수 있겠니?"

"나는 여기 있는 게 지긋지긋해. 나는 청소년의 집도 지긋지긋하지만 여기까지 오게 될 줄은 몰랐어. 난 정말 짜증 나. 넌 어떻게 이 따위 빌어먹을 곳을 참을 수 있니?"

"처음 왔을 때는 나도 너하고 똑같이 느꼈어. 그렇지만 말이야. 그렇게 나쁘진 않아. 여긴 청소년의 집이나 수용센터보다 훨씬 나아." 모든 소녀들은 청소년 수용센터로 갔다.

"여기선 강제로 학교에 보내니? 난 학교가 너무 싫어."

"여기선 아무 것도 강요하지 않아. 그렇지만 우리 모두가 그 일을 하지. 괴상한 이야긴데 말야. 우리는 그렇게 한단 말이야."

"여기서는 침대 정돈하라고 강제로 시키지도 않고 학교도 강제로 보내는 게 아닌데 너희들이 다 간단 말이야? 너 누굴 놀리는 거니?"

"정말 간다니까. 그게 여기 하루 종일 죽치고 있는 것보다 훨씬 나아. 나는 학교가 좋아. 아주 괜찮은 수업이 많고 미용술도 가르친단다. 원하면 네 머리도 손질해 줄 수 있어."

소녀들이 서로 돕게 하는 건 아주 힘있는 기술이다. 우리는 언제나 벤츄라에서 이 일을 처음으로 시도했다. 이것은 많은 학교나 기관에서 직원들이 외부통제를 사용해서 상황을 더 나쁘게 만드는 것보다 말할 수도 없이 더 효율적인 방법이다. 우리는 헌팅튼 우드나 스왑에서 시작하고 있는 것처럼 소녀들이 선택이론을 배우도록 도와주었다.

"그래, 난 모르겠어."

"뭘 몰라?"

"이 빌어먹을 침대 말이야. 난 아직도 정돈하고 싶지 않아."

"그럼 여기 앉아 있어. 내가 정돈해 줄게. 이건 어려운 일이 아니야. 아니면 함께 할 수도 있고. 자. 나 지금 배고파지려고 해. 빨리 가지 않으면 아이들이 음식을 다 먹어 버린단 말이야."

둘은 함께 침대를 정돈한 다음에 아침을 먹으러 갔다. 사감은 트레이시에게 서 오라는 말 이외에는 한 마디도 하지 않고 커피를 따라준 다음에 담배를 피우겠느냐고 물었다. 그 당시에는 모든 소녀와 직원들 대부분이 담배를 피웠고 식사 후나 특정한 시간에 허용되었다. 하루에 여덟 개피가 직원이나 소녀들에게 허용되었다. 벤츄라에서는 직원들이 누리는 특권이란 없었다. 선택이론에 관해 생각해 볼 때 이 장면을 염두에 두라. 만약 대부분의 지역사회 사람들이 우리가 벤츄라에서 한 일을 이해하고 동의한다면, 적어도 이처럼 흔한 어려운 상황에 부딪치게 될 때 선택이론을 조금만 사용해 본다면 좋은 지역사회를 창조해내기 위해 해야하는 나머지 부분을 이해하기가 한결 쉬워질 것이다.

좋은 지역사회는 어떤 것일까
(What Would a Quality Community Be Like?)

우리들은 모두 다 너무 오랫동안 외부통제 심리학과 더불어 살아왔기 때문에 그것 없이 살아간다는 것이 어떨 것인지 이해하기가 어렵다. 우선 벤츄라 학교의 소녀들에게 다시 돌아가 보자. 그날이 끝날 무렵 트레이시는 집단의 일원이 되었다. 아무도 그 아이를 위협하거나 처벌할 필요가 없었다. 모든 일은 끝난 것이다. 우리는 캘리포니아에서 가장 다루기 힘든 소녀들과 전보다 문제도 적고 심각한 사건도 없이 몇 달 동안 지낼 수 있다. 그렇지만 만약 당신이 학교를 방문한다면 우리가 성취한 것을 전시물처럼 보지는 못할 것이다. 당신은 그저 행복한 십대 소녀들이 외치고 노는 것을 보게 될 것이다. 그곳을 방문했던 처제는 이렇게 물었다. "비행소녀들은 어디 있어요?" 당신이 좋은 지역사회를 걸어다닌다면 아마 의아하게 여길지 모른다. 뭐가 그리 좋다는 거지? 심지어 당신이 그 좋은 지역사회 안에 살고 있다고 하더라도 아마 의아할 것이다. 뭐가 다르다는 거야?

    변화는 미세한 것이지만 그것을 볼 수 있게 될 것이다. 거리는 더 깨끗하고 사람들은 더 친절할 것이다. 시간이 좀 걸리겠지만 코닝같이 작은 지역사회에서도 언제나 존재하는 두려움은 감소될 것이다. 다른 작은 읍에서 온 사람들은 아마 당신보다 더 재빨리 이것을 발견하고 자기가 본 것을 언급할 것이다. 지역사회에 사는 사람들은 변화를 알아차리게 될 것이고 신문사에서는 변화에 관한 질문을 하러 리포터들을 파견할 것이다. 변화는 시간이 걸린다고 나는 믿고 있지만 본질적으로 사람들이 선택이론을 사용하기 시작한다면 변화를 보게 될 것이다.

    만약 학교가 좋은학교가 되는 쪽으로 움직이기로 선택했다면 학생들, 교사들, 그리고 부모들이 그것을 알아차리게 될 것이다. 만약 좋은학교에서 교사와 이야기를 나누어 보면 그는 이렇게 말할 것이다. "모두 다 더 행복해졌고 학생들은 더 열심히 공부합니다. 가르친다는 게 전보다 훨씬 더 재미있구요." 방문객들은 헌팅튼 우드에서 말하는 것처럼 이렇게 말하게 될 것이다. "왜 다른 학교는 이렇게 못하는 거지요?" 만약 미시간 와이오밍이 좋은 지역사회로 움직이고 다른 학교의 교사들도 선택이론을 배우게 된다면 학교 자체 내의 프로그램으로서가 아니라 지역사회의 프로그램의 일환으로 좋은 학교로 변화해 볼 생각을 갖게 되는 것은 자연스러운 일일 것이다. 헌팅튼 우드는 삼 년동안 좋은학교였다. 세계 각지에서 사람들이 이곳을 방문하러 오지만 지역사회의 다른 어떤 학교도 이 방향으로 가려는 시도를 하지 않고 있다. 이런 이유 때문에 좋은 지역사회가 필요한 것이다.

좋은 지역사회에서는 가정폭력도 감소될 것이다. 그런 일이 일어나게 되면 거기 관해 무엇인가 가시적인 일을 해 볼 수 있을 것인데 그것은 8장에서 언급했던 것처럼 오하이오 포스테리어(Fostoria)에서 있었던 첫걸음 프로그램이 했던 것 같은 일이다. 그렇지만 이 프로그램이 폭력이 일어난 후에 가동하는 것과는 달리 지역사회에서는 그 전에 예방하려는 노력을 해서 훨씬 더 진전하게 될 것이다. 좋은 지역사회에서는 많은 부부들이 선택이론과 해결원을 배우게 될 것인데 나중에 폭력으로까지 치닫게 되는 배우자들 간의 의견 차이를 방지하게 될 것이다.

그렇지만 만약 가정폭력이 경찰이 개입하는 수준에 이르게 되면 그 부부는 FSP에 들어가도록 조언을 받고 판사는 임의로 수감되거나 벌금을 내는 것의 대안으로 이 프로그램을 제안해 볼 수 있을 것이다. 모든 폭력에 대응하는 열쇠는 너무 많은 해악이 생기거나 판사가 투옥하는 수밖에 없는 지경에 이르기 전에 중재를 하는 것이다. 비처벌적이고 교육적인 중재가 이상적이다. 부부는 선택이론을 사용하는 방법을 배울 필요는 없다. 부부가 함께 선택이론을 배우는 것이 중요하다. 그렇게 되면 선택이론을 사용하리라는 것이 확실해지고 그들이 어떻게 그것을 사용하는가 하는 것은 배움의 경험이 될 것이다.

좋은 지역사회에서는 어떤 아이가 집에서 학대받거나 학교나 지역사회에서 잘 지내지 못하고 있는 것을 누군가 발견하는 즉시, 이 정보가 지역사회 비상사태로 간주되어야 할 것이다. 심각한 문제가 있는 청소년은 그들이 범죄를 저지르기 훨씬 전에 지역사회에 알려져야 한다. 빠른 도움은 개인이 너무 많은 고통을 받는 것을 구해주고 지역사회는 엄청난 액수의 돈을 절약하게 될 것이다. 내 비젼으로는 지역사회의 전문인과 비전문인으로 구성된 중요한 인사들이 선택이론을 배우고 사용하게 되면 그 아이들이 발견되는 대로 다룰 수 있도록 어떤 지역사회의 노력이 창조되게 될 것이다. 우리 부부는 이 생생한 노력이 진행되는 동안 자문을 제공하고 싶다. 지금 지역사회가 하고 있는 일은 처벌이나 유기인데 어떤 것도 소용이 없고 사태는 점점 더 나빠지기만 하고 있다.

나는 구체적인 전략을 제시할 수는 없다. 잘못 대우받은 특수한 아이들과 모든 사람들이 관여하는 선택이론이 자라나는 것이 가장 좋은 일이다. 아이의 부모는 선택이론을 배우도록 요청 받거나 재판정에서 판사가 그렇게 하도록 명령을 내릴 수 있다. 그런데 포스테리어의 아내 학대자가 이 중재를 기꺼이 받아들이는 것처럼 부모들도 기꺼이 이것을 받아들일 것이다. 말썽이 일어나면 선택이론을 아는 사람들은 어떻게 그것에 대처해야 하는지 알아낼 수 있을 것이다. 우리들의 외부통제 사회에서는 좋은 의도를 갖고도 이 아이들 중 많은 아이들을 돕는데 실패하거나 실제로는 해를 끼치기도 한다. 또한 좋은지역사회에서는 선택이론의 파도가 일어나 학교며 집에서 사용되기 때문에 이런 아이들은 거의 없어지게 될 것이고 그렇게 되면 집중적으로 아이들을 다루는 것이 좀 더 가능해질 것이다.

자신의 삶에 선택이론을 사용하기 시작한 지역사회 구성원들에게는 의료비용이 낮아지리라는 것이 서서히 명백해질 것이다. 외부 통제 심리학 때문에, 구체적으로는 의학적인 문제보다 외부통제 심리학을 사용함으로서 야기되는 불만족스러운 관계로부터 기인되는 통증과 고통, 피곤, 그리고 만성 질환 때문에 많은 사람들이 병원을 찾고 있기 때문이다. 좋은 지역사회에서는 의학적 치료가 필요하지는 않다고 인식되는 사람들에게 선택이론을 배울 기회를 제공해 줄 수 있는 것이다. 이 기회에 사용되는 비용보다 여기서 얻어지는 절약의 비용이 훨씬 웃돌게 될 것이다. 병원도 덜 찾게 될 것이고 약도 덜 처방하게 될 것이기 때문이다.

간호사, 상담자, 그리고 때로는 일반 의사들까지 열다섯명 정도의 인원으로 (이상적인 숫자는 실습에서만 활용될 수 있다) 공부하는 집단을 운영하도록 훈련 받을 수 있다. 이 집단은 구체적이지만 비용이 많이 들지 않을 것이고 이 만성적 고통이 지역사회 프로그램과 관련되도록 증진된 건강계획을 제공할 수 있다. 이 제안이 의학적 치료나 개인상담으로 결코 대체될 수는 없지만 본질적으로 이런 필요성을 감소시킬 것이고 그 지역 특유의 기다림을 줄일 수 있을 것이라고 강조하고 싶다. 이렇게 되면 특히 MRI나 CAT 스캔처럼 불행한 만성 환자에게 자주 사용되는 값비싼 절차를 감소시킬 수 있다.

최근에는 고독한 사람들을 환자처럼 다루어서 치료하는데 어마어마한 돈을 들이고 있다. 이 사람들에게 선택이론을 가르치면 비용을 줄일 수 있고 그들이 현재 얻는 것보다 훨씬 더 많은 것을 그들에게 줄 수 있다. 그들이 도움을 받게 되면 프로그램의 가장 큰 후원자가 될 것이다. 만약 HMO가 좀더 일을 잘하고 싶다면 암이나 심장병 환자 같은 사람들에게 시간을 좀 더 할애 할 수 있게 도와줄 수 있을 것이다. 이 환자들은 의사나 간호사로부터 관심을 받게 되면 크게 도움이 될 사람들이다. 의사가 중환자들과 오분만 더 보낼 수 있어서 배려를 보여준다면 유기 당했다고 느끼기 때문에 환자나 가족들의 하는 무리한 요구를 막을 수 있을 것이다. 이 지역사회 프로그램의 가장 좋은 부분은 전체적으로 볼 때 어느 한 부분에서만 일어나는 일은 아닐 것이다.

좋은 지역사회에서는 모든 경찰과 교도관에게 이 아이디어를 배울 기회를 제공하는 것이 매우 중요한 일이 될 것이다. 그렇게 되면 자기 직장에서 이것을 적용할 수 있고 직장에서 자기들이 대하는 사람들에게 이 아이디어를 가르칠 수 있게 될 것이다. 예를 들어 DARE 관리들은 약물을 복용하지 않도록 학생들에게 선택이론을 가르칠 수 있을 것이다. 좋은 지역사회에서는 보호관찰관들이 내담자들에게 선택이론을 가르치게 될 것이고 내담자들이 이것을 배우게 되면 말하고 생각하는데 무언가 긍정적인 부분을 갖게 될 것이다. 보호관찰관과 가석방된 사람들은 개인적으로나 아니면 소집단에서 이 책을 읽도록 요청될 것이다. 노련한 지역사회 자원봉사자들이 또한 그들과 더불어 일할 수 있다. 이들이 선택이론을 배우는 것을 도우려고 하는 사람들이 지역사회에 있다는 것을 알게 되기 때문에 좋은 일이 될 것이다.

가석방된 기혼자들이나 보호관찰자들은 이 책을 배우자와 함께 읽고 그들을 토론 집단으로 이끌어야 할 것이다. 그들이 진지하게 공부하거나 이 책이나 집단을 반대로 이용하려고 하거나 간에 상관이 없다. 그 효과는 똑 같을 것이다. 벤츄라에 있던 소녀들은 내게 말하곤 했다. "나는 그냥 프로그램을 따라갈 뿐이예요. 나를 변화시킬 엄두도 내지 마세요." 나는 말했다. "좋아. 그렇게 잘해서 나를 속여봐. 나한테는 마찬가지니까." 그러면 몇 달쯤 지난 후에 그들이 웃으면서 말했다. "정말 그 일이 일어난 거 있지요. 모르셨어요?" 나는 물었다. "무슨 일이 일어났는데?" 그리고 우리들은 함께 웃었다.

좋은지역사회의 판사들은 새로운 판결 대안이 있다는 것을 알게 된다. 이 새로운 방법은 비폭력적인 초범자들이 교정은 고사하고 대체로 더 나빠지게 만드는 교정의 심연으로 빨려 들어가는 것으로부터 피할 수 있게 해주는 방법이다. 판사가 이들에게 간단한 과제를 주는 것이다. 책을 읽고 집행유예가 된다면 그들의 삶에 어떻게 이 아이디어를 사용할 수 있을 것인가에 관한 보고서를 내게 하는 것이다. 그렇게 되면 그들의 사고가 새로운 방향으로 움직이게 될 수 있을 것이다. 우리는 지금 외부통제 외에는 아무 것도 가진 것이 없어서 감옥이 대부분 꽉 채워지게 되는 것이다.

지역사회 교정기관의 복역자에게 여분의 시간에 이 책을 읽게 하고 토론 집단에 들어갈 기회를 제공하는 것이다. 만약 그들이 잘 읽지 못한다면 다른 사람이 읽는 걸 듣게 하거나 녹음 테이프를 들을 수 있을 것이다. 그들 중 많은 사람들이 감금의 단조로움을 깨트리는 이 기회를 환영할 것이다. 다른 사람들이 그렇듯이 수감자들도 이 노력이 지역사회에서 진행되고 있어 그들도 무언가 중요한 것으로부터 따돌림받고 있지 않다는 것을 알게 될 것이다. 이 지식이 그들에게 참여하는 것을 더 잘 받아들이도록 도와 줄 수 있을 것이다. 또한 이들 중 어떤 사람이 상담을 받고 있다면 선택이론을 알고 있다는 사실이 상담을 훨씬 더 효율적으로 만들어 줄 것이다.

내가 만난 사람들 중에서 선택이론을 가장 잘 습득한 일반인들은 오클라호마의 감화원에 있던 15명의 재소자 집단이었다. 그들은 이 아이디어를 배우는 것을 전혀 따분한 일로 여기지 않았다. 그들은 이것을 배우는 것을 매우 좋아했고 그곳에서 여생을 보내게 될지도 모르는 사람들도 섞여 있어 스트레스가 많은 그곳에서 매우 유용하다고 말했다. 필요한 일은 선택이론을 가르치고 사람들에게 어떻게 그것을 사용하고 있는지를 물어보는 것이다.

좋은 지역사회에서는 지갑을 강탈하고 약물을 소지하고 있던 혐의로 26개월의 형을 살고 나온 22살난 남자를 보호관찰관이 처음 방문했을 때 다음과 같은 대화가 오고가게 될 것이다. 그가 이 행동을 되풀이해서 잡히게 된다면 더 오랜 형을 받게 될 것이다. 청소년 범죄에 덧붙여 그가 깡패들과 싸우다가 총에 맞아 수술한 시간까지 합한다면 지역사회는 그에게 75,000불이 넘는 돈을 소비한 것이다(주립교도소에서 보낸 복무기간에 들어간 비용은 뺀 것이다. 그리고 그가 소비세를 가끔 내는 것 말고는 우리가 다 재정적 기여를 하고 있는 것이다). 무언가 제공해주지 않는다면 그가 감옥에 되돌아갈 확률은 매우 높다. 보호관찰관은 이렇게 말을 시작할 것이다.

"자네에게 무엇을 기대하고 있는지 알고 있지?"

"그럼은요. 약 안 먹고, 주사 안 맞고, 제 시간에 보고하고, 내 옛 친구들과 멀리하고, 그리고 일하러 가구요. 아, 그리고 여기 제 시간에 오구요."

"언제든지 우리가 부를 때 소변 샘플을 가져올 준비를 해야지. 그리고 일자리를 찾아본 장소의 리스트를 가져와야 하구."

"걱정 마세요. 난 깨끗하다구요. 일하고 싶다니까요."

"그래, 아직 시간이 몇 분 더 있는데. 내가 어떻게 도와주면 좋을까. 자네가 말썽 부리지 않고 지낼 수 있게 무언가 돕고 싶은데."

"내 걱정은 마십쇼. 선생님, 난 멀쩡하다니까요."

"걱정해야만 하는 건 아니지만 걱정이 돼. 나는 지금 자네가 걱정이 돼."

"뭐가 걱정이 되는 겁니까? 말했지 않아요, 나는 멀쩡하다구요."

"나는 자네가 생각하는 것이 걱정되네."

"생각하는 거라구요? 나는 아무 생각도 안합니다. 내 생각에 대해 걱정마시라니까요. 난 멀쩡하다구요."

"책 읽고 거기 관해 이야기해 본적 있나?"

"책이라니요. 누굴 놀리시는 거요? 나는 일생동안 책이라곤 읽어 본 적이 없어요. 9학년을 채 못마쳤다니까요. 그놈의 책들이 날 죽이더라구요. 대체 무슨 이야기를 하시는거요?"

"나는 우리 두 사람이 할 이야기가 없다는 데 관해 이야기하고 있네. 자네가 멀쩡하다고 하는 건 나한테 아무 이야기도 안하는 것과 마찬가지야. 책 읽을 줄 알지?"

"물론 읽을 줄 알지요. 그렇지만 선생님이 날 대학에 보내려고 생각하고 있다면 잊어버리세요. 내가 말하고 있는 건 내가 책이나 읽는 멍청이가 아니라는 말씀입니다."

"감옥 밖에서 오래 지내는 종류의 멍청이도 아니지. 결코 책을 읽지 않는 사람들은 감옥에서 많은 시간을 보내게 되지."

"무슨 말씀입니까? 감옥에 있는 사람들 중에 많은 사람들이 맨날 책만 읽고 있는데요. 그리고 그 중에 어떤 사람들은 밖에 나오지도 못하는데 말입니다. 책이 그런 사람들에게 도움이 되는 건 뭡니까?"

"그 사람들은 시간이 생길 때까지 못 읽은 거지. 감옥에 다시 돌아가게 되면 자네도 읽기 시작하게 될지 몰라. 나는 자네가 지금 시작하길 바래. 그 전에 결코 안해 봤던 어떤 일을 해보라구."

"선생님 맘이시지요. 책 가져오시면 제가 읽지요. 난 괜찮은 사람이라니까요."

"아니, 나는 책을 갖고 있지는 않아. 책 읽는 모임이 있지. 나는 자네가 그 책 읽는 모임에 갔으면 해. 그 사람들은 이 읍의 사람들이 읽고 있는 책에 관해 이야기들을 하지. 이건 감옥에 있었던 사람들만 위한 게 아니라 모든 사람들을 다 위한 거야."

"책 읽는 모임에 나 같은 멍청이들이 모여있다니 놀리시는 겁니까? 농담이시지요?"

"아니, 농담이 아니야. 여기서 언제나 운영되고 있는 걸. 나하고 얘기하는 것보다 더 재미있다는 걸 알게 될 거야. 그건 전부 자네선택에 관한거야. 정말 그렇다니까."

"내게 관한 이야기라니 무슨 소립니까?"

"모임에 가는 즉시 알게 될 걸세. 내가 지금 모임을 모으고 있거든. 이번 주 안에 전화를 주면 어디로 가야 하는지 말해줄게."

"내가 그렇게 해야만 합니까?"

"그렇게 해야지."

"그렇게 안하면 체포할 건가요?"

"이렇게 생각해보지. 자네가 그렇게 하면 나하고 잘 지내기가 무척 쉬워질 걸세. 이 모임은 한 주일에 한 번 두 시간씩 만나거든. 출석을 하는 거야. 네 번만 가보고 그만두고 싶으면 자네 마음대로 하게. 그렇게 하면 어떤가?"

이것은 관리가 할 수 있는 것보다 정말 보탬이 된다. 다시 말해 여기에 관련된 남자와 여자들은 그들이 특별한 치료에서 소외되지 않은 것을 감사하게 될 것이다.

시작하기 - 첫 번째 단계(Getting Started-The Initial Steps)

선택이론에 근거를 둔 좋은 지역사회를 발전시키는 일은 전에 이루어져 본 일이 없기 때문에 코닝에서 정확하게 무엇을 하게 될 것인가 하는 것은 그 때 가서 보아야 할 것이다. 이 최초의 집단에 참여할 사람들이 매우 중요하다. 그들이 지역사회의 지도자들이라면 신문이나 방송에서 수많은 질문을 받게 될 것이다. 그들의 대답이 이 프로그램을 강력하게 지지하고 있다는 것을 설명하는 것이라면 성공할 가능성이 상당히 높다. 위원회는 적어도 백명에 달하는 지역사회의 지도급 위치에 있는 사람들이 이 책을 읽도록 설득해 보기로 약속했다. 이 집단이 아내와 내가 만나게 될 집단이다.

그 때까지 우리가 사람들을 확신시킬 수 있는 가장 좋은 방법은 지역사회와 정규적으로 접촉이 있는 누군가와 일을 시작하는 것이다. 이 초기 단계에서는 위원회가 이 필요성을 신자들에게 전달할 수 있는 목사들에게 접근해 볼 수 있을 것이다. '전 지역사회를 하나로' 라는 메시지는 교회 집단에 특히 적절할 것이다. 위원회는 또 지역사회 서비스 집단과 라디오 토크 쇼 진행자에게까지도 접근해 볼 수 있을 것이다. 사람들이 습관적으로 잘 모이는 지역사회의 모든 장소가 이 과정을 알려주고 있고 관심 있는 사람들이 어떻게 최초의 집단에 관여할 수 있는지 설명하기에 좋은 장소이다. 그렇지만 내 생각에는 높은 지위에 있는 사람들에게 개인적으로 알고 지내는 다른 지도자들이 접근할 필요가 있다.

코닝에 있는 두 여자는 이미 선택이론의 훈련을 어느 정도 받았고 흥미 있는 집단에게 이 프로그램을 전달할 것이며 관심이 있는 개인에게도 접근하겠다고 약속했다. 관심 있는 다른 지역사회를 위해서는 전 미국과 캐나다에 걸쳐 선택이론을 훈련받은 사람들이 있는데 열두나라도 넘는 외국에도 그런 사람들이 많이 있다. 나는 이 사람들이 어느 지역사회에서 시작하는 모임이라도 기꺼이 도와줄 용의가 있다고 생각한다.

첫 번째 집단에서는 이 책을 함께 읽고 서로 사귀면서 책에 관해 그 사람과 이야기를 나누어 보는 것이 현명할 것이다. 남편과 아내가 가장 쉽겠지만 첫 번째 모임에 오겠다고 하는 한 두 사람만이 모여도 좋다. (이것을 확실하게 하기 위해서 계획된 모임에는 적어도 백명이 참석해야 한다.) 이 책을 읽은 누구라도, 첫 번째 모임에서 환영받아야 한다. 신문방송 계통의 사람들도 포함되기를 희망하고 있다. 첫 번째 집단의 구성은 지역사회에 맡기겠지만 다음과 같은 사람들이 포함되어야만 한다고 믿고 있다.

1. 정치적 힘이 있는 구조 집단의 구성원들: 시장, 시의회 회원들, 시 관리자, 지방과 연방의 공무원들, 정당의 지도자들이다.

2. 사업체와 노동행정구조의 구성원인 사람들, 예를 들자면 코닝 유리의 대표, 노조, 일용품 회사, 사기업들, 은행들, 보험회사들, 부동산업자들, 서적 판매상들이다.

3. 신문사, 라디오, 텔레비젼의 대표와 리포터들.

4. 종교 지도자들

5. 소년법원, 성인 법원, 가정법원의 판사들과 교정공무원들

6. 사회서비스, 복지기관, 자선기관의 대표들과, 자선재단, 공원 부서, 오락 담당자

7. 모든 단계의 교육 지도자들, 유치원에서부터 대학까지 공립, 사립을 모두 포함하며 중고등학교의 학생 리더들도 포함한다.

8. 의료, 상담 위원회, 관리보호조직이나 HMO 의사, 간호사, 물리치료사, 작업 치료사, 상담자, 정신과 의사, 공적이거나 사적인 사회사업가.

9. 경찰과 소방서의 대표들

10. 예술을 포함한 지역사회 일에 관여하고 있는 관심 있는 시민들; 정원과 환경 활동에 종사하는 사람들; 민권 운동 주창자들.

11. 여성단체, 민권 단체, 인종, 소수 집단들, YMCA, YWCA 같은 조직들의 대표들

12. 로타리(Rotary), 키와니스(Kiwanis), 라이온스(Lions), 엘크스(Elks), 대학여성들을 위한 미국협회 같은 서비스 클럽의 대표들

13. 전통적인 회의주의자들, 구두쇠, 거부자, 헐뜯는 사람, 의사방해자들 중 이 책을 읽은 사람들

14. 당신이 생각해 낼 수 있는 모든 사람

만약 코닝이 잘 출발하게 된다면 지역사회에서 이 프로그램을 시작하고 싶은 누구든지 코닝에 와서 초창기에 노력한 사람들과 이야기를 나누어 보기를 권장하고 싶다. 코닝의 첫 번째 모임에서 우리는 지역사회의 사람들에게 이 책을 읽으라는 설득을 더 많이 확산시키려고 시도할 것이다. 나는 지적인 관심이 이 지역에 있다고 믿는다. 추운 코닝 지역의 책읽기 좋은 기후도 우리들 편이 되어 줄 것이다.

독자 집단 - 진행되는 교육단계
(Readers' Groups-The Ongoing Educational Phase)

첫 번째 모임에서 이 책을 읽은 백명의 지도자와 다른 사람들이 지역사회의 지지를 얻는다면 다른 지역사회 구성원들이 책을 읽게 하는 좋은 방법은 첫 번 모임에 왔던 사람들 중 자원자들로 독서 집단을 형성하는 것이다. 이 사람들이 지역사회에서 존경받는 사람일수록 이 프로그램을 위해 더 큰 도움이 될 것이다. 예를 들어, 경찰서장이 관여를 하고 독서집단을 이끄는데 동의한다면 아주 큰 힘이 될 것이다. 서장이라면 그의 부하직원들에게도 참여하자고 말하기가 쉬울 것이다. 그렇지만 여기에는 절대로 강요가 없어야만 한다. 외부통제는 좋은 지역사회로 가는 방법이 아니다.

독서집단의 최초지도자들이 전문가일 필요는 없다. 그들에게 필요한 것은 풍부한 유머 감각과 인간관계 기술이다. 은퇴한 사람들 사이에서도 이 집단을 지도할 능력이 있는 사람들이 발견될 수 있을 것이다. 머리 좋은 은퇴한 사람은 머리를 쓰지 않으면 더 빨리 늙는다. 그리고 이것은 두뇌를 사용하는 훌륭한 방법이 될 수 있다. 백 명이 모인 첫 번 모임에서 열 명의 집단 지도자들이 있어 앞으로 리더가 되는데 관심이 있는 사람들 열 명씩 집단을 형성한다면 좋은 출발이라고 할 수 있겠다. 첫 번째 모임 이전에라도 독서집단을 시작하는데 관심이 있는 사람들은 집단을 모아서 출발해야 할 것이다. 첫 번 집단에서 자연히 지도자가 생길 것이고 모든 후속 집단에서도 소문을 타고 아이디어들이 전파될 것이다. 독서집단의 구성원들은 얼마나 오랫동안 만날 것인가를 결정하게 될 것이다. 아마도 구성원들에 따라서 다양한 집단이 이루어질 것이다. 독서 집단이 만나고 있는 중에 집단원이 다른 집단을 운영하고 싶으면 두 집단을 함께 할 수도 있을 것이다. 집단의 사람들은 이 모임에 관심이 있는 사람들을 초대해서 무엇이 진행되고 있는지 알릴 수도 있다.

일단 이 모임이 진행되면 정보를 전할 수 있는 사무실과 전화와 독서집단, 보충 집단, 지도자를 할당하고 기록하는 컴퓨터가 있어야만 한다. 등록된 사람들에 관한 정보는 서로 잘 맞는 집단을 구성하는데 사용될 수 있을 것이다. 집단을 구성하는 현명한 방법은 과정 중에 배우게 될 것이다. 초창기에는 다양한 집단들이 생기겠지만 지도자들이 부각되면 집단들이 좀 더 동질성을 띄게 될 것이다.

고등학교 학생들도 관여해야만 한다. 영어나 사회공부, 혹은 지역사회봉사의 일부로 관여할 수 있겠지만 모든 학생들이 이 아이디어를 배울 기회를 가져야만 한다. 그들이 원한다면 중, 고등학생을 성인 집단에 넣어서 이 과정 중에 평등하게 대우받는 것을 느끼게 해야 한다. 여하간에 학생들은 부모의 허락이 없이는 이 책을 읽어서는 안된다.

이 책을 파는 서점은 코닝에서 일어나고 있는 일을 알릴 수 있는 전시를 하도록 장려되어야만 한다. 이 연구과제에 관해 토론하는 팜플렛을 관심 있는 사람들, 특히 책을 사는 사람들에게 나누어 줄 수 있어야 한다. 서점들은 이 책에 관한 토론회를 주관해서 위원회에 협력하고 싶어할지도 모른다. 이 만남들은 독서 집단들을 위한 새 회원들에게 좋은 장소가 될 것이다. 어떤 집단은 이 책을 읽었지만 모임을 계속하고 싶은 사람들로 채워질 것이고 다른 집단들은 새로운 사람들을 위한 것이 될 수 있다. 크고 작은 계획 모임들은 정기적으로 아내와 나와 함께 스케줄을 잡을 것이고 처음 이년 동안은 우리 두 사람이 기여할 수 있게 될 것이다.

실행 단계 (The Implementation Phase)

중요한 실행은 자신의 삶에 선택이론을 적용하려고 하는 보통 독자들의 집단에서 이루어 질 것이다. 그리고 특수한 독자 집단이 생길 것이다. 말하자면 학교집단 같은 것인데 학생들, 교사들, 부모들로 구성되어 좋은학교가 과업 중 하나로 선택이론을 배우고 있는 집단이다. 다른 전형적인 집단은 경찰들, 교도관들, 정치가들, 정부행정가들, 보건전문가들, 오락담당자들, 사회사업가들, 그리고 판사와 법정 변호사 등 그 리스트는 길다.

나는 노숙자들이 함께 모여서 저녁을 먹으면서 이 책을 토론하는 것을 그려보기도 한다. 이 집단들의 공통점은 이들이 치료집단이 아니라는 사실이다. 그들의 목적은 구성원들에게 선택이론을 소개하는 것이고 자신의 삶이나, 가능하다면 직장에 이것을 사용하도록 격려하는 것이다. 거의 대부분의 보통집단은 자원봉사자들에 의해 운영될 것이다. 특수한 집단은 중심축은 전문가가 되지만 필요하다면 자원봉사자의 도움을 함께 받을 수 있다.

중요한 점은 원조 전문가들, 정신과 의사들, 고용인, 보조계획의 상담자들, 약물남용자 상담자들, 목회 상담자들, 같은 사람들에게 선택이론을 소개하는 것이다. 이들은 직장에서 선택이론을 사용하는 데 관심이 있지만 아직까지는 보통집단이나 특수집단에 간여하지 않고 있는 집단이다. 코닝에서는 선택이론을 현실치료상담과 결합하여 설명하는 자리에 책을 이미 읽은 이 전문가들이 함께 참석하도록 제안할 것이다.

    임의로 선택할 수 있는 전문적 훈련은 빼 놓고, 이 프로그램을 실행하는 비용은 어떤 지역사회에서나 최소 비용만 들것이다. 이 프로그램의 핵심부라고 할 수 있는 특수독자 집단이 자원봉사자이기 때문이다. 따라서 필요한 경비는 어딘가 장소를 구하고 보통 독자 집단을 관리하는데 드는 비용 뿐일 것이다. 더구나 내가 제안한 대로 지역사회가 더 이상 낭비하지 않게 된 돈에 대해서 열 배나 이득을 얻게 될 것이고 헤아릴 수 없을 만큼 개인의 불행을 감소시킬 수 있을 것이다.

    길게 내다본다면 이 프로그램의 가장 큰 효과는 각자의 인생에서 나타날 것이다. 선택이론을 배우는 각 개인과 가족은 지금보다 더 많은 행복을 발견하게 될 것이다. 이 성과를 측정할 연구도구도 있다. 그리고 더욱 명백한 문제들, 질병, 가족폭력, 낙제, 청소년 비행과 성인 범죄, 가족해체와 이혼, 직장 내의 동요, 약물 남용 등의 감소도 명백하게 측정될 수 있다. 현재 이러한 통계들을 모으고 있다.

    구구한 억측을 피하기 위해 코닝의 위원회는 지역사회를 위한 도움의 결과를 알아내고 이 노력에 의해 절약된 비용의 액수를 발견해 낼 연구자를 고용하기 위한 기금을 신청하는 것에 합의하였다. 이런 일이 전문가인 교수의 지도 아래 행해진다면, 사회과학 박사학위의 훌륭한 연구과제가 될 것이다. 해야 할 일은 너무나 많지만 우리는 이 기회에 매우 감사하고 있다. 이것은 방향을 제시하는 연구과제인 것이다. 우리 목적은 함께 일하고 있는 다른 지역사회에 인간관계 진보의 정체에 도전해서 성공하는 것을 보여주는 것이다. 이제는 그 선을 위로 끌어올릴 때가 된 것이다.

제 13 장

개인 자유의 새로운 의미
(Redefining Your Personal Freedom)

이 책 전체를 통해서 인생에서 외부통제 심리학을 선택이론으로 대체하면 훨씬 더 많은 자유를 갖게 되리라고 강조했다. 이제 나는 선택이론의 열 가지 축이라고 부르는 것에 초점을 맞추어보려고 한다. 이 축을 통해서 우리는 개인적인 자유를 정의하고 또 재정의 해볼 수 있을 것이다.

선택이론의 열 가지 축(The Ten Axioms of Choice Theory)

1. 우리가 통제할 수 있는 유일한 사람은 우리 자신뿐이다. 실제로 혹독한 처벌이나 죽음 같은 고통을 감수하겠다고 마음먹는다면 어느 누구도 우리가 원하지 않는 일을 하게 만들 수는 없다. 처벌하겠다고 위협받고 하는 일은 무슨 일이든지 간에 잘 하는 경우가 드물다.

우리가 실제로 자신의 행동밖에 통제할 수 없다는 것을 깨닫는 즉시 우리들은 개인적 자유에 재정의를 내리게 될 것이다. 많은 경우에 우리가 깨닫고 있는 것보다 훨씬 더 많은 자유를 가지고 있음을 발견하게 된다. 우리는 지시 받은 일을 하지 않을 경우에 얼마만큼의 자유를 포기할 의사가 있는지 결정할 수 있다. 예를 들어 만약 아내가 남편에게 당신이 나를 좀 더 낫게 대우하지 않으면 당신을 떠나겠다 라고 말한다면 그녀는 지금 자신의 자유를 재정의하는 과정에 있는 것이다. 언젠가 떠난다는 것은 그녀의 자유이다. 그녀가 지금 선택해야 하는 것은 머물러 있을 경우에 어느 정도의 자유를 포기하려고 마음먹을 것인가 하는 것이다. 인생을 통제한다는 개념으로 말한다면 이것은 언제나 가능한 일인데, 우리에게 자유가 얼마나 중요한 것인가에 대해 끊임없이 결정해야만 한다.

얼마나 많은 시간을 다른 사람에게 원하지 않는 일을 시키느라고 보내고 있으며 또 얼마나 많은 시간을 당신이 원하지 않는 일을 시키는 다른 사람에게 저항하느라고 시간을 쏟아 붓고 있는지 한 번 생각해 보라. 케빈이 프로포즈하게 만들려고 시간을 낭비하고 있던 티나를 생각해 보라. 그 시간을 두 사람 관계의 행복을 위해 기여하는 데 써야 한다는 것을 티나는 배웠다.

그녀가 통제할 수 있는 것은 자기자신 뿐이라는 것을 깨달았을 때 두 사람의 관계를 위해서 가장 최선이 되는 일을 할 자유를 얻었다.

2. 우리가 다른 사람에게서 받거나 줄 수 있는 것은 정보뿐이다. 어떻게 그 정보를 활용할 것인가 하는 것은 우리나 다른 사람들의 선택이다.

티나를 다시 생각해 보자. 그녀가 케빈에게 줄 수 있는 것은 정보일 뿐이지만 자신이 줄 수 있는 정보에 관해서는 전부 통제를 할 수 있다는 사실을 수용했을 때, 티나는 귀찮게 굴던 것을 그만두고 두 사람을 가까워지게 할 수 있는 일은 무엇인가에 대해 이야기하고 있다. 그녀는 자신이 할 수 없었던 일, 곧 케빈을 통제하려는 일로 걱정하던 것을 포기하자 훨씬 더 많은 자유를 얻게 되었다. 교사는 학생들에게 정보를 주고 그 정보를 사용할 수 있게 도와줄 수는 있지만 학생 대신에 공부를 할 수는 없는 것이다. 당신이 이 함정에서 벗어나, 공부하지 않는 학생 때문에 책임감을 느끼던 것을 자발적으로 포기하면 더 많은 자유를 다시 얻게 될 것이다.

3. 모든 지속적인 심리적 문제는 관계의 문제이다. 고통, 탈진, 약함, 그리고 어떤 만성 질병 같은 많은 문제들의 부분적 원인은 관계의 문제에 있다.

우리가 불행을 선택하고 있는가 하는 데 대해 인생의 모든 측면을 다 들여다보면서 시간을 낭비하는 것은 소용없는 짓이다. 이 불행의 원인은 언제나 중요한 관계에 있는 사람이 내가 원하는 방식으로 움직이지 않을 때, 그 문제를 다루는 우리 방식 때문에 일어나게 된다. 이 사실을 직면하지 않으면 우리는 자유가 없다. 우리는 자신을 끝도 없이 불가능한 작업 속에 넣고 가두어버린 것이다. 우리가 이 문제를 풀 수 있는지에 대해서는 보증할 수 없지만, 우리가 이 사실에 직면하지 않으면 결코 이 문제를 해결하지 못하리라는 것만은 보증할 수 있다.

4. 문제 있는 관계는 언제나 현재 인생의 일부분이다. 관계를 살펴보기 위해 멀리 갈 필요도 없다. 이것은 과거나 미래의 관계가 아니다. 이것은 언제나 현존하는 것이다. 여기가 바로 우리가 자유를 재정의해야 할 부분이다. 우리는 많은 일에서 자유로울 수 있지만 적어도 단 한 사람이라도 만족스러운 개인적인 관계를 갖고 있지 않으면 행복하게 살아갈 자유를 결코 얻지 못할 것이다. 관계에서 자유를 얻는 것은 내가 되풀이해서 이 책에서 이야기한 과제이다. 그러나 언제나 자유로운 선택일 수는 없다. 다른 사람이 원하는 것이 언제나 고려되어야 한다. 그래서 결혼 같은 관계에서 우리가 가질 수 있는 자유는 시간이 주는 관계의 변화에 따라 늘 재정의할 필요가 있다. 해결원은 선택이론을 아는 두 사람이 자신들의 자유를 재정의하는데 좋은 수단이다.

5. 과거에 고통스럽기 짝이 없는 어떤 일이 일어났던 것은 지금 우리가 서있

는 현 시점과 아주 큰 관계가 있다. 그러나 이 고통스러운 과거를 재경험하는 것은 우리가 원하는 것을 얻도록 하는데 기여하는 바가 거의 없다. 중요한 것은 현재의 관계를 향상시키도록 하는 것이다.

우리가 현재를 다루기 전에 과거를 아는 것이 매우 중요하다는 생각에서 탈피할 필요가 있다. 만족스러웠던 과거로 돌아가 보는 것도 좋지만, 불행한 과거는 그대로 내버려 두라. 대부분의 경우 우리는 실제로 무슨 일이 일어났는지 알고 있다. 어떤 때 그 과거가 아주 깊은 상처를 주는 것이라면 창조체계가 끼어들어 와서 이 비참한 기억들을 지워 버린다. 우리가 과거를 잘 깨닫지 못하면 같은 과오를 되풀이할 수밖에 없도록 불운해진다는 말은 틀린 말이다. 우리 과업은 현재의 관계를 개선하기 위해 우리가 할 수 있는 일을 하는 것이다. 우리가 그렇게 하려고 선택하지 않는 한 과거를 다시 되풀이 할만큼 불운한 것은 아니다. 선택이론을 사용해서 서로를 다 만족시킬 수 있는 행동을 하면 현존하는 불만족스러운 관계를 수정할 수 있다. 우리가 과거를 이해할 때까지 현재에서 기능을 제대로 할 수 없다고 믿고 있으면 이미 지나가 버린 일의 감옥 속에 갇혀 있기를 선택하고 있는 것이다. 이것은 좀 더 자유롭게 느끼는 방법이 되기는 어렵다.

6. 우리는 다섯 가지의 생래적 욕구를 따라 행동하고 있다. 생존, 사랑과 소속, 힘, 자유, 그리고 즐거움이다.

이 욕구들은 충족되어야만 한다. 이 욕구충족들은 지연될 수는 있지만 부정될 수는 없다. 우리가 결정할 수 있는 것은 언제 욕구들을 충족시키는가 하는 것이다. 아무도 우리에게 말해 줄 수 없다. 우리는 다른 사람들을 도울 수는 있지만 결코 그들의 욕구를 충족시켜 줄 수는 없고 우리 자신의 욕구만 충족시킬 수 있을 뿐이다. 우리가 다른 사람들이 욕구를 충족시키려고 든다면 불가능한 과업 속에 자신을 가두어 두는 것이다. 우리를 어디에라도 가두어 놓는다면 자유를 잃게 된다.

7. 우리는 이 욕구들을 좋은세계 속의 그림들을 만족시킴으로써만 충족시킬 수 있다. 우리가 아는 모든 것들 중에서 어떤 그림들을 이 세계에 넣을 것인가 하는 것이 매우 중요하다.
우리가 경험하는 가장 높은 자유는 좋은세계 속의 그림들을 충족시킬 수 있을 때이다. 우리가 만족시킬 수 없는 그림을 이 세계 속에 넣게 되면 우리는 자유를 포기하고 있는 것이다.

8. 우리가 태어나서부터 죽을 때까지 할 수 있는 일은 행동하는 일이다. 모든 행동은 전행동이고 분리될 수 없는 네 가지 부분으로 이루어져 있다. 활동하기, 생각하기, 느끼기, 그리고 신체반응하기이다.

9. 모든 전행동은 대체로 부정사나 동명사인 단어들로 표현되어져 있고, 가장 두드러지게 드러나는 부분의 이름으로 불려 진다. 예를 들어 우울로 고통받거나 우울한 것을, 우울하기를 선택하고 있거나 우울해하고 있다고 동사로 표현하는 것이다.
이 축을 수용하는 것은 외부통제를 믿는 사람들에게는 불편할 것이다. 그렇지만 이것을 이해하지 못하면 막대한 자유를 잃게 된다. 우울해하지 않기를 선택하는 것은 외부통제를 믿는 사람들이 결코 경험하지 못하는 놀라운 자유인 것이다. 이 사람들은 비참한 기분이 그들에게 다가왔거나 누군가 다른 사람에 의해서 생겨났다고 생각한다. 우리가, 나는 우울하기를 선택하고 있다거나 나는 우울해 하고 있다 라고 말하자마자 즉각적으로 그것이 선택이라는 것을 깨달을 수 있고 개인적인 자유를 얻을 수 있게 되는 것이다. 이것이 선택을 동사로 사용하는 것이 왜 그토록 중요한 것인가 하는 이유이다.

10. 모든 전행동은 선택된 것이지만 우리는 활동하기와 생각하기에서만 직접적인 통제가 가능하다. 그렇지만 우리는 우리들의 느낌과 신체반응을 어떻게 우리가 활동하고 생각하는가를 통해 간접적으로 통제할 수 있다.

우리가 직접적으로 느낌이나 신체반응을 통제할 수 없음을 이해하게 되면 우리들의 활동하기와 생각하기만이 우리가 통제할 수 없는 것을 피하도록 우리를 자유롭게 해 준다. 우리 활동과 생각을 바꾸는 것이 쉬운 일은 아니지만 이것만이 우리가 할 수 있는 일이다. 우리가 보다 더 만족스러운 활동과 생각에 도달하게 되면 그 과정 속에서 아주 많은 개인적인 자유를 얻게 된다.

당신이 인간관계에서 원하는 만큼의 자유를 누리지 못하고 있다고 느낀다면 언제나 그 이유는 당신이나 당신의 파트너, 아니면 당신들 두 사람이 다 선택이론의 축을 받아들이기를 마다하고 있기 때문이다. 당신은 자신의 인생만 통제할 수 있다. 이 축을 배울 때까지 기본적인 욕구나 좋은세계, 전행동 같은 아이디어들 중의 어느 것도 사용할 수 없을 것이다. 그렇지만 이것을 배우게 되면 모든 선택이론이 당신의 손닿는 곳에 있게 된다. 그렇게 되면 당신은 가까워지고 싶은 사람들에게 그들이 어떻게 행동하든 간에 관계없이 자유롭게 다가가기를 선택할 수 있다. 그리고 그들도 또한 선택이론을 배우게 된다면 그들과 더욱 더 잘 지낼 수 있게 될 것이다. 선택이론은 황금률을 지지하고 있다. 선택이론을 사용할 자유를 얻도록 하는 것이 이 책의 목적이다.

부록

1967년에 나는 현실치료상담을 가르치기 위해 현실치료상담 연구소를 설립했다. 이 연구소는 영리를 목적으로 하지 않고 복지재단이다. 나와 아내는 연구소에서 무료로 봉사한다. 이를 시작한 이래 내 생각을 선택이론과 더불어 크게 확장해 왔고 이 이론을 현실치료상담의 모든 측면에 적용해왔다. 또한 선택이론을 좋은학교에서 예시했듯이 학교에 적용했고 사람들을 관리하는 모든 분야에도 '좋은 것(Quality)' 개념을 도입했다. 나는 진일보하여 이 책에서 지역사회 전체까지도 선택이론을 도입하려고 노력했다.

이 모든 확대와 적용을 거치면서 나는 현실치료상담의 단계를 훨씬 넘어서게 되었고, 정확하게 연구소의 이름을 그 의미하는 바대로 윌리엄 글라써 연구소라고 이름 짓게 되었다. 나는 변화를 도입함으로써, 이 아이디어에 관한 내 생각과 적용에 관심이 있는 사람은 누구든지 나와 쉽게 만날 수 있도록 하였다. 이 몇 해 동안 우리 가르침과 훈련과정이 확장되는 동안 세계 전역에 있는 많은 나라에서 우리 본부의 지부를 설립하게 되었다.

우리 본부는 회원 가입을 통해 일반 사람들에게 봉사하고 있고, 다양한 방법으로 회원들에게 이익을 주고 있다. 리드형 관리, 선택이론 심리학, 그리고 현실치료상담의 이론과 적용을 수행하고 있는 사람들에 대한 승인이다. 본부는 모든 훈련과정을 감독하고 협조하며 정보제공처의 역할을 하고 있다. 내 최근의 생각들은 녹음테이프나 녹화 테이프, 회원을 위한 간행물 등에서 찾아볼 수 있다. 네트워킹 센터로서 본부의 뉴스 레터나 국제회의, 지역 모임을 통해서 사람들이 생각을 교환할 수 있다. 현실치료상담 계간지(Journal of Reality Therapy)는 현실치료상담을 활용하거나 가르치는 새로운 방법에 의거한 글들을 출간할 수 있게 하는 견인차가 된다. 본부는 또한 회원들에게 지역 대표들과 국제적인 연결망을 통해서 발언권을 갖도록 하고 있다.

윌리엄 글라써 연구소의 기본적인 노력은 모든 상담 분야에서 현실치료상담을 사용하고자 하는 전문가들에게 3단계의 집중 훈련 프로그램을 실시하는 것이다(나는 상담자와 치료자라는 단어를 번갈아 사용하고 있다). 이 훈련은 다섯 가지 과정으로 나뉘어져 있는데 이 모든 과정을 마치려면 최소한 18개월이 소요된다. 처음에는 초급과정이 있는데 이 과정은 소집단으로 진행되며 한 강사에게 13명까지 훈련받을 수 있다. 이 초급과정이 지난 후에 더 공부하고 싶은 사람은 초급실습과정에서 최소한 30시간에 달하는 훈련을 받을 수 있다. 그들이 성공적으로 초급실습과정을 마치면 다른 강사에게 중급과정을 배울 수 있고 그 뒤를 이어 중급실습과정을 밟을 수 있다.

마지막으로 중급실습과정 수퍼바이저의 추천을 받은 훈련자들은 그 동안 배운 것을 발휘해 볼 수 있는 자격증 과정에 들어가게 된다. 이 과정을 마치면 본부에서 자격증을 수여하게 된다. 이 자격증은 상담할 자격을 주는 전문적이고 법적인 면허증은 아니지만 이 학습이 자주 대학의 학점이나 평생교육 과정으로 인정되기도 한다. 지금 현재 전 세계적으로 5,000명이 넘는 수료증 소유자가 있다.

이 수료증을 얻은 후에 어떤 사람들은 계속해서 훈련을 받아 우리 조직의 강사가 되기를 선택하기도 한다. 강사들에게는 4단계 과정이 있다. 초급실습과정을 가르칠 수 있는 초급실습 수퍼바이저가 있고 초급, 중급 실습과정을 다 가르칠 수 있는 중급 실습과정 수퍼바이저가 있다. 그리고 초급, 중급 실습과정과 초급 과정을 다 가르칠 수 있는 초급과정 강사가 있고, 이 네 단계를 다 가르칠 수 있는 중급과정 강사가 있다. 각 단계의 수업료는 다양하다. 초급과 중급과정 주간은 집단의 참석자가 개인적으로나 집단 단위로 계약하기에 달려 있다.

헌팅튼 우드 학교처럼 좋은학교로 알려지는데 관심이 있는 학교를 위해서 본부에는 이 과정에 관해 십여년의 경험이 축적된 프로그램들이 있다. 상세한 부분은 본부와 연락하면 된다. 이 프로그램을 마치면 좋은학교 전문가로서 능력을 보였음을 인정하는 자격증을 받게 된다. 교장은 좋은학교 운영자로서의 능력을 보였음을 인정하는 유사한 특별 자격증을 받게 된다. 그들의 학교는 이제 좋은학교로 인정되는 것이다. 학교를 시작하기 전에, 연구소에서는 교장이 좋은학교 운영에 대한 많은 경험을 지니고 있는 연구소의 강사들로부터 한 주간의 행정가 프로그램을 택하도록 강력하게 추천하고 있다.

훈련비용은 학교에서 지불하지만 학교가 재정기금이 없을 때는 다양한 통로를 통해 기금신청을 하고 지원을 받고 있다. 좋은학교는 약물이 없는 학교이기 때문에 연방정부나 주정부의 약물예방 기금의 보조를 받을 수 도 있을 것이다. 좋은학교를 지향하는 학교가 노력을 기울이면 대체로 기금을 얻을 수 있다. 각 단계의 기금은 분리되어 지원되고 있어서 초기 지출은 학교의 훈련예산 범위 내에서 이루어져야 할 것이다. 이 책은 우리가 가르치는 모든 것들의 토대가 된다. 이 책을 읽고 토의하는 것이 첫 번째 단계가 된다.

교장과 교사를 위한 두 프로그램의 모든 교육은 이론설명과 실습과정으로 구성되어 있다. 이 프로그램을 널리 보급시키고자 한다. 사람들이 윌리엄 글라써 본부에 연락을 주어서 우리가 어떤 개인이거나 집단이나 학교나 지역사회를 돕게 되기를 희망한다.

남 캘리포니아에 살면서 이 아이디어에 관심이 있는 사람들을 매달 마지막 일요일 오후 4시 반부터 6시 반까지 채스워스(Chatsworth)에 있는 본부에서 (내가 시내에 있을 때) 만나려고 한다. 이 모임은 무료로 개방되며 관심 있는 사람들은 누구나 다 환영한다. 상담자들에게는 어느 정도 우선권을 주기는 하는데, 그 이유는 이 시간 동안 내가 대부분 상담을 가르칠 것이기 때문이다. 그렇지만 당신이 참여하고 싶다면 전화, 팩스, E-메일을 통해 자리를 예약해달라고 부탁하기 바란다.

연구소에서 일하는 사람들은 친절하고 선택이론을 활용하는 사람들이기 때문에 연락을 취한다면 틀림없이 예의 바른 응답을 듣게 될 것이다. 세상에 선택이론을 가르치는 것이 내 꿈이다. 나는 당신이 이 노력에 동참하기를 촉구한다.

* 한국심리상담연구소 〈한국현실치료상담 한국지부〉
주소: 서울시 영등포구 경인로71길 70, 605~606호
우)07286
전화: 02-790-9361~2
팩스: 02-790-9363
E-Mail: kcc8608@kccrose.com
홈페이지: www.kccrose.com

부록
(The Appendix)

주요 용어 목록표

좋은 것(Quality)
선택이론(Choice Theory)
에드워드 데밍(W. Edward Deming)
시스템(System)
외부통제 심리학(External Control Psychology)
생존의 욕구(Survival Need)
사랑, 사랑을 근거하는 성, 그리고 소속감(Love, Loving Sex, and Belonging)
힘(Power)
자유(Freedom)
즐거움(Fun)
좋은세계(Quality World)
바램(Want)
전행동(全行動, Total Behavior)
현실치료상담(Reality Therapy)
활동하기(Acting)
생각하기(Thinking)
느끼기(Feeling)
신체반응(Physiology)
욕구강도(Need Strength)
문제해결원 또는 해결원(The Solving Circle)

창의성(Creativity)

외상후스트레스장애(Post traumatic stress disorder)

심인성 질환(Psychosomatic Disease)

공포스러워하기(Phobicking)

불안해하기(Anxietizing)

공황발작하기(Panicking)

강박적이기(Obsessing)

충동적이기(Compulsing)

외상 후 스트레스 갖기(Posttraumatic stressing)

좋은학교(Quality School)

보스형관리(Boss management)

리드형관리(Lead Management)

암기교육(Schooling)

좋은교육(Education)

좋은학교 모임(Quality School Consortium)

좋은학교 전문가 프로그램(Quality School Specialist Program)

주의력 집중장애(Attention Deficit Disorder : ADD)

주의력결핍 과잉행동장애(Attention Deficit Hyperactive Disorder : ADHD)

좋은지역사회(Quality Community)

윌리엄 글라써(William Glasser)

현실세계(Real World)

창의체계(Creative System)

자체면역체계(Body's Own Immune System)

〈부록1〉

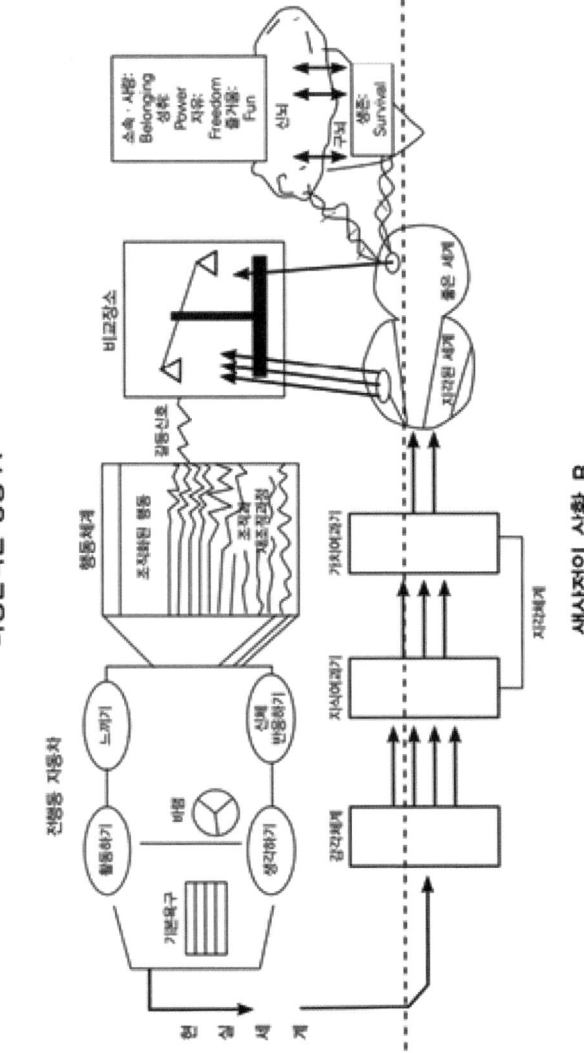

생산적인 상황 B는 상황 A와 같으나 비교장소의 저울이 평형을 이룬다.
Glasser, 통제체로서의 뇌의 기능(김인자, 한국심리상담연구소, 1994)

438 선택이론

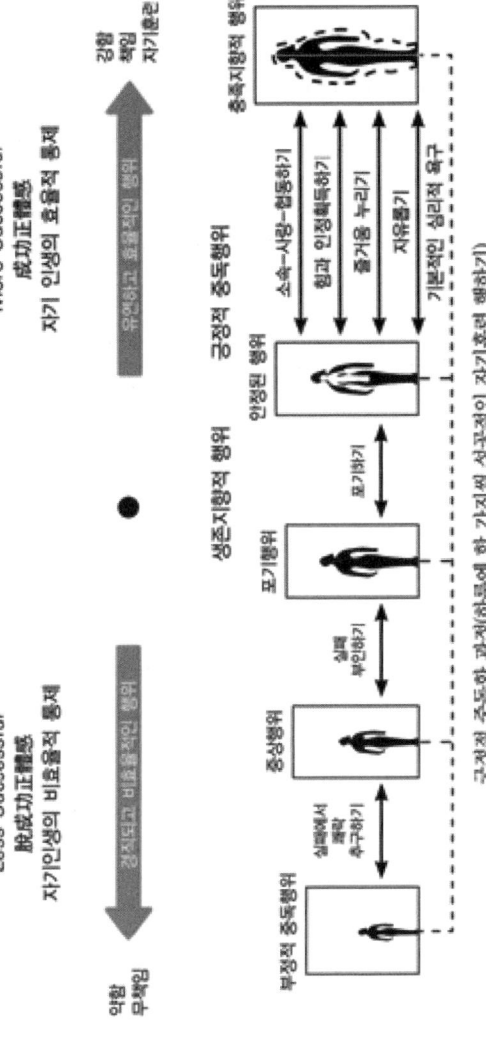

〈부록2〉

부록 (The Appendix)

한국심리상담연구소 생활심리시리즈

1. 부모역할 배워지는 것인가
   T.Gordon, J.G.Sands공저 / 김인자 역 / 값 12,500원
2. 인간관계와 자기표현
   R. B. Adler 저 / 김인자 역 / 값 12,000원
3. 적응심리 (개정판)
   E. Atwater 저 / 김인자 역 / 값 16,000원
4. 당신의 삶은 누가 통제하는가
   W. Glasser 저 / 김인자 역 / 값 12,500원
5. 현실치료상담의 적용 I
   R. E. Wubbolding 저 / 김인자 역 / 값 12,000원
5-1. 현실요법(치료상담) 사례집('96, '97)
   김인자 엮음 / 값 5,000원('96), 값 5,000원('97)
5-2. 현실요법(치료상담) 논문집('96, '02)
   김인자 엮음 / 값 8,000원('96), 값 4,500원('02)
6. P.E.T. 논문집('93, '94)
   김인자 엮음 / 값 4,000원('93), 값 5,000원('94)
7. 좋은 학교
   W. Glasser 저 / 김인자 엮음 / 값 10,000원
8. 사람의 마음을 여는 열쇠 8가지
   김인자 저 / 값 8,500원
9. 열린 부모 신나는 아이들
   김인자 엮음 / 값 7,500원
10. 현실치료상담과 선택이론
    김인자 저 / 개정판 작업 중
11. 다이어트는 이제 그만
    J. McFadden 저 / 김인자, 서민경 역 / 값 6,500원
12. 긍정적 중독
    W. Glasser 저 / 김인자 역 / 개정판 작업 중
13. 어린이 마음을 여는 기술
    R. E. Wubbolding 저 / 이양희 역 / 값 6,500원
14. 자신을 행복하게 만드는 비결
    R. E. Wubboling 저 / 김은진 역 / 값 6,000원
15. 어떠한 학생이라도 성공할 수 있다.
    W. Glasser 저 / 박재황 역 / 값 8,500원
16. 마음의 병을 고친 사람들 이야기
    Naomi Glasser 저 / 조성희 외 역 / 값 8,000원
17. 좋은 선생님이 되는 비결
    W. Glasser 저 / 박정자 역 / 값 6,000원
18. 현실요법(치료상담) 연구집
    한국현실요법연구회 엮음 / 값 5,000원
19. 현실치료상담-선택이론 'Blue Chart 설명서'
    The William Glasser Institute 저 / 값 5,000원
20. 헌팅턴우즈는 이렇게 해서 좋은학교가 되었다
    W. Glasser 저 / 좋은학교 연구회 역 / 값 7,000원
21. 좋은학교를 만드는 비결 S. Ludwig & K. Mentley저 /
    계수정, 김희수 외 공역 / 값 8,000원
22. 당신도 유능한 상담자가 되고 싶은가
    W. Glasser 저 / 김인자 역 / 값 12,000원
23. 현실치료상담과 선택이론 Intensive Week 자료집: 기초/중급
    수강 시 수령.   김인자 엮음 / 기초 & 중급 – 값 5,000원
24. 질 높고 애정있는 성관계를 결정
    Maureen Craig McIntosh저 / 최윤희 수녀 역 / 값 6,000원
25. 섬유근육통, Fibromyalgia
    W. Glasser 저 / 김인자, 박은미 역 / 값 8,500원
26. 동기부여를 위한 효과적인 의사소통 기술
    R. E. Wubboling 저 / 신난자 옮김 / 값 8,000원
27. 경고: 정신과 치료가 당신의 정신건강에 피해를 줄 수 있다.
    W. Glasser 저 / 박재황 역 / 값 12,000원
28. 불행한 10대를 도우려면
    W. Glasser 저 / 박광석 역 / 값 9,500원
29. 당신은 어떤 사람으로 살고 싶은가
    Harold S. Kushner 저 / 박은미 역 / 값 8,500원
30. 성격강점과 덕목의 분류(CSV)
    C.Perterson & M.Seligman저(2020년 인쇄예정 없음)
31. 수필집 – 처음 살아보는 오늘
    김인자 저 / 값 10,000원
32. 행복을 선택하는 부부
    W. Glasser 저 / 홍미혜 역(2020년 인쇄예정 없음)
33. 긍정심리학 프라이머
    C. Peterson 저 / 문용린, 김인자 외 역 값 23,000원
34. 현실치료(상담)의 적용 II
    R. E. Wubboling 저 / 박재황, 김은진 역 / 값 12,000원
35. 선택이론(구, 행복의 심리)
    W. Glasser 저 / 김인자, 우애령 역 / 값 12,500원
36. 내 삶의 주인이 되다(Take charge of your Life)
    W. Glasser 저 / 김인자, 홍미혜 역 / 값 13,000원

* 현실요법은 **현실치료상담**으로 바뀌었습니다.